Avec ce livre, Augustin Ahoga fait preuve de courage et d'innovation dans la recherche anthropologique. Il constate que les modèles théoriques importés de dialogue interreligieux sont inaptes à apporter des solutions opérantes aux maux qui minent les communautés africaines. Aussi élabore-t-il et teste un modèle (MADIR) qui démontre son efficience dans la résolution d'un conflit religieux dont les parties prenantes étaient en apparence irréductibles dans l'ethnie Maxi du Bénin.

Le MADIR offre la promesse de la recherche fructueuse et utile. Il puise dans le fond commun qui est inhérent aux parties en conflit (identité) et requiert un engagement incarnationnel du chercheur dans le milieu et dans l'objet de son investigation. Ainsi, la maîtrise des langues et cultures locales en est un prérequis indispensable.

Ce livre doit devenir le viatique de tout chercheur qui veut faire œuvre utile en Afrique. C'est une contribution originale à la solution des problèmes sociaux et culturels qui plombent l'essor de ce riche continent.

Michel Kenmogne, PhD
Docteur en linguistique africaine
Directeur exécutif de SIL International

Notre continent Africain est connu pour ses conflits entre les pays voisins. Malgré l'intervention de l'UN et de l'UA, ces conflits persistent toujours. Malheureusement, ces conflits n'épargnent pas les communautés religieuses. Et, dans la plupart des cas, nous faisons toujours appel aux approches et méthodes de résolution de conflits venant de l'Occident pour résoudre des problèmes africains. Dans cet ouvrage d'une portée scientifique de haute facture, le Dr Augustin Ahoga, pour qui j'ai eu le privilège d'encadrer la thèse doctorale au South African Theological Seminary (SATS), propose une approche africaine pour la résolution des conflits entre communautés religieuses – le Vodou et les Assemblées de Dieu au Bénin. Son approche est unique parce qu'elle ressort d'une étude empirique de l'auteur et de son expérience dans la résolution d'un conflit qui a duré longtemps sans solution.

Je recommande ce livre à tous ceux qui travaillent dans la résolution de conflits dans les pays africains, particulièrement les conflits entre les communautés religieuses. Certes, l'auteur de cet ouvrage mérite d'être écouté au vu de trois facteurs importants – son influence dans la région de l'Afrique de l'Ouest, son expérience de ministère très avérée sur le continent et son parcours académique reconnu par des institutions crédibles au niveau international. Ce livre peut aussi servir de guide dans le cours de résolution de conflits dans les Églises en Afrique.

Dr Jesse Fungwa Kipimo
Directeur de thèse et Directeur des programmes d'enseignement
au South African Theological Seminary

In his long and distinguished career, Prof Augustin Ahoga – Francophone Africa's « Pastor of Intellectuals » – leads the charge in challenging African scholars to publish for other Africans. Practicing what he preaches, Ahoga's Vers un modèle africain de dialogue interreligieux, *offers a fresh missiological approach within a specific Beninese context. And Africa is better because of it. But it need not, and indeed should not, stop there. Western missiologists generally read only Western missiologies. And the West is worse because of it. Time has long passed for Western missiologists (and scholars from all locales and academic disciplines) to read African authors like Ahoga. In other words, both Africans and Westerners should read, if not simply for his methodology alone, Ahoga's excellent interreligious, missional exploration, critique and cultural analysis of Maxi Voodoo, Maxi missiological strategies, and Western missionaries. Missionaries and Christians the world over – even if they don't agree with everything Ahoga writes – will be better because of it!*

Au cours de sa longue et brillante carrière, le professeur Augustin Ahoga – le « pasteur des intellectuels » de l'Afrique francophone – a été le premier à inciter les universitaires africains à publier pour d'autres Africains. Mettant en pratique ce qu'il prêche, *Vers un modèle africain de dialogue interreligieux* propose une nouvelle approche missiologique dans un contexte béninois spécifique. L'Afrique ne s'en portera que mieux. Mais cela ne doit pas s'arrêter là. Les missiologues occidentaux ne lisent généralement que les missiologies occidentales. Et l'Occident ne s'en porte que plus mal. Il est grand temps que les missiologues occidentaux (et les chercheurs de toutes les régions et de toutes les disciplines universitaires) lisent des auteurs africains comme Ahoga. En d'autres termes, tant les Africains que les Occidentaux devraient lire, ne serait-ce que pour sa méthodologie, l'excellente exploration interreligieuse et missionnaire d'Ahoga, sa critique et son analyse culturelle du vodun Maxi, des stratégies missiologiques Maxi et des missionnaires occidentaux. Les missionnaires et les chrétiens du monde entier – même s'ils ne sont pas d'accord avec tout ce qu'écrit Ahoga – en sortiront grandis !

Keith Campbell, PhD
Membre du comité exécutif de la Society of Christian Scholars
Vice-président du développement des programmes de Global Scholars

This wonderful book is a benchmark in excellence for research at the heart of the whole mission of God. Dr Ahoga skilfully and critically integrates insights from theology, anthropology, and conflict studies, with his own lived experience, careful fieldwork, and loving practise of the ministry of reconciliation. He presents an African Model for Inter-Religious Dialogue (MADIR), that is concrete and practical. Ahoga developed, tested, and refined it to resolve a specific communal conflict that was complex and resisted other approaches. Despite this specificity, the book deserves careful study by a wide readership. While scholarly and profound, the book is fascinating and easy to read. The model presented has significant potential to be adapted and applied in other contexts and for purposes beyond understanding and resolving conflicts in a community. The model could aid the development of contextual theologies and stimulate mission initiatives that are culturally sensitive and have a lasting impact to the glory of God: Father, Son, and Holy Spirit.

Ce livre exceptionnel est une référence pour la recherche au cœur de toute la mission de Dieu. Le Dr Ahoga intègre habilement et de manière critique les idées de la théologie, de l'anthropologie et des études sur la résolution de conflits, avec sa propre expérience vécue, un travail de terrain minutieux et une pratique aimante du ministère de la réconciliation. Il présente un modèle africain de dialogue interreligieux (MADIR) concret et pratique. Ahoga l'a développé, testé et affiné pour résoudre un conflit communautaire spécifique qui était complexe et résistait aux autres approches. Malgré cette spécificité, le livre mérite d'être étudié attentivement par un large public. Bien qu'érudit et profond, ce livre est fascinant et agréable à lire. Le modèle présenté peut être adapté et appliqué dans d'autres contextes et à d'autres fins que la compréhension et la résolution des conflits au sein d'une communauté. Il pourrait contribuer au développement de théologies contextuelles et stimuler des initiatives missionnaires sensibles à la culture et ayant un impact durable à la gloire de Dieu : Père, Fils et Saint-Esprit.

Ross McKenzie, PhD
Responsable de la Logos and Cosmos Initiative de
l'International Fellowship of Evangelical Students (IFES)
Professeur émérite de physique à l'Université de Queensland,
Brisbane, Australie

Vers un modèle africain de dialogue interreligieux

Le cas de Vodun Xεbyoso et de l'Église des Assemblées de Dieu dans la région Maxi au Bénin

Cossi Augustin Ahoga

© Cossi Augustin Ahoga, 2023

Publié en 2023 par Langham Monographs,
Une marque de Langham Publishing
www.langhampublishing.org

Les éditions Langham Publishing sont un ministère de Langham Partnership.

Langham Partnership
PO Box 296, Carlisle, Cumbria, CA3 9WZ, UK
www.langham.org

Numéros ISBN :
978-1-83973-869-2 Format papier
978-1-83973-908-8 Format ePub
978-1-83973-909-5 Format PDF

Ce travail est à l'origine une thèse de doctorat en théologie écrite par Cossi Augustin Ahoga dans le cadre de ses études doctorales au South African Theological Seminary (SATS) en Afrique du Sud.

Conformément au « Copyright, Designs and Patents Act, 1988 », Cossi Augustin Ahoga déclare qu'il est en droit d'être reconnu comme étant l'auteur de cet ouvrage.

Tous droits réservés. La reproduction, la transmission ou la saisie informatique du présent ouvrage, en totalité ou en partie, sous quelque forme ou par quelque procédé que ce soit, électronique, mécanique, photographique, est interdite sans l'autorisation préalable de l'éditeur ou de la Copyright Licensing Agency. Pour toute demande d'autorisation de réutilisation du contenu publié par Langham Publishing, veuillez écrire à publishing@langham.org.

Sauf indication contraire, les citations bibliques sont tirées de la Bible version Louis Segond 1910 (publiée en 1910 par Alliance Biblique Universelle).

Les citations bibliques avec la mention « NBS » sont tirées de la Nouvelle Bible Segond ©Société biblique française – Bibli'O, 2002. Avec autorisation.

La permission d'inclure toutes les photos des Annexes est donnée par le représentant Dah Kandénu, Chef de l'Association des cultes au pays Maxi, Chef d'Arrondissement de Logozohê.

British Library Cataloguing in Publication Data
A catalogue record for this book is available from the British Library

ISBN : 978-1-83973-869-2

Composition et couverture : projectluz.com

Langham Partnership soutient activement le dialogue théologique et le droit pour un auteur de publier. Toutefois, elle ne partage pas nécessairement les opinions et avis avancés ni les travaux référencés dans cette publication et ne garantit pas son exactitude grammaticale et technique. Langham Partnership se dégage de toute responsabilité envers les personnes ou biens en ce qui concerne la lecture, l'utilisation ou l'interprétation du contenu publié.

Remerciements

Ce travail est un témoin des différentes embûches qu'il a fallu surmonter pour sa réalisation, mais surtout de la bonté des personnes et de la confiance des structures qui m'ont permis d'y parvenir.

Je tiens donc à exprimer toute ma reconnaissance à mon directeur de thèse Dr Jesse Fungwa Kipimo pour m'avoir poussé à affiner mes pensées et argumentations. N'eût été son ouverture, son soutien et surtout sa volonté de m'accompagner dans ma vision du domaine de recherche et de la défendre, le projet n'aurait pas connu le présent dénouement. Qu'il soit assuré de ma profonde gratitude.

Je tiens également à remercier Monsieur Daniel Bourdanné, Secrétaire Général de l'IFES, et Michel Kenmogne, Directeur mondial de la SIL, représentant des GBUAF au sein du CEI de l'IFES, pour leur soutien personnel et celui de l'organisation mondiale qu'ils représentent, pour l'accompagnement, l'encouragement et surtout pour l'accord de l'année sabbatique qui m'a permis d'aller vivre au sein des communautés d'études.

Je veux aussi dire ma reconnaissance au Dr Barnabé Assohoto, directeur du Centre Africain de Recherche en Théologie (CART), qui n'a pas seulement ouvert devant moi la voie du salut, mais aussi celle de la théologie africaine. Qu'il en soit remercié.

Je viens ici exprimer ma gratitude aux responsables des institutions de formation, l'ESBTAO et la FATAD de Lomé au Togo, la FATEAC d'Abidjan en Côte d'Ivoire, l'ITES de Thiès au Sénégal et l'IBB de Cotonou au Bénin, pour m'avoir donné l'occasion d'enseigner les RTA dans leur établissement. Cela a participé grandement à ma propre formation. Je profite de cet espace pour leur présenter mes sincères respects.

Je remercie tous ceux qui, à divers niveaux, m'ont facilité la tâche pour les travaux de terrain. Bien que ne pouvant les citer tous, je veux cependant les assurer de ma profonde gratitude.

Je ne veux pas oublier ma famille, mes enfants : Carole et Rodolphe, qui, de loin téléphonent pour encourager, et Théhilatel, qui a su prendre soin de certains de mes besoins quotidiens pour faciliter mes recherches et ma rédaction. Mais ma spéciale gratitude va à mon infatigable et fidèle épouse Jocelyne pour son accompagnement à tous égards. À vous tous, mes plus proches prochains, j'exprime le plus grand merci.

Liste des sigles et abréviations

ADD	Assemblées de Dieu
ADN	Acide Désoxyribo Nucléique
AEA	Association des Évangéliques de l'Afrique
AG	Assemblée Générale
AHC	Association des Hommes en Christ
AMD	Association Mondiale des Assemblées
AMJ	Association Marcel Jousse
ASC	Association des Servantes de Christ
AT	Ancien Testament
BUPDOS	Bureau des Projets de Développement et des Œuvres Sociales
CA	Chef de l'Arrondissement
CART	Centre Africain de Recherche en Théologie
CEI	Comité Exécutif International
CETA/AACC	Conférence des Églises de Toute l'Afrique/All Africa Conference of Churches
CPPS-IAT	Centre Panafricain de Prospective Sociale-Institut Albert Tévoedjre
DC	Département de la Communication
DE	Département des Enfants
DEDL	Département de l'École du Dimanche et de la Littérature
DNAM	Département National de l'Action Missionnaire
EAADD-T	Église Africaine des Assemblées de Dieu Daho-Togo
EEAD	Église Évangélique des Assemblées de Dieu
EEADB	Église Évangélique des Assemblées de Dieu du Bénin

EDL	École du Dimanche et de la Littérature
EPAD	Église Protestante des Assemblées de Dieu du Dahomey
ESBTAO	École Supérieure Baptiste de Théologie de l'Afrique de l'Ouest
FATAD	Faculté de Théologie des Assemblées de Dieu
FATEAC	Faculté de Théologie Évangélique de l'Alliance Chrétienne
GBUAF	Groupes Bibliques Universitaires de l'Afrique Francophone
IACCı2	Interview Audio Collectif Chrétien Savalou document deuxième
IACVı1	Interview Audio Collectif Vodun Savalou document premier
IAPVıı12	Interview Audio Collectif Vodun Logozoxɛ document référence douze
IAPVııı	Interview Audio Personnel Vodun Wɛdɛmɛ
IBAD	Institut Biblique des Assemblées de Dieu
IBB	Institut Biblique du Bénin
IDEE	Institut de Développement Endogènes et d'Échanges
IFES	International Fellowship of Evangelical Students
IVCCI3	Interview Vidéo Collectif Chrétien Savalou document référence trois
IVDIı26	Interview Vidéo Dialogue Logozoxɛ document vingt-sixième
ITES	Institut de Théologie Évangelique du Sénégal
ITPVIV	Interview Téléphonique Personnel Vodun réalisée en dehors de la zone d'étude
JAD	Jeunesse Assemblée de Dieu
LSG	Louis Segond (Bible)
MADIR	Modèle Africain du Dialogue InterReligieux
OCB	Organisations Communautaires de Base
ONG	Organisation Non Gouvernementale
ONU	Organisation des Nations unies
PFVA	Planifier Faire Vérifier Ajuster
RTA	Religions Traditionnelles Africaines
SATS	South African Theological Seminary

SIL	Société Internationale de Linguistique
SIM	Southern Interior Mission
TKL	Thomas King Leonard
UAC	Université d'Abomey-Calavi
Unesco	United Nations Educational, Scientific and Cultural Organization (Organisation des Nations unies pour l'éducation, la science et la culture)
URED	Union des Religions Endogènes Djowamon de Savalou
URHC	Union Renaissance d'Homme en Christ

Transcription

De la transcription des langues nationales

La langue maxi fait partie des langues du groupe kwa véhiculaires dans le Sud et le Centre du Bénin. Pour la transcription dans le présent document, le chercheur s'est référé aux travaux de révision des outils d'écriture des langues béninoises consignés dans la sixième édition du manuel didactique[1]. Partant de là, il peut utiliser un signe pour traduire un son et vice versa. Le chercheur a omis volontairement les accents qui modulent les tons à la suite de Ananou qui s'exprime ainsi : « La complexité de lecture des signes que leur matérialisation implique n'étant pas aisée pour tous, je ne voudrais pas accabler certains de graphies encombrantes[2]. » Mais la remarque à faire est que la plupart des lettres se lisent comme en français, sauf les voyelles orales, les voyelles nasales, les consonnes simples et les digraphes.

Les voyelles orales

e : se prononce « é » comme dans bébé. Exemple : Leke (canne à sucre).

ɛ : se prononce « ê » ou « è » comme dans guêpe et première. Exemple : Kɛkɛ (vélo).

ɔ : se prononce « o » ouvert comme dans folle. Exemple : Agɔ (grenier).

u : se prononce « ou » comme dans poux. Exemple : Ku (la mort).

---

1. Centre National de Linguistique Appliquée (CE.NA.LA), *Alphabet des langues nationales*, CE.NA.LA, 2008, p. 46.
2. B. ANANOU, *Vodun Xevioso. Le culte du Principe cosmique transmetteur du Feu*, Suresnes, France, Éditions du Net, 2014, p. 27.

Les voyelles nasales

Ne voulant pas utiliser le tilde, la suscription et la souscription qui permettent la nasalisation, le chercheur a employé la postposition de la consonne « n » à la voyelle. Ainsi :

an : se prononce « an » comme dans danse. Exemple : Zan (natte).

ɛn : se prononce « (e)in » comme dans teinture. Exemple : Kɛnkun (goyave).

in : se prononce « in » comme dans indirect (prononcé en anglais). Exemple : Sinzɛn (gargoulette).

ɔn : se prononce « on » comme dans annoncer. Exemple : Amlɔn (sommeil).

un : nasalise « un » comme dans funky. Exemple : Zunkan (brousse).

Les consonnes simples

c : se prononce « tch » comme dans tchador. Exemple : Cavi (clef).

j : se prononce « dj » comme dans djihad. Exemple : Ji (pluie).

x : se prononce avec l'aspiration forte du « ch » allemand. Exemple : Xu (mer).

ɖ ou Đ : représente le « d » rétroflexe. Exemple : Đɔ (le filet).

Les digraphes

gb : est une occlusive sonore labiovélaire. Exemple : Gban (trente).

kp : est une occlusive sourde labiovélaire. Exemple : Kpa (palissade).

sh : se prononce avec l'aspiration forte du « sh » anglais. Exemple : Shika (or).

ny : se prononce « gn » comme dans campagne. Exemple : Nyikɔ (nom).

Deux cas isolés

hw et **xw** sont des rencontres de deux consonnes qui engendrent des phénomènes de labialisation. Exemples : Hwi (sabre) et Xwi (trait).

Un nom ou mot peut avoir deux orthographes différentes dans le document. Cette situation résulte de ce que le chercheur respecte et reporte fidèlement l'orthographe de chaque auteur. Toutefois, dans son propre texte, il transcrit les mots tels que le suggère le manuel didactique. Exemple : les mots « Mahi » et « Maxi ».

Le premier est l'orthographe du mot tel qu'hérité de l'école coloniale. La seconde écriture du mot, celle que le chercheur a adoptée, correspond à la phonologie[3] des locuteurs eux-mêmes.

---

3. B. Akoha, *Syntaxe et lexicologie du Fon-gbe Bénin*, Paris, L'Harmattan, 2010, p. 37.

CHAPITRE 1

Introduction

Présentation du MADIR

Dans ce chapitre introductif, le chercheur présentera principalement le contexte et la justification de la présente étude, le problème de recherche qui le guide, le plan et la méthodologie de la recherche.

1.1. Contexte et justification

Avant d'introduire son travail, le chercheur a jugé nécessaire de décrire d'abord le processus du choix de son sujet de recherche et les implications que cela a induites. Car le choix du sujet a un rapport logique avec sa propre histoire. Ainsi, ledit processus sera exposé dans une première section. Ensuite, les expériences pratiques favorisant l'approfondissement suivront, et les observations liées à ce processus, qui conduisent au problème de la recherche, fermeront cette section contexte et justification.

1.1.1. Le processus d'identification du sujet de la recherche

Le chercheur comptait s'investir dans le domaine de la tradition vétérotestamentaire. Mais il a été interpellé par un problème concret de la vie quotidienne qui a consommé plus de la moitié d'une décennie de recherche.

Lorsque le chercheur s'est inscrit en thèse le 24 juillet 2009, il avait désiré approfondir ses recherches sur les religions traditionnelles africaines. Le titre provisoire de thèse figurant sur sa fiche d'inscription était : « La sculpture des religions traditionnelles africaines dans le spectre de l'idolâtrie dans Ésaïe 44.9-20 ». Son master portait déjà sur l'étude du lévirat dans l'AT.

Mais lorsqu'il fut interpellé en 2010 par le roi Tossoh de Savalou et un cadre, Jonas Tossou de Logozoxɛ, sur le conflit religieux qui sévissait au pays Maxi, le chercheur changea son domaine de recherche pour les deux raisons suivantes : premièrement, son ministère auprès des universitaires de l'Afrique francophone l'a fait connaître comme pasteur des intellectuels sur le plan national. Deuxièmement, plus importante raison, il fut le pionnier de l'implantation de l'Église baptiste au pays Maxi en 1980.

Le conflit en question est, selon ses interlocuteurs, instigué par les Églises Évangéliques des Assemblées de Dieu à l'encontre des Vodun, représentés par les prêtres des Vodun Xɛbyoso. Toute tentative de dialogue fut impossible à cause de l'absence des pasteurs aux différentes convocations. Le chercheur fut considéré comme le dernier recours pour convaincre ses collègues pasteurs de venir à la table de négociation.

Les premières investigations et tentatives auprès des pasteurs s'étant soldées par un échec, le chercheur a choisi d'en faire un problème de recherche et l'a intitulé : « Comment les chrétiens évangéliques au pays Maxi peuvent-ils se libérer de la peur qu'inspirent les symboles du Vodun Xɛbyoso ? » Cette question de recherche lui fut inspirée par ses échanges avec les pasteurs EEAD et baptistes au pays Maxi. Le chercheur a rapidement compris que leur refus de rencontrer les prêtres vodun cachait insidieusement la peur d'être en leur présence. Aussi a-t-il pensé qu'en investiguant sur la cause de la peur il résoudrait le problème d'absence à la table de négociation. Mais les premières critiques lui ont fait prendre conscience que le problème était plus complexe et qu'une telle démarche serait inefficace.

C'est alors qu'il prit la décision d'investir dans la résolution de ce conflit qui perdurait. Mais l'échec de cette première tentative venait de lui révéler ses limites aussi bien théoriques que pratiques dans la résolution de conflit. Il a donc réorienté ses investigations sur les approches traditionnelles de résolution des conflits.

Des documents lus sur les approches traditionnelles et les interviews réalisées, il se dégage plusieurs approches telles que : les palabres sous leurs formes « familiale », « clanique », « villageoise » ou « royale » (si le village a un roi), les méthodes traditionnelles dites « Adjlalassa[1] », celles quali-

---

1. M. QUENUM, *Au pays des Fons : us et coutumes du Dahomey*, Paris, Maisonneuve & Larose, 1999.

fiées d'« Ordalie² » et le « tribunal coutumier³ ». Ces différentes approches nécessitent la présence physique des groupes en conflit. Mais le refus des chrétiens a obligé la quête d'autres approches qui fut entreprise par la documentation.

Après des recherches documentaires sur les travaux traitant de conflits interreligieux, il s'est avéré qu'il y avait très peu d'études sur la résolution de conflit entre les religions monothéistes et le vodun. Mais il y a pléthore de travaux de recherche sur les conflits entre le christianisme et l'islam ou le christianisme et les autres religions telles que le bouddhisme, l'hindouisme, etc. Ces documents proviennent soit des actes de colloques, soit des travaux des experts, et sont traités sous le concept de « dialogue interreligieux » ou « interculturel ».

L'étude de cette catégorie de documents, de 2012 à 2014, fut pour le chercheur une véritable découverte et une « école de formation » sur le dialogue interreligieux et interculturel dont les grandes lignes peuvent se résumer comme suit :

- le dialogue interreligieux, histoire et avenir, approche phénoménologique et herméneutique ;
- les fondements et les objectifs du dialogue interreligieux ;
- les principes d'une déontologie du dialogue entre les cultures et les grandes religions ;
- la typologie du dialogue : « le dialogue du vivre ensemble », « le dialogue d'engagement », « le dialogue intellectuel » et « le dialogue existentiel » ;
- les trois objectifs du dialogue : apologétique (position exclusive), d'ouverture (position inclusive) et syncrétiste ;
- et enfin les « règles du jeu » pour le dialogue interreligieux et la rencontre interculturelle.

Les travaux des experts ne traitant que du dialogue intellectuel et surtout du dialogue entre le christianisme et les autres religions, le chercheur

---

2. P. HAZOUMÈ, *Doguicimi*, 2ᵉ éd., Paris, France, Maisonneuve et Larose, 1978 ; E. B. PENOUKOU, « Entretien sur la palabre africaine », par Marguerite A. Peeters, http://dialoguedynamics.com/content/dialoguing/dialogue-on-consensus/, 2014, p. 4, consulté le 12 décembre 2019.
3. E. J. PENOUKOU, « Religion africaine et foi chrétienne comme sources de relations interpersonnelles d'intégration et de transformation », dans *L'expérience religieuse africaine et les relations interpersonnelles*, Actes du Colloque International d'Abidjan 16-20 septembre 1980, Abidjan, Côte d'Ivoire, Savanes-Forêts et ICAO, 1982, p. 453-488.

s'est penché du côté des colloques, à la recherche du dialogue « du vivre ensemble » ou « du dialogue d'engagement »[4]. Mais la typologie du dialogue des colloques et leur contenu sont identiques à ceux des travaux des experts. Le colloque qui s'est tenu à Cotonou en 2007 et dont le thème (Le dialogue entre les religions endogènes, le christianisme et l'islam au service de la culture de la paix en Afrique) faisant référence à une implication des religions endogènes est allé, lui aussi, dans le même sens. Les représentants de ces religions endogènes à ce genre de rencontres ont toujours été des intellectuels qui ne sont généralement pas des pratiquants desdites religions.

Le chercheur a aussi constaté que les membres des groupes maxi en conflit, les EEAD et les adeptes du Vodun Xɛbyoso sont majoritairement non lettrés. Ils ne savent ni écrire ni lire le français. Il s'agit d'un groupe de personnes dont la vision du monde est telle qu'ils s'ouvrent difficilement au monde extérieur. Les investigations ont permis d'identifier quatre facteurs qui confinent cette catégorie dans leur ghetto :

- le type de société que constituent les deux groupes est une « société fusionnelle » où « la conscience collective est dominante et tend à s'imposer aux consciences individuelles[5] ». Il se pose le problème de la représentativité individuelle du groupe pour une apologétique culturelle et religieuse ;
- les groupes sont dans une logique « paysanne », différente de celle des lettrés. La logique paysanne est caractérisée par : « le poids de la tradition, la méfiance, le manque d'intérêt pour l'innovation, les blocages culturels [...] Toute acceptation du changement est un risque à prendre, dont une des stratégies consiste justement à minimiser le risque[6]. » Il se pose le problème d'ouverture, de compréhension et d'échange avec une autre vision du monde ;
- le peuple Maxi a connu plus de deux siècles d'esclavage. Décrivant l'histoire des Maxi, Anignikin rapporte : « L'expérience historique qu'elles [les populations] ont vécue pendant plus de deux siècles, principalement dans leurs communs rapports douloureux à l'espace de pouvoir dominant d'Abomey, a fini par créer leur mode

---

4. J. LEVRAT, *La force du dialogue*, Rabat, Maroc, Marsam, 2003, p. 36-40.
5. *Ibid.*, p. 59.
6. P.-M. DECOUDRAS, *À la recherche des logiques paysannes*, Paris, France, Karthala, 1997, p. 17.

d'identification sociale et engendrer leur ethnicité[7]. » Il s'est donc développé une culture de méfiance et de suspicion à l'endroit de toute importation ou intervention étrangère ;
- enfin, la langue est un grand problème de communication pour ce groupe. Ne parlant exclusivement que le Maxi, ils ne peuvent pas participer à ces colloques et débats hautement intellectuels. Et à l'opposé, faire un colloque en langue maxi serait un grand défi pour plusieurs intellectuels. Le colloque sur le dialogue est donc inapproprié pour ce peuple.

1.1.2. Des expériences pratiques du dialogue

Face à ces facteurs qui constituent un obstacle à tout dialogue intellectuel, le chercheur s'était donc lancé dans l'investigation de voies d'expérimentation pratique de résolution de conflit. Cela l'a conduit à adhérer à des centres de pratique de dialogue, à la participation à des symposiums sur le dialogue et à l'expérience de la maison de la paix.

L'adhésion du chercheur au Centre Panafricain de Prospective Sociale (CPPS) en 2014 a favorisé l'initiation à la pratique du dialogue interreligieux.

En effet, le CPPS, créé en 1987 par le Professeur Albert Tévoédjrè, comme « Institution de recherche, de formation et d'exécution de programmes en matière de développement socio-économique en Afrique », a initié, à partir de 2012, un programme de formation dénommé « La promotion de la paix par un autre chemin ». (Le Professeur Tévoédjrè a lancé ce programme après sa mission à l'ONU de février 2003 à février 2005.) L'objectif de ce programme est de soutenir « l'Initiative africaine d'éducation à la paix et au développement par le dialogue interreligieux et interculturel ». Le programme a initié plusieurs rencontres de formations et d'interventions sur des cas de conflits. Parmi les nombreuses activités accomplies, celles qui ont eu un écho international sont : le symposium international organisé à Cotonou en 2015, la journée internationale de prière de toutes les religions et la création de la « Maison africaine de la Paix ».

Le chercheur, en participant aux symposiums, a, à l'instar des autres étudiants, fait de grandes découvertes, notamment sur les attitudes et les subtilités dans les communications et le comportement entre les différents

---

7. S. C. ANIGNIKIN, « Histoire des populations mahi. À propos de la controverse sur l'ethnonyme et le toponyme "Mahi" », *Cahiers d'études africaines* 162, 2001, p. 264, https://journals.openedition.org/etudesafricaines/86, consulté le 5 juillet 2023.

membres des trois religions en dialogue : le christianisme, l'islam et les religions endogènes. Somme toute, ces différentes acquisitions sont devenues des compétences utiles au chercheur dans ses échanges avec les communautés au pays Maxi.

Le plaidoyer pour la journée internationale de prière pour toutes les religions a été agréé par le pape François, qui lui consacra la journée du 30 mai. La pratique d'une journée de prière pour toutes les religions qui avait cours au Bénin a révélé le problème du refus d'accès dans les mosquées et dans les églises aux membres de la religion endogène, dont la raison première était que leur présence profanerait ces lieux de culte. La solution trouvée fut la construction de « Theophania », ou la « Maison africaine de Paix » (des informations sont disponibles sur le site[8]).

« Theophania », située à Adjati, en banlieue de Porto-Novo, comporte un espace chrétien de prière (une église), un espace de prière musulman (une mosquée), un temple de l'esprit pour toutes expressions spirituelles et culturelles différentes et un espace international de recueillement. La motivation première à la construction de la Maison africaine de la Paix était de forger dans l'imaginaire des trois religions en dialogue l'unité dans la diversité (se retrouver dans le même espace avec ses particularités), et développer « le vivre ensemble » pour l'éducation à la paix et au développement par le dialogue interreligieux et interculturel.

1.1.3. *Observations induites*

Trois observations se dégagent de ces investigations et expérimentations du dialogue interreligieux et interculturel du chercheur.

Premièrement, le chercheur a relevé que presque tous les dialogues interreligieux et interculturels se focalisent sur le dialogue de type intellectuel, qui selon Levrat est « une affaire de spécialistes, il peut être scientifique, littéraire, philosophique, théologique [...] Cette forme de dialogue est indispensable pour connaître et comprendre la pensée de l'autre. Il permet de faire apparaître les convergences réelles entre deux théories, deux systèmes de pensée[9] ». Et si le dialogue interreligieux n'est qu'intellectuel, il ne peut pas régler les conflits au niveau de la population de base ou du

---

8. http://www.missions-africaines.net/ouverture-de-theophania-benin/ ,consulté le 18 avril 2018.
9. Levrat, *La force du dialogue*, p. 38.

monde rural. Car ces « spécialistes » qui animent ces colloques ne sont pas ceux qui créent les conflits. En effet, leurs compétences les prédisposent à comprendre l'autre et accepter la différence, de telle sorte qu'ils ne peuvent plus être les agents de conflits. Or ce ne sont pas les groupes en conflit qui participent aux colloques sur le dialogue interreligieux comme précédemment exposé. Les vrais auteurs de conflits ne participent pas aux colloques sur le dialogue interreligieux et interculturel.

Le contenu du dialogue interreligieux de type intellectuel est un autre facteur qui le disqualifie comme solution à la résolution du conflit. Car il est exclusivement cognitif et argumentatif. Dans le cas de notre étude, pour la population « non lettrée », la question religieuse est une question de cœur, relevant du sentiment. Les vodunon, par exemple, n'ont pas choisi leur religion, ils l'ont héritée, et tout ce qui l'ébranle touche à leur identité, leur histoire, les ancêtres et même le cosmos. Un tel conflit de dimension holistique ne peut pas se régler par raisonnement analytique. On pourra en déduire que les dialogues interreligieux et les colloques ne peuvent que jouer un rôle « préventif » et non « curatif » de conflit. Il s'avère donc nécessaire de trouver une approche autre que celle du dialogue interreligieux des colloques pour régler le conflit religieux à la base.

Deuxièmement, le chercheur a constaté que la tradition religieuse qui développe le dialogue interreligieux (le catholicisme) est celle qui crée le moins de conflits religieux, tandis que celle qui n'en parle pas (les évangéliques) en est l'instigatrice. En effet, depuis Vatican II, l'Église catholique a changé sa perception des religions du monde (cf. *Nostra Aetate*, n° 1-2 ; *Lumen Gentium* n° 16 ; *Ad Gentes*, n° 22), les religions traditionnelles africaines comprises. En créant en 1964 un Secrétariat pour les non-chrétiens, Paul VI inaugura l'ère de la réflexion sur les religions du monde, qui sera poursuivie et approfondie par Jean-Paul II. Il affirmait dans sa première encyclique : « L'homme est la première route que l'Église doit parcourir en accomplissant sa mission : il est la première route et la route fondamentale de l'Église, route tracée par le Christ lui-même, route qui, de façon immuable, passe par le mystère de l'Incarnation et de la Rédemption[10]. » Jean-Paul II renomma en 1988 le Secrétariat des non-chrétiens, qui devint le « Conseil Pontifical pour le Dialogue Interreligieux », dirigé par le cardinal nigérian Arinze. Ce vaste champ de réflexion sur le dialogue, couplé à la stratégie holistique d'évangélisation du catholicisme, favorise un contact paisible

---

10. Jean-Paul II, *Redemptor Hominis*, lettre encyclique, 1979, n° 14.

dans les différents champs de la mission catholique. La présence persuasive du catholicisme fut marquée par la création des œuvres sociales, telles que les centres de santé, les centres d'apprentissage pour les non scolarisés, les écoles, etc. C'est ainsi que les catholiques créèrent la première école à Savalou, en pays Maxi, en 1908.

Du côté des protestants, la naissance de la CETA/AACC (Conférence des Églises de Toute l'Afrique, ou, en anglais, All Africa Conference of Churches) en 1963 à Kampala en Ouganda a favorisé l'implication des églises membres dans le domaine social, notamment la lutte contre l'injustice. Elle participe aujourd'hui à « la pérennisation de l'implication des Églises aussi bien en faveur de la paix, de la justice sociale, de la bonne gouvernance que de la démocratisation[11] ». Il s'en dégage que s'il y a conflit interreligieux entre le christianisme et les RTA, cela ne peut provenir que de la branche des évangéliques, réunis au sein de l'AEA (Association des Évangéliques de l'Afrique). Il se pose alors la question de l'implication sociale des évangéliques, surtout de l'aile francophone, qui est l'objet de la présente étude. Est-ce seulement son absence du domaine social qui explique son instigation de conflits ? Ne peut-on pas aussi suspecter dans sa manière de vivre la mission – mission de conquête, comme le rappelle Cédric Mayrargue dans le journal *Libération*[12] : « Cet évangélisme qui veut conquérir l'Afrique » – le germe du conflit ? Il s'agit d'un défi que les évangéliques devraient tenter de relever.

Troisièmement, lorsqu'on considère le triste spectacle que présente notre monde aujourd'hui[13], que Tévoédjrè décrit comme un monde des « morts, des blessés, et surtout une opinion internationale profondément remuée, traumatisée et toujours divisée : c'est le cas tous les jours en Israël, en Palestine, en Irak, en Syrie, en Afghanistan, en Somalie, au Nigéria, faisons court, dans toute la bande sahélo-sahélienne[14] ». Et lorsqu'on met cette situation en équation avec tout ce qui a été investi, réalisé, suggéré, comme la construction des centres, des maisons pour éduquer, former et expérimenter le dialogue sur la paix, ou encore la tenue de différents colloques,

---

11. K. MANA, *Foi chrétienne, crise africaine et reconstruction de l'Afrique. Sens et enjeux des théologies africaines contemporaines*, Nairobi/Lomé/Yaoundé, Kenya/Togo/Cameroun, CETA/HAHO/CLÉ, 1992, p. 8.
12. C. MAYRARGUE, « Cet évangélisme qui veut conquérir l'Afrique », 2016, https://www.liberation.fr/planete/2016/02/25/cet-evangelisme-qui-veut-conquerir-l-afrique_1435804, consulté le 3 février 2017.
13. En 2019 lors de la rédaction du présent ouvrage.
14. A. TÉVOÉDJRÈ, « Éditorial », *Revue de la Paix par un autre chemin*, janvier 2017, p. 3.

symposiums, la chaire UNESCO sur les dialogues interreligieux et interculturels pour réfléchir, penser, produire et élaborer des recommandations et des programmes pour la paix et la sécurité, le constat conduit à une inadéquation entre l'investissement et le problème à résoudre. Il se pose alors une question sur le rôle des dialogues interreligieux et interculturels. Autrement dit : les dialogues interreligieux et interculturels sont-ils la vraie voie de sortie des conflits interreligieux ?

Chez les catholiques, le dialogue interreligieux n'est pas utilisé comme une approche de résolution des conflits, surtout pas entre le catholicisme et les RTA. Pour eux, les RTA n'ont ni la consistance théologique ni les représentants capables de mener un dialogue. Benoît Mutombo le confirme dans la citation d'un texte du « Secretariatus pro non-Christianis » :

> Au lieu de s'attacher à un dialogue impossible avec eux (les groupes religieux africains), ne valait-il pas mieux les confier, comme par le passé, à la Mission de l'Église, celle du Service, celle de la Parole et celle des Sacrements, qui ont constitué traditionnellement les trois lieux et les trois moments de son approche des peuples ? – Quant au dialogue proprement dit, ne serait-il pas préférable de le réserver aux ensembles religieux avec lesquels il est possible, c'est-à-dire avec ceux qui possèdent des centres de vie spirituelle ou de recherche théologique, tels que monastères ou universités, où se trouvent les responsables avec lesquels on peut dialoguer[15] ? »

Ensuite, Mgr B. Adoukonou[16] met en exergue le rôle du dialogue interreligieux dans le catholicisme africain. Il est plutôt une stratégie d'évangélisation et un modèle de contextualisation du christianisme dans le contexte des RTA. Ainsi, les théologies d'inculturation et d'ecclésiologie se comptent comme les expériences du dialogue interreligieux en Afrique.

Il en résulte que le conflit interreligieux entre le christianisme et les RTA en Afrique francophone n'incombe qu'aux évangéliques, car ils semblent

---

15. B. MUTOMBO, « Proposition 11 : dialogue interreligieux », dans « Un modèle africain de dialogue interreligieux : christianisme-vodun. La RTA au 2e synode pour l'Afrique », sous dir. B. Adoukonou, 2010, p. 10, http://www.cultura.va/content/dam/cultura/docs/pdf/Adoukonou/LA%20RTA%20AU%202°%20synode.pdf, consulté le 4 juillet 2023.

16. B. ADOUKONOU, « Un modèle africain de dialogue interreligieux : christianisme-vodun. La RTA au 2e synode pour l'Afrique », 2010, http://www.cultura.va/content/dam/cultura/docs/pdf/Adoukonou/LA%20RTA%20AU%202°%20synode.pdf, consulté le 4 juillet 2023.

en être les instigateurs. La résolution de ce conflit devient donc un défi qu'ils doivent relever. Sinon les catholiques ne le feront pas, parce que leur stratégie d'évangélisation ne demande pas une « métonoïa » (changement) porteuse de crises qui aurait nécessité une méthode pour la résoudre. Ces derniers ne s'attaquent qu'aux conflits au niveau macro, c'est-à-dire aux dialogues œcuméniques ou dialogues entre les religions instituées ou de traditions religieuses différentes. Malgré le fait que leurs efforts à ce niveau n'aient pas apporté un changement substantiel, ils n'ont pas entrepris l'investigation à un autre niveau. Ainsi, la recherche de résolution du conflit interreligieux au niveau du peuple de « religions ethniques » (exemple, les Maxi) et du christianisme, laissée aux évangéliques, semble s'accorder à un principe biblique qui encourage la recherche. En effet, la Bible enseigne que si vous êtes fidèle dans peu de choses, on vous confiera de plus grandes choses (Mt 25.21, 23) et celui qui veut diriger une Église doit apprendre à diriger sa propre famille (1 Tm 2.1-5). Cela signifie que si les évangéliques arrivent à concevoir une stratégie de résolution de conflits interreligieux entre les peuples de « religions ethniques » et le christianisme (la plus grande des grandes religions, ou des religions du livre), cela pourra devenir une source d'inspiration au niveau macro.

Il s'ensuit que les évangéliques sont encouragés à s'engager dans la recherche d'une approche pertinente qui puisse à la fois régler les conflits qu'occasionnent leurs stratégies d'évangélisation et favoriser les recherches empiriques dans le domaine religieux africain. Il faudra veiller à ce que l'approche ou le modèle apporte l'Évangile au cœur de la vision africaine du monde sans compromettre les valeurs chrétiennes et suffisamment bibliques pour que les peuples de « religions ethniques » deviennent des africains chrétiens artisans de l'amour. Car « l'amour parfait bannit la crainte » (1 Jn 4.18).

1.2. Le problème de recherche

À l'issue du processus d'identification du sujet de la recherche (cf. section 1.1.1.), le chercheur se pose dans cette étude la question suivante : comment utiliser une expérience africaine comme cadre théorique dans la réconciliation en Afrique ?

1.2.1. Questions spécifiques

Pour traiter le problème principal, le chercheur va répondre aux questions spécifiques suivantes :

1. Quel est le contexte socioculturel et anthropologique de l'ethnie ou du peuple Maxi en conflit ?
2. Quels sont les enjeux socio-politico-religieux du vodun au pays Maxi ?
3. Quelles sont les stratégies d'implantation d'églises et d'accomplissement de la mission adoptées par les Églises Évangéliques des Assemblées de Dieu au pays Maxi ?
4. Quelles sont les causes et la portée du conflit interreligieux au pays Maxi ?
5. Quelle est l'approche pratique du dialogue interreligieux au pays Maxi ?

Dans une approche normale de recherche, les questions spécifiques sont suivies d'hypothèses. Mais parce que la présente étude est une « stratégie de recherche » et non une recherche thématique, à la place des hypothèses, ce sont des justifications qui sont indiquées. En effet, par « stratégie de recherche », « on entend non un thème, mais bien un objet de recherche construit comme tel, autrement dit une question inscrite dans un débat scientifique et associée à un terrain, à partir duquel sera constitué un matériau empirique[17] ». Ainsi notre stratégie de recherche relevant d'un système de recherche qualitative présente un objectif qui est double : comme toute recherche qualitative dont le but premier est de collecter des données d'analyse pour résoudre un problème, notre approche vise un second objectif qui est pratique, celui de découvrir un contexte, un peuple, une culture et surtout un problème relationnel, ce qui nécessite des justifications. Le matériel conçu à partir du terrain, qui est l'approche dénommée MADIR, se présente comme la solution au problème, donc une justification de la stratégie.

Le schéma suivant rend bien compte de la corrélation entre la stratégie de recherche et l'approche MADIR, conçue à partir du terrain, comme la réponse élaborée à partir de l'expérience du terrain.

---

17. S. Duchesne et F. Haegel, *L'entretien collectif. L'enquête et ses méthodes*, coll. 128, Paris, France, Armand Colin, 2014, p. 5.

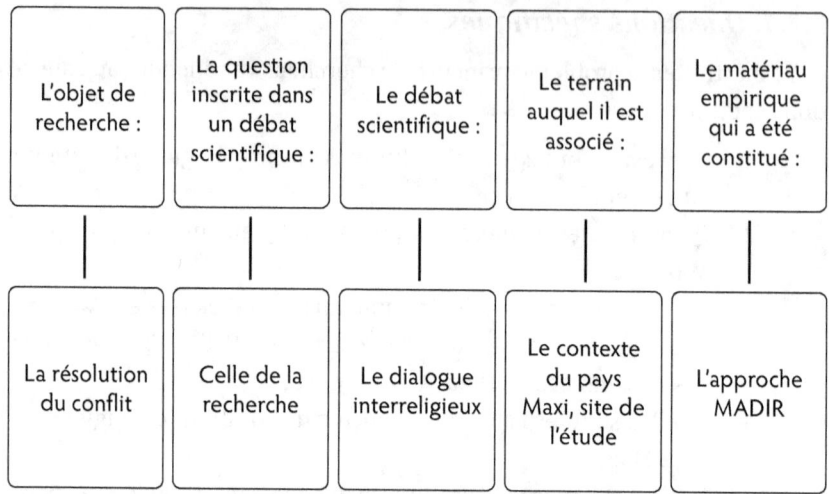

Graphique n° 1 : Méthodologie de formulation du MADIR

Rappel de la question de recherche : Comment utiliser une expérience africaine comme cadre théorique dans la réconciliation en Afrique ?

1.2.2. Justifications

Pour l'étude, les justifications suivantes sont indispensables :

1. Le contexte de la tradition orale est déjà un contexte de dialogue, parce qu'il exige présence, celle de l'autre, afin que la communication ait lieu. Lorsqu'un conflit religieux intervient, il brise les fondements de base de la société et le rétablissement ne peut pas se faire par des relations épistolaires ni par une tierce personne hors du contexte. Cependant une simple présence ne suffira pas. Il faut que l'agent réconciliateur jouisse d'une crédibilité manifestant une connaissance profonde des enjeux socioanthropologiques pour atteindre son objectif.
2. La communauté religieuse autochtone étant un peuple verbomoteur, elle ne possède donc aucun texte sacré qui permette de la découvrir de l'extérieur. Sa religion, le vodun, étant une religion symbolique, ritualiste, hiérarchisée et fermée, l'initiation se présente comme l'unique voie d'intégration. La capacité de connaître le vodun pour en formuler l'existence et la théologie dépendra du

niveau atteint dans la hiérarchie de son organisation. Parvenir au cercle fermé du sommet de la hiérarchie confère cette capacité.
3. La communauté religieuse missionnaire développe, dans le contexte vodun, des stratégies d'évangélisation dont on ne peut véritablement comprendre les enjeux qu'en partageant leur vie quotienne. Et il faut intégrer la communauté pour être en mesure de décrire les enjeux desdites stratégies, telles que les membres les ont comprises et les appliquent. Un chercheur étranger à la dénomination pourrait intégrer la communauté par recommandation hiérarchique, mais il aura toujours besoin de travailler à son implication pour accéder au leadership.
4. L'analyse objective et scientifique de la situation sera tributaire de l'observation et de l'implication du chercheur dans le contexte de la société et dans les deux communautés. Mais identifier les facteurs déclencheurs du conflit est le principal but de l'analyse. Puis, la portée sociale, historique, théologique et biblique de la cause première sera examinée. La solution issue de l'analyse fera l'objet de vérification biblique avant toute application.
5. Puisque la démarche est « pratique-théorie-pratique[18] », il faudra décrire tout le processus qui a conduit à la formulation de l'approche. C'est une théorisation de la pratique du dialogue interreligieux au pays Maxi.

1.2.3. Les délimitations

Les délimitations du présent projet de recherche concernent la nature du dialogue, la typologie du dialogue interreligieux, la cible ethnique et la période de recherche.

1.2.3.1. La nature du dialogue étudié

Le dialogue étudié ici n'est pas de nature politico-religieuse, mais il concerne exclusivement les religions. Dans ce cas, les spécialistes du dialogue interreligieux examinent souvent dans leur approche les deux formes de dialogue interreligieux que sont le dialogue œcuménique et le dialogue

---

18. D. S. BROWNING, « Methodology », dans K. Smith, sous dir., *Ress150Research Methodology_Reader*, Johannesburg, Afrique du Sud, SATS-Cours, 2010.

interreligieux proprement dit. En effet, selon Thom Sicking[19], le dialogue œcuménique vise l'unité au sein d'une même tradition religieuse, qu'elle soit chrétienne, musulmane, hindouiste, ou autre. La présente étude de cas exclut cette approche, car il s'agit de deux traditions religieuses très différentes. En outre, le dialogue œcuménique se situant sur le plan des religions instituées, le vodun en est exclu.

L'étude de cas engageant les EEAD et le Vodun Xɛbyoso relève donc véritablement du dialogue interreligieux.

1.2.3.2. La typologie du dialogue

Jacques Levrat, un expert du dialogue, résume bien dans son livre *La force du dialogue*[20] les quatre types de dialogue : « le dialogue du vivre ensemble », « le dialogue d'engagement », « le dialogue intellectuel » et le « dialogue existentiel ». L'étude du dialogue entre les deux groupes cibles ne peut pas concerner les deux derniers types de dialogue, car aucune réflexion théologique n'a été faite au préalable, ni au niveau des EEAD, ni au niveau du Vodun Xɛbyoso. En effet, les deux types de dialogue concernés, « intellectuel » et « existentiel », nécessitent des théologiens de chaque groupe qui s'engagent dans le processus du dialogue. Ce qui n'existe pas pour le moment au niveau des deux groupes concernés.

1.2.3.3. La cible ethnique

La recherche se fait au niveau de l'ethnie Maxi pour des raisons linguistique, culturelle et historique. Étant natif Maxi, la langue et la culture ne constituent pas un obstacle pour l'intégration du chercheur. Le chercheur étant de ceux qui ont implanté des églises évangéliques dans la zone maxi depuis les années 1980, le choix de la cible ethnique s'en trouve historiquement justifié.

1.2.3.4. Délimitation temporelle

Les recherches ont couvert la période s'étendant de l'échec de la première tentative de résolution du conflit par le chercheur en 2010 jusqu'à sa résolution en février 2017.

---

19. T. SICKING, *Dialogue interreligieux et dialogue œcuménique, différences et similitudes*, Chrétiens et Sociétés, 11/2004, 2011.
20. LEVRAT, *La force du dialogue*, p. 36-40.

1.2.4. Les définitions

Cette section précisera le sens des mots tels que le chercheur les conçoit dans la présente étude. Il s'agit des mots suivants : dialogue, Vodun Xɛbyoso, tradition religieuse, palabre, religiosité, RTA, religion instituée, région de Savalou, peuple Maxi, Assemblées de Dieu.

1.2.4.1. Dialogue

« Si celui qui est en face de moi ne me comprend pas ce n'est pas qu'il est bête, mais parce que moi je ne le comprends pas. Quand je l'aurai compris, je saurai me faire comprendre de lui[21]. » Il s'agit du sens symbolique du mot dialogue dans le contexte africain.

1.2.4.2. Vodun Xɛbyoso

Le Vodun Xɛbyoso dans la langue maxi a plusieurs appellations : Xɛvieso ou Xɛvioso, et Xɛbieso ou Xɛbioso. Ce sont les quatre paronymes qui se résument en deux unités littéraires pour désigner la même divinité. Il s'agit d'une divinité dont l'analyse sémantique du mot va au-delà de la réalité connue et nommée en français par « tonnerre ». Pour Ananou, « le Vodun Xɛbioso ne représente pas en soi le Principe cosmique déclencheur du feu, mais incarne le Principe cosmique transmetteur du Feu[22] ».

1.2.4.3. Tradition religieuse

Le chercheur adopte ici la définition de Sicking : « J'entends par là l'identité commune, entre les diverses communautés ou religions instituées appartenant à une même famille. C'est cette tradition religieuse qui est le plus souvent concernée lorsque l'on parle de religion. La religion chrétienne est ainsi une tradition que les catholiques, les Grecs orthodoxes, les orientaux orthodoxes (souvent oubliés !) ou les diverses dénominations protestantes ont en commun[23]. »

1.2.4.4. Palabre

Selon Penoukou, la palabre « est un processus de dialogue élargi à la recherche d'un consensus permanent – mais toujours ouvert – et constructif.

---

21. Ampâté BÂ, dans LEVRAT, *La force du dialogue*, p. 8.
22. ANANOU, *Vodun Xevioso*, p. 46.
23. SICKING, *Dialogue interreligieux et dialogue œcuménique, différences et similitudes*, p. 49-60.

Ce dialogue par la palabre est d'autant plus impérieux que dans la vie d'une communauté, tout se passe ensemble : on mange, on boit, on danse, on éduque, on s'instruit et on s'initie à la sagesse ancestrale en un même lieu[24] ».

1.2.4.5. Religiosité

Pour Sicking, la religiosité « désigne les pratiques et coutumes religieuses, les croyances plus ou moins proches d'une ou de plusieurs traditions religieuses, sans que ceux qui les pratiquent se considèrent comme appartenant à une institution religieuse précise. Ce cas est bien décrit par la sociologue anglaise, Grace Davie, par la formule : "believing without belonging" : croire sans appartenir. On peut également ranger dans cette rubrique les pratiques empruntées à d'autres religions : méditation, recherche de guérison, recherche de prévision d'avenir, etc.[25] ».

1.2.4.6. Religions Traditionnelles Africaines (RTA)

Les Religions Traditionnelles Africaines (RTA) est la nomenclature scientifiquement reconnue par les théologiens, ethnologues et anthropologues pour désigner les religions africaines. « Le terme de RTA fut utilisé pour la première fois par Parrinder Goeffrey comme titre à un programme d'enseignement au Département des Études de Religion à l'Université d'Ibadan en 1947[26]. »

1.2.4.7. La religion instituée

La religion instituée est l'organisation que chaque religion se donne. « Il y a une autorité, un cadre juridique, des règles qui déterminent qui en est membre et comment on peut y entrer ou éventuellement en sortir. Ces institutions peuvent être très diverses, étendues ou restreintes. Certaines ont un caractère fortement national (l'Église arménienne, l'Église grecque

---

24. E. B. Penoukou, « La tradition séculaire de la palabre », 2014, p. 2, http://dialoguedynamics.com/content/dialoguing/dialogue-on-consensus/starting-point-of-the-dialogue/article/entretien-sur-la-palabre-africaine, consulté le 12décembre 2018.
25. Sicking, *Dialogue interreligieux et dialogue œcuménique, différences et similitudes*, p. 49-60.
26. A. Walls, « The Discovery of "African Traditional Religion" and its Impact on Religious Studies », dans *Seeing New Facets of The Diamond. Christianity as a Universal Faith. Essays in Honour of Kwame Bediako*, sous dir. G. Bediako, B. Quarshie et J. K. Asamoah-Gyadu, Akropong-Akuapen, Ghana, Regnum Africa, 2014, p. 12.

orthodoxe de Grèce, l'islam chi'ite d'Iran ou l'islam wahhabite d'Arabie Saoudite[27]). »

1.2.4.8. Région de Savalou

Située au centre du Bénin, la commune de Savalou, la zone d'étude, a une superficie de 2 674 km² et une population estimée en 2012 à 35 433 habitants. Elle est limitée au nord par la commune de Bantè, au sud par la commune de Djidja, à l'est par la commune de Glazoué et la commune de Dassa-Zoumè et à l'Ouest par la République du Togo.

1.2.4.9. Le peuple Maxi

Selon Anignikin, « les Maxi sont de la même origine que les Ouémènou, les Gun, les Aïzo et les Fon, et forment ensemble, avec eux, l'aire culturelle Aja-Fon[28] ». Territorialement, ils occupent la région de Savalou et deux autres communes : Ouesse et Covè, réparties entre les départements du Zou et des Collines[29].

1.2.4.10. Assemblées de Dieu

Les Assemblées de Dieu (ADD), officiellement l'Association Mondiale des Assemblées de Dieu, sont un regroupement d'églises chrétiennes évangéliques de courant pentecôtiste, présent au niveau mondial. En 2015, le mouvement regroupait quelque 67 millions de membres répartis dans plus de 366 105 églises et dans plus de 190 pays au sein de l'Association mondiale des Assemblées de Dieu (World Assemblies of God Fellowship). C'est en juillet 1988 que l'Association mondiale des Assemblées de Dieu est créée à Springfield, dans le Missouri, aux États-Unis[30].

---

27. SICKING, *Dialogue interreligieux et dialogue œcuménique, différences et similitudes*, p. 49-60.
28. ANIGNIKIN, « Histoire des populations mahi. À propos de la controverse sur l'ethnonyme et le toponyme "Mahi" », *Cahiers d'études africaines* 162, 1994, p. 253.
29. M. GOGAN, R. ADJAHO, *Bénin : comprendre la réforme de l'administration territoriale en 45 questions*, Cotonou, Bénin, Éditions CR, 1999, p. 41-43.
30. K. P. AKIBO, *Les fruits de la Pentecôte. Histoire de l'Évangélique des Assemblées de Dieu du Bénin : 1945-1998*, Cotonou, Bénin, EEDB, 1998, p. 15.

1.2.5. Les présuppositions

Le chercheur part de la définition, selon K. G. Smith[31], des « présuppositions » dans une thèse (ce « sont les choses que vous tenez pour acquises, que vous considérez comme évidentes, les vérités fondamentales sur lesquelles vous bâtissez votre étude. Vos présuppositions peuvent être vraies ou ne pas l'être »), pour formuler les trois suivantes : contexte d'écriture, tradition religieuse et théologie de référence.

La première présupposition sur laquelle le chercheur fonde son étude est celle « d'écrire depuis le contexte traditionnel d'identité » et s'énonce comme suit : « Le chercheur a pensé en langue maxi, puis il a traduit en français. » Cette présupposition dépasse le problème que pose la diglossie. Gandonou l'explique mieux :

> « La diglossie » ou ce qu'on appelle encore le plurilinguisme. L'écrivain africain, dont le français par exemple n'est pas la langue maternelle, penserait dans sa langue avant d'« écrire dans la langue de l'autre ». Le romancier béninois Olympe Bhêly-Quenum nous fait par exemple cette confidence au sujet de ses difficultés dans ce domaine : « Il m'arrive, par exemple, d'être bloqué quand j'écris. Je ne trouve plus les mots français que je voulais employer, et auxquels se substituent obstinément des mots et des pensées fon ou yoruba là où certaines pensées ne veulent pas être traduites et véhiculées en langue française, ma langue de travail habituelle. »[32]

Car il s'agit d'une transposition d'un système de pensée d'identité, symbolique et orale, dans un système de pensée analytique, conceptuelle et écrite. Il se pose souvent le problème de communication et de compréhension. C'est pourquoi le chercheur expose, mais brièvement, les trois caractéristiques qui la déterminent.

- La pensée d'identité, et non d'identification : R. Panikkar, dans *Pluralisme et interculturalité*, définit l'identification propre à la pensée analytique comme la méthode qui « consiste à classifier, à mettre des étiquettes qui servent à identifier. Et si nous ne

---

31. K. Smith, *Rédaction d'un travail académique et recherche théologique : un guide pour étudiant*, Johannesburg, Afrique du Sud, SATS Press, 2008, p. 117.
32. A. Gandonou, *Le Roman ouest-africain de langue française. Étude de langue et de style*, Paris, France, Karthala, 2002, p. 123.

classifions pas, nous ne nous sentons pas sûrs de nous ; c'est comme si, en perdant notre identification, nous perdons notre identité[33] ». Chez le peuple verbomoteur, l'identité est intuitive et subjective, elle renferme en soi sa propre identité. C'est pourquoi elle ne se définit pas à partir de l'extérieur et par classification. La conscience de l'identité est ineffable, elle ne se dit qu'au travers d'histoires, celle du père, du grand-père, du clan ou de l'ethnie. Cette dernière ne s'exprime pas seulement par l'histoire ou la langue, mais aussi par les rythmes et les gestes.

- La connaissance est symbolique et non conceptuelle. Il n'existe presque pas d'attribution d'une connaissance à un auteur individuel chez le peuple verbomoteur. Ainsi, la connaissance symbolique se fonde sur la participation, sur l'expérience et sur l'intuition totale que le groupe accorde à l'objet ou la réalité expérimentée. C'est pourquoi le symbole n'a pas de sens au-delà du sujet pour lequel le symbole est symbole. Cela explique pourquoi c'est de l'intérieur de la communauté qu'on peut accéder au sens du symbole. Car il s'agit d'un contexte où la rationalité est plurielle[34] et la *pensée sphérique.*
- L'oralité, où la valeur est la dignité de la parole parlée. Le peuple est verbomoteur parce que c'est la parole « parlée » et non la parole écrite qui porte sa pensée et la transmet. Mais la parole n'est pas que l'émission du son chez le peuple verbomoteur. Les gestes[35] et les rythmes en constituent le second déterminant qui porte et transmet la pensée. Il faut appartenir au contexte

---

33. R. Panikkar, *Pluralisme et interculturalité. Cultures et religions en dialogue I*, Paris, Les Éditions du Cerf, 2012, p. 255.
34. Le colloque qu'a dirigé Paulin Hountondji en 2007 sur « La rencontre des rationalités » a permis de comprendre les différentes formes de rationalités dans la pensée africaine. P. Hountondji, sous dir., *La rationalité, une ou plurielle ?*, Dakar, Sénégal, CODESRIA, 2007. L'irrationalité a aussi sa rationalité, selon Coovi Houédanou, qui définit les « sciences occultes » comme « l'âme de la rationalité africaine ». C. Houédanou, « Rationalité universelle et rationalité africaine », dans P. Hountondji, sous dir., *La rationalité, une ou plurielle ?*, Dakar, Sénégal, CODESRIA, 2007, p. 203.
35. Grâce à *l'anthropologie du geste*, Jousse a ouvert un chemin pour la découverte de nouvelles lois et méthodes pour le décryptage et l'analyse du style oral rythmique et mnémotechnique chez les verbomoteurs. M. Jousse, *L'anthropologie du geste. La Manducation de la Parole, Le Parlant, la Parole et le Souffle*, Paris, France, Gallimard, 1969.

pour pouvoir décrypter ces « écrits parlés », langages, gestes et rythmes, parce qu'il n'existe aucune école pour s'y instruire.

Cette description permettra de comprendre le style et le langage du chercheur. Ils sont tributaires de sa « présupposition précédente », et son souci a été de faire comprendre le message de la thèse à partir du système verbomoteur, en utilisant son mode de pensée sphérique.

Tradition religieuse : le chercheur se réclame de la tradition des évangéliques d'Afrique, qui confessent l'autorité de la Bible en matière de foi et d'éthique. La théologie doit être biblique. Le chercheur est attaché aux positions partagées par les évangéliques sur les questions d'auteur, d'authenticité, de date et de rédaction des livres bibliques qui lui servent d'évaluation et de guide dans la présente étude.

Théologie africaine : toute théologie, pour atteindre son objectif dans un milieu donné, doit s'exprimer et s'incarner culturellement. En ce sens, la théologie en Afrique doit être africaine pour parler aux Africains. Une telle théologie doit se faire dans les langues africaines d'abord, puis dans un langage concret qui utilise des catégories compréhensibles aux destinataires. Elle doit être simple et profonde, mais aussi et surtout biblique. Son enracinement biblique est le fondement du dialogue qu'elle peut et doit entretenir avec l'activité théologique de l'Église globale de Jésus-Christ.

Dans la présente étude, l'analyse sotériologique émane exclusivement de celle de la communauté missionnaire des Églises Évangéliques des Assemblées de Dieu du Bénin (celle du chercheur n'entre pas en ligne de compte ici). En revanche, l'exploitation des textes bibliques s'appuie sur une approche africaine de lecture de la Bible.

1.2.6 Valeur de l'étude

La proposition du Modèle Africain du Dialogue InterReligieux (MADIR) a aidé les groupes religieux en conflit. Les cadres maxi en bénéficieront, de même que les théologiens africains francophones.

1.2.6.1. Une approche de réconciliation des groupes religieux à la base

Lorsque le chercheur a été interpellé en 2010, ce sont des familles entières qui étaient divisées et en conflits ouverts. Les chrétiens maxi convertis au christianisme évangélique étaient sous menace permanente. Et les vodunons et hunnons se sentaient offensés, abreuvés d'insultes, identifiés comme démons et même comme le diable en personne. Après sept ans de processus de dialogue, ces différents groupes ont connu la réconciliation et la paix. Sans passer par le débat théologique, il a été question de faire le dialogue par un autre chemin : « l'identité ethnique comme base du dialogue et l'histoire culturelle pour établir la confiance mutuelle ». La paix est revenue et plusieurs familles se sont réconciliées.

1.2.6.2. Une ébauche de l'histoire, de la culture et de la religion au pays Maxi

La capitalisation de l'expérience de réconciliation et sa formalisation par des écrits donneront aux cadres maxi des documents scientifiques sur l'ébauche de l'histoire, la culture et la religion. En effet, les dialogues avec chaque groupe séparément ont d'abord commencé par la réactualisation de l'identité ethnique et de l'histoire maxi depuis l'origine de l'ancêtre éponyme. Cette compilation des recherches pourra servir comme document primaire sur lequel la génération montante pourra bâtir l'histoire complète des Maxi.

1.2.6.3. Nouvelles approches théologiques d'effectuer la recherche

Chaque théologien du monde francophone africain est pris entre l'étau de sa propre tradition religieuse et le christianisme qu'il a étudié dans les facultés. Il est donc, par son identité, dans une tension de dialogue interreligieux, qu'il en soit conscient ou non. Ayant reçu par sa formation théologique une approche ou méthode de recherches documentaires ou exégétiques, la méthodologie proposée par le chercheur lui offre une approche pour les recherches empiriques dans le domaine religieux africain ou dans tout contexte d'oralité.

La découverte et l'utilisation de l'anthropologie du geste de Marcel Jousse dans la méthodologie est l'intégration d'une approche scientifique dans l'étude de l'oralité. Les religions et croyances relevant exclusivement de l'oralité, la méthode du chercheur se présente comme l'un des instruments efficaces pour la recherche de la théologie africaine.

1.3. Le plan de la recherche

Cette étude se veut un travail méthodologique dans le domaine du dialogue interreligieux. Le plan de la recherche est donc la présentation de ce modèle africain et sa vérification dans un contexte d'oralité. Ainsi, dans cette section, il sera exposé premièrement la structure, c'est-à-dire les différentes phases du modèle et leur application dans le contexte maxi. La deuxième partie sera consacrée à la présentation de cette méthodologie qui sous-tend la recherche.

1.3.1. *La structure de la recherche*

La démarche dans cette étude s'inscrit dans le domaine du dialogue interreligieux au pays Maxi, dans le département des Collines, au Centre-Nord du Bénin. La résolution du conflit a exigé trois phases[36] qui composent la structure de la recherche. La première phase, ou phase préparatoire, a décrit tous les préparatifs pour l'acquisition des prérequis théorico-pratiques au dialogue. C'est le chapitre d'introduction qui rend compte de cette phase et présente la méthodologie qui sera appliquée.

La deuxième phase, ou phase de la recherche proprement dite, commence depuis l'implication du chercheur sur le terrain de la recherche jusqu'à l'aboutissement de la réconciliation. Ce sont les chapitres 2, 3 et 4 qui rendent compte des résultats de cette phase. Le chapitre 2, qui décrit la première étape de cette phase, permet de comprendre comment l'immersion du chercheur au sein de la communauté maxi lui a permis d'analyser et de comprendre la société, la culture et l'homme maxi pour être en mesure d'ébaucher l'histoire, la sociologie, l'anthropologie, la linguistique et le rythme maxi. Le chapitre 3, qui décrit la deuxième étape de cette phase, permet de comprendre comment l'initiation du chercheur au Vodun Xɛbyoso lui a permis d'analyser et de comprendre les religions au pays Maxi pour être en mesure de décrire le vodun de l'intérieur, son histoire, son identité, le processus de son organisation et sa fonction au pays Maxi. Le chapitre 4, qui décrit la troisième étape de cette phase, permet de comprendre comment l'intégration du chercheur dans les EEAD est si profonde qu'il accède à toutes les données lui permettant d'ébaucher l'histoire et l'organisation de l'Église EEAD, de décrire les stratégies d'évangélisation et d'exposer la sotériologie, telle qu'elle est comprise et vécue par ces fidèles chrétiens au pays Maxi.

La troisième phase, ou phase de formalisation, concerne les analyses, les descriptions et les formulations. Ce sont les chapitres 5, 6 et 7 qui rendent

---

36. Chaque phase étant entendue comme une « période incluse dans le déroulement (d'un processus) » (voir Microsoft Encarta 2009).

compte de ces trois éléments constituant l'ensemble de la formalisation. Le chapitre 5, qui décrit la première étape de cette troisième phase, analyse la situation à partir des données pour développer les facteurs bibliques, historiques et socioculturels du conflit. Et c'est dans les Écritures qu'a été trouvée la solution, dans le modèle de Christ. Car Christ n'a pas seulement réconcilié le monde avec Dieu, mais il a aussi enseigné et laissé un modèle d'amour basé sur le dialogue. Le chapitre 6, la deuxième étape de cette troisième phase, décrit quant à lui comment le dialogue s'est réellement passé au pays Maxi. L'application des six premières étapes du MADIR est exposée à partir de leur histoire concrète. Le chapitre 7, qui décrit la troisième étape de cette troisième phase, formule les leçons apprises, les défis rencontrés, les éléments à approfondir et les avantages et perspectives du MADIR.

Notre étude aura donc la structure présentée dans le tableau ci-après :

Tableau n° 1 : Structure de la recherche

PHASE	CHAPITRE	TITRE
Phase 1 (préparation)	Chapitre 1	Introduction, présentation du MADIR
Phase 2 (exploration)	Chapitre 2	Analyse du contexte socioculturel et anthropologique du peuple Maxi
	Chapitre 3	Le peuple Maxi et ses religions : vers une description
	Chapitre 4	Stratégies d'implantation et de mission des Églises Évangéliques des Assemblés de Dieu au pays Maxi
Phase 3 (formulation)	Chapitre 5	Analyse des causes et de la portée du conflit interreligieux au pays Maxi
	Chapitre 6	Approche pratique du dialogue interreligieux au pays Maxi
	Chapitre 7	Conclusion générale

Source : Les présents travaux, 2019.

1.3.2. La méthodologie de la recherche

Le Modèle Africain de Dialogue InterReligieux (MADIR) est une approche de dialogue interreligieux que le chercheur propose pour créer le dialogue dans les communautés africaines qui sont à la base. Cette proposition s'est imposée à lui parce qu'il n'existait pas d'approche qui prenne en compte les contextes et les données socioculturels et anthropologiques propres au peuple verbomoteur. Le MADIR et les sept étapes qui la composent seront donc exposés dans la première section. Puis, dans une deuxième section, l'outil de collecte de données le plus approprié pour l'application de la méthode sera décrit. Et enfin, les méthodologies des différents chapitres vont clore le présent chapitre.

1.3.2.1. Proposition d'une approche : MADIR

Le MADIR est une méthodologie de recherche empirique relevant d'un système de recherche qualitative, s'inspirant de certaines caractéristiques exposées par John Creswell dans son livre *Research Design. Qualitative, Quantitative, and Mixed Methods Approaches*[37]. L'objectif du MADIR est double. Comme toute recherche qualitative dont le but premier est de collecter des données d'analyse pour résoudre un problème, le MADIR vise un second objectif, qui est pratique, celui de découvrir un contexte, un peuple, une culture et surtout un problème relationnel. Car sa concrétisation n'est pas que la production d'un document de recherche, mais c'est surtout le rétablissement de liens ethniques brisés. Le développement des sept étapes qui constituent le MADIR sera précédé d'un bref exposé sur les six caractéristiques principales qui la fondent.

1. Les principales caractéristiques du MADIR.

Le MADIR est une approche de recherche exploratoire, car il n'y a généralement pas d'hypothèse à tester. Mais elle recherche plutôt une nouvelle compréhension des réalités socio-ethnologiques. Le chercheur exposera les six principales caractéristiques qui la fondent et qui sont inspirées des travaux de Creswell[38], qui les a contextualisées. Le MADIR est donc un outil de recherche ethnographique d'approche qualitative spécifique. Elle se réalise dans un cadre naturel de vie où les participants constituent la centralité de la recherche. Dans le MADIR, le rôle du chercheur est fondamental et spécifique, car il travaille sur les données d'analyse significatives que sont l'identité ethnique et l'histoire culturelle.

---

37. J. W. Creswell, *Research Design. Qualitative, Quantitative, and Mixed Methods Approaches*, Los Angeles/London/New Deli/Singapour, États-Unis/Royaume-Uni/Inde/Singapour, SAGE Publications, Inc., 2009.
38. *Ibid.*

a) Le MADIR : un outil de recherche ethnographique.

L'ethnographie est « une stratégie d'enquête dans laquelle le chercheur étudie un groupe culturel intact dans un environnement naturel sur une période prolongée en recueillant principalement des données d'observation et d'interviews (Creswell, 2007b). Le processus de recherche est flexible et évolue généralement en fonction du contexte et des réalités vécues sur le terrain (LeCompte & Schensul, 1999)[39] ». L'aspect descriptif de l'ethnographie, indispensable pour l'analyse et la compréhension du problème d'étude, est doublé de l'objectif d'intégration culturelle ayant pour finalité l'identification ethnique. C'est cette identification du chercheur au peuple de sa recherche qui fait que le MADIR est une approche de recherche qualitative spéciale.

b) Le MADIR : une approche qualitative spéciale.

La spécificité du MADIR est ce que Creswell désigne par « le paradigme de la recherche qualitative ». Cette dernière a pour but « de comprendre une situation sociale, un évènement, un rôle, un groupe ou une interaction sociale particulière (Loke, Spirduso et Silverman, 1987). Il s'agit en grande partie d'un processus d'investigation où le chercheur comprend progressivement un phénomène social en comparant, en reproduisant, en cartographiant et en classant l'objet de l'étude (Milles & Huberman, 1989), ce qui implique une immersion dans la vie quotidienne du lieu choisi d'étude. Le chercheur entre dans le monde des informateurs et, à travers une interaction continue, cherche les perspectives et la signification des informateurs[40] ». Les deux aspects consistant en l'immersion et la découverte des perspectives et significations des informateurs, dans le cas du MADIR, ils exigent une compétence linguistique incontournable. En effet, l'immersion nécessaire pour saisir les perspectives et la signification des données d'un peuple verbomoteur ne peut se réaliser que lorsque le chercheur est en mesure de dialoguer au sens linguistique, ce qui lui permet d'interagir efficacement avec ce peuple. C'est ce paradigme linguistique qui fait la spécificité de la présente approche. Une compétence bilingue suffit lorsqu'il s'agit d'un seul peuple ou ethnie. Mais lorsque le MADIR doit s'appliquer dans un contexte de plus d'une langue (deux peuples ou ethnies différentes sur le plan linguistique), cela requerra du chercheur une compétence linguistique égale au nombre de langues plus un. C'est-à-dire que le chercheur doit pouvoir parler la langue de chaque ethnie concernée par la recherche en plus de la langue

---

39. *Ibid.*, p. 13.
40. *Ibid.*, p. 194.

du compte rendu de la recherche. Car la compréhension d'une situation sociale, d'un évènement, d'un rôle, d'un groupe ou d'une interaction sociale particulière par le chercheur ne peut jamais se réaliser avec profondeur par l'interposition d'un interprète. Il s'ensuit que la maîtrise de la « langue du peuple de la recherche » est incontournable.

Un autre élément qui confère au MADIR une spécificité est le cadre naturel de la recherche.

c) Le MADIR et le principe du cadre naturel de la recherche.

Les éléments dont l'ensemble désigne le cadre naturel de la recherche sont le terrain ou site naturel de vie du peuple de la recherche, l'absence d'usage de laboratoire pour la recherche et, enfin, le bannissement d'instruments (questionnaires ou autres à compléter par des informateurs). Le premier élément indique qu'il s'agit de l'environnement où vit le peuple concerné. Et le MADIR est applicable prioritairement au monde rural bénéficiant d'une certaine homogénéité linguistique, culturelle et religieuse. Le second élément stipule que la recherche ne peut pas se faire en dehors de ce cadre naturel de vie ou créer un environnement ou un système particulier à l'intérieur dudit cadre naturel. Le peuple verbomoteur étant très sensible et suspicieux, toute interférence dans son cadre de vie détournerait des réalités à analyser. Ce deuxième élément a pour corollaire le troisième élément, indiquant que tout instrument de collecte d'information (comme questionnaire) qui s'interposerait entre le chercheur et le peuple aurait la même conséquence que celle susmentionnée. La rencontre du peuple objet de la recherche dans son cadre naturel de vie est une recommandation non négociable pour l'application du MADIR. Creswell confirme cet aspect de la recherche qualitative quand il dit que « les chercheurs de la recherche qualitative ont tendance à collecter des données sur le terrain, sur le site où les participants vivent le problème étudié. Ils n'amènent pas les individus dans un laboratoire (situation artificielle) ou n'envoient généralement pas d'instruments à compléter. Ces informations rapprochées recueillies en parlant directement aux gens et en observant leur comportement sont une caractéristique majeure de la recherche qualitative. Dans un contexte naturel, les chercheurs ont une interaction face à face au fil du temps[41] ». Après le respect du principe du cadre naturel de la recherche, le MADIR met au centre de la recherche les participants que constitue le peuple ou l'ethnie.

---

41. *Ibid.*, p. 175.

d) Le MADIR et le principe des participants au centre de la recherche.

La compréhension ou la signification que les participants accordent au problème étudié fonde la centralité du sens des données du MADIR. En effet, « dans l'ensemble de la recherche qualitative, le chercheur reste concentré sur l'apprentissage du sens que les participants ont du problème. Pas le sens que le chercheur apporte à la recherche ni ce que les écrivains expriment dans la littérature[42] ». Dans le cas du MADIR, ce n'est pas le chercheur qui détermine l'échantillon, mais ce dernier émerge des différents niveaux de structuration sociétale. Et comme chez le peuple verbomoteur la représentation du peuple obéit à des règles sociétales (hiérarchie fonctionnelle), c'est à la communauté que revient le droit de désigner ses représentants. Avec le MADIR, on dénombre plusieurs catégories d'échantillons. La première est issue de l'ethnie et les autres des communautés antagonistes.

Pour en revenir au sens des données, Creswell signale que « dans cette situation, le chercheur cherche à établir la signification d'un phénomène du point de vue des participants[43] ». Cependant, il est nécessaire de préciser que le contexte qui fonde le MADIR montre que la signification d'un phénomène, d'une situation ou d'un problème provient de l'élaboration du groupe, de la communauté et non des individus de cette dernière.

Et le moyen d'accéder à cette signification constitue l'une des particularités de la recherche qualitative mise en exergue par Creswell, qui l'exprime de la manière suivante : « Un des éléments clés de la collecte de données de cette manière consiste à observer les comportements des participants en s'engageant dans leurs activités[44]. » Ainsi, la collecte d'informations se présente sous une forme inhabituelle : « S'engager dans les activités que fait la population d'étude. » Il ne s'agit pas d'une approche d'enquête-questionnaire, mais d'une approche qui appelle à vivre les réalités de la population d'étude pour apprendre de leur vécu le sens du problème étudié. Dans le cas du MADIR, l'objectif de cette implication dans les activités du peuple est double. Le premier consiste à accéder à la signification du problème telle que le peuple la conçoit. Le second, très spécifique à notre approche, consiste à s'identifier au peuple. Il s'agit d'un moyen d'établir une certaine confiance entre le chercheur et le peuple, au point où ce dernier puisse se

---

42. *Ibid.*
43. *Ibid.*, p. 16.
44. *Ibid.*

soumettre aux recommandations du premier. Ce dernier élément met en lumière l'importance du rôle du chercheur dans le MADIR.

e) Le MADIR : prépondérance du rôle du chercheur.

L'importance de la personne du chercheur dans le MADIR est mise en exergue par Creswell : « Les chercheurs dans l'approche qualitative sont ceux qui rassemblent réellement les informations et qui ne tentent pas d'utiliser ou de s'appuyer sur des questionnaires ou des instruments développés par d'autres chercheurs[45]. » Cette importance du chercheur se justifie par le fait que la recherche qualitative est une recherche interprétative qui exige l'implication du chercheur dans une expérience soutenue et intensive avec les participants. Selon Creswell, « cela introduit une série de problèmes stratégiques, éthiques et personnels dans le processus de recherche qualitative (Loke et all. 2007) ». Et il dénonce le fait que les chercheurs « identifient explicitement par réflexe leurs valeurs fondamentales et leurs antécédents personnels, tels que le sexe, l'histoire, la culture et le statut socioéconomique qui peuvent influencer leurs interprétations formées au cours d'une étude[46] ». Pour que le chercheur, dans le contexte du MADIR, ne biaise pas ses interprétations, il doit jouir des compétences communicationnelles propres au site de la recherche. L'histoire, la culture et les valeurs fondamentales du chercheur doivent s'apparenter à celles des personnes du contexte d'étude. Particulièrement, la compétence linguistique favorise l'arrimage entre son identité et celle du peuple d'étude.

En conséquence, l'importance du rôle du chercheur dans le cas du MADIR s'exprime par le double objectif de la recherche qualitative que constitue d'une part la collecte de données à analyser, et d'autre part l'intégration communautaire du chercheur. Ce deuxième objectif oriente sur les données principales à examiner.

f) Le MADIR : se focaliser sur les données principales de l'identité ethnique et de l'histoire culturelle.

Creswell rapporte les quatre éléments que Miles et Huberman[47] ont identifiés pour la recherche sur site : « Le cadre (où la recherche aura lieu). Les acteurs (qui seront observés ou interviewés). L'évènement (ce sur quoi

---

45. *Ibid.*, p. 175.
46. *Ibid.*
47. M. B. Miles et A. M. Huberman, *Analyse des données qualitatives*, 2ᵉ éd., traduit de l'anglais par M. H. Rispal, Minimes, Bruxelles, De Boeck Supérieur, 2013.

les acteurs seront observés ou interviewés), et le processus (la nature évolutive des évènements organisés par les acteurs dans l'environnement)[48]. » La spécificité du MADIR se trouve au niveau de l'évènement, qui peut être un conflit ethnique. Mais dans ce cas, ce n'est pas le phénomène conflit qui sera observé ou étudié, car il s'est déjà produit, la recherche se focalisera donc sur la manière de réparer les conséquences qu'il a occasionnées. Cela implique que « les acteurs » (deuxième élément) ne seront pas observés ou interviewés par rapport au phénomène conflit, mais plutôt par rapport à ce que le conflit a produit en leur sein et sur la manière d'y remédier pour rester fidèle à la recherche qualitative.

La principale conséquence du conflit est l'effritement du corps social. Et pour mettre en exergue les éléments et les personnes susceptibles d'en être affectés chez le peuple verbomoteur, le chercheur reporte, dans les lignes qui suivent, la description qu'en font Segurola et Rassinoux dans le contexte maxi où le corps social est nommé « Akɔ ». « Le Akɔ nomme, en fait, toute une structuration socio-identitaire. C'est pourquoi il sert à désigner : le regroupement parental le plus large ; il comprend les gens unis dans le culte d'un même ancêtre réel ou mythique. Un akɔ peut comprendre plusieurs hɛnnu : collectivités familiales. Un hɛnnu (famille au sens large) comprend plusieurs xwéta ou foyers. Xwé désigne le ménage composé du mari, de sa ou ses épouses, des enfants, des neveux et, parfois, des serviteurs[49]. » Dans le cas d'un conflit, c'est ce corps social qui est affecté et se retrouve scindé en deux groupes désunis. Alors l'évènement à observer dans le MADIR est l'identité ethnique (commune aux deux groupes séparés) et la restauration du vivre ensemble entre-temps perturbé par le conflit. Lorsque la raison de cette perturbation est d'origine religieuse, la culture (qu'ils ont ensemble et qu'ils pratiquent dans la vie de tous les jours) se présente comme le moyen d'initier le dialogue. L'Unesco la définit en ces termes : « Dans son sens le plus large, la culture peut aujourd'hui être considérée comme l'ensemble des traits distinctifs, spirituels et matériels, intellectuels et affectifs, qui caractérisent une société ou un groupe social. Elle englobe, outre les arts et les lettres, les modes de vie, les droits fondamentaux de l'être humain, les systèmes de valeurs, les traditions et les croyances[50]. »

---

48. Creswell, *Research Design*, p. 178.
49. B. Ananou, *Le panégyrique chez les Fon. Une rhétorique épidictique*, Abomey, Bénin, Éditions Naguézé, 2019, p. 46.
50. Unesco, « Déclaration de Mexico sur les politiques culturelles », Conférence mondiale sur les politiques culturelles, Mexico City, 26 juillet au 6 août 1982.

Pour entreprendre la restauration, on pourrait initier la reconstitution de l'histoire de l'ethnie. Subséquemment, la recherche historique agira sur la capacité d'adaptation à son cadre social, culturel et traditionnel pour se rappeler son identité ethnique héritée qui ne saurait se perdre. Une telle recherche historique conférera à la culture le fondement de la construction sociale, la mise en branle d'un réseau de significations constamment négociées par les acteurs sociaux. Elle représentera un espace d'interactions qui n'assure pas seulement l'observation, mais s'implique à fond dans l'interprétation, afin d'approcher les communautés dans leurs diversités.

C'est pourquoi le MADIR adopte, comme données principales d'observation et d'analyse, l'identité ethnique comme base de dialogue et l'histoire culturelle comme moyen pour rétablir la confiance mutuelle. Il faut noter que cette recherche de restauration de l'identité ethnique inclut des recherches en ethnomusicologie, car la musique participe à l'identité ethnique. Pour P. Bonte et M. Izard, la musique est « considérée comme fait social (usages, fonctions, représentation)[51] ». Le chercheur devra acquérir une certaine compétence dans ce domaine, il lui faudra une connaissance pratique, au moins du rythme populaire et de la culture.

Ce sont ces six caractéristiques qui fondent le MADIR et permettent de le comprendre dans les sept étapes qui assurent sa réalisation.

2. Les sept étapes du MADIR.

Il s'agit d'un type de recherche exploratoire, car il n'y a généralement pas d'hypothèse à tester, mais plutôt une nouvelle compréhension à développer du lien entre les données d'analyse, le peuple d'étude et le chercheur. Cependant, chacune des sept étapes de l'approche s'appuie sur des travaux d'experts qui leur prêtent un soutien scientifique. La première étape du MADIR se construit à partir desdits travaux sur le dialogue.

Étape 1 : Revue des travaux scientifiques sur les dialogues culturels et interreligieux.

Que disent les experts ?

Cette étape examine les travaux des experts sur le dialogue. Elle correspond à une revue littéraire des autres méthodes de recherche. Le chercheur doit se familiariser avec les travaux de ces experts avant d'entreprendre sa propre recherche de terrain. Les grands domaines inévitables à explorer sont

---

51. P. Bonte et M. Izard, sous dir., *Dictionnaire de l'ethnologie et de l'anthropologie*, 4ᵉ éd., Paris, Quadrige/PUF, 2016, p. 248.

la typologie du dialogue, ses objectifs, sa nature et les différentes approches africaines d'échanges, surtout les palabres et leurs ramifications. Tout chercheur devra en maîtriser le socle composé des quatre types du dialogue : le dialogue de la vie, le dialogue d'engagement, le dialogue intellectuel et le dialogue existentiel, exposés par J. Levrat dans *La force du dialogue*. Il s'agit d'une connaissance de base, qui constitue un outil d'examen et d'évaluation dans ledit domaine. De cette base, le chercheur construira les autres éléments issus des réflexions de certains grands spécialistes du dialogue que sont, pour ne citer que quelques incontournables :

Raimon Panikkar a développé la dimension du dialogue « intra-religieux », qu'il a tiré de ses expériences de dialogue : « chrétien-hindou », « chrétien-bouddhiste » et « chrétien-laïciste ». Ses thèses sur l'interculturalité[52], couplées au dialogue « intra-religieux » et à l'expérience « cosmo théandrique[53] », sont indispensables pour toute recherche sur le terrain. Grâce aux travaux de T. Sicking[54], le chercheur découvre les terminologies appropriées sur le dialogue, la différence entre dialogue œcuménique, dialogue interreligieux et dialogue syncrétiste. Chez J. C. Basset, dans *Le dialogue interreligieux, histoire et avenir*[55], tout chercheur découvrira l'approche non confessionnelle mais phénoménologique et herméneutique du dialogue. C'est lui qui met en exergue les trois types de dialogue exprimés dans les concepts suivants : « exclusive », « inclusive » ou « syncrétiste ». L'étude récente de cas de dialogue à consulter dans le contexte africain francophone est celle de Saha Tchinda, dans *Le dialogue interreligieux contemporain*[56], où il fait une étude interreligieuse chez les Bamilékés du Cameroun. Enfin, toute recherche dans le domaine de dialogue interreligieux en Afrique ne saurait être entreprise sans une revue littéraire sur la « palabre africaine », et, mieux, une étude préliminaire contextuelle de la palabre et ses différentes ramifications. Le chercheur gagnerait en compétence en participant à des colloques, des symposiums sur le dialogue culturel et interreligieux. La pratique dans des centres ou des structures expérimentales du dialogue

---

52. Panikkar, *Pluralisme et interculturalité*.
53. R. Panikkar, *Vision trinitaire et cosmothéandrique : Dieu-Homme-Cosmos*, Paris, Les Éditions du Cerf, 2013.
54. Sicking, *Dialogue interreligieux et dialogue œcuménique, différences et similitudes*.
55. J. C. Basset, *Le dialogue interreligieux, histoire et avenir*, Genève, Suisse, Les Éditions du Cerf, 1994.
56. E. Saha Tchinda, *Le dialogue interreligieux contemporain*. Paris, L'Harmattan, 2017.

serait un atout supplémentaire pour toute recherche dans le domaine du dialogue interreligieux.

Étape 2 : Description socioanthropologique de l'ethnie.
Quel est le peuple/ethnie/groupe à étudier ?

Cette phase de l'étude fournira une description socioculturelle et anthropologique du peuple, ethnie ou groupe en étude. La description peut exploiter la littérature existante, mais elle doit impliquer une recherche qualitative. Car le chercheur doit établir une relation avec le champ de la recherche, à tel point qu'il pénètre lui-même la vision du monde du peuple ou du groupe. Et comme la vision du monde « est le spectre par lequel les êtres humains perçoivent la réalité qui émerge dans la conscience en termes de croyances et buts[57] », la présentation du chercheur doit mettre en relief l'interaction dynamique entre les composants de la vision du monde que sont la culture, la religion, la théologie, l'imagination et la mythologie. L'approche de recherche que suggère cette étape et qui permettra d'atteindre l'objectif est celle de Browning, qu'il faut modifier au besoin pour répondre à la spécificité de la recherche. Résumons la partie de l'approche de Browning qui peut servir à cette étape.

Pour la théologie pratique stratégique, Browning[58] propose de considérer cinq « dimensions » ou « niveaux » d'enquête pertinente à une théologie pratique et stratégique : la vision, l'obligation, la tendance ou le besoin, la question environnementale ou sociale et la règle ou le rôle. Les deux premiers se réfèrent à des idées théologiques et éthiques. Browning explique leur relation avec une image mixte : la théologie est « l'enveloppe extérieure », et l'éthique le « noyau interne » de la théologie pratique stratégique[59]. La théologie ne doit pas être considérée comme uniquement chrétienne, les croyances des peuples (par exemple le vodun au Bénin) ont aussi une théologie que la recherche permettra de mettre en relief. Puisqu'il s'agit de la description d'un peuple, Richard Osmer[60], dans la tâche descriptive de sa méthodologie, suggère que le « chercheur peut inclure, le cas échéant,

---

57. N. T. Wright, *The New Testament and the People of God*, 4ᵉ éd., Londres, Angleterre, Society for Promoting Christian Knowledge, 1997, p. 38.
58. D. S. Browning, *A Fundamental Pratical Theology. Descriptive and strategic proposals*, Minneapolis, États-Unis, Fortess Press Books, 1996.
59. K. Smith, *RESS150ResearchMethodology_Reader*, Johannesburg, Afrique du Sud, SATS-Cours, 2010, p. 161.
60. R. R. Osmer, *Pratical Theology, an Introduction*, Grand Rapids, Michigan/Cambridge, Royaume-Uni, Eerdmans, 2008.

une recherche narrative, une étude de cas, une recherche ethnographique, une recherche phénoménologique ». La recherche ethnographique s'avère indispensable au niveau de cette étape de l'approche, puisqu'elle constitue, comme dit Käser, « la science qui étudie les modes de vie des populations humaines [...] On entend par mode de vie tout ce qui est nécessaire et utilisé pour organiser et prendre son existence en main[61] ». Une recherche ethnographique est une bonne préparation pour l'examen et la formulation d'une religion africaine.

Étape 3 : Une formulation religieuse africaine.
Que dit la religion dominante du peuple ?
Cette étape peut correspondre à l'étape 2[62] de l'approche de Bronwing, où la question « que dit le christianisme ? » est réorientée sur la religion du peuple d'étude. Si Browning y situe les disciplines traditionnelles de l'histoire de l'Église, de la théologie historique et de la théologie biblique, c'est parce que le christianisme a la Bible, qui sert de référence et qui favorise toutes ces disciplines. Dans un contexte d'inexistence d'une telle référence scripturaire, le chercheur a la responsabilité de produire la référence religieuse. L'étape est donc empirique et nécessite une recherche dont le point de départ se trouve dans la pertinente remarque du professeur Mulago-gwa-Cikala, qui a signalé la distinction qu'il convient de faire quand on considère la vie religieuse de l'Africain : « On pourrait ramener à trois chapitres les croyances et manifestations religieuses des Bantu et des Négro-Africains en général : 1. Les croyances et pratiques parareligieuses ou marginales, c'est-à-dire la magie, la sorcellerie et la divination. 2. Le culte des ancêtres. 3. La conception de l'Être Suprême[63]. »

La recherche préliminaire consiste donc à identifier la religion représentative ou la plus grande du peuple d'étude. L'identification peut se faire par les critères définissant une religion, élaborés par Mircea Eliade[64]. La formulation religieuse se fera sur ladite grande religion dont les premières

---

61. L. Käser, *Voyage en culture étrangère. Guide d'ethnologie appliquée*, trad. de l'allemand par Jean-Jacques Sreng, Paris, France, Excelsis, 2008, p. 7.
62. cf. D. S. Browning, « Methodology », dans K. Smith, sous dir., *Ress150ResearchMethodology_Reader*, Johannesburg, Afrique du Sud, SATS-Cours, 2010, p. 9.
63. M. Mulago gwa Cikala, *La Religion traditionnelle des Bantu et leur vision du monde*, Kinshasa, Faculté de Théologie catholique de Kinshasa, coll. Bibliothèque du Centre d'Études des religions africaines, 1973, p. 468.
64. M. Eliade, *Traité d'histoire des religions*, Paris, France, Gallimard, 1949.

élaborations suivront le contenu de la première étape de la méthodologie de Rolf Zerfass[65], « Tradition théologique », mais dont la théologie sera celle de la religion africaine du peuple. Et comme il le suggère, elle va concerner « les croyances fondamentales » et couvrira les aspects historiques, les valeurs éthiques fondamentales et les données liturgiques. Les religions interethniques du peuple verbomoteur étant de type hermétique, le chercheur doit se préparer à passer par l'initiation, condition sine qua non pour accéder à toute information. Ce premier objectif de collecte de données doit être doublé de celui d'intégrer la communauté pour en devenir le porte-parole. Les compétences exigées seront d'ordre premièrement spirituel, puis linguistique et enfin musicologique. Dans le cas du vodun, par exemple, le vodun a son langage qu'il faut apprendre, le rythme et les panégyriques qui lui sont particuliers. Car à chaque initiation correspondent un certain nombre de rythmes (danses), chants et panégyriques, qu'il faut acquérir.

Étape 4 : Description pratique et théologique de la mission chrétienne.
Comment pourrions-nous décrire ce qui se passe ?

Cette étape combine les éléments descriptifs et interprétatifs de la théologie pratique. Elle cherche à décrire comment la communauté chrétienne (l'Église locale) fait sa mission à partir de sa compréhension de la théologie de la mission. Il s'agira d'une description de leur interprétation de la sotériologie et son implication pratique en termes de stratégies d'évangélisation, d'implantation d'églises et de dialogue avec le peuple et son contexte de vie. Cette étape relève elle aussi d'une approche nettement empirique. Une rigueur implacable devrait s'observer, découlant de la caractéristique (cf. §d) qu'avait énoncée Creswell : « Le chercheur entre dans le monde des informateurs et, à travers une interaction continue, cherche les perspectives et la signification des informateurs[66]. » Il ne s'agit ni de l'interprétation, ni des perspectives et significations du chercheur, ni de celles de la mission qui aurait créé la dénomination, dans le cas d'une mission étrangère. Mais c'est uniquement l'interprétation du peuple d'étude qui est recherchée. Et comme chez le peuple verbomoteur c'est l'oralité qui domine le mode de communication, si le chercheur était amené à rechercher les informations par une approche documentaire, les écrits doivent être une production des responsables nationaux (par exemple, des Béninois si c'est au Bénin). Ces

---

65. R. ZERFASS, « Methodology », dans K. Smith, sous dir., *Ress150ResearchMethodology_Reader*, Johannesburg, Afrique du Sud, SATS-Cours, 2012, p. 11.
66. CRESWELL, *Research Design*, p. 194.

informations provenant des documents « nationaux » seront comparées à celles qu'exprime le peuple d'étude. La synthèse qui s'en dégagera doit prioriser l'interprétation des participants du cadre naturel de l'étude.

Cette étape est une contextualisation de l'étape 2 (Analyse de la situation) de Zerfass[67]. C'est chez ce dernier que le chercheur a pris la question de cette étape. L'objectif de cette étape est double. Le premier, collecter des informations à analyser, est doublé de celui d'intégrer la communauté, au point où le chercheur puisse devenir son porte-parole.

Les trois étapes 2, 3, et 4 fournissent les données et les éléments nécessaires au chercheur pour lui permettre de faire des analyses qui vont déboucher sur une proposition de solution au problème étudié.

Étape 5 : Analyse critique de la situation à la lumière des données bibliques.
Que doit-il se passer ?

C'est l'étape de l'analyse de la situation à partir des informations collectées aux étapes 3 et 4 et des expériences d'intégration vécues aux étapes 2, 3 et 4. Cette étape s'apparente à la troisième étape d'Osmer[68], dont l'objectif est la recherche de la tâche normative à la lumière de la volonté de Dieu. Mais elle s'en distancie, parce que le MADIR s'applique à deux communautés religieuses différentes, voire opposées. Cependant, le chercheur du MADIR peut utiliser, en les contextualisant, deux des trois types d'études qu'Osmer[69] a suggérés pour la recherche de la volonté de Dieu dans la situation. Premièrement, il peut utiliser une interprétation théologique. À ne pas confondre avec les études bibliques (exégèse d'un texte) ou la théologie systématique (étude inductive d'une doctrine biblique). « Il s'agit simplement de sélectionner un thème ou motif théologique important dans la tradition religieuse en question et d'explorer ses relations avec la situation et ses implications[70]. » Pour l'exemple du MADIR, le thème théologique peut être la « sotériologie » en rapport avec la rupture ethnique dont la conséquence donne naissance à la « théorie de la table rase », potentielle source de conflit. Deuxièmement, cela peut inclure une réflexion éthique. Pour Osmer, il s'agit « d'utiliser des principes éthiques, des règles ou des directives pour orienter

---

67. cf. R. ZERFASS, « Methodology », p. 11.
68. R. R. OSMER, « Methodology », dans K. Smith, sous dir., *Ress150ResearchMethodology_Reader*, Johannesburg, Afrique du Sud, SATS-Cours, 2010, p. 10.
69. R. R. OSMER, *Pratical Theology. An Introduction*, Grand Rapids, Michigan/Cambridge, Royaume-Uni, Eerdmans, 2008, p. 161.
70. *Ibid.*

l'action vers des objectifs moraux[71] ». Il ne s'agit pas d'appliquer des normes externes (même bibliques) à la communauté, mais de s'appuyer sur ses propres valeurs et normes et de les utiliser pour orienter les actions appropriées dans la situation. Dans le cas où ce sont deux communautés qui sont en conflit, le chercheur propose des principes pour favoriser le dialogue, parce que la finalité est la réconciliation.

Ainsi, sur la base de toutes les données, théologiques et empiriques, le chercheur propose une approche concrète pour restaurer l'unité ethnique brisée. L'approche doit inclure, entre autres, les principes sur lesquels elle est basée et les étapes selon lesquelles elle peut s'expérimenter dans un contexte réel.

Étape 6 : Description pratique du dialogue interreligieux sur le champ missionnaire.

Comment s'opère le dialogue sur le terrain ?

Au niveau de cette étape, le chercheur passe d'une formulation théologique à une application pratique. Elle correspond à l'étape 3 de l'approche d'« enquête appréciative » qui se concentre sur la conception. Et « la phase de conception implique de choisir "ce qui devrait être" au sein de l'organisation ou du système. C'est une recréation ou une transformation consciente, grâce à laquelle des éléments tels que des systèmes, des structures, des stratégies, des processus et des images s'harmoniseront davantage avec le passé positif de l'organisation[72] ». Mais dans le cas du MADIR, cette conception conduit à une application dans le concret. Le chercheur met en œuvre sa proposition de solution pour en mesurer la véracité. Et comme le MADIR est la première élaboration à partir de l'expérience vécue, cette étape se présente comme un compte rendu de la praticabilité des étapes 2, 3, 4 et 5. Le chercheur se donne l'occasion de compléter les éléments sous-jacents à l'application de l'approche ou d'exposer les conditions nécessaires et suffisantes pour sa réalisation optimale.

Le chercheur décrit cette étape comme la vitrine, l'évaluation et le guide pratique de l'approche. Puisqu'elle est la concrétisation de l'approche, elle rejoint ainsi toutes les méthodologies de la théologie pratique qu'Osmer résume de la manière suivante : « La théologie pratique fournit souvent de l'aide en proposant des modèles de pratique et des règles de l'art. Les

---

71. *Ibid.*
72. Enquête appréciative, cf. SMITH, *RESS150ResearchMethodology_Reader*, p. 12.

modèles de pratique offrent aux dirigeants une image générale du domaine dans lequel ils agissent et des moyens de modeler ce domaine vers les objectifs souhaités. Les règles de l'art sont des directives plus spécifiques sur la manière de mener des actions ou des pratiques particulières[73]. » Dans le cas de notre étude, le MADIR vérifie ainsi cette conclusion lorsque après la réconciliation les responsables des deux communautés ont créé une association interreligieuse pour s'engager à élaborer des règles et concevoir des voies à suivre pour entraîner des changements dans les systèmes, les structures, les processus ou les procédures organisationnelles. Lorsque l'objectif pratique de réconciliation est atteint, le chercheur a besoin d'une dernière étape, celle du récapitulatif où, après avoir montré les insuffisances de sa proposition, il fait appel à un prolongement de son modèle.

Étape 7 : Résumé du processus de l'application.
Que conclure de la méthodologie proposée ?
Cette étape de la conclusion fait partie intégrante de la méthodologie. Elle permet de mettre en valeur l'aspect dynamique du modèle, parce qu'il s'agit d'une approche de transformation de situation, de système, de communauté et de personnes. Ainsi, cette étape permet au chercheur d'exposer les leçons tirées de la conception et de l'application de son modèle. Modèle qui, selon Browning, citant Chalter et Anderson, est « pratique, reposant sur un modèle pratique-théorie-pratique[74] ». Une approche fortement ethnographique réalisée chez un peuple verbomoteur a dû soulever de grands défis dont il revient au chercheur d'énumérer les plus incontournables, afin de permettre à toute expérimentation future d'en tenir compte. Cette étape est aussi le lieu où le chercheur peut exposer, ne serait-ce que sommairement, les limites de son modèle, afin que les travaux ultérieurs en prolongent la perfection.

Ces sept étapes ainsi exposées ne peuvent se réaliser que selon une stratégie d'enquête appropriée. Et, selon Creswell, « le choix de la stratégie de collecte doit être présenté et défendu[75] ». La section suivante s'attelle à cet objectif.

---

73. Osmer, *Pratical Theology*, p. 176.
74. Browning, *A Fundamental Pratical Theology*, p. 276.
75. Creswell, *Research Design*, p. 201.

1.3.2.2. L'entretien collectif

L'entretien collectif est, parmi toutes les méthodes de collecte de données, celle qui récapitule à elle seule toutes les caractéristiques qui fondent le MADIR. Après l'avoir défini, nous indiquerons les principales raisons du choix de cette méthode avant d'en exposer les conditions d'utilisation.

1. Définition et choix de l'entretien collectif

Selon Morgan[76], l'entretien collectif est d'abord une méthode d'entretiens de recherche, « autrement dit, il s'agit de données discursives destinées à l'analyse, provoquées et recueillies par un chercheur sur des thèmes qu'il a déterminés et qui peuvent [...] bien évidemment aussi concerner les enquêtés[77] ». Ensuite, ces entretiens sont collectifs, c'est-à-dire qu'ils mettent en scène plus de deux personnes. « La relation sociale qui les caractérise ne se réduit pas au rapport enquêteur/enquêté et suppose donc une prise en compte des interactions sociales qui se jouent dans le cadre collectif de la discussion. Les participants peuvent former un groupe "naturel" d'interconnaissance, ou un groupe d'appartenance doté d'une identité ou d'une expérience commune[78]. » Cette description montre qu'il n'y a pas de meilleure autre méthode qui se prête à notre étude de recherche que celle-ci. Elle décrit bien le processus, le contexte et les caractéristiques de la population de notre étude de recherche. Mais il existe au moins sept autres raisons pour lesquelles cette méthode est choisie.

L'entretien collectif est choisi comme méthode principale de recherche qualitative de notre recherche pour les raisons suivantes : son lien avec la stratégie de recherche, son objectif de recherche, à cause de l'homogénéité sociale du groupe qu'elle suggère, du rôle de l'intervieweur, de la modalité d'intervention, de la particularité du guide de l'entretien et du matériau principal à analyser.

- La méthode de l'entretien collectif doit être rapportée à la stratégie de recherche dans laquelle on l'utilise. « Par "stratégie de recherche" on entend non un thème, mais bien un objet de recherche construit comme tel, autrement dit une question inscrite dans un débat scientifique et associée à un terrain, à partir

---

76. D. L. MORGAN, *The Focus Group Guidebook*, Focus Group Kit vol. 1, Thousand Oaks, Canada, Sage Publications, 1998.
77. DUCHESNE et HAEGEL, *L'entretien collectif*, p. 42.
78. *Ibid.*, p. 43.

duquel sera constitué un matériau empirique[79]. » La conception du MADIR est un objet de recherche élaboré qui touche au débat scientifique du dialogue interreligieux et qui a nécessité investigations et implication sur le terrain pour son élaboration.

- L'objectif de l'entretien collectif favorise le dialogue. Duchesne et Haegel mettent cela en exergue quand ils montrent que l'intérêt de l'entretien collectif est de « saisir les prises de positions en interaction les unes avec les autres et non de manière isolée. Il permet à la fois l'analyse des significations partagées et du désaccord, grâce à la prise en compte des interactions sociales qui se manifestent dans la discussion ».

- La règle d'or de l'entretien collectif est l'homogénéité sociale des groupes. En effet, la sélection des personnes participant aux entretiens collectifs doit donc notamment contribuer à faciliter la construction du groupe, autrement dit à favoriser la prise de parole de chacun[80]. Le fait que l'étude se fait dans un groupe ethnique ciblé (caractéristique du « cadre naturel »), les Maxi, favorise la construction des groupes et la prise de parole, car le problème linguistique ne se posera pas (caractéristique de « centralité des participants »). Cependant, « alors que la composition de chaque groupe doit rechercher une certaine homogénéité, la logique d'échantillonnage de l'ensemble doit tendre vers la diversification[81] ». Dans le cas de la présente étude, il n'y a eu que deux catégories, celle des vodun d'une part, et de l'autre celle des chrétiens AD. Et ce sont les communautés qui ont désigné leurs représentants.

- La particularité du rôle de l'intervieweur dans l'entretien collectif. Malgré le fait que le rôle de l'animateur soit important dans cette méthode de collecte, la particularité s'observe au niveau de son profil. Pour les spécialistes en entretien collectif, « on considère généralement que la question du profil social de l'enquêteur se pose avec moins d'acuité dans le cas des entretiens collectifs que dans celui des entretiens individuels, car l'existence du groupe est censée produire un transfert de pouvoir de l'intervieweur aux

---

79. *Ibid.*, p. 5.
80. *Ibid.*, p. 47.
81. *Ibid.*, p. 48.

interviewés. Ces derniers étant en nombre, le rapport de force se trouve modifié à leur profil ». Cet aspect est très important dans l'étude d'intégration et d'impact qu'est la présente recherche. Car ce que la recherche voudrait découvrir est la réalité sociologique du conflit ethnique, comment les membres le vivent et se l'expliquent, et non le point de vue du chercheur (caractéristiques ethnographiques et centralité des participants).

- La modalité d'intervention dans l'entretien collectif construit une base de dialogue, tout en favorisant l'échange. Et pour que la discussion « prenne », il faut que les participants ne se contentent pas de faire connaître successivement leurs points de vue à l'animateur, mais entament entre eux de véritables échanges. Pour ce faire, l'animateur doit inviter chacun à s'adresser à l'ensemble du groupe. Il doit intervenir pour renvoyer ce qui est dit à tous les participants et les amener à découvrir ensemble les liens ou les différences pouvant exister entre leurs interventions et à les commenter[82].

- La particularité du guide de l'entretien collectif est de transformer le questionnaire en dramaturgie. Le guide utilisé dans un entretien collectif ne doit pas être conçu comme une version orale d'un questionnaire, comme une liste de questions dont on attend une série de réponses. L'objectif est de saisir la manière dont un thème est traité, discuté. Mais étant donné que la discussion prend la forme d'une succession de prises de parole et risque toujours de livrer des points de vue éclatés, le guide d'entretien a pour fonction de recentrer de temps à autre les propos sur le thème de recherche. Il vise ainsi à introduire une dynamique et une progression dans la discussion[83]. Le contexte de notre étude, qui est religieux et oral, ne se prête pas au questionnaire. La grande majorité des membres étant non lettrés, c'est cette forme de « questionnaire dramaturgique » qui a convenu le mieux. Et les écarts dans les débats ont été moins éclatés, du fait que c'est l'histoire du peuple Maxi et du Vodun Xɛbyoso qui a été le thème de discussion.

---

82. *Ibid.*, p. 64.
83. *Ibid.*, p. 69.

- Le matériau principal à analyser : l'enregistrement vidéo. Sans dénier la nécessité des notes pendant l'entretien collectif, ce sont ces enregistrements vidéo qui constituent l'aide précieuse à la transcription, permettant notamment de régler la question de l'identification des locuteurs. Ils constituent les plus riches sources d'informations pour l'étude d'impact social, où les sentiments et les réactions constituent les principales données à analyser. En effet, « le film permet effectivement d'enregistrer l'attitude de ceux qui écoutent, les mimiques, les sourires et les soupirs, les différents mouvements du corps indiquant l'implication et l'accord, le retrait et/ou l'indifférence[84] ».

Il ressort de toutes ces raisons que l'entretien collectif constitue la meilleure méthode d'investigation pour l'étude d'impact dans le débat du dialogue interreligieux. Il revient au chercheur de montrer dans la section suivante comment utiliser cette méthode et d'indiquer les approches d'analyse qui lui conviennent.

2. Utilisation de l'entretien collectif

La délimitation géographique de l'étude et la spécificité d'homogénéité sociale propre à l'entretien collectif favorisent la catégorisation, la taille, le guide et la grille d'organisation de la discussion de l'entretien.

L'étude s'est effectuée dans six arrondissements : deux arrondissements de Savalou (Wɛsɛ et Axɔsɛdo), celui de Logozoxɛ, celui de Monkpa, et ceux de Lahotan et de Wɛɖɛmɛ. Il y aura deux catégories de groupe. Par catégorie le chercheur veut désigner la nature des groupes, la catégorie de Vodun Hêbiosso et celle des Églises des Assemblées de Dieu. Dans l'entretien collectif, le nombre de groupes « nécessaires dépend aussi du degré de structuration et de standardisation de l'organisation de la discussion. Plus la discussion est standardisée, moins on a besoin de multiplier le nombre de groupes. À l'inverse, moins la discussion est structurée, plus la variabilité des groupes est importante et plus on doit pouvoir disposer de cas afin de s'assurer que les différences constatées ne relèvent pas d'une dynamique spécifique, propre à chacun des groupes[85] ». L'étude a exigé une discussion standardisée, et ce sont les communautés qui ont proposé les groupes et désigné les personnes pouvant appartenir aux groupes. Dans

---

84. *Ibid.*, p. 78.
85. *Ibid.*, p. 52.

les six arrondissements, le chercheur a eu neuf groupes au total. L'étape 6 décrite au chapitre 6 donne les détails sur la phase ultime où la collecte a été officiellement réalisée. Mais l'implication du chercheur dans le contexte et les communautés a duré sept années et dépasse les prévisions organisationnelles. Le temps passé dans les différents couvents, les visites des sites et les différentes implications dans les activités de développement social ne peuvent pas se rapporter comme faits ou évènements de données à collecter. Le but étant l'intégration ethnique et communautaire du chercheur, il y a besoin de penser une stratégie de sa description.

Le chercheur a opté pour l'entretien collectif parce qu'il favorise le dialogue. L'intervention du chercheur, dans ce cas, consiste à amener « les participants à construire un consensus, à établir des points d'accord, à faire valoir ce que leurs expériences ont de commun, ou au contraire à mettre au jour leur incompréhension, leurs désaccords, à laisser apparaître ce qui les oppose[86] ». Dans le cas de résolution de conflit, le chercheur a joué le rôle de représentant de l'autre communauté dans les échanges séparés. Cela signifie que quand il est avec la communauté des vodunon, il représente les chrétiens, et vice versa. Il s'agit du rôle de pont entre les communautés en conflit. Ce rôle de pont incorpore l'enseignement religieux, que le chercheur a assumé. Il ne s'agit pas de l'apologie des deux religions, mais de l'information historique et de similitude des deux religions.

Le dernier élément qu'il convient de mentionner pour clore la méthode d'entretien collectif et le dialogue concerne la rétribution des participants. Selon Duchesne, « la question de la rétribution est évidemment étrangère à la logique clinique, puisque celle-ci s'appuie sur l'intérêt que les participants trouvent à investir dans un travail réflexif et sur l'échange et la co-production des interprétations et des résultats[87] ». Dans le contexte de l'étude où la population n'était pas habituée à la motivation de recherche, un élément d'intérêt général qui pourrait aboutir au même résultat serait la construction d'un contexte de paix, condition préalable au développement à tous les niveaux.

La collection des données par l'entretien collectif a été réalisée par une équipe de recherche composée du chercheur lui-même, d'un professionnel des médias et d'un secrétaire à la prise de note, qui s'occupait aussi de

---

86. *Ibid.*, p. 66.
87. *Ibid.*, p. 50.

l'enregistrement audio. Mais l'interview dans les couvents a été refusé à ce dernier, parce qu'il n'a pas accepté l'initiation.

Enfin, les documents qui ont servi à nos différentes transcriptions ont été des interviews soit filmées soit enregistrées, et la plupart simultanément enregistrées en audio et vidéo. Le préliminaire à la transcription a été le codage des données collectées[88] que le chercheur a modifié pour en concevoir un plus approprié (cf. Annexe I.1.). Ensuite l'analyse a été faite à partir des énoncés assertifs.

3. Exploitation et analyse des données

La première exploitation qui a été faite des discours a été d'identifier les énoncés assertifs[89], c'est-à-dire ceux dont le but est de connaître un état de choses ou une conception tenue pour être vraie. Les trois types d'énoncés assertifs sont : les narratifs (dont le but est de rendre compte d'évènements passés) ; les informatifs (dont le but est de faire part d'une croyance ou d'un désir [une opinion, une suggestion]) ; les argumentatifs (dont le but est d'organiser le discours dans une logique donnée). Cependant, notons que le procédé argumentatif chez un peuple de l'oralité ne se fait pas par un discours construit pour démontrer un fait, mais c'est au travers des images, des proverbes, des paroles textes[90] que la démonstration argumentative se réalise. Exemple d'une illustration éclairante : le proverbe utilisé par le Hunnon Dah Voji pour conclure sur la nécessité de rencontrer les chrétiens lors du dernier entretien du chercheur avec eux : « Mɛ e ɖo xovɛ bo xo aɖɔgo tɔn ewɛ » (traduction : « l'affamé qui s'en prend à son propre ventre »). La réponse est : « il se fait du mal. » Et l'argumentaire est : « les chrétiens et nous appartenons au même corps (ethnie) et en face du mal (symbolisé par la faim), cessons donc de nous en prendre les uns aux autres. Car la souffrance de l'un atteint aussi l'autre. Et l'idéal est qu'ensemble nous trouvions la solution au mal commun ».

Deuxièmement, pendant l'entretien collectif, le chercheur a procédé à des questions interprétatives, parce que le domaine religieux s'y prête beaucoup. Blanchet & Gotman[91] en donne la raison : « L'interprétation est

---

88. Voir le codage selon Ayache et Dumez, « Le codage dans la recherche qualitative : une nouvelle perspective ? », *Le Libellio d'Aegis* vol. 7, n° 2, 2011.
89. A. Blanchet et A. Gotman, *L'entretien*, 2ᵉ éd., Paris, France, Armand Colin, 2014, p. 82.
90. J. Cauvin, *Comprendre la parole texte*, Issy-les-Moulineaux, France, Les classiques africains, 1980.
91. BLANCHET et GOTMAN, *L'entretien*, p. 85.

une intervention focalisée sur la cause du dire de l'interviewé, sur l'enchaînement des énoncés et sur le sens du discours tel qu'il est intentionnellement constitué. »

Enfin, pour l'analyse des données, les approches déjà invoquées ont été appliquées, mais on ajoutera l'approche action-intervention développée dans les domaines tels l'ethnographie critique[92] et la « science de l'action (Argyris, Putman, Smith 1985). Les points cibles de l'analyse mettent en relief des construits théoriques liés à l'action, envisagés dans une perspective de remédiation de même qu'ils engendrent une émancipation intellectuelle dans la mesure où ils permettent à des idées reçues de révéler leur caractère systématique et ainsi de détecter les structures invisibles mais opprimantes[93] ». Et dans le cas de la présente étude, les construits théoriques concernent l'histoire culturelle maxi où chacun, rappelant une portion, se sentait comme replongé dans le passé ancestral. Alors il s'illumine de cette identité héritée qui le rapproche de tous ceux qui partagent la même histoire. C'est pourquoi le MADIR est conçu sur ces deux principes de l'identité ethnique et de l'histoire culturelle.

Les approches d'analyse dépendent des méthodologies, ces dernières procèdent à leur tour de la méthodologie proposée par le chercheur qui est le Modèle Africain du Dialogue InterReligieux (MADIR). Il s'agit d'une approche de théologie pratique spécifique du dialogue entre les religions.

Les chapitres de la dissertation en constituent les différentes étapes. Autrement dit, l'ensemble des méthodologies des sept chapitres exprime le MADIR.

1.3.2.3. Méthodologies des chapitres de la dissertation

Chapitre 1 : Introduction, présentation du MADIR.

Ce chapitre rend compte de la première étape du MADIR. Il est consacré à la préparation de la recherche qui se résume à la recherche documentaire, l'adhésion à des centres expérimentaux de dialogue, la participation à des colloques sur le dialogue et de courts séjours à Savalou et Logozoxɛ. Ce chapitre couvre également la période de finalisation du projet de la recherche à la suite des premiers travaux avec les deux communautés et le choix des deux intermédiaires.

---

92. J. THOMAS, « Doing critical ethnography », dans *Qualitative Research Methods Series* 26, Newbury Park, Californie, Sage, 1993.
93. MILES et HUBERMAN, *Analyse des données qualitatives*, p. 24.

Chapitre 2 : Analyse du contexte socioculturel et anthropologique du peuple Maxi.

Ce chapitre rend compte de la deuxième étape du MADIR, qui consacre le démarrage effectif de la recherche sur le terrain. Elle fut marquée par un premier long séjour de quelques semaines, qui a été suivi de plusieurs autres courts séjours. L'objectif étant l'intégration ethnique et culturelle, des visites ont été rendues aux rois de Savalou, Wɛɖɛmɛ et Gobaɖa et aux chefs des arrondissements de Wɛsɛ et Monkpa, sous l'égide et la recommandation du roi de Logozoxɛ. Il y a eu également des échanges avec plusieurs chefs de famille (Dah Hɛnnugan). La participation à des activités de développement dans les communes de Logozoxɛ, Gobaɖa et Laxotan a aussi meublé les divers séjours du chercheur. La participation à des funérailles, particulièrement celles de la reine, mère du roi de Logozoxɛ, ainsi qu'aux fêtes aussi bien populaires que claniques a été un puissant facteur d'intégration ethnique.

Chapitre 3 : Le peuple Maxi et ses religions, vers une description.

Ce chapitre rend compte de la troisième étape du MADIR. Il couvre les divers niveaux d'initiation du chercheur au Vodun Xɛbyoso. Les premiers pas furent réalisés avec l'intermédiaire Dah Kandénu. Ils seront suivis de plusieurs autres. Les visites aux prêtres (Hunnon) de Wɛɖɛmɛ, Logozoxɛ et Savalou ont été pour le chercheur des occasions d'approfondir sa connaissance du vodun, de son histoire et surtout de sa fonction. Il a fallu plusieurs séjours pour réaliser ces activités et avoir également plusieurs rencontres informelles avec plusieurs prêtres ainsi que de simples vodunsi pour affiner les données.

Chapitre 4 : Stratégies d'implantation et de mission des Églises Évangéliques des Assemblées de Dieu au pays Maxi.

Ce chapitre rend compte de la quatrième étape du MADIR. Il couvre la période de l'intégration du chercheur dans les communautés des Églises Évangéliques des Assemblées de Dieu de Logozoxɛ, Wɛsɛ et Axɔsɛdo. Ladite intégration a été facilitée par l'intermédiaire de l'ancien d'Église Ahoga Benoît. Plusieurs visites effectuées aux pasteurs de ces églises et à certains fidèles influents ont permis au chercheur de renforcer ses liens avec les communautés. Des prédications, des enseignements, des conférences sont au nombre des grandes activités que le chercheur a accomplies avec ces communautés chrétiennes. Il faut également mentionner l'assistance apportée à certains fidèles qui avaient des affaires pendantes au tribunal.

Chapitre 5 : Analyse des causes et de la portée du conflit interreligieux au pays Maxi.

Ce chapitre rend compte de la cinquième étape du MADIR. Il est consacré à l'analyse et l'interprétation de certaines données et de certains textes bibliques. Pour les textes bibliques d'Ésaïe 52.11 ; 2 Corinthiens 6.17 et Apocalypse 18.4, sur lesquels se fondent la conception du monde et les attitudes de la communauté EEAD dans le contexte maxi, le chercheur a utilisé « l'analyse interprétative » telle que la définit Blanchet : « L'interprétation est une intervention focalisée sur la cause du dire de l'interviewé, sur l'enchaînement des énoncés et sur le sens du discours tel qu'il est intentionnellement constitué[94]. » Cela voudra dire que l'analyse se réfère exclusivement aux interprétations des responsables ecclésiastiques africains des EEAD, et non à celles des savants. Car c'est ce que croient et pensent les fidèles sur le terrain que l'étude recherche. De même pour le cas du vodun, l'analyse a concerné ce que pensent et vivent les Hunnon au pays Maxi, et non ce que les savants ont écrit sur le vodun.

Pour l'interprétation de certaines péricopes comme Matthieu 10.5-15 ; Marc 6.7-11 ; Luc 9.1-5 et 1 Corinthiens 9.18-23, que le chercheur a explorées, il en a fait une lecture de sa perspective africaine. Ladite lecture, dans le spectre de l'approche de résolution suggérée, répond à la considération théologique de notre tradition religieuse évangélique.

Chapitre 6 : Approche pratique du dialogue interreligieux au pays Maxi.

Ce chapitre rend compte de la sixième étape du MADIR. Il décrit comment le dialogue s'est réellement passé au pays Maxi. Le chercheur a séjourné pendant neuf mois (une année sabbatique) pour vivre d'une manière intensive avec les deux communautés. Il y a eu d'innombrables visites et échanges formels et informels. C'est la période de la collecte officielle des données, utilisant l'identité ethnique et l'histoire culturelle. La visite la plus importante que le chercheur a effectuée en cette période fut celle à Yayɛji, sur le site où le Vodun Xɛbyoso serait apparu. Car elle fut pour la communauté vodun l'assurance de la sincérité du chercheur, ce qui a favorisé son admission au rang de « parrain » pour le Vodun Xɛbyoso. Le séjour a été couronné par la restauration de la paix conclue à la rencontre du 7 février 2017. Faisons observer que des éléments des six premières

---

94. Blanchet et Gotman, *L'entretien*, p. 85.

étapes du MADIR se sont à nouveau retrouvés dans celle-ci, étant donné leur réalisation effective.

Chapitre 7 : Conclusion générale.

Ce chapitre rend compte de la septième étape du MADIR. Il formule les leçons apprises, les défis rencontrés, les éléments à approfondir et les avantages et perspectives du MADIR.

CHAPITRE 2

Analyse du contexte socioculturel et anthropologique du peuple Maxi

Le présent chapitre est une application de la deuxième étape du MADIR. Il permet de comprendre comment l'immersion du chercheur au sein de la communauté maxi lui a permis d'analyser et de comprendre la société, la culture et l'homme maxi pour être en mesure d'ébaucher l'histoire, la sociologie, l'anthropologie et la linguistique ainsi que le rythme maxi.

Le but de ce chapitre est de voyager jusqu'au cœur de la vision du monde du peuple Maxi pour découvrir comment ce dernier a répondu aux questions existentielles inhérentes à tout peuple. Le chercheur partira donc de la conception de la vision du monde définie par N. T. Wright pour explorer l'histoire et le contexte socioculturel, anthropologique et linguistique maxi.

2.1. La vision du monde selon N. T. Wright

Cette section présente la vision du monde selon N. T. Wright et comment elle va servir de guide à la rédaction des trois chapitres d'immersion.

2.1.1. Présentation de la vision du monde

Le choix est porté sur la vision du monde de N. T. Wright parce qu'il en donne une définition simple, claire, profonde et universelle. En outre, sa présentation met en relief l'interaction dynamique entre ses composants que sont la culture, la religion, la théologie, l'imagination et la mythologie. Ainsi, l'investigation qui se fait selon une telle conception permettra de connaître le peuple de l'intérieur ou depuis ses racines.

La vision du monde, selon Wright, « est le spectre par lequel les êtres humains perçoivent la réalité qui émerge dans la conscience en termes de croyances et buts[1] ». Elle concerne les présuppositions ou précompréhensions des différents stades de la culture ou de la société. Toute existence humaine génère une conception du monde, laquelle détermine un profond niveau de la perception de la réalité incluant la question de l'existence ou non de Dieu ou des dieux, de comment ils sont reliés au monde, à l'environnement et aux humains. Ainsi, les éléments qui déterminent la conception du monde sont :

- Les histoires à travers lesquelles les êtres humains visualisent la réalité. La narration est l'expression caractéristique de la conception du monde. Elle est plus profonde que les observations et remarques isolées, çà et là.
- De ces histoires, l'on pourrait découvrir comment répondre aux questions fondamentales qui déterminent l'existence[2] : qui sommes-nous ? Où sommes-nous ? Qu'est-ce qui ne va pas ? Quelle est la solution ?
- Les histoires qui expriment la conception du monde et les réponses qui sont suggérées aux questions d'identité, de l'environnement, du mal et de l'eschatologie sont à leur tour exprimées dans les symboles culturels.
- La conception du monde inclut une pratique, une manière d'être dans le monde. C'est le lieu pour répondre à la question eschatologique de l'existence : quelle est la solution ? Cela nécessite de poser des actions.

Ces quatre éléments fondamentaux qui déterminent la vision du monde sont mis dans une relation dynamique à partir de laquelle émergent les autres éléments tels que la culture, la religion, l'imagination et la mythologie.

La dynamique de l'interaction des éléments constituant la conception du monde est consignée dans le graphique ci-après, inspiré de celui proposé par Wright[3].

---

1. N. T. Wright, *The New Testament and the People of God*, 4ᵉ éd., Londres, Angleterre, Society for Promoting Christian Knowledge, 1997, p. 38.
2. Wright le développe amplement en se référant à Walsh et Middleton, dans leur livre *The Transforming Vision. Shaping a Christian World View*, Downers Grove, Ill, IVP, 1984. Il rappelle aussi la position catholique.
3. Wright, *The New Testament and the People of God*, p. 124.

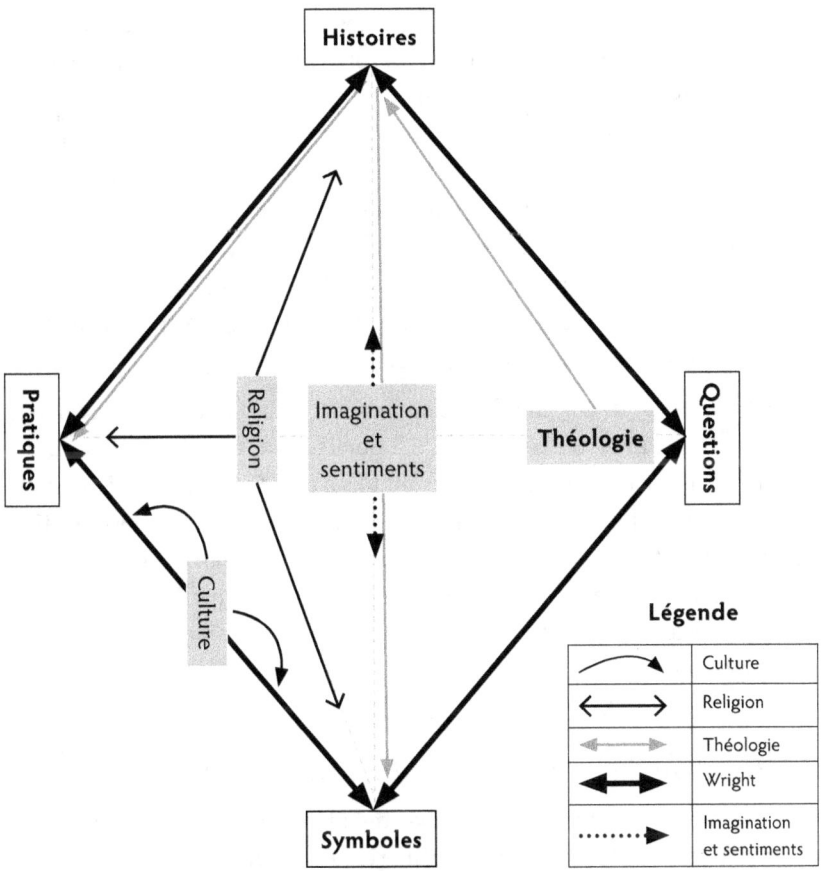

Graphique n° 2 : Dynamique de l'interaction des éléments constituant la conception du monde
Source : Les présents travaux, février 2018, inspiré de N. T. Wright, *The New Testament and the People of God*, 4ᵉ éd., Londres, Society for Promoting Christian Knowledge, p. 124.

Ce graphique permet de comprendre que tous les peuples partagent les mêmes structures de vision du monde, car il n'existe pas de peuple, race ou ethnie n'ayant pas d'histoire. Le schéma permet aussi de situer les autres éléments sociologiques par rapport à la vision du monde.

- La culture reflète particulièrement les pratiques et les symboles de la société.
- La religion, quant à elle, est déterminée par les pratiques et les symboles spécifiques, car tous les symboles ne sont pas religieux, ces derniers tirent leurs sens des histoires spécifiques.

- La théologie s'intéresse aux questions et leurs réponses, puis à la manière dont les histoires continuent de rendre dynamiques les pratiques et les symboles.
- L'imagination et le sentiment se situent à l'intercession entre histoire et symboles, c'est pourquoi si un symbole religieux est profané, il s'ensuit fureur et tremblement.
- La mythologie[4] est, dans chaque culture, un moyen d'expression qui reflète une conception de la réalité quotidienne influencée par des forces sacrées, les pratiques et les symboles pour répondre aux questions de l'existence.

« La conception du monde est comme la fondation d'une maison, elle est vitale mais invisible[5]. » Sans elle, la maison ne peut tenir debout. La société et l'individu dans la société sont liés à elle. C'est pourquoi l'immersion dans une ethnie doit conduire à la compréhension et l'appropriation de ces éléments qui la déterminent. Ainsi les investigations d'immersion ont été orientées par les éléments composant la vision du monde selon Wright. Et les trois chapitres concernant l'immersion sont rédigés suivant ladite vision du monde.

2.1.2. Vision du monde, fil conducteur de la rédaction

La vision du monde maxi est investie à la lumière des éléments de sa composition énoncés par Wright. Et la recherche des histoires narratives spécifiques à la conception du monde a été l'élément fondamental de l'investigation. Ensuite les questions existentielles ont été le guide du questionnaire dans l'investigation. Et la compréhension des mythes a été faite suivant le principe d'interprétation de la trilogie : passé-humain-cosmos.

---

4. La conception du mythe dans le contexte africain d'oralité est différente de celle du monde littéraire. C'est Luneau et Thomas qui l'ont compris et l'expriment éloquemment dans *La terre africaine et ses religions*, Paris, France, L'Harmattan, 2004, p. 148 : « Cette manière de penser, loin d'exclure la raison, se contente seulement de la dépasser, ou plutôt d'en éprouver l'insuffisance, car le mythe se fait connaissance existentielle, " celle de la participation de l'homme et de son groupe au cosmos, de l'envahissement des gens dans les choses, les végétaux, les animaux ; des sujets par des objets, celle du sentiment de l'identité entre le vivant et le monde" (R. Bastide) ». Pour ces auteurs, le mythe « joue le même rôle, dans la civilisation orale, que le dogme des religions liées à l'écriture ».
5. WRIGHT, *The New Testament and the People of God*, p. 125.

Chez un peuple verbomoteur, l'investigation du passé se fait par la recherche historique des origines. Les contes et mythes, en d'autres termes, les textes oraux fondant l'histoire d'un peuple, d'une royauté ou d'une communauté se réfèrent toujours aux histoires des origines. C'est pourquoi le degré d'immersion du chercheur dans les communautés se révèle par les récits profonds respectifs qu'il expose sur l'ethnie, le Vodun Xɛbyoso et les chrétiens EEAD.

Mais les évènements rapportés sont ceux qui rendent compte des quatre questions existentielles. En effet, la réponse à la question de l'identité et de l'environnement maxi consacre l'histoire des Maxi depuis leur origine jusqu'à leur constitution en tant que peuple à Savalou. Il en est de même au sujet des communautés vodun et EEAD. La toponymie[6] montre que le nom est toujours porteur de signification philosophique, théologique ou événementielle. C'est pourquoi l'histoire du nom des trois entités sera rapportée. Puis, quand on s'interroge sur l'identité d'un peuple, d'un groupe ou d'une communauté, l'anthropologie et la société que crée l'anthropos en question sont concernées. Enfin, dans l'identité, il y a aussi les facteurs linguistiques, les gestes et les rythmes qui participent à l'identification.

Cependant, la troisième question existentielle (qu'est-ce qui ne va pas ou encore la notion du mal) n'a pas d'histoire spécifique propre aux ethnies. Il n'y a qu'un seul mythe[7] sous des formes variées pour parler de la faute, et non du péché au sens biblique du terme, chez tous les peuples verbomoteurs africains.

La quatrième question existentielle, concernant la solution suggérée au mal, reçoit sa réponse constituée des multiples divinités, depuis les vodun familiaux jusqu'à ceux ethniques.

Les trois chapitres d'immersion suivant ce même schéma, il s'en dégage aisément l'interaction entre les différents éléments composant la vision du monde de chacune des entités que sont l'ethnie Maxi, le Vodun Xɛbyoso et les EEAD. Ainsi, grâce à cet élément central expliquant la vision du monde, il a été possible de diagnostiquer le « religieux » de chaque communauté. Il s'agit du religieux comme matrice de construction sociale de la réalité,

---

6. Dans le sens de désignation des noms des communautés vivant dans un lieu donné.
7. Il s'agit du mythe dont les éléments principaux concernent le ciel qui était proche de la terre, puis la femme qui pile et dont le pilon heurte le ciel qui, alors, se fâche et se retire. Ce mythe se comprend comme : ciel proche de la terre signifiant Dieu proche des humains ; puis la femme qui, pour des questions d'alimentation, offense Dieu, qui s'éloigne donc.

qui, une fois remise en question, explique pourquoi la violence et le conflit éclatent entre les deux communautés.

C'est donc selon ce guide de la vision du monde que le chercheur expose, dans la section suivante, l'histoire et la signification du nom du peuple Maxi de Savalou, sa composition socioculturelle, son anthropologie, sa linguistique et son rythme.

2.2. Histoire du peuple Maxi de Savalou

Des trois branches qui constituent le peuple Maxi, l'histoire ne va concerner que celle qui a donné naissance au royaume de Savalou, parce que les investigations n'ont été faites que dans cette zone. Le but est de faire connaître l'histoire et la toponymie du peuple Maxi de Savalou, afin de découvrir son identité ethnique.

2.2.1. De Mitɔgboji à Savalou

Cette section vise la présentation de l'identité ethnique du peuple Maxi. Mais une seule source est écrite sur l'histoire du peuple Maxi[8], et elle présente une identité controversée. Après avoir montré les causes de controverse de la thèse d'Anignikin sur l'histoire des Maxi, cette section présentera la vraie identité des Maxinou.

2.2.1.1. La thèse controversée de l'origine des Maxi

La présentation de l'origine des Maxi par Anignilkin est controversée à cause de sa méthode de recherche. Et ses sources ne sont pas contextuelles.

Enfin, l'objectif de sa recherche relève plus de la justification d'ethnonyme que d'un historique.

Le résumé de sa thèse, qu'Anignikin présente dans un article, est le suivant :

> Les Mahi constituent aujourd'hui un des principaux groupes ethniques du département des Collines dans le Moyen Bénin. Il s'agit au départ d'un ensemble de communautés de petites dimensions et d'origines diverses dont l'unité a été forgée entre le XVIIe et le XIXe siècle par leur commune résistance au royaume du Danxomè. Ce sont ces relations conflictuelles

---

8. ANIGNIKIN, « Histoire des populations mahi ».

entre le puissant royaume d'Abomey et les nombreuses petites communautés villageoises des marches septentrionales du Danxomè qui ont engendré le toponyme et l'ethnonyme « mahi ». Ce terme péjoratif qui souligne le caractère belliqueux et rebelle de ceux à qui il est attribué a été inventé par les souverains d'Abomey pour désigner ces populations qui osaient défier leur puissance et tenaient en échec la redoutable armée du Danxomè. Par la suite et sous la colonisation française, les populations concernées ont fini par s'approprier le toponyme et l'ethnonyme « mahi » malgré la grande diversité de leurs origines. Car l'expérience historique qu'elles ont vécue pendant plus de deux siècles, principalement dans leurs communs rapports douloureux à l'espace de pouvoir dominant d'Abomey, a fini par créer leur mode d'identification sociale et engendrer leur ethnicité. La dynamique de cette évolution est impulsée et nourrie par deux facteurs majeurs. Le premier est relatif au brassage des communautés rurales concernées. Ce facteur objectif est né de l'exode permanent imposé à ces populations par les guerres d'Abomey. Le deuxième facteur est d'ordre subjectif : il s'agit de la haine que toutes ces communautés rurales vouent au Danxomè et qui joue le rôle de ciment entre elles. Mais le processus de mono-identification des Mahi est resté fragile du fait de la persistance des espaces d'identification primaires (Djigbénu, Gbanlinu, Dévo, Dovi, etc.) et de la destruction des rares espaces de pouvoir englobant qu'ils ont pu créer, tels que les royaumes de Gbowèlé, Tchahounka et Houndjroto[9].

Cette présentation montre des insuffisances, parce qu'elle ne résulte pas d'une recherche historique. L'auteur lui-même le reconnaît dans l'introduction de son article : « La présente étude n'est pas une histoire générale des Mahi. Elle contribue plutôt à résoudre la controverse au sujet des significations de l'ethnonyme et du toponyme Mahi. » L'auteur Anignikin ne semble pas interroger l'origine du peuple Maxi, et ne le situe que par rapport à la phase de sa migration pour raison de guerre. C'est pourquoi il place leur constitution entre le XVIIe et le XIXe siècle. Cela sera rectifié par les présents travaux de recherche. Enfin, l'auteur parvient à une telle conclusion parce

---

9. *Ibid.*

qu'il s'est appuyé sur des sources non contextuelles[10]. Bien que son article ait l'avantage de prendre en compte toutes les recherches faites jusqu'à sa date de rédaction, cela présente toutefois l'inconvénient de paraître sous l'angle de l'apologie d'une thèse qu'il défendait.

Un autre élément qui a pu dérouter Anignikin est le fait qu'il s'est appuyé presque exclusivement sur les travaux de Lespinay[11]. On peut être fasciné par la méthode de datation au Carbonne 14 dont s'était servie Lespinay et prendre comme fait historique irréfutable les conclusions de ses recherches. Bien qu'étant retenue comme méthode de recherche en archéologie pour la datation, elle ne saurait à elle seule aider à déterminer les liens organiques, sociaux, linguistiques et politiques d'un peuple. Lespinay lui-même le montre en associant à cette méthode la chronologie relative, pour en proposer une troisième : la chronologie comparative. Pour notre recherche, le chercheur a procédé par l'approche d'observation participative[12] reposant sur la méthode de recueil qu'est l'entretien collectif[13] pour découvrir l'origine des Maxi.

L'ethnonyme Maxi selon Anignikin est une thèse très controversée. L'auteur lui-même l'indique dans l'introduction de son article : « En effet, à l'issue d'une conférence donnée à Dassa-Zoumé le 24 mars 1994, on m'a accusé d'avoir injurié le peuple Mahi. Il m'a été en particulier reproché d'avoir expliqué le terme "mahi" comme provenant de l'expression fon mè é no ma ahi qui signifie littéralement "ceux qui divisent le marché", c'est-à-dire

---

10. Voici ce que l'auteur lui-même écrit sur les sources qui ont servi aux écrits des premiers travaux sur lesquels on tente de construire l'histoire du peuple Maxi : « Par ailleurs, l'étude historique de la région a été initiée par des administrateurs dont la plupart maîtrisait mal la méthode et les outils de la discipline. Ils ont en outre découvert le pays et son passé à travers le témoignage et les explications d'informateurs locaux, généralement étrangers aux groupes ethniques concernés et dont l'objectivité n'était pas forcément acquise par rapport à la représentation et à la présentation de l'Autre. Il en est résulté une connaissance approximative voire déformée de la réalité, ce qui pose d'énormes problèmes face aux enjeux identitaires dans le milieu. » ANIGNIKIN, « Histoire des populations mahi », p. 245.
11. C. DE LESPINAY, « Le Sud Bénin : Kétu et la question des origines », *Cahiers du CRA*, 8, 1994, p. 21-147.
12. J. M. DE KETELE et X. ROEGIERS, *Méthodologie du recueil d'information. Fondements des méthodes d'observation, de questionnaire, d'interview et d'étude de documents*, 4ᵉ éd., Bruxelles, Belgique, De Boeck, 2013, p. 16.
13. Pour la méthode d'entretien collectif, « il s'agit de données discursives destinées à l'analyse, provoquées et recueillies par un chercheur sur des thèmes qu'il a déterminés et qui peuvent [...] aussi concerner les enquêtes », MORGAN, *The focus Group Guidebook*, cf. Duchesne et Haegel, *L'entretien collectif*, p. 42.

mè (ceux) é no (qui) ma (divisent) ahi (marché) d'où "mahi", expression qui traduirait une attitude fondamentalement belliqueuse. »

Ce n'est pas le lieu de lui répondre entièrement. Mais parce qu'il dépeint une identité maxi négative, le chercheur soulève quelques incongruités avant d'exposer l'identité que révèlent les présentes recherches empiriques.

Selon Anignikin, l'ethnonyme « Maxi » ne provient pas de l'ethnie qui le porte, mais lui fut attribué par les puissants rois d'Abomey. Il s'agit en plus d'un terme « péjoratif », et le peuple concerné se serait ainsi élogieusement approprié une insulte comme nom. Et finalement, c'est bien au XXe siècle que l'ethnie se serait donné un nom, parce que l'auteur présente l'appropriation sous la colonisation. La première question que soulève l'ethnonyme selon Anignikin concernera les critères d'identification. Il reconnaît qu'ils sont de diverses origines, qu'il situe par rapport aux localités qui se trouvent au Sud-Est (Ouémé, Cɔvɛ), au Centre-Sud (région d'Allada, Damɛ) et au Centre (plateau d'Abomey, Hwawé, Wasaxó). Mais comment se distinguaient-ils des autres populations desdites localités, puisqu'il ne mentionne pas qu'ils sont les fondateurs de ces localités ? Tout laisse à croire que cette ethnie « anonyme » présente des traits distinctifs, peut-être la couleur de la peau ou des particularités morphologiques. Ce qui n'est pas le cas. La localité ne suffit pas pour décrire les critères d'identification. Un dernier argument illogique que l'auteur évoque : « Avant l'apparition du terme "Mahi", les populations en question étaient désignées sous le terme péjoratif de "Sokanmènou" (littéralement habitants des collines) équivalent donc de montagnards[14]. » Cet argument montre une incongruité historique, étant donné que l'origine de ce peuple est antérieure à sa destination finale que constituent les montagnes comme lieu de refuge. L'auteur affirme que les Mahi « ont la même origine que les Ouémènou, cousins et voisins des Gun[15] ».

Pour affiner sa thèse, Anignikin donne l'explication étymologique du concept « mahi » :

> [...] Le terme mahi a été forgé pour désigner ces populations réfractaires au pouvoir du Danxomè (ibid.). Le terme Mahi viendrait de la phrase suivante en fon : mè é no ma ahi lè, et signifie littéralement « ceux (mè) qui (é no) partagent [divisent, dispersent] (ma) le marché (ahi) ». Cette version insiste sur le fait de diviser ou de disperser (ma) le marché (ahi) avec l'idée

---

14. ANIGNIKIN, « Histoire des populations mahi », note 11, p. 254.
15. *Ibid.*, p. 253.

de bagarre, de bataille. Une autre version met l'accent sur le fait d'être enragé, d'être révolté ; on dit alors mè é no djè ma, ce qui signifie « ceux (mè) qui (é no) se révoltent, s'enragent (djè ma) », autrement dit, ceux qui se sont révoltés, ou ceux qui sont toujours enragés, cette dernière phrase insistant sur l'habitude d'être enragé ; peut se dire en fon : mè é no yi ma(n) hi, c'est-à-dire « ceux (mè) qui (é no) vont (yi) [au] marché (hi) [de] la rage [folie, passion, révolte] ».

Les deux sens que dégage l'étymologie du concept sont tous péjoratifs : le premier « belliqueux » et le second « démence ». Si c'était le sens que requérait le mot, le peuple Maxi l'aurait changé, à moins d'être « fou », comme le suggère Anignikin, aucun peuple ne peut se prévaloir d'un concept de maladie comme nom. Ensuite l'analyse sémantique que fait l'auteur du nom suggère que les rois d'Abomey reconnaissent le peuple ennemi Maxi comme fait de vaillants et redoutables guerriers. Le sens tel que le dégage Anignikin, replacé dans son contexte du XVIIe siècle, serait plutôt positif. L'auteur n'a pas précisé quand le concept a été décrété et laisse plutôt entendre que c'est après une longue résistance (de deux siècles). L'orgueil reconnu aux rois d'Abomey ne présage pas une telle « confession » de la puissance qu'ils reconnaîtraient à leurs ennemis.

L'argument d'antériorité du peuple Maxi par rapport au peuple Fon remet en cause l'ethnonyme Maxi de l'auteur. Anignikin confirme cette thèse d'antériorité : « [...] même si l'on retient généralement que les populations en question ont émergé de "la fusion lente d'Aja venus du sud et de Nago, premiers occupants ou venus ensuite" (Bergé, cité par de Lespinay 1994 : 134). Car il y a plusieurs modalités de cette fusion à partir des multiples variantes possibles des deux unités de base que constituent le foyer yoruba (à l'est au Nigeria) et le foyer aja (à l'ouest au Togo). Sous cet angle, les Mahi sont de la même origine que les Ouémènou, les Gun, les Aïzo et les Fon, et forment ensemble, avec eux, l'aire culturelle Aja-Fon[16] ». Mais c'est l'histoire de l'origine du peuple Maxi qui permet de corriger cette identité ethnique maxi controversée de la thèse d'Anignikin.

---

16. ANIGNIKIN, « Histoire des populations mahi », p. 253. La référence à C. DE LESPINAY est la suivante : « Le Sud Bénin : Kétu et la question des origines », *Cahiers du CRA*, 8, 1994, p. 21-147.

2.2.1.2. L'histoire de l'origine des Maxi de Savalou

Trois axes aident à retracer l'histoire de l'origine du peuple Maxi. La méthode de la recherche historique, l'identification du tronc commun des trois branches Maxi et l'ethnonyme selon les Maxi eux-mêmes (voir la carte n° 1 à la page suivante).

Ici, la recherche documentaire s'appuie sur les quelques rares ressources dont les deux plus importantes sont la thèse de Koutinhouin[17], qui a pris en compte toutes les recherches faites sur le peuple Maxi jusqu'à la date de ses recherches, et l'article d'Anignikin, titré : « Histoire des populations mahi. À propos de la controverse sur l'ethnonyme et le toponyme "Mahi". » Le chercheur a complété cette recherche documentaire par des enquêtes empiriques, notamment des interviews auprès des intellectuels, des dignitaires et « têtes couronnées » maxi. Plusieurs personnes ont été interviewées et d'abondantes données ont été collectées, qui montrent la disparité et parfois la contradiction historique de l'origine et des peuplements des Maxi. Dans cet ensemble, les sources les plus importantes qui ont servi à établir l'origine sont :

- L'œuvre de Gbaguidi, un ancien directeur d'école. Ce dernier a effectué sur le peuple Maxi, pendant plus de deux décennies, des recherches dont les résultats ont été des tableaux conçus, dessinés et commentés. Les œuvres sous forme de tableaux et dessins ayant été endommagés, seuls les commentaires consignés dans un pamphlet ont été exploités (cf. annexe II.1).
- Les interviews des intellectuels Gounongbé (31 janvier 2017) et Awalla (12 mars 2015 ; 6 novembre 2017, cf. annexe II.2).
- L'interview de plusieurs dignitaires à Soclogbo, dans l'arrondissement de Dassa-Zoumé, lors de l'ouverture du 17ᵉ Festival Racines-Mahi Houindo, le 25 novembre 2016.
- Les interviews dans les palais des rois de Savalou (8 décembre 2016) et Logozoxɛ (4 mai 2017, cf. annexe II.3[18]).

---

17. M. S. E. Koutinhouin, « La vie rurale en pays mahi du Moyen-Bénin (structures sociales et structures agraires traditionnelles, changement et problèmes au sein d'un paysannat ouest-africain) », doctorat de 3ᵉ cycle, Université Paris VII, Paris, France, 1978.

18. Il a été interdit au chercheur de prendre des photos des interviews dans les palais. Toutefois il a été autorisé à prendre en photo l'arbre généalogique royal (qui figure en annexe II.3) dans chaque palais.

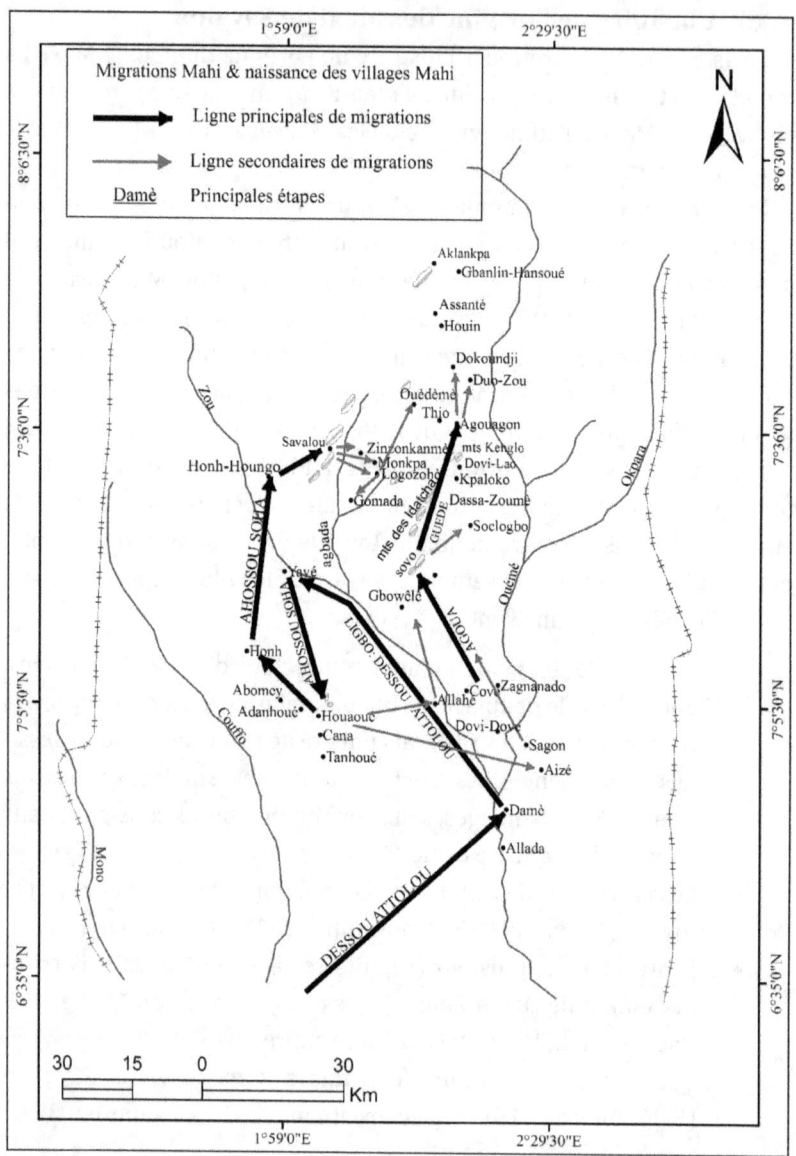

Carte n° 1 : Migration des Maxi
Source : Les présents travaux, 2016.

- Les interviews des vodunon de Wɛɖɛmɛ (8 novembre 2016) et de Logozoxɛ (7 novembre 2016, cf. annexe II.4).
- Les interviews des EEAD de Axɔsɛdo (6 novembre 2016), Wɛsɛ (6 novembre 2016) et de Logozoxɛ (7 novembre 2016, cf. annexe II.5).
- Les artistes et chantres Gangnon, Alɔkpon, Gbɛzé et Gbechewou (cf. annexe II.6).
- Visite du site d'histoire de l'esclavage des Maxi (5 février 2016, cf. annexe II.7).
- Consultation du panorama de l'histoire des Maxi abrité par l'hôtel « La Référence » (5 février 2017, cf. annexe II.8).
- Visite du village historique de Yayɛji (6 février 2017, cf. annexe II.8).
- Le dépouillement, l'analyse et la triangulation des données ont permis de parvenir à l'histoire de l'origine du peuple Maxi, particulièrement celle commune aux trois branches qui le constituent.

De Mitɔgboji à Ɖamɛ, les trois branches Maxi ont eu le même ancêtre Ɖɔvi dont ils partagent jusqu'alors la descendance. C'est à Ɖamɛ qu'il y a eu naissance des trois branches que sont celles de Cɔvɛ, Thiɔ et Savalou. Anignikin s'est occupé d'une frange des Maxi, celle de Thiɔ, qui a été l'objet des invasions guerrières des royaumes d'Abomey et d'Oyo, parce que préoccupé par sa justification de l'ethnonyme « guerrier » du mot Maxi. Une telle préoccupation l'a empêché de parvenir à l'origine réelle du peuple Maxi, qu'il situe à une étape de sa migration. Ce faisant, il a été obligé de forger une méthodologie contraire à celle qu'il avait annoncée : « Pour construire une chronologie des étapes de l'histoire des populations, je partirai du plus connu au moins connu, le plus connu sous cet angle étant relatif à l'histoire du Danxomɛ et à celle du royaume d'Oyo[19]. » C'est pourquoi il faut recourir à un autre moyen d'investigation.

Selon les Maxi eux-mêmes, leur nom a tout un sens que seule leur histoire permet de découvrir.

2.2.2. De la toponymie Maxi, l'histoire des Maxinou

De même que l'évocation du nom « Juif » connote un cheminement historique, derrière le nom « Maxi » se cache une histoire. Et c'est de l'histoire

---

19. ANIGNIKIN, « Histoire des populations mahi », p. 246.

des Maxi qu'émerge le sens du terme « maxi ». Le chercheur expose dans une première section l'histoire générale des Maxi, qui est la description du tronc commun à ses trois branches, puis viendra celle de la branche du Savalou.

2.2.2.1. L'histoire générale des Maxi

Cette histoire relate d'abord l'origine de l'ancêtre de tous les Maxi depuis le village de Mitɔgboji jusqu'à Ɖamɛ, qui a donné naissance aux trois branches maxi. Puis la seconde partie de l'histoire fait ressortir l'origine de l'ethnonyme Maxi.

Tous les Maxi viennent d'un ancêtre éponyme Dɔvi (Dɔ = filet ; vi = enfant ; ce qui donne : enfant du filet). Des pêcheurs vivant sur un îlot du lac Ahémé appartenant au village du nom de Mitɔgboji prirent dans leur filet, lors d'une pêche, un petit garçon dont la mâchoire supérieure portait deux dents. C'est étrange de pêcher un enfant vivant, et qui, par surcroît, porte cette anomalie. L'enfant fut donc confié au chef du village, qui recommanda à une prêtresse d'en assurer la garde. L'enfant, nommé Alédjou (Alédjo = étranger, bienvenu chez nous), grandit et prit l'une des filles du roi pour épouse et engendra un fils à qui on donna le nom d'Attolou Dessou. Il devint un grand chasseur. Perdu lors d'une chasse, il ne retrouva son village qu'après trois ans. En son absence ses parents étaient décédés et il ne reçut comme héritage qu'un petit champ de l'arbre appelé « netté[20] ». Après de vaines protestations, il se résigna à cette injustice subie.

Des années après, Attolou Dessou tua un jour l'un de ses frères à coup de flèche, parce que ce dernier volait des gousses de « netté » dans son champ, qu'il avait hérité. Cet incident l'obligea à s'enfuir de Mitɔgboji et il arriva dans un village appelé Ɖamɛ[21]. Il reçut l'hospitalité du roi du village appelé Ligbo et devint son chasseur. L'amitié entre les deux se solda par un mariage entre une fille du roi et Attolou Dessou. Du couple naquirent plusieurs enfants, des filles comme des garçons. Mais Attolou donna à l'un de ses fils le nom proverbial de « Gba-Xakɔ » (Gba = collier de cuir qui permet de tenir à l'attache un chien ; Xakɔ = qui serre la gorge, le tout donne : collier

---

20. Le netté (parkia biglobosa) donne des graines qui servent à produire un condiment indispensable pour la préparation des sauces.
21. cf. La carte de migration, p. 60.

qui serre la gorge, et le sens est : venu sans rien, il a cependant plus qu'il ne peut en faire passer par son gosier)[22].

La croissance démographique des familles Attolou et Ligbo étant menacée à Damɛ, ils migrèrent le long du fleuve Zou pour s'installer dans un village à l'embouchure du fleuve Agbado appelé Yayɛ. C'est dans ce village que les deux patriarches moururent, et la guerre de succession commença entre les héritiers du trône. Pour régler le problème, la tante-reine imposa un test à tous les candidats. Ce test consistait à monter le buffle que Attolou avait ramené de la chasse des années auparavant et qui était confié à la garde de Gba-Xakɔ. Aucun des princes ne réussit l'épreuve et Gba-xakɔ fut invité à l'essayer. Ce dernier, étant habitué à l'animal, n'eut aucune peine à remporter l'épreuve et devint ainsi le chef, sous le nom de « Axɔsu Soxa[23] » (Axɔsu/roi, Soxa/So/cheval-Xa/monter, qui donne : « le roi qui monte le cheval »). Mais le sens est plus proverbial que cette simple explication. Pour le rendre selon la tradition orale, on dira : « Axɔsu/roi, gbé/refuse, Soxa/monter cheval, bo/pour, xa/monter, sɔ/cheval, ɖogbé/qui est dans la brousse, ce qui donne « le roi qui a préféré monter un buffle de la forêt plutôt qu'un cheval », le buffle étant supérieur au cheval par sa redoutable force physique.

De Yayɛ, et cherchant à créer son propre royaume[24], Axɔsou Soxa redescendit avec certains des siens (sept familles, selon Adivignon) vers le Sud, chez Ouo Aïnon, là où il va créer le village Hwawé qui va devenir le point de départ et le carrefour des différentes migrations de tous les Maxi de l'Ouest et du Centre. Les Maxi du Sud-Est (Covɛ) et de l'Est-Nord seraient partis de Damɛ et de ses environs. Ces différentes branches portent un nom dont le sens est développé dans l'ethnonyme ci-après.

---

22. KOUTINHOUIN, « La vie rurale en pays mahi du Moyen-Bénin (structures sociales et structures agraires traditionnelles, changement et problèmes au sein d'un paysannat ouest-africain) », p. 69.
23. L'intronisation du roi Axɔsu Soxa fait l'unanimité dans tous les récits de l'histoire des Maxi, mais la divergence concerne le lieu où cela se serait passé. Selon Adivignon, c'est plutôt dans le premier village après Mitɔgboji, c'est-à-dire à Ɖamɛ. Il manque des éléments pour trancher entre ces deux versions. Le chercheur a rencontré un vieux sage de 105 ans, Dah Sokponwé, qui a confirmé le séjour à Yayɛ du roi Soxa. C'est de ce village de Yayɛ que partira le Vodun Xɛbyoso pour le reste du pays Maxi.
24. Le trône hérité à Yayɛ étant maternel (c'est du côté de sa mère qu'il devint roi), les héritiers « normaux » n'ayant pas accepté de gaîté de cœur cette forme d'usurpation du trône, Axɔsu Soxa va partir pour créer son propre royaume. Il se souvint aussi de l'oracle qui a préconisé que la paix ne sera pas dans la plaine, mais dans les collines.

La thèse de l'ethnonyme Maxi selon les Maxi résulte de trois catégories de données que sont : les interviews spécifiques, les documents produits à partir du symposium qui a été consacré à ce thème en 2013, et surtout le panorama des départs de Ɖamɛ.

Les enquêtes et les interviews auprès des cadres Gomadjɛ (6 novembre 2016 à 10 h 30), Dăḍaxŏ (25 novembre 2016 à 17 h 20), Gounongbe (25 janvier 2017 à 18 h 45), Adah (28 janvier 2017 à19 h 15) ; des dignitaires et têtes couronnées de Panouignan, Soclogbo, Cɔvɛ et Logozohɛ (25 novembre 2016) ; des dignitaires religieux maxi Dah Kandénu (7 décembre 2016) et Dah Sokponwé (8 décembre 2016) ainsi que la documentation issue des différentes rencontres des festivals de Mahi-Hwindɔ, spécifiquement du symposium tenu à Zangnando en 2013, des différents opuscules produits par les écrivains et artistes maxi ont permis de rétablir le sens du mot « Maxi ».

Le poète Somadjedangbe résume bien la thèse de la manière suivante :

> Entre les crépuscules, l'oracle, telle une étoile polaire prédit les méandres du départ [...] Partir. Partir mais, quand et où s'arrêter ? Simple. Je suis toujours mon peuple et la sentence de l'oracle entre les crépuscules. Simple ! Dans le royaume des termitières et des collines, voilà la terre promise. Ainsi tu diras « oun mon ahi » signifiant littéralement J'ai vu le marché. Le massif Mahi, le vaillant peuple[25].

Le dernier paragraphe de la déclaration du symposium de Mahi-Houindo, tenu les 13, 14 et 15 décembre 2013 à Zangnanando sur le thème « Repères identitaires et signification de l'appellation MAHI », recommande ce qui suit :

> En tout état de cause, l'association culturelle MAHI-HOUINDO réfute systématiquement toute interprétation étymologique de l'appellation MAHI tendant à faire passer les peuples MAHI pour des fous ou des enragés. Elle recommande à l'opinion publique en attendant la poursuite des recherches de retenir que l'appellation MAHI qui se traduit en vernaculaire « N'Mon AHI » contracté en MANHI, francisé en MAHI et qui signifie « j'ai trouvé le marché » allusion faite à l'abondante procréation à

---

25. B. T. SOMADJEDANGBE, *Le massif Mahi, le vaillant peuple*, Cotonou, Bénin, Éditions Gilous, 2016, p. 11.

Analyse du contexte socioculturel et anthropologique du peuple Maxi   65

l'image d'un marché en pleine animation. Donc, MAHI signifie
« N'Mon AHI » ; MAHI sous-entend « N'Mon AHI » ; MAHI veut
dire « N'Mon AHI ».

Les recherches ont abouti au récit et commentaire suivant de l'ethnonyme Maxi :

L'itinéraire de la migration des Maxi, depuis Mitɔgboji jusqu'à Hwawé, a montré que chaque départ d'une étape à l'autre a été occasionné par une situation sociale, à l'exception de l'étape de Damɛ. De Mitɔgboji, Atolou est parti parce qu'il a tué l'un de ses frères qui volait les gousses de son champ. De Yayɛ, Gba-Xakɔ est parti parce qu'il a hérité du trône par le côté maternel, et il cherchait à créer son propre royaume. De Hwawé, le roi Axɔsu-Soxa émigra à Honh à cause des menaces de Dako-Donou[26] dont les visées d'expansion le poussèrent à aller créer plus loin Honhougo[27]. Le départ de Honhoungo fut motivé par la convoitise du royaume nagot de Tchébélou (cf. section 2.2.2.2.). C'est le mobile du départ de Damɛ qui sera à l'origine de l'ethnonyme maxi.

Atolou Dessou arriva à Damɛ, épousa la fille de son hôte et eut une grande progéniture. Certains auraient émigré dans les villages avoisinants dont l'un s'appelle Agon. La légende rapporte qu'une grande épidémie de variole qui s'était abattue sur Damɛ et ses environs et qu'elle coûta la vie à plusieurs enfants. C'est alors que l'oracle fut consulté à Agon pour trouver un remède et une solution définitive pour Atolou et sa population. Les conjurations temporaires par beaucoup de sacrifices furent préconisées. Mais l'oracle aurait révélé, à partir de cette calamité, le devenir de la population victime de l'épidémie. La paix et la sécurité ne se trouveraient pas dans les plaines ni sur les plateaux, mais sur les hauts sommets en forme de cônes. Les injonctions de l'oracle seraient que dans les plaines et les plateaux le danger serait à leur trousse. S'ils échappaient aux calamités

---

26. Axɔsu Soxa reçut à Hwawé le prince Dogbagli et ses deux fils Ganyéxèsu et Dako-Donou. À la mort de Dogbagli, Ganyéxèsu, à qui revenait la succession, fut évincé par son frère cadet Dako-Donou avec qui Axɔsu Soxa contracta le pacte de sang à cause de son père Dogbagli.

27. Axɔsu Soxa, quittant Hwawé, remonta alors vers le Nord-Ouest jusqu'à Honh, où il s'installa. Quelques années plus tard, il a appris que Dako-Donou continuait ses tueries des tribus peuplant le plateau. Alors Axɔsu Soxa poursuivit son chemin vers le Nord, traversa le fleuve Zou et créa un village qu'il nomma « Hon-Houngo » : hon/porte-houn/ouvrir-go/près de, ou à côté, le tout donne « La porte s'est enfin ouverte ici ». Hon-Houngo était non loin d'un village établi et peuplé par les Nagot qui se nommait Tchébélou, qui sera conquis plus tard pour devenir Savalou.

naturelles, telles les maladies endémiques, ils tomberaient dans la gueule des animaux féroces, et s'ils échappaient à ces derniers, ils subiraient la mort par la méchanceté des autres voisins, jusqu'à ce qu'ils parviennent sur les sommets, le lieu de leur salut. Les recommandations de l'oracle étaient que s'ils écoutaient et obéissaient à la révélation et parvenaient au lieu indiqué par l'oracle, ils allaient se multiplier et seraient dynamiques, comme s'anime un marché. Et lorsque la divination prédisait le futur, elle en donnait un signe pour se rappeler du message. Ici, le signe était la phrase « N'Mon axi » (j'ai vu le marché). Il fallait se répéter la phrase comme « incantation d'identité » et du bonheur, et, comme l'a écrit Aguessy sur l'usage du nom : « Prononcer le nom, c'est agir sur l'âme, la provoquer, la contraindre à une action, la confiner dans un état[28]. » La tradition africaine croyant au pouvoir du « verbe », de la « parole », la population se le répétait pour s'attirer le bonheur qui est lié à l'oracle, mais la répétition visait aussi la transmission à tous, de génération en génération. L'incantation ou la phrase « N'Mon ahi » a un double sens pour le peuple Maxi : il est le « signe géomantique » de prédestination et de prédétermination et du pouvoir d'invocation de la réalisation de l'oracle. Ce sont ces deux sens qui fondent l'ethnonyme mahi. C'est cette histoire qui détermine la véritable mono-identification de l'ensemble des populations concernées dans l'espace géographique couvert par leur histoire. Cela permet de répondre à l'argument de Anignikin selon lequel on dit « facilement *n'houé Mahi*, c'est-à-dire "je vais au pays mahi" (pays ayant ici, surtout, le sens de monde) ; mais on ne dit pas *n'gni Mahi* ou *n'gni Mahinou* (je suis Mahi) ».

En effet, le sens tel que le chercheur vient de l'exposer indique que le nom « Maxi » pointait vers une destination future, et cet aspect de recherche d'accomplissement du miracle annoncé par le nom est resté collé à l'expression « N'Mon ahi », malgré le fait que l'oracle ait été accompli. Ainsi, l'argument de Anignikin à propos de « n'houé Mahi » devient une confirmation de la thèse du chercheur, contrairement à l'argumentation de son auteur. Mais l'argument « on ne dit pas *n'gni Mahi* ou *n'gni Mahinou* » est largement dépassé, et les habitants du pays Maxi sont aujourd'hui appelés « Maxinu ». Passons maintenant à la justification historique de la thèse du chercheur.

Il existe aujourd'hui au Bénin deux catégories différentes de « Maxinu », et c'est l'interprétation de l'oracle énoncé ci-dessus qui en est à la base.

---

28. H. Aguessy, *Cultures vodoun. Manifestations, migrations, métamorphoses (Afrique, Caraïbes, Amériques)*, Ouidah, Bénin, IDEE, 1970, p. 33.

Les deux catégories sont : « Maxinu ba só kpó » (Maxinu qui n'a pas vu les collines ou qui n'a pas de montagnes dans son environnement) et « Maxinu mon sŏ » (Maxinu qui a vu les collines, ou plus précisément qui vit dans les montagnes). La première catégorie est le groupe qui, émigrant, a rencontré de hautes termitières à Cɔvɛ et s'y est installé, pensant reconnaître la réalisation de l'oracle. Mais une frange remettait en cause la sédentarisation et un débat éclata. Dans leurs échanges, la frange qui avait remis en question le signe de l'oracle demanda qu'un émissaire soit envoyé au village Agon où l'oracle avait été révélé pour obtenir des précisions, mais les premiers ont refusé, en argumentant sur la grande distance à parcourir pour s'y rendre. C'est de là qu'est né le second nom « Agonli » (*Agon*/village Agon-*lin*/loin, ce qui donne « Agon est loin ») que porte encore Cɔvɛ aujourd'hui. La deuxième catégorie est celle qui a respecté les injonctions de l'oracle, ce qui fait que tous les villages maxi sont logés sur des collines ou des montagnes d'où ils se sont d'abord multipliés puis ont pu résister aux puissants rois d'Abomey pendant des siècles. Les multiples guerres et la déportation de la traite négrière n'ont pu exterminer les Maxi, et même de l'autre côté de l'Atlantique, ils ont fait parler de leur vodun.

2.2.2.2. L'histoire des Maxi de Savalou

Cette section vise à montrer l'histoire de l'une des branches du peuple Maxi, celle qui a donné naissance au royaume de Savalou.

Si le royaume d'Abomey s'était évertué à exterminer la frange qui partit vers le Nord, en saccageant les puissants royaumes[29] de Tchahounka, Gbowélé et Houndjroto, la branche de Savalou-centre a connu moins de démêlés avec Abomey, à cause de l'amitié qui a été établie entre Axɔsu Soxa et Dogbagri. C'est elle qui a survécu à la traite négrière et a été utilisée sous la colonisation pour le repeuplement de presque toute l'aire maxi après l'extermination occasionnée par la guerre et la traite négrière. Qui sont donc ces Maxi de Savalou ?

Le chercheur a montré dans l'histoire générale des Maxi que tous ceux qui ont pour identité maxi partagent le même ancêtre éponyme Alédjou et sa descendance jusqu'à Gba-Xakɔ, devenu le roi Axɔsou Soxa. C'est ce dernier qui va créer le royaume de Savalou. Les lignes qui suivent apportent la

---

29. ANIGNIKIN, « Histoire des populations mahi », p. 250 ; Koutinhouin, « La vie rurale en pays mahi du Moyen-Bénin (structures sociales et structures agraires traditionnelles, changement et problèmes au sein d'un paysannat ouest-africain) », p. 73.

précision historique permettant de remettre en cause la thèse d'Anignikin selon laquelle les Maxi seraient une production du royaume d'Abomey.

L'ethnie dominante du royaume d'Abomey est le fɔn. Toutefois, le nom fɔn ne désignait pas au commencement un groupe ethnique, mais plusieurs groupes. « C'est ainsi par exemple que le groupe fɔn comprend des Aladaxonu, des Gédévi et autres populations préexistantes du plateau d'Abomey, des Aïzo, des Mahi, des Wémènou, etc. De même, la communauté Xwla ne comporte pas moins de treize autres groupes[30]. » L'histoire reconnaît que les Maxi faisaient partie des seize groupes socioculturels qui constituent l'aire culturelle ajatado : « Il s'agit du noyau originel aja, des Aïzo, du couple Xwla Xwéda, des Kotafon, des Sahè, des Washi, des Shi, des Fɔn, des Gun, des Wémènou, des Ajranu, des Mahi, des Tofinu, des Tolinu, des Sètonu[31]. » Les auteurs mentionnent que « chacun de ces groupes occupe un espace géographique par excellence, mais sans barrière étanche. En effet l'aire culturelle ajatado est une aire composite, parce que métissée de l'intérieur et de l'extérieur par d'incessants contacts et interpénétrations de toutes sortes[32] ». Cela montre la préexistence des Maxi dans le plateau d'Abomey[33] avant la naissance du royaume d'Abomey.

De Hon-Houngo, Axɔssou Sɔxa se lia d'amitié avec le roi de Tchébélou, située à 12 km, puis usa de ruse pour s'emparer de son royaume. On raconte que Axɔssu Sɔxa s'est servi d'un pigeon et de pouvoirs magiques pour incendier tout le village. À l'une des pattes de l'oiseau il fit attacher une torche enflammée, et sous la motion du pouvoir magique, l'oiseau, volant de toit en toit, incendia tout le village. L'incendie ainsi créé fut une catastrophe dont les moyens humains d'alors ne pouvaient venir à bout. Axɔsu Soxa alla ensuite compatir avec son ami en lui promettant de l'aide pour la reconstruction du royaume. Mais c'était une duperie hors pair, et voici comment la tradition orale la raconte, selon le résumé de Koutinhouin : « Les Nagot, ne se doutant de rien, offrirent à boire et à manger à ces voisins qui les entouraient de tant de sollicitude. Une fois repus, les hommes du chef Ahossou Soha s'armèrent rapidement et se jetèrent sur les Nagot. Ceux-ci, affolés, furent massacrés en

---

30. F. IROKO et J. C. ALLADAYE, *L'aire culturelle Ajatado*, Cotonou, Bénin, UNESCO, 2009, p. 3.
31. *Ibid.*, p. 2.
32. *Ibid.*
33. Le royaume de Savalou fut fondé en 1557 par Axɔssou Sɔxa, tandis que celui d'Abomey le fut en 1620. Les travaux de Lespinay, qui indiquent « la mise en place des peuples Aja et Yoruba entre les XIIIe et XVe siècles », confirment les données historiques. LESPINAY, « Le Sud Bénin : Kétu et la question des origines », p. 134.

grand nombre, les rescapés s'enfuirent vers Bantɛ et Bassila. Tchébélou était désormais aux mains de Ahossou Soha[34]. » Après la création du royaume de Savalou, Axɔsu Soxa reçut le nom de Gbaguidi, qui signifie, selon les Nagot, qui le lui ont attribué : Oba/roi, Guidiguidi/violent, et c'est « Oba Guidigui » en nagot qui a donné en langue maxi : « Gbaguidi. »

De Tchébélou à Savalou, il y a généralement trois interprétations. La première penche pour le fait qu'il s'agisse d'une déformation de nom due au passage de la langue nagot à la langue maxi. Ainsi Tché/SA-bé/va-lou/lou et le tout donne Tchébélou = Savalou. Cette première interprétation ne donne aucun sens au nom, ce qui est moins convaincant, étant donné l'importance du nom à l'époque. Il n'existait généralement pas de nom sans signification. Cela conduit à la deuxième interprétation qui a deux volets. Savalou se décompose en « Sa » qui est une réduction de « saxɔton », qui signifie « ami ou amitié » – « avalu », qui signifie « honneur à ou grâce à », ce qui donne « honneur ou grâce à l'ami ». Certains suggèrent qu'il donna ce nom en l'honneur de l'ami, le roi d'Abomey qui l'aurait aidé, soit en donnant l'idée qu'il a mise à exécution, soit en lui donnant des moyens. Mais l'histoire telle que le chercheur l'a relatée, en montrant d'une part que le royaume de Savalou fut créé avant celui d'Abomey et d'autre part les circonstances du départ de Axɔsu Soxa de Hwawè, concorde difficilement avec cette interprétation. Alors vient l'interprétation suggérée par Hazoumè : « Savalou mot qui est la contraction d'une phrase mahi par laquelle Gbaguidi voulait dire : "J'ai observé scrupuleusement les obligations du pacte : j'ai fui pour ne pas donner à l'ami même l'occasion de commettre un crime[35]". »

La manière dont Axɔsu Soxa a fondé son royaume fera pour longtemps des Tchabè et Nagot ses ennemis. Selon Dah Sokponwé[36], il fut obligé de recourir à Abomey en faisant valoir le pacte de sang. Les conflits liés à sa succession confirment le fait qu'il y a eu une relation avec Abomey.

Axɔsu Soxa « avait exigé vers la fin de sa vie, qu'après sa mort, trois de ses fils assument successivement la régence du pouvoir, à son trône, avant tout autre[37] ». Les trois fils qui assurèrent la régence sont Adigbli, Ava et

---

34. KOUTINHOUIN, « La vie rurale en pays mahi du Moyen-Bénin (structures sociales et structures agraires traditionnelles, changement et problèmes au sein d'un paysannat ouest-africain) », p. 71.
35. HAZOUMÈ, *Doguicimi*, p. 3.
36. Interview du 8 décembre 2016 à 14 h 35.
37. C. GBAGUIDI, « Aperçu général sur l'histoire de Savalou », tenture réalisée par E. Fiogbe, musée d'Abomey, Bénin, s.d., p. 4.

Kpoki. C'est son petit-fils aîné Tchaou qui devait lui succéder en qualité de 2ᵉ roi de Savalou. Gbaguidi précise que ce sont « les régences successives qui avaient permis au Roi d'Abomey de se dégager de la suzeraineté du Roi de Savalou, pour instituer des réunions annuelles auxquelles tous les Rois d'alentour devaient assister à Abomey[38] ».

Tchaou, héritant de cette nouvelle suzeraineté d'Abomey, n'avait pu s'exécuter. Cependant, ce dernier, pour raison de maladie, avait désigné son jeune frère pour le représenter dans les audiences auprès du roi d'Abomey. Mais chaque fois que ce dernier s'y rendait, il se présentait comme le vrai roi. Abomey finit par le reconnaître comme le roi de Savalou, et son frère aîné lui dut alors allégeance. Tchaou, ne pouvant supporter d'être supplanté par son jeune frère, quitta Savalou pour aller fonder le village de Logozoxɛ en 1769 (cf. annexe II.3). Les deux autres frères de Tchaou, en dehors du cadet qui avait usurpé le trône, allèrent fonder respectivement les villages de Zizonkanmɛ et de Monkpa. De Logozohɛ seraient partis les fondateurs des villages de Gomaɖa, Wɛdɛmɛ et Aklamkpa.

En somme, les Maxi de Savalou font partie des premiers groupes socio-culturels ajatado. Leur ancêtre, parti de Mitɔgboji au cours des grandes migrations qui se situeraient entre le XIVᵉ et le XVIᵉ siècle, vint s'installer d'abord à Damɛ, puis émigra à Hwawé, avant d'être contraint de partir à cause du caractère sanguinaire de Dako-Donou. Les documents consultés et les interviews s'accordent pour reconnaître que Axɔsu Soxa est le fondateur du royaume de Savalou. Dans chacun des palais visités (Savalou, Logozoxɛ, Zizonkanmɛ, Monkpa, Wɛdɛmɛ, Gobaɖa), le chercheur a trouvé l'arbre généalogique royal qui remonte à Axɔsu Soxa, indiquant ainsi la lignée ancestrale de tous les Maxi de Savalou. Ce rattachement ancestral fonde l'identité ethnique que partagent les Maxi de Savalou. Ils partagent donc la même culture et développent aussi la même structure sociale.

2.3. La composition socioculturelle du peuple Maxi de Savalou

Le but de cette section est de montrer la topologie de la structure sociale et l'organisation du peuple verbomoteur. La société maxi, de laquelle procède la culture, révèle une prédominance *voduiste* qui se maintient et se perpétue par les deux éléments fondamentaux du corps social que sont la

---

38. *Ibid.*, p. 4-5.

communauté, qui détermine l'identité, et le patrimoine culturel, qui assure sa survie.

2.3.1. La communauté comme lieu d'identification

Gire fait observer que « toute culture se réfère à une société humaine dont elle procède. Mais celle-ci se soutient dans la durée par des lignes de force qui demeurent structurantes pour le corps social[39] ».

Le Maxinu qui a grandi au pays Maxi avant de s'expatrier porte en lui son « identité » maxi, quels que soient les lieux et les circonstances de vie qu'il traverse. À cause du processus de socialisation et de son contenu, il acquiert une double identité, à la fois communautaire et individuelle, qui le renvoie à la source qui est son village, par la mémoire collective. Cette dernière, reposant sur la typologie de la pensée imageante, porte le vodun qui a nommé les repères et déterminé les valeurs imageantes. Examinons brièvement le processus de socialisation et la « programmation » de la mémoire collective.

Il sera démontré dans l'anthropologie maxi que l'ancêtre participe à la conception de l'enfant maxi. Mais la culture maxi génère des structures sociales de base, instauratrices de sens, qui déterminent dans une dynamique interactive les divers types de relations. La première structure se nomme « Hɛnnu » (famille) qui, au sens maxi, se conçoit comme communautaire, depuis l'organisation de l'espace d'habitation (*xweta*) jusqu'au système d'éducation. L'enfant naît et grandit dans cet espace communautaire et son éducation incombe à toute la communauté. La nature, l'organisation et l'intégration dans la communauté ont été instituées par les ancêtres. C'est pourquoi aucune démarche importante ne peut être faite ou aucun évènement important ne peut être saisi dans sa signification profonde sans se référer aux ancêtres ou les interroger, ou encore s'adresser aux « Hɛnnu vodun », qui sont considérés comme origine et cause de toutes choses. Les différents rites et initiations subis par l'enfant lui confèrent cette double identité individuelle et communautaire, propre à toutes les sociétés traditionnelles et d'oralité. Mais il ne s'agit pas d'une identité fusionnelle, car il est question dans lesdites sociétés de reconnaître que l'éducation qui y est pratiquée « amène l'individu à comprendre que son bonheur dépend de la survie de

---

39. P. GIRE, « Qu'est-ce que le fait religieux ? », *Enseignement catholique actualités*, hors-série, mars 2005, p. 23, https://enseignement-catholique.fr/wp-content/uploads/2016/09/relier-enseignement-et-fait-religieux.pdf, consulté le 5 juillet 2023.

son groupe social, de sa cité, de son peuple[40] ». Cette dimension ethnique de son identité lui est transmise par son appartenance à la deuxième structure de base « Akɔ » qui est un regroupement de plusieurs « Hɛnnu » ou familles. Cette structure akɔ est une notion dense et complexe que le chercheur pourrait traduire par «patrilignage[41] ». L'inadéquation de ce terme provient de ce qu'il met en exergue la descendance et l'ascendance. Son importance est relevée par de Souza : « c'est l'akɔ qui donne à l'homme son identité ontologique, historique, sociale, religieuse et même mythique. Nous sommes donc ici au cœur de toutes les structures qui enserrent l'homme dans une société déterminée[42] ».

Le chercheur a recensé au pays Maxi trois types d'akɔ. Un premier dont l'étymologie renvoie à un espace géographique ayant pour terminologie caractéristique « nu » (*nu*/lieu), il s'agit de Ajanu, Jigbénu, Gbanlinu, Hwɛgbonu. La deuxième catégorie concerne les castes, il s'agit de : Ayatɔ (caste des forgerons), Ðovi (caste des pêcheurs) et Gbétɔ (caste des chasseurs). La troisième catégorie concerne ceux qui ne peuvent pas être classés. Les informateurs du chercheur ont des avis contradictoires au sujet des deux akɔ que sont les Jɛtɔ appelés encore Agbogɔnnu et les Ðɛhwɛn. Pour les Jɛtɔ, le premier groupe argumente que leur origine historique inconnue expliquerait leur situation. Le second groupe avance l'argument du lien avec le Vodun Xɛbyoso qui fonctionnerait comme un genre de « caste » spirituelle s'occupant de la justice et de l'agriculture. Les Ðɛhwɛn sont sans conjecture. À ce niveau, ce sont les « Akɔ vodun » qui ont pris la relève de la constitution de la communauté pour parfaire l'identité communautaire. Et comme l'a fait remarquer Basse, « l'homme noir, face au monde visible qui l'entoure, est modelé par l'éducation qu'il reçoit, le milieu social dans lequel il vit et à la fois par sa vie religieuse et son culte[43] ». Il convient de préciser que son éducation est assurée par le modèle de ces multiples relations et par la parole.

---

40. P. HOUNSOUNON-TOLIN, *Éducation et décolonisation culturelle de l'Afrique*, Yaoundé, Cameroun, CLÉ, 2014, p. 54.
41. A. HUANNOU, *Le pays Wěmɛ̀ d'hier à demain. Histoire, culture et développement : actes du colloque de Dangbo (21-23 août 2018)*, Jéricho-Cotonou, Bénin, CIREF Éditions, 2019, p. 31.
42. I. DE SOUZA, « Religion africaine et structure socio-politiques », dans *L'expérience religieuse africaine et les relations interpersonnelles*, Actes du Colloque International d'Abidjan 16-20 septembre 1980, Abidjan, Côte d'Ivoire, Savanes-Forêts et ICAO, 1982, p. 51.
43. E. C. BASSE, « Les relations interpersonnelles au sein de l'expérience religieuse africaine face à l'impact cultivant de la foi chrétienne », dans *L'expérience religieuse africaine et les relations interpersonnelles*, Actes du Colloque International

L'éducation, qui repose essentiellement sur la parole, est forcément libellée dans le registre des images. « Dans le cas des paroles où le message est essentiellement parole, on parle des textes de la tradition orale et ils ne sont jamais neutres. Ces textes mettent en cause les personnes et provoquent des "feed-back" affectifs : ceux qui écoutent le conteur s'identifient ou s'indignent d'un personnage, le chant appelle à la joie, à la tristesse ou à la réflexion. Il existe des chants funèbres qui font pleurer. Même dans le cas des mythes ce sont toujours des images qui sont suggérées[44]. » Ces « textes traditionnels » constituant les premiers éléments de la vie, ils se sont imprimés en chacun et deviennent le repère de réflexion. Cauvin disait que « les textes de la tradition font partie du tissu de la vie d'un peuple, chacun en est dépositaire à sa façon. Il s'agit d'une manière de penser autant que d'une manière de sentir. C'est un art de vivre[45] ». Ce sont les religions traditionnelles africaines qui, par leur système fonctionnel, ont nommé les repères et déterminé les valeurs imageantes. C'est pourquoi Hounsounon-Tolin pouvait affirmer que « qui parle des religions traditionnelles africaines doit reconnaître que ces dernières constituent le socle essentiel des représentations des sociétés de type traditionnel et d'oralité. Elles conditionnent tous les comportements socioculturels et moraux[46] ».

Ainsi, la société maxi et sa culture génèrent des Maxinu dont les « identités » individuelle et communautaire restent tributaires de la tradition orale régie à son tour par la pensée imageante. Mais ce sont les RTA qui « programment » la mémoire collective, confirmant ainsi la pensée de Weber de la « religion en tant que facteur d'évolution des sociétés, mais en définitive, comme le facteur essentiel d'identité et d'intégration dans le temps sociocosmique qui régit leur vie et leur avenir[47] ». Tous ces facteurs de production d'identité et d'intégration sociale se pérennisent, parce qu'ils constituent un patrimoine inaliénable.

---

d'Abidjan 16-20 septembre 1980, Abidjan, Côte d'Ivoire, Savanes- Forêts et ICAO, 1982, p. 38.
44. C. A. Ahoga, « Le contexte des religions traditionnelles africaines », *Chantier*, n° 3, 2001, p. 18.
45. Cauvin, *Comprendre la parole texte*, p. 8.
46. Hounsounon-Tolin, *Éducation et décolonisation culturelle de l'Afrique*, p. 56.
47. Penoukou, « Religion africaine et foi chrétienne comme sources de relations interpersonnelles d'intégration et de transformation », p. 453.

2.3.2. Le patrimoine culturel traditionnel a force de loi

Une tradition est un héritage qui vient de la communauté croyante[48]. Le peuple Maxi possède des traditions culturelles profondément ancrées dans le vodun qui devient le socle de son patrimoine, lequel joue plusieurs rôles, dont les deux plus importants pour notre étude sont la résistance au changement et la force de loi.

Le patrimoine culturel maxi est un facteur de résistance aux grands changements à la rencontre des autres cultures, comme l'expriment Luneau et Thomas :

> On aurait pu croire, il y a quelques dizaines d'années, que croyances et pratiques traditionnelles seraient, en l'espace de deux ou trois générations, totalement submergées par la vague irrésistible d'une « mondialisation » imposant ses règles et ses valeurs au reste de la planète. À tout le moins, une urbanisation toujours croissante et de moins en moins maîtrisée, les modes de vie qui d'ordinaire l'accompagnent (nouvelles formes de socialisation, service de santé, scolarisation généralisée, transports publics, travail salarié, mass medias largement accessibles, etc.) auraient dû entraîner leur régression rapide et finalement leur disparition. Or il n'en est rien, bien au contraire[49].

Plusieurs facteurs sont à l'origine de cette résistance, dont le plus important est le vodun, dont les éléments favorisants sont les rites, les symboles et l'environnement.

Le rite est toujours programmé et doit se faire comme prévu, il fonctionne donc comme un code. Il est en effet codifié et l'on s'attend à ce qu'il produise l'effet escompté. « En cela, le rite est conservateur. En cela même, il est aussi sécurisant et "démocratique". On ne l'invente pas, il n'est pas objet de créativité dans ses éléments fondamentaux[50]. » C'est pourquoi le rite fait de tout ce qui subit son action ritualiste un patrimoine inaliénable. Il existe un lien indéniable entre le symbole et le rite, parce que l'objet ou

---

48. A. Quenum, « Une tradition d'humanité », dans *Christianisme et humanité en Afrique, mélanges en hommage au cardinal Bernandin Gantin*, Association des théologiens du Bénin, Paris, France, Karthala, 2003, p. 6.
49. Luneau et Thomas, *La terre africaine et ses religions*, p. 147.
50. P. Béguerie et C. Duchesneau, *Pour vivre les sacrements*, 6ᵉ éd., Montréal/Paris, Canada/France, Novalis/Cerf, 2010, p. 73.

l'intention du rite relève du monde invisible, et comme l'homme normal ne peut parler ou agir sur la base du vide, il y a nécessité d'une représentation : le symbole. Mais l'autre aspect du symbole qui intéresse la présente étude concerne le fait que la culture maxi est initiatique. Cela voudra dire que la croissance est assurée par des rites de passage. La transition exige de celui qui subit le rite d'accepter de rompre avec la « réalité du dedans » pour passer à la « réalité du dehors », celle qui concerne le monde des autres, la vie sociale, la vie religieuse. « Et c'est sa vie rituelle qui le lui permettra par les rites des grandes étapes de son existence et par ceux, tout simples, de la vie relationnelle de tous les jours [...] ce sont les données de la culture ou de la religion qui deviennent les objets transitionnels[51]. » Cela montre que le symbole n'est pas que matériel, certaines données culturelles, certains rites et même certaines structures des instances sociales peuvent constituer des symboles qui ravivent quotidiennement la vie en société. Il existe, dans le contexte maxi d'oralité, un genre littéraire « de proverbes » qui sont des « symboles sonores », et Kolouchè et Atindégla le confirment quand ils écrivent : « On estime qu'il y a plus de 10 millions de proverbes en Afrique. Ce sont des trésors de la culture, de l'identité et du patrimoine africain. Les gens formulent, utilisent, et font circuler les proverbes par la parole [...] Dans cet héritage commun de connaissances, les proverbes sont l'une des sources les plus riches de sagesse et de vision du monde traditionnelles. Ils sont les épices de la culture parlée. Ils servent à de nombreuses fins dans la société et sont indispensables à notre culture[52]. » Ils ne sont pas seulement l'animateur de la mémoire collective, mais grâce à eux on comprend comment l'environnement est un livre vivant pour la tradition maxi. Les proverbes sont utilisés dans le langage religieux, parce qu'à cause du caractère sacré de la religion, les choses ne sont pas dites ou appelées selon leur sens naturel. Par exemple, lorsque la foudre foudroie une personne, on dit « Sogbo xu lan » (Sogbo a tué un gibier). Autre exemple, le proverbe populaire par rapport à Xɛbyoso suivant : « Xɛbyoso Anyi bo nan ɖo asi ɖo dodo mɛ a ? » (Es-tu Xɛbyoso pour avoir ta femme en bas ?) Xɛbyoso est supposé demeurer avec Dada-Ségbo dans le firmament « en haut », alors que ses épouses « vodunsi » vivent sur la terre, en bas. Cela s'emploie pour un couple qui tout en voulant se marier planifie de vivre séparé, ou quand les

---

51. *Ibid.*, p. 75.
52. A. B. Kolouchè et A. Atindegla, sous dir., *Proverbes du Bénin. Sagesse éthique appliquée de proverbes*, Genève, Suisse, Globethics.net, 2015, p. v.

parents d'une jeune épouse refusent de laisser leur fille aller vivre auprès de son mari. Tous ces proverbes se servent des éléments de la nature pour communiquer, ils sont grands producteurs d'images et l'environnement le leur en offre.

Tous ces symboles se réfèrent à l'environnement et servent à l'élaboration des totems, des tabous et des différents systèmes de sacrifices. Le totem qui « peut être décrit comme l'ensemble des références symboliques d'unités ou d'identités sociales » fonctionne comme la « loi fondamentale » de l'*akɔ*. En effet, les références symboliques peuvent être un animal ou une chose de la nature. Une histoire est souvent associée à l'objet totem. Beaucoup de sociologues voient dans le totem l'identité tribale. Tous les éléments de la nature peuvent servir de sanctuaire et on distingue les sanctuaires naturels (cascades, lacs, rivières, cavernes, montagnes, etc.) et les sanctuaires fabriqués que sont les différents temples qui jonchent les villes et villages maxi. Ces totems, tabous, sanctuaires et sacrifices ont chacun leurs interdits et indiquent des comportements de la vie. Ils fonctionnent pour tout le groupe comme une législation, écrite non dans un livre, mais dans l'environnement.

Alors, il faut comprendre que « les phénomènes identitaires ne sauraient en effet être saisis en dehors des cadres sociaux dans lesquels ils prennent place. Cette lapalissade sociologique vise à rappeler que toute socialisation est nécessairement socialisation avec, par et pour l'autre, qu'elle implique donc, dans la production des identités, l'intervention des matrices, agences et instances de socialisation[53] ». Et tout cela devient pour le Maxi son patrimoine, parce que la raison majeure pour laquelle il croit ce qu'il croit et fait ce qu'il fait, c'est que cela a été transmis, et tout écart provoque un trouble dans le monde invisible. Ainsi tout Maxi se croit la continuation d'une génération, celle des ancêtres dont il porte le nom, et dont le sang circule dans ses veines, ce qui le remplit de la crainte de questionner cette identité ou de la remettre en question. La compréhension de l'homme dans le contexte maxi vient renforcer cette identité communautaire et le patrimoine hérités.

---

53. D.-C. Martin, Groupe de recherche sur Identités, pouvoirs et identifications, « Écarts d'identité, comment dire l'Autre en politique », dans D.-C. Martin, sous dir., *L'identité en jeux, Pouvoirs, identifications, mobilisations,* Paris, France, Karthala, p. 52.

2.4. L'anthropologie du peuple Maxi de Savalou

Le but de cette section est de montrer que l'anthropologie maxi est à l'origine de l'identité communautaire et de l'ancestralité. L'existant humain et l'ontologie de l'ancestralité mettent en évidence le rapport identité-anthropologie.

Le chercheur n'entrera pas dans toute la description et l'analyse de la conception de l'homme Maxi, mais il exposera, brièvement et en premier lieu, la composition de l'homme selon les Maxi. Puis il montrera que c'est sa création, sa naissance et sa mort qui mettent en exergue l'identité et le lignage ancestral.

2.4.1. L'existant humain maxi

La « famille au pays Maxi est composée des morts, des vivants et de ceux qui ne sont pas encore nés » (Dah Voji IAPVIII 8 décembre 2016). Cela explique les cinq composantes de la personnalité chez les Maxi.

L'homme chez les Maxi se conçoit comme un être complexe, les interlocuteurs l'ont exprimé, comme le chercheur l'a découvert chez Kossou : « Ce qu'est l'homme, nul ne peut le dire. Quand tu vois un homme, il ne faut pas penser que tu l'as vu complètement, comme il faut, parce que tu n'es pas entré en lui pour savoir ce qu'il pense, tu n'es pas entré dans sa conscience ("aï") [54]. » Cela voudra signifier que la connaissance de l'homme va au-delà de ce que l'on perçoit immédiatement et qui est son corps. L'homme ou encore « Gbɛtɔ » (gbɛ/vie ou monde-tɔ/père, ce qui signifie le « père du monde »), au pays Maxi semble à première vue comporter deux composantes, visible et invisible, mais chaque catégorie se décompose en sous-catégories qui seront exposées en commençant par le visible.

Le visible ou encore le corps a deux mots pour le désigner avec une nuance : « agbaza » et « wutu ». Kossou ne les distingue pas, tandis qu'Adoukonou le fait et donne à « wutu » le sens de « terme générique qui s'applique à tout existant, et signifie métaphysiquement un principe d'action causale, transitoire[55] ». Le « wutu », dans le présent cas, fait partie du corps et peut être assimilé à la peau. La composition du visible n'est pas seulement le

---

54. B. T. Kossou, *« Se » et « gbe ». Dynamique de l'existence chez les Fon*, Paris, France, La Pensée Universelle, 1983, p. 47.
55. B. Adoukonou, *Jalons pour une théologie africaine. Essai d'une herméneutique chrétienne du Vodun dahoméen (vol 1 & 2)*, Paris/Namur, France, Lethielleux-Culture et vérité, 1980, p. 115.

corps, le second élément qui lui est attaché, mais qui s'en distingue, est le « yɛ », qu'on pourra traduire par l'ombre. Le « yɛ », qui est l'ombre claire que le corps projette dans la lumière, dans l'anthropologie maxi, revêt aussi le signe du principe spirituel qui reste collé à l'individu, même quand il n'y a pas la lumière, on dit par exemple que le sorcier « attrape le yɛ sur la tête des enfants ». Ainsi le yɛ semble connoté de deux natures : celle visible, qui reste attachée au corps et est projetée par la lumière, et celle, invisible, qui entrera en ligne de compte des composants invisibles de l'homme maxi. La partie visible sert d'intermédiation entre le monde visible matériel et le monde invisible. C'est au niveau de la partie invisible que « l'homme maxi » est complexe.

Pour bien comprendre les composants invisibles de l'anthropologie maxi, il faut partir du nom générique de l'homme (gbɛtɔ, le père de la vie) et celui de Dieu (Gbɛḍotɔ = gbɛ/la vie ou le monde-ḍo/possesseur-tɔ/père, ce qui signifie « celui qui possède le monde, la vie »). Si le « père du monde » et le monde dans lequel il vit sont visibles, celui qui possède le « père du monde » et le monde est invisible (nu ḍo yɛsumɛ = nu/quelque chose, ḍo/est, yɛsumɛ/ombre fermée, ce qui donne « la chose qu'on ne peut toucher et en même temps cachée »). Kossou parle de la vision métaphysique de l'homme. Le contact entre les deux se fait par la partie invisible intouchable qui est dans l'homme. On en dénombre trois composantes : yɛ, lindon et sɛ. Après avoir parlé de yɛ et selon la compréhension maxi, toutes les créatures ont leur yɛ, « l'ombre » perceptible, mais immatérielle, et en cela elle rappelle les propriétés du numineux (puissance agissante de la divinité). L'ombre est, selon Kossou, « passée pour le double de l'homme, c'est la confusion de "l'accidentel" » avec "l'essentiel" par la conscience ». Il est dit qu'à la mort, le « yɛ » veille sur le corps jusqu'à ce que ce dernier soit enterré et disparaisse une fois le corps mis en terre. Le « lindon » est compris comme une émanation de Dieu, bien différente de l'esprit, mais caractéristique de chaque individu. Elle ne meurt pas et c'est grâce à elle que les autres parties de l'homme vont se reconstituer quand un jeune qui meurt brutalement réincarne intégralement sa personne (mɛkuwaḍé), telle qu'il était avant la mort, pour achever sa destinée. Enfin, le « Sɛ » au pays Maxi est double : il y a le « sɛ » donné par Dieu, il correspond à ce que Imasogie[56] appelle « alter ego », une réplique céleste de « l'âme-personnalité ». C'est ce « sɛ » qui

---

56. O. IMASOGIE, « La conception du monde et la religion africaine », dans C. Hogg, O. Imasogie et al., sous dir., *Les religions dans le monde aujourd'hui*, Abidjan, Côte d'Ivoire, CPE, 1997, p. 25.

reçoit la destinée que la personne doit réaliser sur la terre. « Cela comprend la famille à travers laquelle elle viendra au monde, son métier, la durée de sa vie, son statut social et le genre de mort qu'elle connaîtra. » On peut le comparer à « un génie programmeur-protecteur », dont le rôle est de veiller à l'accomplissement de ce qui a été arrêté avant la naissance de la personne. Le second « sɛ » est celui de l'ancêtre, celui qui est « l'ancêtre protecteur », qui se nomme en langue maxi « Jɔtɔ » (jɔ/qui fait naître ou précurseur à la naissance-tɔ/père, ce qui donne « l'ancêtre instigateur de la naissance »). Ce « Jɔtɔ » est significativement appelé « Sɛ Mɛkɔkantɔ », c'est-à-dire le Sɛ qui a prélevé l'argile dont le corps a été façonné. Il est différent du « Sɛ » de l'individu, parce que « l'ancêtre jɔtɔ » peut assurer la même fonction pour plusieurs enfants à naître. En participant à la formation du corps, il peut y laisser son empreinte, soit sur le corps, ce qui fait qu'il peut y avoir une ressemblance physique entre l'ancêtre et l'enfant dont il est le « jɔtɔ », soit sur le « sɛ » de l'enfant, ce qui peut se manifester par des traits de caractère ou de destinée communs. C'est ici que se manifeste la continuité ancestrale. L'enfant qui bénéficie de la protection générale de tous les ancêtres bénéficie d'une protection spécifique de son « Jɔtɔ », et en retour l'enfant doit chercher à vivre comme son « Jɔtɔ » a vécu, et si ce dernier était puissant, l'enfant est par prédisposition censé incarner la même puissance. Les « Sɛ » ne meurent pas, mais ils survivent après la mort et intègrent le « village des ancêtres », pour ceux qui ont fini leur vie terrestre dignement, ont connu la vieillesse et ont eu de bonnes cérémonies funéraires.

2.4.2. L'ancestralité est ontologique au pays Maxi

Le but de cette section est de montrer que le cycle de la vie est encadré par les ancêtres. Trois éléments déterminent ce cycle : Jɔtɔ, le village des ancêtres, modèle exemplaire de vie sur terre, et la jouissance des rites funéraires de la famille.

Il n'existait pas un seul enfant né au pays Maxi et d'une famille maxi qui ne soit pourvu d'un « jɔtɔ » avant l'arrivée des églises évangéliques. Cela montre le rôle prépondérant que jouent les ancêtres dans le devenir des générations à naître. En effet, il a été montré dans la section précédente que le « sɛ » est l'entité porteuse du code de la destinée de chaque personne. Les croyances maxi stipulent que les esprits malfaiteurs, les sorciers, les démons et des divinités étrangères peuvent essayer d'empêcher quelqu'un d'accomplir sa destinée. Cela laisse comprendre que la destinée n'est pas à proprement parler une prédestination, mais plutôt un projet dont l'accomplissement final exigera des efforts, humains et surnaturels. L'ancêtre ou la divinité Jɔtɔ se présente comme le premier garant protecteur de l'enfant, dont il assure la prédestination. Il sera consulté souvent pendant les moments de crise de la personne pour recevoir des révélations, des indications de sacrifices et des remèdes. L'ancêtre jɔtɔ peut en cas de besoin appeler les autres ancêtres ou les « Hɛnnu » et « Akɔ » voduns à la rescousse. C'est ainsi que le principe de continuité ancestrale est établi et se perpétue de génération en génération. Un enfant qui naît sans un « jɔtɔ » ne pourra pas survivre, car il est sans protection et sa destinée sera happée par les ennemis envahisseurs. Et si les enfants ne survivent pas, le lignage ne pourra pas se perpétuer et l'ancestralité se trouvera compromise. Cette continuité « ancêtre-enfant » a fait naître dans l'ontologie maxi la croyance de « Mɛkuwadé » (Mɛ/quelqu'un-ku/mort-wadé/revient à la vie ailleurs, ce qui signifie, « le mort revient à la vie délocalisé »). Cela voudra dire que si la mort intervient avant « l'âge normal pour mourir », donc une mort prématurée, la personne se « réincarne » dans un autre village ou pays lointain, en tant que personne, pour poursuivre normalement le reste des jours. Cependant, si quelqu'un l'ayant connu avant sa première mort le reconnaît, il disparaît instantanément. La croyance de « mɛkuwadé » suggère que la mort est normale seulement lorsqu'on a vraiment vieilli. C'est alors qu'on pourrait intégrer le « village ancestral », mais tous les membres de la famille ne deviennent pas ancêtres. À ce sujet, la croyance demeure imprécise et les interlocuteurs du chercheur n'ont pu lever l'imprécision. Cependant les conditions pour devenir ancêtre sont bien connues des membres de la communauté et sont au nombre de trois : vie exemplaire, progéniture et funérailles dignes.

Avoir vécu une vie exemplaire, en modèle du respect des valeurs ancestrales et surtout avoir défendu la communauté. La longévité est une conséquence de la protection des ancêtres qui annonce la première condition de l'élection à l'ancestralité. Cependant cette première condition doit être suivie de la seconde, celle de la progéniture.

N'est véritablement homme que celui qui s'est marié, mais le couple sans enfant est un signe de malédiction et la communauté a élaboré des stratégies pour résoudre un tel problème. Cela a conduit à l'institution du lévirat, qui dépasse le sens qu'en donne l'Ancien Testament : « La rédemption de la propriété familiale et la procréation d'un héritier par suite du décès d'un parent⁵⁷. » Le lévirat au pays Maxi résout aussi les problèmes de l'infécondité ou de l'impuissance masculine du vivant de la personne concernée. Car ne peut devenir ancêtre un homme sans progéniture. L'expérience d'avoir élevé des enfants de son vivant prédispose l'ancêtre à devenir « jɔtɔ ». Mais les conditions : avoir été un modèle et avoir éduqué des enfants ne suffisent pas pour accéder à l'ancestralité. Une dernière condition s'avère nécessaire : obtenir des funérailles appropriées.

Il existe différentes formes de funérailles : celles destinées à toute personne en dessous de l'âge de procréation et celles des adultes avec différentes variantes, selon qu'il s'agit d'une femme ou d'un homme, d'un roi ou d'un chef de famille, d'un vodunsi ou d'un « hunnon », etc. Sans les funérailles, aucun mort ne pourra traverser le fleuve qui sépare notre monde du village des morts ou des ancêtres. Il y a plusieurs rituels, mais le chercheur n'évoque que celui qui intéresse la présente étude : « *Avɔdo-cyɔ* » (*avɔ*/pagne-*do*/couvrir-*cyɔ*/dépouille mortelle, ce qui signifie « couvrir le mort » ou « envelopper le mort »). Pour ce rituel, il y a deux sortes de « pagnes » : celui du fils aîné (*viḑaxo-vɔ*) et celui du lignage (*akɔ-vɔ*) qui sont incontournables, sans lesquels ledit rituel ne peut s'accomplir. Le pagne du fils aîné signifie que vous avez eu des enfants (dans le sens que vous avez l'expérience qui vous élit pour la continuité ontologique de l'ancestralité) et celui du lignage signifie que vous avez bien vécu en modèle et que le lignage vous couvre, comme preuve de votre honorabilité. C'est alors que les autres rituels funéraires vont suivre pour ainsi favoriser l'accès au village des morts, des ancêtres. À une exception près, tout décès au pays Maxi (même celui d'un enfant) a droit à des funérailles. Quiconque meurt par foudroiement n'a pas droit aux funérailles. Ce sont certains membres du clergé Xɛbyoso qui s'occupent alors de la dépouille mortelle. « Autrefois, quand il tourne définitivement dos à la vie, on le place sur une claie durant un temps. La divination permettait de choisir entre trois, sept, seize et quarante et un jours. L'inhumation se tenait sans pompe au terme de ce temps d'attente⁵⁸. » Au pays Maxi, l'inhumation du foudroyé est gardée secrète et la gestion de la dépouille dépend du mal commis et du type de « Vodun Xɛbyoso » qui a sévi. Ce qui est remarquable, c'est qu'on méprise le mort foudroyé au point de toujours admettre que son esprit ne peut intégrer le cercle des ancêtres. « Par conséquent, il ne réincarne aucun enfant dans sa

---

57. Ahoga, « Le contexte des religions traditionnelles africaines », p. iii.
58. Ananou, *Vodun Xevioso*, p. 152.

lignée. Étant incapable d'être alors un Jɔtɔ, il ne jouit du moindre privilège de déification humaine. Cela limite généralement à ses contemporains le souvenir de son nom. À en croire la tradition orale, l'évocation de ce dernier par quelqu'un attirerait même sur lui la force chtonienne de la Divinité[59]. »

En somme, il ressort de l'anthropologie maxi que le « sɛ » est la composante de l'homme qui assure les liaisons ontologiques. C'est à partir de l'ancêtre éponyme que la communauté prend corps. Et les valeurs, les identités et les croyances de la communauté qui émergent du contexte sont portées et transmises par le système d'ancestralité dont l'« ADN » se trouve être le « Sɛ ». La pérennité de chaque ancêtre est assurée par ceux pour qui il est le « jɔtɔ ». L'adulte qui a été jugé par le Vodun Xɛbyoso n'y a pas droit. Par sa fonction de « justicier », le Vodun Xɛbyoso bannit le coupable et l'empêche de devenir ancêtre. En dehors de l'ancestralité, il existe une autre caractéristique des Maxi, un élément de repérage qui les identifie, même quand ils sont à des milliers de kilomètres de leur aire géographique : la langue.

2.5. La langue et le rythme du peuple Maxi de Savalou

Le but de cette section est de montrer que la parole et le geste constituent un patrimoine traditionnel oral qui caractérise une ethnie et se perpétue de génération en génération. Laissant de côté les éléments particularistes du contexte linguistique, la présente section expose exclusivement la pédagogie de la parole et la pédagogie du geste, pour montrer que les paroles génèrent des identités et que les gestes déterminent des modèles d'éducation propres aux ethnies.

2.5.1. La langue maxi comme facteur d'identité

La pédagogie de la parole mettant l'accent sur les domaines qu'elle recouvre, l'analyse des différentes catégories de paroles montre que les paroles génèrent des identités. Le chercheur va seulement énoncer les trois catégories de paroles et les identités qu'elles génèrent sans les développer. La première : « la parole pour la parole » ; la deuxième : « les paroles lourdes, vraies et sensées » ; la troisième : « les paroles importantes, secrètes et sacrées ».

---

59. *Ibid.*, p. 153.

2.5.1.1. La parole pour la parole

Cette catégorie regroupe des sous-ensembles de paroles qualifiées de « parole insensée », « parole mauvaise » et « parole mensongère ». La première se définit dans son ensemble comme un acte gratuit et étonnant de vacuité. Il s'agit d'une parole qui manque de réflexion et de pertinence ou qui est inadéquate dans la situation où elle est prononcée. Le Maxi parle de « xo gblo » (xo/parole, -gblo/vide, vague) ou encore « xo muu » (xo/parole, muu/non préparée, non cuite).

La « parole mauvaise » se rencontre « sous des formes courtes mais denses en significations (les répliques), sous des formes de durée relativement longue. Dans l'un ou l'autre des cas, le degré de l'élaboration formelle affiche la rude contribution de l'intelligence et de l'imagination[60] ». Le Maxi parle de « xo ḍiḍa » (xo/parole, ḍiḍa/tranchante, « parole tranchante comme la lame ») ou « xo gblegble » (xo/parole, gblegble/pourrie, « parole comparée à un animal en décomposition »).

Enfin, « la parole mensongère » dans le contexte maxi peut revêtir deux aspects, un positif et l'autre négatif. Le positif prend le qualificatif de « mensonge didactique ». La culture maxi classe dans cette catégorie les « devins » de clairvoyance douteuse. Certains parleraient de « charlatans ». Le Maxi parle de « awonon » (awo/prestidigitation-non/mère, ce qui donne « mère de la prestidigitation »). Le mensonge négatif est repoussé par la communauté.

À cette première catégorie de la parole, la communauté associe une sorte d'anthropologie. Il s'agit de la catégorie de personnes dont « l'expression littéraire orale » dominante se caractérise par l'une des trois différentes « sortes de parole » décrites ci-dessus. Au « proférateur » de « parole insensée » sont associés les signes d'immaturité, d'inconsistance, de manque de réflexion et de sagesse. À celui de « mauvaise parole » sont associées des caractéristiques d'investigateur de relations intersubjectives tendues, des oppositions et inimitiés, des rivalités, des émulations. La société maxi n'accorde pas de responsabilité d'importance sociale à ces catégories de personnes. Dans le cadre de la présente étude, toute personne appartenant à cette catégorie était exclue de la rencontre de réconciliation qui a eu lieu le 7 février 2017.

---

60. A. BOGNIAHO, « La littérature orale au Bénin », *Ethiopiques* vol. 4, 3ᵉ et 4ᵉ trimestres 1987, p. 8.

2.5.1.2. Paroles lourdes, vraies et sensées

Arrangées en deux groupes, « cette catégorie porte les marques de l'intelligence dont l'esprit, l'idée, l'imagination constituent les manifestations patentes. La mémoire joue le rôle d'adjuvant de l'intelligence et de l'imagination. Elle permet d'emmagasiner une certaine expérience de la parole pendant que l'intelligence en collaboration avec l'esprit et l'imagination crée[61] ».

Le premier groupe appelé « parole sensée » est celle de l'ancien, du sage ; on la retrouve sous les formes du proverbe, de la devinette, de l'adage, des maximes et sentences. Il s'agit de paroles riches de significations dont la compréhension exige la présence du délivreur et du récepteur, partageant la même communauté de fonds culturel. Ce type de parole traduit un certain pragmatisme, des réalités issues de l'observation et de l'empirisme quotidiens conceptualisés par une mise en forme savante.

Le second groupe, « parole lourde, pesante ou la grande parole », selon Bogniaho, est « ainsi appelée à cause de sa durée, de sa longueur et de la densité de sa signification, la parole lourde énonce une vérité soit relative à l'éthique d'une société précise, soit universelle. Elle se plie bien facilement à une datation. Le plus souvent localisée dans le passé, elle prend les caractères de l'histoire, de la légende, du mythe[62] ».

Les porteurs de ces paroles sont les sages de la communauté. Au pays Maxi on les appelle « mɛnxo » (mɛn/propre ou cuite-xo/parole, « parole propre, parole cuite », qui signifie « la personne dont la parole est propre, cuite » (sens de cuisson : prendre le temps de veiller sur, pour obtenir ce qui est bon) ; enfin toute personne âgée est nommée « mɛxo »). Il s'agit de celui qui sait manipuler la parole et dont la vie en reflète le degré de maîtrise. Les structures sociales sont conçues pour produire de telles personnes dont la responsabilité première est de diriger par une vie de modèle. Les paroles de ces sages sont une école, la langue maxi la qualifie de « paroles assises », car elles apportent à l'individu la connaissance, l'apaisement et l'aident à établir la concorde avec les autres.

2.5.1.3. Paroles importantes, sacrées et secrètes

« En Afrique, la parole n'est pas pour la parole, la parole porte la vie, la bénédiction, la malédiction et parfois la mort. Elle peut être sacrée ou

---

61. *Ibid.*, p. 2.
62. *Ibid.*

profane[63]. » La parole « sacrée » est importante parce que dans le contexte maxi, elle est à l'origine de tout pouvoir, bon comme mauvais.

La parole sacrée utilisée pour « déclencher » le pouvoir positif regroupe les prières et les bénédictions. Au pays Maxi, les prières et les bénédictions constituent une quête de bonheur à travers la consécration de l'individu ou de la communauté et de leur protection. Elles sont souvent un mélange d'invocations, de requêtes, de blâmes et de panégyriques (paroles louangeuses). « Certaines de ces prières adoptent une forme incantatoire et magique, seule caractéristique susceptible de leur permettre de voyager vite pour atteindre la divinité et la décider. Cela s'appelle utiliser le langage d'une divinité, entrer en contact[64]. » En dehors des prières et des bénédictions parentales, les autres s'accompagnent de sacrifices, de libation, d'offrande de produits et parfois d'animaux.

La parole sacrée utilisée pour « déclencher » le pouvoir négatif constitue le registre des malédictions qui sont de deux catégories : la malédiction parentale et la malédiction engendrée par un manquement à la famille.

La première concerne la malédiction des parents contre leur progéniture. Au pays Maxi, les parents qui peuvent user d'un tel pouvoir sont les géniteurs (père et mère ou ceux qui ont assuré la charge de l'enfant depuis sa naissance) et les tantes et oncles du côté du père. Mais Dah Kandénu[65] précise « que selon le "Fa" et selon les Jɛtɔ au pays Maxi, seuls les vrais parents géniteurs ont un tel pouvoir sur leurs progénitures et à condition qu'ils aient assumé leur responsabilité, y compris les rituels des différentes initiations ». La malédiction fonctionne alors comme une contre-prière du parent pour attirer le malheur sur la tête de son enfant. Mais les géniteurs arrivent à une telle profération lorsqu'il y a une faute vraiment lourde comme humiliation et frustration publiques, abandon des parents dans les situations de maladies incurables ou de pauvreté liée à une invalidité du parent.

La seconde catégorie de malédiction concerne les crimes et l'adultère des femmes. Ces deux fautes lourdes, pour faire objet de malédiction, ne doivent se passer qu'à l'intérieur de la famille. On fait agir, dans ce cas, l'ordalie, qui est une sorte d'épreuve judiciaire dont la finalité au pays Maxi n'est pas seulement d'établir la vérité, mais aussi d'attirer le jugement divin ou ancestral qui en découle, et qui peut être fatal.

---

63. Ahoga, « Le contexte des religions traditionnelles africaines », p. 17.
64. Bogniaho, « La littérature orale au Bénin », p. 4.
65. Interview réalisée le 5 septembre 2017 à 10 h 35.

Enfin, la parole la plus redoutée au pays Maxi est l'incantation.

L'incantation part du principe que chaque élément de la nature a deux noms : un populaire et un secret. Le premier nom populaire attribué par l'homme n'a aucun pouvoir en lui-même, il sert au langage populaire de la communication. Le second, « incantation », secret et génésiaque, est donné par la nature ; il réveille et met en branle nombre de vertus en ces éléments. Ainsi, chaque élément de la nature, matériel comme immatériel et même l'homme, répondent tous à un nom que le profane ignore. L'incantation ou « xo ḍiḍa » (xo/parole, ḍiḍa/cuire, signifie « parole préparée ou parole tranchante »), ou encore « gbe sisa » (gbe/voix, sisa/envoyé ou envoûté, signifie « voix envoûtante ») existe sous deux formes. Il y a l'incantation de bienfaisance et celle de nuisance. Elles fonctionnent comme « arme » défensive et offensive et permettent d'entrer dans le monde spirituel où tout acte d'envoûtement demeure indétectable par le système scientifique ou médical. La parole qui est comme la clé pour entrer dans le monde invisible tire son origine du Vodun Xεbyoso. À l'initiation, l'utilisation du mot est toujours précédée de la manducation d'une noix sacrée appelée « *atakun* » ou « *maniguette*[66] ». Cette parole est intraduisible et renvoie à l'image d'un bruit rappelant la rapidité de l'éclair, suivi d'une extension comme la lumière qui se répand.

La parole est porteuse à la fois de vie et de mort. Et seuls les sages des familles et ceux qui sont intermédiaires entre le peuple, les divinités et les ancêtres en sont les possesseurs. C'est pourquoi ils sont les plus craints, car ils constituent la conscience du peuple et sont redevables aux ancêtres qui les contrôlent.

Mais le langage dans le contexte d'oralité ne se résume pas uniquement à la parole, il y a le langage non audible : le geste.

2.5.2. *Le geste comme parole d'éducation*

Cette section vise à montrer que le geste, et, derrière le geste, le rythme, sont de puissants moyens d'éducation par lesquels se définit l'identité d'une ethnie. La première partie de la section sera consacrée à la formation de l'identité par le geste, et le rythme comme l'animation de l'identité dans la culture maxi.

---

[66]. S. DE SOUZA, *Guide pratique de phytothérapie*, Cotonou, Bénin, Imprimerie Tunde, 2005, p. 58.

2.5.2.1. Le geste forge l'identité

Dans la culture orale, la communication a déjà commencé quand deux personnes se retrouvent ensemble. La présence communique, mieux, les gestes qui suivent la présence sont encore plus parlants. C'est la loi fondamentale de l'anthropos de Jousse, appelé « Rythmo-Mimisme », qui révèle comment se forge l'identité par le fait de mimer ce que l'on voit : « Ce qui frappe, en effet, quand on observe l'être humain spontané, c'est sa tendance à imiter, plus exactement à "mimer" toutes les actions des êtres vivants, toutes les attitudes des êtres inanimés qui l'entourent. L'anthropos, c'est le microcosme qui "réfléchit" en miroir et en écho, le macrocosme[67] » Les parents ou les premiers éducateurs de l'enfant constituent le miroir dans lequel l'enfant apprend à se voir pour se reproduire et pour devenir leur écho. Le geste devient, par ces faits, le moyen de formation et de pérennisation de l'identité, de conservation des acquis et de l'environnement. Ainsi, les attitudes et les comportements pendant la saison pluvieuse (par exemple, ne pas se coucher sur le dos, mais à plat ventre, de peur d'être foudroyé) pérennisent l'éthique du Vodun Xɛbyoso de génération en génération.

Il y a lieu de rappeler que la personnalité de l'enfant, au pays Maxi, ne se forge pas par instruction, mais par éducation. En effet, si l'instruction « est constituée par un ensemble de connaissances acquises soit par l'enseignement reçu à l'école, soit par des études personnelles dans des livres[68] », l'éducation demeure jusqu'à présent le moyen de formation de l'identité au pays Maxi. Et « le facteur le plus déterminant et le plus efficace demeure l'exemple dans le milieu familial. L'enfant imite naturellement ceux au milieu desquels il vit. Il parle comme eux, adopte leurs idées et leurs sentiments. Il essaie de reproduire leurs gestes[69] ». L'enfant qui est bien éduqué est caractérisé au pays Maxi par deux expressions : « e tuwun afɔ » (e/il, tuwun/connaît, afɔ/pied, ce qui donne il « connaît le pied » dont le sens est « il peut décoder les gestes du pied »), et puis « e tuwun nuku » (e/il, tuwun/connaît, nuku/œil, ce qui donne « il connaît l'œil » dont le sens est « il peut décoder les clins d'œil »). Cette connaissance du langage non verbal ne détermine pas seulement son identité, mais elle s'étend à l'identification de l'environnement et les autres signes du temps de la journée. Par exemple, lorsque quelqu'un frappe à votre porte tôt le matin, à 4, 5 ou 6 heures, cela voudra dire que la

---

67. JOUSSE, *L'anthropologie du geste* p. 27.
68. HOUNSOUNON-TOLIN, *Éducation et décolonisation culturelle de l'Afrique*, p. 48.
69. *Ibid.*, p. 49.

raison pour laquelle il vient est très importante et il faudra l'accueillir avec un grand sérieux. Enfin, le langage non verbal va plus loin et concerne le rythme. Chaque peuple ayant ses rythmes, les Maxi ne font pas exception.

2.5.2.2. Le rythme anime l'identité

C'est Jousse qui résume bien le rôle fondamental que joue le rythme dans la mémoire par le soutien qu'il apporte à l'apprentissage par le corps dans l'éducation d'une personne : « La Mémoire, infatigablement exercée dès l'enfance, donne son plein et merveilleux rendement en se confondant d'elle-même aux lois rythmiquement mnémoniques de l'organisme humain[70]. » Dans ce domaine, du berceau à la tombe, la vie au pays Maxi est jalonnée de différentes catégories de chants, danses et rituels. Le chercheur n'exposera pas ces différentes catégories de rythmes, mais il s'attardera dans une première partie sur les deux types de rythme : le rythme immédiat et le rythme profond, et il finira par la perception subjective du rythme.

Le rythme, qui peut se définir comme la perception d'une forme dans le successif, fait apparaître, selon Cauvin, deux éléments caractéristiques. Le premier, formel et objectif, par exemple tel son, est effectivement répété. Le second élément, psychologique, fait que « l'esprit humain perçoit les éléments successifs comme formant un tout organisé[71] ». C'est de ces caractéristiques que se dégagent les deux types du rythme : immédiat et profond.

« Dans le rythme immédiat, les différents éléments sont perçus comme un tout continu, un présent : l'élément fort du rythme (par exemple, la répétition des mêmes syllabes, le temps fort du tambour) réapparaît alors que le précédent n'est pas encore disparu du champ du présent psychologique […], il se manifeste surtout dans des effets audibles, perceptibles immédiatement, et auxquels correspondent des mouvements du corps (taper des mains, danser[72]). » C'est ce rythme immédiat qui donne tout son dynamisme à la tradition orale et maintient une certaine vitalité dans les relations quotidiennes. Ce rythme immédiat, présent aussi bien dans les textes oraux que dans les chants et les danses, structure la mémoire et facilite l'apprentissage des gestes et des danses. Il permet de comprendre que les textes de la tradition orale ne sont pas indépendants d'autres manifestations de la tradition, spécialement des instruments de musique et de la danse. Ainsi

---

70. Jousse, *L'anthropologie du geste* p. 25.
71. Cauvin, *Comprendre la parole texte*, p. 19-20.
72. *Ibid.*

le texte se coule dans le rythme. C'est le cas des panégyriques décrits dans le présent travail, c'est également le cas des contes entièrement ou partiellement chantés.

Dans le rythme profond, « les différents éléments sont perçus comme rythme grâce à une activité plus complexe de l'esprit humain. Bien que perçus comme formant un tout, ces éléments ne se succèdent pas dans l'immédiat, dans le champ continu du présent psychologique. C'est la mémoire qui aide à reconnaître les ressemblances. Par exemple, grâce au retour régulier d'un chant dans un conte, on remarque les étapes, les séquences du conte. Il s'agit d'une structure plus profonde du texte qui en manifeste l'unité[73] ». Le développement du rythme profond se manifeste aussi dans la culture maxi par ce que Eno Belinga appelle le « langage frappé ou rythmique[74] » et que le langage populaire nomme « tam-tam ». Diverses variantes du langage frappé ou tam-tam se rencontrent au pays Maxi, chacun ayant sa philosophie et ses spécificités. Gbaguidi en évoque une quarantaine dans la région Maxi, recouvrant tous les aspects de la vie. On peut en citer quelques-uns : tam-tam royaux « Hungan », dont la production est codifiée, ainsi que « Akatan'to », qui annonce le décès d'un roi, d'un prince ou d'un dignitaire ; les « Akpi », tam-tam acrobatiques, ne se dansent que tous les cinq ans ; le « Azahun » est joué pour et pendant la guerre ou pour les grandes chasses. « Tchingunmɛ », qui est le plus célèbre des tam-tam funéraires, s'est tellement répandu qu'il est aujourd'hui joué par la plupart des ethnies du Bénin. La description qu'en fait Gbaguidi résume bien la fonction et le rôle du rythme profond : « Quand le gong caractéristique de ce tam-tam résonne, même le non initié qui l'entend pour la première fois se sent transporté par la cadence captivante de la musique, car le Tchingounmè parle à l'âme, il parle au corps. Lorsqu'il parle au corps, le corps vibre, se ploie, se tortille et se trémousse. Il traduit les vibrations du rythme en une danse frénétique ou paisible, qui se communique de voisin à voisin par le dialogue gestuel plein de complicité[75]. » Ce rythme funéraire se joue aux funérailles de tout adulte maxi, sauf celui dont la mort a été occasionnée par le Vodun Xebyoso. Il en est de même pour les autres tam-tam d'annonce (Hungan ou Akatan'to). Qu'il s'agisse d'un roi ou d'un prince ou d'une autre autorité,

---

73. *Ibid.*
74. S.-M. E. BELINGA, *Langage frappé ou rythmique*, Issy-les-Moulineaux, France, Les classiques africains, 1967, p. 52.
75. A. GBAGUIDI, « Le Tchingumè de Savalou. Essai sur le tam-tam funéraire savalois », document PDF, s.d., p. 3.

la mort advenue par le Vodun Xɛbyoso le prive de toutes ces expressions d'accompagnement social. Cette éventuelle privation de l'accompagnement social au pays Maxi permet de comprendre que derrière le rythme, il y a le facteur subjectif du rythme.

La perception subjective du rythme, qu'il soit immédiat ou profond, révèle qu'il ne s'agit pas du rythme pour le rythme ou de la danse pour la danse. C'est plutôt l'identité psychologique de la communauté qui s'anime par les procédés musicaux dont les cinq niveaux seront exposés succinctement.

Le rythme rassemble la communauté autour d'un objectif dont le contenu est déterminé par la nature du rythme. Il y a des rythmes informatifs et des rythmes rassembleurs. En dehors des tam-tam d'annonce, les autres rythmes définissent la nature de la communauté constituée des récepteurs et émetteurs, dépendamment du rythme et des circonstances. À ce premier niveau, les émetteurs et les récepteurs s'identifient et se mettent en phase. Par exemple, pour le « Cingumɛ », les émetteurs sont le groupe composé des instrumentistes, de la vedette, de ses acolytes, de la foule, tandis que les récepteurs sont constitués de la famille endeuillée, des familles alliées et des proches. Le second niveau du processus du rythme est de provoquer une sorte de satisfaction affective dans leur action communicationnelle au travers des chants et des danses. Au troisième niveau, il y a l'intention de pousser plus loin l'émotion, au-delà de l'ordinaire, par une excitation progressive qui s'enfle par la répétition et le redoublement du rythme ou l'adoption d'un rythme spécifique, propre à produire soit de la joie pour les circonstances de fête ou de distraction, soit des pleurs pour le cas des rythmes funéraires. Au quatrième niveau, ce n'est plus le rythme qui importe, mais l'attention suscitée par le contenu, dont la signification donne au chanteur de tenir son auditoire suspendu à ses lèvres par son argumentaire. Le « Cingumɛ », par exemple, adopte en cette phase un rythme « ralenti séquencé » qui permet à tout l'auditoire de saisir la profondeur du message, et quand il sent son attention récompensée, il réagit en gratifiant la vedette de billets de banque qui lui sont apposés au front. Et enfin le rythme culmine en son dernier niveau par l'effet de mémorisation que Cauvin résume bien quand il dit : « Dans la perception du rythme, tout s'allie pour provoquer un effet d'attention et faciliter la mémorisation : on se rappelle mieux ce qui est appris sur une structure rythmée[76]. »

---

76. Cauvin, *Comprendre la parole texte*, p. 24.

Chaque groupe ethnique a ses rythmes et chacun réagit toujours quand il entend jouer le rythme de son ethnie. Lorsqu'un étranger aime le rythme de votre ethnie, vous devenez son ami, c'est en cela une preuve que le rythme anime l'identité.

Conclusion

Ce chapitre a permis de voyager dans le passé du peuple Maxi pour retracer le récit des évènements passés. Cette histoire, ébauchée par les Maxi eux-mêmes, montre comment le socle culturel est bâti sur la communauté comme le déterminant des identités individuelle et communautaire. Ce chapitre montre comment l'anthropologie Maxi repose sur l'ancestralité et les entraves à la vie sont régies par l'ensemble des croyances qui fondent le système vodun, surtout les Vodun lignagers auxquels n'échappe aucun natif maxi. Le chapitre suivant montrera comment se construit une communauté vodun dont les Vodun diffèrent des Vodun lignagers.

CHAPITRE 3

Le peuple Maxi et ses religions : vers une description

Ce chapitre est une application de la troisième étape du MADIR. Il permet de comprendre comment l'initiation du chercheur au Vodun Xɛbyoso[1], lui a permis d'analyser et de comprendre les religions au pays Maxi pour être en mesure de décrire le vodun de l'intérieur, d'exposer son histoire, son identité, le processus de son organisation et sa fonction.

Le but de ce chapitre est de voyager jusqu'au cœur de la vision du monde de la communauté Vodun Xɛbyoso pour découvrir son origine et sa fonctionnalité au pays Maxi.

Le chercheur partira de la vision que le vodun est une solution à la question du mal (troisième question existentielle selon Wright, cf. chapitre 2, section 2.1.1.), pour explorer la dénomination et l'histoire du Vodun Xɛbyoso, son organisation, le processus d'intégration, sa fonction et son ancrage au pays Maxi.

---

1. L'objectif de ce chapitre n'est pas de décrire l'initiation du chercheur, mais pour clarifier nous précisons que le chercheur a accédé à tous les éléments de l'initiation « Vodun inter-ethnie » sans avoir à subir de rituels, du fait qu'il a été adopté comme le fils du grand prêtre (par l'amour manifesté à son égard) et du fait de l'héritage du grand-père du chercheur (qui fut un grand prêtre).

3.1. Histoire du Vodun Xɛbyoso au pays Maxi de Savalou

Le but de cette section est de montrer que le Vodun Xɛbyoso est une religion, une religion africaine qui a son histoire et dont le nom désigne une réalité évidente.

3.1.1. Le Vodun Xɛbyoso, une religion, une religion africaine

Le chercheur veut user de deux preuves irréfutables de ce que le vodun est une religion : les dimensions élaborées par Eliade Mircea et la confirmation de Saulnier, un spécialiste du vodun.

Dans la plupart des langues africaines, le mot religion n'existe pas, en dépit de l'omniprésence du phénomène désigné. Ce n'est pas pour autant qu'il faut dénier à l'Afrique l'existence de religion, comme le rappelle Tabar dans sa critique du christianisme : « Sans doute les missionnaires y auraient trouvé des traces de pratiques pseudoreligieuses primitives, mais rien qui ne permette de considérer que les indigènes avaient une religion, comme en Europe, en Asie ou aux Amériques [...] Quoi qu'il en soit, en pure logique, on pouvait conclure du numéro de cette revue qu'il n'y avait pas de religion en Afrique noire, si ce n'est, bien évidemment, l'islam et le christianisme[2]. »

À propos de la définition de la religion, Tiénou[3] précise que ce n'est pas chose facile, car les spécialistes n'arrivent pas à s'accorder sur les caractéristiques à retenir pour y arriver avec précision. Il suggère de se référer aux quatre dimensions proposées par Mircea Eliade[4] pour caractériser la religion.

La première dimension concerne le credo. Pour les religions qui ont un texte sacré, le credo est le résumé officiellement reconnu des principaux articles de la foi. Le Symbole des apôtres est le premier credo de foi dans le catholicisme. D'autres symboles vont s'y ajouter. L'avènement de la Réforme a nécessité la formulation de nouveaux credos : La Confession d'Augsbourg pour les luthériens, le Catéchisme d'Heidelberg pour les calvinistes.

---

2. R. Tabar, « Théologie des Religions Traditionnelles Africaines. Recherches de Science Religieuse », www.cairn.info/revue-recherches-de-science-religieuse-2008-3-page-327.htm., 2008, p. 327, consulté le 30 mars 2016.
3. T. Tiénou, « Les Religions Traditionnelles Africaines et les autres religions », cours enseigné à l'Institut Biblique du Bénin, Cotonou, Bénin, 1999, p. 4.
4. M. Eliade, *Traité d'histoire des religions*, Paris, France, Gallimard, 1949.

Dans les croyances vodun, les « panégyriques » constituent l'équivalence des textes écrits. « Le panégyrique vodun est un chant-poème psalmodique. C'est donc une parole sacrée et littéraire, une parole fragmentaire d'archivage de la théologie vodun et de la rhétorique dans le Golfe du Bénin (en Afrique de l'Ouest)[5]. » Dans le cas spécifique de la dimension du credo, il y a les panégyriques d'identité auxquels est associé tout le système anthroponyme vodun. Par le simple nom d'un fidèle vodun, on peut déceler son appartenance vodun. Par exemple Sokponwé, Sognitin, Sokpawé et Sogbossi sont tous du Vodun Xɛbyoso. Dans la culture africaine et singulièrement dans le système vodun, les « noms n'étaient pas attribués au gré du hasard ou suivant la mode du moment, mais [...] ils étaient signifiants de la personne et porteurs d'un message[6] ».

La deuxième dimension, celle du culte, est l'ensemble des rites et pratiques propres à une religion. Le catholicisme se caractérise par ses sept sacrements qui constituent les éléments fondamentaux régissant sa dimension cultuelle. Tandis que le protestantisme se satisfait de ses rituels, baptismal, de mariage et de la sainte cène. Tout le christianisme reste influencé par les trois offices (royal, sacerdotal et prophétique) de l'Ancien Testament.

La dimension ritualiste demeure très forte dans le vodun, en ce sens que l'élément dominant dans le culte, à la place de la parole écrite, est le rite, qui est multiple. Le rituel le plus important dans le vodun est celui de l'initiation, qui commence par un internement de trois mois au couvent, suivi de deux autres alternés de séjours de neuf mois dans la société, avant que le néophyte ne soit véritablement reconnecté à sa structure familiale d'origine.

La troisième dimension, celle de la communauté, se définit comme groupe (de personnes) dont la vie en commun est soumise à l'obéissance à certaines règles religieuses. Si cette définition s'applique bien à l'Église, dans le vodun une autre caractéristique s'y ajoute : ce groupe partage une histoire et une culture. La communauté au niveau de l'Église est bien structurée, mais la structure hiérarchique n'est pas partagée par toute la chrétienté et les autorités de l'Église vivent pour la plupart comme des « fonctionnaires de Dieu[7] ». Le fonctionnariat induit un état d'isolement du pasteur ou du prêtre qui « semble souvent se situer à l'écart des préoccupations habituelles, ce

---

5. ANANOU, *Vodun Xevioso*, p. 17.
6. P. SAULNIER, *Noms de naissance. Conception du monde et système de valeurs chez les Gun au Sud-Bénin*, Madrid, SMA, 2002, p. 9.
7. E. DREWERMANN, *Fonctionnaires de Dieu*, traduit de l'allemand par P. E. Wéber, Paris, France, Albin Michel, 1993, p. 306.

qui, dans la vie sociale, peut le faire apparaître comme représentant un ordre différent de l'ordre séculier[8] ». Bien que la communauté vodun soit bien structurée et fortement hiérarchisée, les autorités du vodun ne vivent pas d'un ministère vodun. Au contraire, ils vivent les mêmes réalités sociales que les autres membres de la communauté, subissent les mêmes lois et contraintes de la vie. Les deux communautés, chrétienne et voduiste, partagent les mêmes éléments d'occupation spatiale appelés temple et « couvent ou autel » et mènent des activités cultuelles publiques. Chacun a ses symboles identitaires.

La quatrième dimension, celle du code ou encore éthique, se définit comme l'ensemble qui met en jeu les principes de conduite humaine à respecter, lesquels principes sont basés sur les injonctions des croyances de chaque religion. Si l'éthique chrétienne est basée sur le principe d'amour, dans le vodun c'est plutôt la loi du talion axée sur le principe des interdictions et tabous qui régit les conduites.

Ainsi, le vodun, comme toute autre religion, vérifie les quatre dimensions caractéristiques de la religion énoncées par Mircea Eliade. Mieux, Saulnier, qui a étudié tout le système vodun et en a fait des recherches pour une thèse, parvient à la même conclusion, sur la base d'autres caractéristiques, que le vodun a statut de religion. Il l'exprime de la manière suivante :

> Quoi qu'on en pense par ailleurs et quelles que soient les dérives, il nous faut reconnaître que lorsque l'on parle du vodùn, on peut lui attribuer le statut de religion. Pour l'affirmer, nous disons qu'elle s'appuie, comme toute religion, sur une cosmogonie ou organisation du monde visible et invisible, sur une anthropologie ou une vision de l'homme et de l'existence humaine, l'une et l'autre cohérentes à leur manière. Des rituels expriment les relations entre visible et invisible entre l'homme et l'au-delà ; ils sont souvent très élaborés et riches d'expression : imposition de noms, chants et danses, sacrifices, initiation et consécrations[9].

Cette confirmation du vodun comme religion permet de remettre en cause les préjugés que l'Afrique n'a pas de religion ou que les croyances

---

8. J. WAARDENBURG, *Des dieux qui se rapprochent. Introduction systématique à la science des religions*, traduit de l'allemand par C Welscher et J Waardenburg, Genève, Suisse, Labor et Fides, 1993, p. 135.
9. P. SAULNIER, *Vodun et destinée humaine*, Madrid, SMA, 2009, p. 16.

africaines ne sauraient s'ériger au rang de religion. Car en déniant le statut de religion aux croyances africaines, on les a diversement caractérisées. Des appellations les plus importantes, on peut citer l'animisme, comme si les Noirs n'étaient pas matérialistes parce qu'ils croyaient que tous les êtres, animés et inanimés, avaient une âme. Les premiers explorateurs portugais des côtes africaines avaient nommé les croyances africaines fétichisme. Saulnier rapporte qu'il « fut une époque où le jugement sur ces cultes et croyances était sévère [...] Un certain nombre de termes, ceux de fétiche, superstition, sorcellerie, magie [...] ont ainsi acquis puis guidé une connotation souvent péjorative ; il est évidemment difficile de voir de la religion véritable dans le fétichisme, la superstition, la magie, et plus encore dans la sorcellerie. Nous nous refusons à les utiliser pour qualifier le vodùn[10] ».

Les choses ont considérablement changé depuis les réflexions menées par le révérend Placide Tempels[11] sur la philosophie bantoue. Un autre regard est posé sur les croyances africaines, surtout avec les études de Parrinder, qui nomma pour la première fois ces croyances Religions Traditionnelles Africaines (RTA). « Le terme de RTA fut utilisé pour la première fois par Parrinder Goeffrey comme titre à un programme d'enseignement au Département des Études de Religion à l'Université d'Ibadan en 1947[12]. » Alors plusieurs colloques s'étaient tenus, aussi bien du côté catholique (Bouaké en 1965 ; Cotonou en 1970) que protestant sur les faits religieux africains, et les conclusions ont abouti à l'expression officielle de Religions Traditionnelles Africaines. Le colloque de Cotonou, qui a eu pour thème « Les religions africaines comme source de valeurs et de civilisation », fut publié par Présence Africaine. Et le Vodun Xɛbyoso, qui au pays Maxi est considéré comme l'un des plus grands Vodun du panthéon, servira de prototype pour la présentation du vodun en général.

3.1.2. Histoire du Vodun Xɛbyoso au pays Maxi

Le but de cette section est de comprendre le sens du « Vodun Xɛbyoso » pour découvrir l'identité des membres de cette communauté. Deux éléments permettront d'y parvenir : la définition des deux concepts selon les Maxi, puis l'histoire de la particularité du Xɛbyoso des Maxi.

---

10. SAULNIER, *Vodun et destinée humaine*, p. 15.
11. P. TEMPELS, *La philosophie bantoue*, Paris, Présence Africaine, 1949.
12. WALLS, « The Discovery of "African Traditional Religion" and its Impact on Religious Studies », p. 12.

3.1.2.1. Compréhension maxi de Vodun et de Xɛbyoso

Les deux concepts « Vodun » et « Xɛbyoso », qui déterminent la communauté d'étude, sont des concepts complexes et vastes. La recherche offre d'abord différentes orthographes et significations. Mais le chercheur n'expose que ce que les Maxi eux-mêmes comprennent et définissent par les deux termes.

Le vodun selon les Maxi. Lors des recherches, surtout le jour de la réconciliation entre les deux communautés, un pasteur supplia les vodunon de lui donner le sens du vodun. Voici la réponse qu'il obtint. Dah Kandénu[13] raconte une histoire comme réponse :

> Un prêtre catholique et un prêtre vodun se sont liés amitié, une vraie amitié. Un jour le prêtre catholique souhaita que son ami lui explique ou lui montre ce qu'est le vodun. Le prêtre vodun lui dit que l'amitié ne venait que de commencer, donc qu'il était trop tôt pour qu'il lui livre ce qu'il a de très précieux. Les jours passèrent et la demande se répéta plusieurs fois. Enfin, après trois ans d'amitié, le prêtre vodun céda à la demande de son ami, le prêtre catholique. Ils convinrent d'un rendez-vous chez le prêtre vodun. À son arrivée, son hôte recommanda au catholique d'enlever sa soutane, puis il lui indiqua une grande jarre fermée qui se trouvait au fond de la pièce. Le « Vodun » se trouve dans cette jarre, lui dit-il. Enlève le couvercle et à toi d'y plonger la main pour le découvrir par le toucher. Il ajouta qu'il fallait s'appliquer pour trouver la stratégie qui permette de toucher le « Vodun ». Notre ami le prêtre catholique scruta avec sa main le fond de la jarre et conclut qu'il n'y avait que du vide. Le prêtre vodun insista: il devait encore chercher, car le « Vodun » s'y trouvait. L'ami reprit les fouilles pendant longtemps et après des heures, fut lassé de ne trouver que du vide. Alors le prêtre vodun dit : c'est cela le « Vodun », ce que personne ne peut ni voir ni toucher, vous ne pouvez pas le découvrir par vous-même, il faut que quelqu'un vous y initie.

---

13. Interview réalisée le 7 février 2017 à 11 h 32.

Le « Vodun » échappe à tout effort d'étymologie et il n'est culturellement compréhensible que replacé dans le champ sémantique défini par les termes suivants :

- **Nubudó** : Nu/chose-bu/perdu-do/trou, ce qui donne « chose perdue trou », et signifie « quelque chose dont la compréhension échappe à l'entendement humain ».
- **Nud'ablŭ** (*nu do ablŭ*) : Nu/chose-do/semer, planter-ablŭ/obscurité, ce qui donne « chose semer obscurité », et qui signifie « quelque chose d'insondable, d'obscur ».
- **Nugɔngɔn** : Nu/chose-gɔngɔn/profond, ce qui donne « chose profonde », et qui signifie « qui n'est pas accessible, qui est loin ».
- **Nusinnu** : Nu/chose-sin/attacher, cacher-nu/chose, ce qui donne « chose cachée par chose autre ou qui renvoie à autre chose », et qui signifie « la chose est symbole, signe d'une intention cachée, d'un sens ». Et pour découvrir ce sens, il faut recourir au « Bokɔnon », le devin, qui va consulter le Fa. Un exemple de « nusinnu » est le fait de voir en plein jour un surmulot (un rongeur appelé couramment gros rat ou rat d'égout). Il s'agit d'un rongeur qui ne sort que la nuit, mais s'il arrive que vous le voyiez en plein jour, c'est un mauvais augure et il faut consulter le devin, afin d'en découvrir le sens et conjurer le mauvais sort.
- **Nujiwu** : Nu/chose-ji/gonfler ou grossir-wu/le corps, ce qui donne « chose qui gonfle le corps », et qui signifie « ce qui produit de l'effroi ».
- **Yɛhwé** : Yɛ/ombre-hwé/soleil ou lumière, ce qui donne « ombre du soleil », et qui signifie « le reflet de quelqu'un de lointain mais en même temps proche de nous ou dont nous jouissons des bienfaits ».
- **Hùn** : sang. Il ne peut y avoir vodun sans le sang. Pour le Maxi, le sang est sacré, parce qu'il véhicule la vie (gbɛ). Mais il existe un mot « hun » dont la différence avec le « hùn » se trouve au niveau de l'accent grave que porte le « u » du sang. Le « hun » est une exclamation d'étonnement et qui signifie : cela nous dépasse.
- À partir de ce champ sémantique, l'étymologie la plus simple parmi toutes celles proposées du « Vodun » est « ce qui est dans

le lointain là-bas ("*vo*", à part, "*don*" là-bas), ce qui est séparé[14] ». Ainsi « l'origine de l'appellation, Vodun, peut faire l'objet de spéculation théorique, de conjectures historiques sans convaincre les lecteurs. La langue qui le prononce, qui l'utilise dans son vocabulaire, reçoit plus d'inspiration sur sa sémantique sans l'avoir écrit, lu ou décortiqué à travers la recherche dans un dictionnaire ou dans une encyclopédie[15] ».

Xɛbyoso chez les Maxi. Les Maxi appartiennent à l'aire culturelle ajatado et, selon Ananou, « les groupes sociolinguistiques disposent de quatre appellations paronymes pour désigner le culte : Xɛbieso, Xɛbioso, Xɛvieso et Xɛvioso. La réciprocité et l'interdépendance des langues font amalgamer les locuteurs qui en adoptent les uns ou les autres, mais plus souvent les uns et les autres. Les émetteurs ont généralement un libre choix de vocabulaire. Pour cela, les récepteurs ont besoin de prêter plus d'attention pour faire les discernements, même si l'erreur d'audition n'entraîne pas forcément l'incompréhension ou le changement de sens[16] ». Mais à cause de la nasalisation et la « gutturalisation » poussées dans la langue maxi, il n'existe qu'un seul paronyme pour désigner le culte Xɛbioso. La nasalisation jouant, il ne peut y avoir qu'une seule syllabe de « bio » au lieu de deux « bi » « o » tel que le laisse comprendre Ananou. Chez le Maxi, cette syllabe « byo » peut s'écrire de deux façons, dépendamment du ton : « byo » ou « byɔ́ » qui vont déterminer les deux sens possibles.

a) Xɛbyoso
Xɛ / byo / so
Oiseau / être agile, être prompt / foudre
L'oiseau agile ou prompt pour faire de la foudre
b) Xɛbyɔ́so
Xɛ / byɔ́ / so
Oiseau / demander / foudre
L'oiseau demande avant d'envoyer la foudre

Le sens a) met l'accent sur la promptitude à l'action, tandis que le b) explique la relation conditionnelle d'action qui peut dépendre aussi bien

---

14. Adoukonou, « Un modèle africain de dialogue interreligieux : christianisme-vodun », p. 65.
15. *Ibid.*
16. Ananou, *Vodun Xevioso*, p. 45.

de Sɛgbo-Lisa que des humains « Hunnon », représentants terrestres de Xɛbyoso.

Il se dégage de là deux lexèmes identiques au niveau de toutes les définitions : Xɛ (oiseau) et So (foudre) autour desquels se construit la quintessence de chaque nom.

Xɛ (oiseau) se comprend au sens métaphorique, qui est un principe de la loi d'analogie dans la religion. Cela rappelle la même préfiguration chez les Indiens et les Kwakiutl[17] où les dieux « Ahayuta » et « Amoncas » sont ailés, « Oiseau de Tonnerre ». En effet, si Xɛbyoso porte la foudre du ciel vers la terre, alors on en déduit qu'il la transporte. Mais le Vodun Xɛbyoso ne peut « descendre » sur la terre pour agir que grâce à l'une des divinités de son panthéon, appelée « Dan-Ayiḍohwɛḍo », qui a pour symbole l'arc-en-ciel.

Le fait d'être porté par Dan-Ayiḍohwɛḍo rend compte de l'action limitée du Vodun Xɛbyoso. Dah Voji fait remarquer que « la réalité observée confirme l'interprétation de la relation entre les deux Vodun. En effet lorsque l'arc-en-ciel apparaît dans le ciel, le tonnerre fait silence, la foudre disparaît et la pluie se raréfie comme si le "véhicule" du Xɛbyoso était occupé et l'opposé est aussi vrai[18] ». Le Vodun Xɛbyoso se présente donc comme une « personne » qui a besoin de moyen de locomotion pour se déplacer, c'est le panégyrique qui révèle cette autre dimension.

3.1.2.2. Naissance du Vodun Xɛbyoso au pays Maxi

Cette section vise à présenter le commencement et la manifestation du Vodun Xɛbyoso au pays Maxi. L'accession à cette connaissance a été faite en présence de cinq Sonon[19] et la rencontre du dépositaire du Vodun Xɛbyoso au pays Maxi, Dah Sokponwe (104 ans). Puis il y a eu un pèlerinage et une libation sur le site où le Vodun Xɛbyoso est apparu : Yayɛji (cf. annexe III.1). Mais les deux récits du commencement et de la manifestation sont libellés sous forme de mythe. Ils sont retranscrits ici, suivi chacun d'une interprétation.

Le mythe du commencement du Vodun Xɛbyoso

Le couvent est le lieu d'instruction de tout le système vodun. Il y a eu tout un cérémoniel avant de commencer l'historique du vodun : la libation d'eau et d'alcool pour solliciter la permission du Vodun et lui demander

---

17. C. BOUQUEGNEAU, *Doit-on craindre la foudre ?*, Les Ulis, France, EDP Sciences, 2009, p. 26.
18. Interview réalisée le 7 février 2017.
19. Dah Kandénu, Nanan Maanmon, Kinningbé, Dah Voji Azonyihin, Nanan Mɛdomɛ.

d'ouvrir l'entendement de tous les écouteurs ; le panégyrique d'invocation, qui a nécessité la présence d'un groupe de vodunsi, du hunnon et des hunsɔ (cf. photos annexe III.2). Voici le mythe de la naissance :

> Quand le monde fut créé, la terre et tout ce qui s'y trouve furent créés. La terre avait la forme d'une calebasse à laquelle manquait le couvercle. Xɛbyoso fut le couvercle que Sɛgbo-Lisa créa pour parfaire le monde. Les différents Akɔ (clans) peuplaient la terre, mais les Jɛtɔ n'y étaient pas parce qu'ils étaient avec Xɛbyoso. C'est alors que Sɛgbo-Lisa ordonna à Xɛbyoso de les lâcher sur la terre, ce qui fut fait. Chacun des différents Akɔ avait son Vodun qui assurait sa protection, mais les Jɛtɔ en manquaient. Xɛbyoso, qui est leur « géniteur », vit dans le firmament avec son monde peuplé de quarante et une divinités, toutes lui appartenant. Il s'approcha de Sɛgbo-Lisa pour obtenir la permission de descendre pour veiller aussi sur les Jɛtɔ qu'il avait lâchés sur la terre et qui luttaient comme tous les autres Akɔ contre la rareté d'eau. La terre était aussi remplie d'injustice et les Jɛtɔ en subissaient également.
>
> Xɛbyoso acquit de Sɛgbo-Lisa une force redoutable, une force qui le métamorphosa en un oiseau pyrogène pour qu'il fût en mesure de parcourir terres et airs, brousses et forêts, et même mers. Sɛgbo-Lisa le dota également d'une arme redoutable, une arme en forme d'une hache néolithique, Sosyɔvi, que Xɛbyoso emporta au monde. Pour le châtiment des coupables, Xɛbyoso la lançait à ses cibles pour les foudroyer, tuant et humains et animaux, abattant et arbres et lianes.
>
> Xɛbyoso descendit alors à Yayɛji, un petit village caché dans l'embouchure d'une rivière, au sein des Jɛtɔ, pour se faire consacrer un autel en plein air sur un plateau de montagnes. De là il partait pour parcourir toute la terre afin de lutter contre l'injustice.
>
> L'arrivée de Xɛbyoso dans le monde contribua à faire régner l'ordre aussi bien dans les terres que sur les mers, dans les forêts et dans les airs. Partout où il passait, il était craint et respecté pour sa force de frappe. Partout où il allait, il recevait considération et adoration, parce qu'il était garant de la loi divine. La loi divine légiférée par Sɛgbo-Lisa en personne. Mais avant que Xɛbyoso ne retourne dans sa demeure au firmament

d'où il jura de contrôler le monde, il rendit visite à son jeune frère Vodun Sakpata à qui Sɛgbɔ-Lisa avait confié la surveillance de la terre. Il lui recommanda de veiller sur ses enfants Jɛtɔ à qui il venait de révéler tout le système vodun de son adoration. Puis il chevaucha le Vodun Ayidɔ-Xwɛdo pour retourner rendre compte à Sɛgbɔ-Lisa.

Ce texte est manifestement un récit étiologique destiné à rendre compte d'un certain nombre de faits qu'il importe d'élucider. Le chercheur va s'en tenir à trois qui abordent respectivement l'origine et la relation Xɛbyoso/Jɛtɔ, le garant de l'ordre et de la justice et la relation entre les grands Vodun.

Origine et relation entre Xɛbyoso et les Jɛtɔ. Dans le récit, les Jɛtɔ « émanent » du Xɛbyoso qui devient de ce fait le « *Hennu vodun* » (Vodun familial). C'est pourquoi ne peut accéder au sommet de la hiérarchie Vodun Xɛbyoso qu'un Jɛtɔ. Cela explique la particularité du Vodun Xɛbyoso au pays Maxi. La conséquence est qu'un Jɛtɔ ne peut pas briguer un trône royal là où la culture maxi garde encore ses valeurs historiques et spirituelles[20]. Mais le « Sonon » Xɛbyoso ne doit pas se prosterner devant le roi à cause de la séparation des deux pouvoirs et la suprématie du Vodun. Chez les Fon, et précisément à Abomey, c'est le contraire, Adoukonou le démontre dans les pages 78 à 81, au sujet du conflit entre Xɛvioso et Migan qui s'est soldé par un massacre du « *hunnon* » et des « *huntɔ* » « joueurs de tam-tam[21] ».

Faire régner l'ordre et la justice. Du récit, on saura essentiellement que Xɛbyoso est une divinité très forte. Sa puissance émane de Sɛgbo-Lisa, qui, selon la conception philosophique du peuple Maxi, est le créateur du ciel et de la terre. « Il est le modeleur des enveloppes charnelles que sont les humains et le commanditaire des essences supérieures que sont les Vodun. Ces derniers reçoivent chacun de lui une mission spécifique qui participe au gouvernement du cosmos et de tout ce qui le peuple. *Xɛbyoso* qui exécute

---

20. Le pouvoir royal dépendait du pouvoir religieux pour deux raisons. La première, ce sont les divinités qui assuraient les victoires à la guerre, car toute entreprise dans ce domaine requérait leur approbation. La deuxième raison : l'équilibre et l'harmonie internes du royaume dépendaient de la loyauté du peuple et les couvents étaient des lieux où la parole du « Hunnon » est suivie à la lettre. C'est pourquoi le pouvoir « politique » ne peut se passer du pouvoir « religieux ». Xɛbyoso étant le plus grand Vodun au pays Maxi, il a un ascendant sur les autres vodun, et joue le rôle de trait d'union et d'unité.
21. Adoukonou, *Jalons pour une théologie africaine*, p. 78-81.

un ordre de *Sɛgbo-Lisa* n'agit que dans les normes. Comme [en] témoigne le récit, il n'exagère pas dans l'accomplissement de sa tâche[22]. »

Relation entre les grands Vodun. L'essentiel à en retenir est que et Xɛbyoso et Sakpata se partagent le nom honorifique de « grand Vodun ». Monsia[23] en définit quatre que sont Xɛbyoso, Sakpata, Dan et Ayiḍohwɛḍo. En effet, Sakpata n'est pas membre du panthéon Xɛbyoso, mais en tant que Grand Vodun, il existe une relation si étroite entre eux que ce sont les mêmes « *hunto* » (les joueurs de tam-tam) qui assument les rythmes des deux Vodun. Par déduction, il existe une unité très prononcée entre différents Vodun au pays Maxi. Le chercheur a rencontré, lors de ses recherches, l'association des Vodun des villages de Logozohɛ, Gomada, Monkpa, Lahotan et Wɛdɛmɛ. Les prérogatives de l'association dépassent le domaine spirituel pour s'étendre aux domaines sociaux d'entraide.

Visite du site de Yayɛji. Cela s'est réalisé le lundi 6 février 2017. Partis de Logozohɛ aux environs de 9 h 15, le chercheur et trois prêtres hunnon sont arrivés à Gomaḍa à 12 h 30. Ils ont laissé la voiture pour louer des taxis motos qui les ont conduits au fleuve *Yayɛ* d'où ils firent le reste de la route à pied pendant 2 h. Le site est un plateau de montagne d'une superficie de 1 km². Le site est aussi jonché d'arbustes appelés « anyan ». Il y a un vestige qui montre que l'endroit a servi de lieu de culte. Le symbole de l'apparition du Vodun Xɛbyoso se résume à un arbre qui a poussé sur un pan de la montagne dont le tronc présente un développement un peu bizarre. (cf. photos annexe III.3.) C'est d'un trou que présente cet arbre que le Vodun ferait sortir les pierres qui devraient servir à consacrer un autel Xɛbyoso. Dah Voji nous a expliqué qu'après le sacrifice sanglant d'un bouc blanc, le Vodun Xɛbyoso livre des pierres « Xɛbyoso » (on les retrouve à l'entrée du trou), le nombre dépend de la taille de la population au sein de laquelle le Vodun sera consacré.

On en conclut qu'il ne peut y avoir un autel ou un temple Xɛbyoso au pays Maxi sans que les éléments de consécration (généralement les pierres) ne viennent de ce site. Et à cause du lieu d'apparition, aucun temple Xɛbyoso ne doit être couvert, mais il doit être à ciel ouvert, et si l'autel est dans un local, ce dernier ne doit jamais être fermé (cf. photos en annexe III.4), c'est-à-dire avoir une porte. Dans chaque concession où se trouve l'autel, il y doit

---

22. ANANOU, *Vodun Xevioso*, p. 62.
23. M. MONSIA, *Religions indigènes et savoir endogène*, Cotonou, Bénin, Les Éditions du Flamboyant, 2003, p. 73.

y avoir l'arbuste appelé « *anyan* », car au moment où Xɛbyoso descendit, la terre était sans eau et son arrivée avait mis fin à la sécheresse. Aux Jɛtɔ, il donna ainsi la preuve qu'ils ne connaîtraient plus jamais le manque d'eau, « *anyan* » étant le symbole de l'abondance. On le retrouve dans le panégyrique des Jɛtɔ :

> *Jɛtɔvi simɛnu*
> Jɛtɔ/clan-*vi*/enfant, *simɛ*/dans l'eau-*nu*/appartenant :
> Enfant du clan vivant dans l'eau
> *Klwe klwe sĭ ma non han sí anyanmɛ*

Klwe/bruit de récipient sec signifiant manque d'eau, *sĭ*/eau, *ma non*/ne pas, *han*/manquer, *sí*/de, *anyan*/arbuste imbibé d'eau-*mɛ*/dans :

> Jamais l'eau ne manquera dans l'arbuste « *anyan* »
> *Agbogonu ciso*
> *Agbogonu*/habitant d'Agbogon, *ci*/la pluie-*so*/foudre :
> Venant d'Agbogon, pays de la pluie et de la foudre
> *Akɔ glagla non wa xwé yi kpétó*

Akɔ/clan, *glagla*/fort-brave, *non wa xwé*/bâti sa maison, *yi*/près, *kpéto*/lisière de la brousse :

> Le clan brave n'a pas peur de bâtir sa maison à la lisière de la brousse
> *Akwɛ ciancian sɛ gbè navi*
> *Akwɛ*/argent, *ciancian*/amasser, *sɛ*/déplacer, *gbè*/vie, *navi*/
>   enfant de :
> Peuple accumulateur de richesse pour mener à bien sa vie
> *Fi misa tɔn*
> *Fi*/enfant, *misa*/pays misa, pays d'abondance, *tɔn*/
>   appartenant :
> Digne fils de Misa
> Fin.

Ce panégyrique du clan Jɛtɔ est plein de significations qui ne peuvent faire l'objet de commentaires dans ce document. Le chercheur l'a évoqué pour confirmer l'origine et la relation des Jɛtɔ avec le Vodun Xɛbyoso qu'ils considèrent comme leur géniteur. Par conséquent, ils se montrent redevables en assumant le leadership du Vodun Xɛbyoso partout où prévalent encore les valeurs culturelles Maxi. Les Jɛtɔ sont ainsi devenus les spécialistes de tout ce qui concerne la pluie, le tonnerre, la foudre, etc.

Mais la particularité du Xɛbyoso Maxi réside aussi dans la manière dont ce Vodun chevauche ses vodunsi, ce dont le second mythe ci-dessous se fait l'écho.

Le mythe du « chevauchement » du vodunsi Xɛbyoso

Le phénomène de chevauchement est commun à tous les Vodun et consiste en ce que le Vodun prend « possession » de son « épouse » et se dit : *vodun jɛ asi ton tă* (Vodun est tombé sur la tête de son épouse). Le mythe montre que Xɛbyoso en est l'initiateur et lui confère une particularité qui ne se retrouve pas chez les autres Vodun. Ce mythe chez les Maxi est le même que celui retrouvé chez les Fon, sous la plume d'Adoukonou.

> Tous les vodun sont des « gbɛtɔ ». Sakpata lui-même était un lépreux sans pieds ni mains. Xɛbyoso lui aussi était un homme. En ce temps-là Sakpata prit une nouvelle femme à l'attrait et à la beauté irrésistible. Celle-ci était fille de Fa, lui aussi « gbɛtɔ ». Or Fa avait longtemps refusé de donner sa fille en mariage, jusqu'au jour où Xɛbyoso la sollicita. Sakpata venant après demanda lui aussi la main de la fille. Fa s'opposa à la demande de Sakpata en disant que son frère aîné, Xɛbyoso, l'avait devancé. Mais Sakpata insista.
>
> Un jour de marché où la fille de Fa était allée faire des achats, Sakpata qui, depuis son coup de foudre, surveillait ses allées et venues, vint à sa rencontre sur le chemin de retour. Il l'entreprit, lui fit des avances ; la fille tenta vainement de lui expliquer que son frère aîné l'avait déjà sollicitée. Mais à peine eut-elle le temps de finir son propos que Sakpata jeta sur elle son manteau magique ; ce qui eut pour effet de la faire disparaître subitement avec lui.
>
> La famille la chercha quinze jours durant, mais en vain. La science de Fa, puissance divinatoire, était en défaut aux yeux de ses femmes qui se moquèrent de lui. Le quinzième jour, Fa appela ses deux femmes et s'entretint avec elles des ultimes moyens à mettre en œuvre pour retrouver sa fille. Il fut décidé que le lendemain, jour du marché, on devrait « nyi aban » (« convoyer les vivres », faire un « sacrifice » au « Nan » et « Lɛgba ») afin de retrouver sa fille.
>
> On prépara les différentes sortes de pâtes : blanche, rouge, noire, on y ajouta une jarre d'huile, et un bouc castré. Ce repas

devrait être exposé sur un tertre (« zuji ») avec tout le « agban » (offrande, charge).

Sakpata, depuis le rapt de la fille de Fa, se faisait accompagner par elle pour aller faire des emplettes. Or, voici que ce jour-là, se présenta sur leur chemin une aubaine capable de leur tenir lieu de provisions, l'espace de plusieurs marchés. Il dit donc à sa compagne : « Pourquoi continuer le chemin ? Nous pouvons faire sur ce tertre, notre provision pour plusieurs jours. Arrêtons-nous pour ramasser ce qui nous est nécessaire. » Sa « femme » s'arrêta et se mit à ramasser les offrandes, mais le manteau de l'invisible qui protégeait du regard des mortels s'imbibait d'huile chaque fois qu'elle essayait de transvaser le contenu de la jarre. Sakpata, qui n'avait pas de membres, ne pouvait lui venir en aide, il lui donna donc l'ordre d'enlever le manteau qui l'embarrassait.

Or Xɛbyoso qui avait juré de retrouver son amante et de la prendre en mariage observait la scène du firmament. Aussitôt qu'il l'aperçut, il zébra le ciel serein et fondit sur sa fiancée. Ébloui et atterré par le feu céleste, Sakpata fendit la terre et s'y abrita. Car c'est Mawu qui a créé le ciel et la terre.

Xɛbyoso prit possession de sa femme qui poussa un cri strident jusqu'à aller s'abattre au « Satɔ » (place publique où les Vodunsi viennent danser devant le vodunxɔ) de Xɛbyoso. Ce fut la première possession, car jadis aucun vodun n'entrait en possession des hommes. Une fois en possession de sa femme (asi), il envoya dire à Fa qu'il avait relevé le défi, comme promis. Fa alla trouver sa fille chez Xɛbyoso et dit : « Dès aujourd'hui, je te la donne en mariage. » Sakpata fit venir Xɛbyoso et lui demanda pourquoi l'autre jour il tonna si fort et fondit sur sa femme en sa présence. « Que me serait-il arrivé si je n'avais pas disparu sous terre ? » « Mon pauvre ami », lui répondit Xɛbyoso, « je t'aurais foudroyé sans aucun doute ». Sakpata lui dit qu'à partir de ce jour il devrait entrer sans délai en possession de ses adeptes (hu asi : tuer la femme), sans fiançailles préalables (sɔ nyonnu, sɔ asi ɖo té). Sakpata s'engage de son côté à ne plus « chercher ses femmes » (commettre l'adultère avec elle : ba asi).

C'est pourquoi Xɛbyoso ne connaît pas le rite des fiançailles sacrées (« asi sɔ ɖoté »). Seul parmi les « vodun », il « tue » « ses femmes » sans délai ; en revanche, Sakpata et les autres « vodun » ne tuent pas nécessairement leurs « femmes ». De plus, de tous les autres « vodun », Sakpata a le privilège de prendre toutes les femmes qu'il désire. Telle est l'origine de cette tradition « hwendo » de « mise à part provisoire » (fiançailles sacrées) des adeptes de Sakpata[24].

Ce mythe met en exergue la relation Xɛbyoso-Sakpata et les confirme comme les grands Vodun dont Xɛbyoso est l'aîné. Cette particularité de « saisir » son « épouse » sans « fiançailles sacrées » lui confère une forme de crédibilité et de véracité au sein des Maxi. Lors de ses recherches, le Nangbo Naanmon a présenté au chercheur une vodunsi que Xɛbyoso a saisie depuis la Côte d'Ivoire pour venir la « tuer » au « Satɔ » de Logozohɛ. Quand elle fut prise, elle cessa de parler la langue maternelle, et perdit le sens normal de la vie. Elle parla une langue inconnue et il a fallu une femme maxi pour discerner qu'il s'agissait d'une prise de Xɛbyoso pour qu'elle soit convoyée jusqu'au village. Après les rites d'initiation, elle recouvra le sens et réintégra sa famille.

Le contenu des deux mythes et les déductions qu'on en tire poussent à examiner de plus près les réalités que recouvre vraiment le Vodun Xɛbyoso dans la culture maxi de Savalou. Et cela doit commencer par l'identification du Vodun.

3.2. L'identité vodun et son organisation

Le but de cette section est de montrer que la société maxi est fortement voduiste. On distingue deux catégories de vodun chez le Maxi : le vodun de naissance et le vodun d'adhésion.

3.2.1. Les vodun de naissance et leur organisation

Tout le contexte social Maxi baigne dans le vodun et tous les Maxi sont nés dans le système des Vodun familiaux. Des quatre catégories de vodun qui constituent le système Maxi, les trois premières concernent les vodun de naissance.

Les études sur la personne et la société dans la pensée ou l'imaginaire du peuple du Golf du Bénin montrent qu'il ne saurait exister un seul

---

24. Adoukonou, *Jalons pour une théologie africaine*, p. 66-68.

individu qui soit exclu de l'influence vodun. Autrement dit, il n'existe pas un « païen » dans le système vodun. Partant de la base, on distingue les « *Hennu Vodun* » ou Vodun de la famille, ensuite viennent les « *Akɔ Vodun* » ou Vodun du clan ou tribu. La typologie vodun commence avec le « Vodun familial » ou plus exactement le « Vodun lignager », auquel aucun Africain ne pouvait se soustraire, à moins de ne pas naître dans une famille. Le culte des ancêtres, présent chez la plupart des Africains, notamment chez les Béninois et singulièrement au pays Maxi, explique ce lien héréditaire du vodun. Le « Vodun lignager » a pour grand prêtre le « *Daa Hennumɛxo* » (père doyen d'âge du *Hennu*) et porte le titre de sa fonction « *Daa Hennugan* » (père responsable en titre de la famille). Au pays Maxi, il y a la complémentarité de l'élément masculin par l'élément féminin, donc le « *Hennumɛxo* » est doublé de la « *Tannyi ɖaxo* » (mère doyenne d'âge). Et c'est l'ensemble de ces « Hennumɛxo » et « Tannyi ɖxo » déjà décédés qui est objet du culte des ancêtres. Chaque enfant qui naît dans le « hennu » (famille) est une forme d'émanation de ces ancêtres par le système appelé « *Jɔtɔ́* », c'est-à-dire les ancêtres qui présentent au créateur la terre dont le corps d'un enfant a été façonné au moment de sa conception. Chaque enfant a nécessairement un « *jɔtɔ́* », soit parmi les ancêtres, soit parmi les « *tannyi ɖaxo* », soit parmi certaines divinités liées à la famille. Ce sont les ancêtres qui choisissent l'enfant et cela énonce une règle fondamentale au niveau de tout le système vodun : c'est le Vodun qui choisit et non l'individu, quel que soit le type de vodun. L'enfant va donc subir les différents rituels, d'abord ceux qui sont communs à la famille, et ensuite ceux relevant de son « *Jɔtɔ* ». Les rituels du vodun familial concernent les grandes étapes de la vie, qui sont : la naissance, le passage des âges ou étapes de la vie (fin d'adolescence, mariage, prise de responsabilité comme la royauté ou *hennumɛxo*, etc.) et la mort (les funérailles). Ce premier type de vodun concerne tout le peuple Maxi.

3.2.2. Le vodun interethnique et son organisation

Cette section va montrer le second type de vodun et comment on évolue dans son organisation.

Contrairement aux Vodun familiaux, les vodun interethniques et le vodun international sont intégrés par adhésion. En effet vous devenez membre soit par une « élection du vodun », soit par la volonté de vos parents qui vous offrent au Vodun par un serment, comme gage de reconnaissance à ce Vodun pour la résolution d'un problème.

L'organisation du « vodun » est déterminée par les différentes étapes d'initiation autour desquelles se développent les « instances » du vodun. Il y a cinq niveaux d'instance dans la hiérarchie d'un vodun d'adhésion. Dans l'ordre descendant, on a le *Vodunon*, la *Nangbɔ*, le *Hungan*, le *Hunsɔ* et le *Vodunsi*.

1. Le *Vodunon* : Vodun/Vodun-non/mère, ce qui donne « Vodoun mère ou la mère du Vodun », et qui signifie « propriétaire » du Vodun. Il s'agit du premier responsable, représentant spirituel, le légataire qui est en communication avec le Vodun. Il est l'ordonnateur des activités du couvent. Le vodun impulse à travers sa personne sa volonté et ses règles et l'inspire pour gérer au mieux, d'une pratique logique et dans les normes concordant avec la nature. Il se présente comme une « incarnation » du vodun, et au niveau de l'organisation topologique il ne saurait exister deux « vodunon ». Il est la référence et les questions complexes lui sont adressées. Au pays Maxi, il s'agit généralement d'une femme.
2. Le ou la *Nangbɔ*. Responsable dans un ordre de collégialité au vodunon, un genre de coadjuteur. Il assume les fonctions ritualistes normalement dévolues au vodun. Il accomplit les libations dans le sanctuaire suite aux offrandes, c'est lui qui assure le dialogue avec le Vodun invoqué par une longue litanie.
3. Le *Hungàn* : Hun/croyance-*gàn*/chef, ce qui donne « chef des croyances » et qui signifie « maître » des cérémonies. Il connaît bien les différents rites et cérémonies et assume leur réalisation selon les contextes, lieux et moments. Il assume la sécurité du couvent et du temple d'une part, et de l'autre il est le garant de la protection du culte. Il est le serviteur direct de ses supérieurs hiérarchiques et leur doit dévotion. Enfin, il est le dépositaire de l'ensemble des connaissances secrètes et de leur censure.
4. Le Hunsɔ : Hun/croyance-sɔ/cheval, ce qui donne « le cheval des croyances » et qui signifie « praticien des rituels, cérémonies et enseignements ». Il est comme « l'homme de main » du Hungàn. Il assume la pratique des cérémonies, ce qui correspond au rôle de sacrificateur. Il lit et interprète la signification des sacrifices annoncés par les messages du Vodun au travers du « Fa ». Il est le conducteur, un genre « d'instructeur » des vodunsi. Il peut se faire aider par d'anciens « vodunsi ».

5. Le vodunsi : Vodun/croyance-si/épouse, ce qui donne et signifie « épouse du Vodun ». Il est le sujet principal, fondamental, sans lequel les manifestations des rituels, cérémonies et cultes ne sauraient s'exécuter. Il a épousé le Vodun à qui il va consacrer désormais sa vie. Il commence l'initiation par le « mariage » qui se manifeste par la mort et la résurrection au vodun. Il entre alors au couvent et cette première période dure trois mois suivis de deux autres alternés par neuf mois de vie civile pour la plupart des initiés. Missain-Ade décrit bien ce que devient un tel initié : « À sa sortie il est transformé et cela se manifeste par : comportement nouveau, marques indélébiles sur le corps (scarifications, maintenant interdites à cause de SIDA ; marques spécifiques indiquant l'identité de son époux le Vodun), changement de son nom de naissance, adoption d'un nouveau nom. Tous ces changements induisent une attitude véritablement énigmatique et retiennent irrésistiblement l'attention[25]. »

Cette dernière instance est la deuxième étape dans le processus de l'initiation dans le vodun, elle constitue la base de la communauté vodun. Personne ne pourra parvenir à l'instance supérieure sans franchir d'abord cette étape déterminante. Cela permet d'examiner succinctement les différentes étapes d'initiation dans le vodun.

3.3. Le processus d'intégration dans le Vodun Xɛbyoso

Le but de cette section est de montrer que l'initiation au Vodun Xɛbyoso est une socialisation d'un niveau supérieur à celui de l'ethnie. Deux éléments déterminent cette socialisation vodun : l'initiation au couvent et l'éducation par le rythmo-mimisme.

3.3.1. L'initiation au couvent

Le couvent est un lieu de transformation irréversible de l'individu. Cinq étapes produisent un tel changement.

---

25. M. P. Missain-Ade, *Vodun, œuvre des anges de Dieu. Principe christique de base*, Cotonou, Bénin, L'imprimerie Rapidex, 2006, p. 33.

La première étape, celle « des fiançailles sacrées », commence par le départ du néophyte du domicile familial et s'achève par la retraite au couvent. Vient ensuite l'étape de sa « mise à mort » par le Vodun. La « résurrection » qui suit est l'étape déterminante et la plus préoccupante pour les parents des novices. La levée des interdits du Vodun, qui vient après la « résurrection », inaugure l'étape de réintégration sociale, dont le premier rite est celui de l'accès au marché, et le dernier celui de la guerre.

1. Les « fiançailles sacrées[26] » commencent par une rupture avec la vie profane. Cela nécessite une séparation géographique d'avec sa propre famille qui se manifeste par l'entrée au couvent. Le premier jour a lieu l'attribution du vodunon tutélaire et la personne devient « *kajɛkaji* », c'est-à-dire néophyte, pour trois mois. Le « kajɛkaji » vit désormais avec son vodunon pendant trois mois et s'adonne aux travaux champêtres et domestiques sous la coupe de ce dernier. Au bout des trois mois, le « kajɛkaji » subit une cérémonie appelée « *afodoxwégbé* » (mise de pied dans la maison), c'est-à-dire qu'il rend visite à sa famille. Le déroulement du rituel est le suivant :

Au portail de l'enclos familial, le vodunon prend de l'eau fraîche et en fait une libation sur toute la porte d'entrée. Il pose le pied gauche de « kajɛkaji » dans la partie mouillée, avant de l'autoriser à franchir le seuil. Mais ce dernier est ramené pour inaugurer une nouvelle manière d'être dans sa propre maison et c'est sous les injonctions de son vodunon tutélaire qu'il doit fonctionner. Ainsi, « kajɛkaji » ne devrait s'asseoir que sur une natte (dɔ) déjà installée devant la case de sa mère. Il ne peut manger que du haricot, spécialement préparé pour l'occasion. Après le repas, il reprend le chemin de chez le vodunon. Le lendemain soir de cette visite familiale, « kajɛkaji » va se joindre aux autres néophytes comme lui pour subir la cérémonie d'épousailles. Il s'agit d'une grande cérémonie qui regroupe généralement plusieurs « vodun ».

Compte tenu de l'organisation en place, il arrive souvent que plusieurs parcourent de longues distances, parce que cette cérémonie exige des conditions que plusieurs « hunkpamɛ » (couvents ou temples) ne peuvent remplir à eux seuls. Ce sont les « couvents mères » qui peuvent accueillir l'évènement. Le résumé suivant fait par Adoukonou comporte presque tous les éléments que le chercheur a reçus au cours de ses différents entretiens :

---

26. La particularité de ce concept chez Xɛbioso est qu'il ne négocie pas le choix du néophyte comme les autres vodun. Il le saisit et inaugure ainsi la période qualifiée de fiançailles sacrées.

À l'intérieur du couvent (vodunxwé), on nous présenta au vodun Loko. On avait creusé un trou devant l'autel du Vodun. Dans ce trou on introduisit une jarre, un crâne d'homme, du « sokpɛn », un couteau, des feuilles de « anyanyan », de « désrésigɛ » et de « xisixisi ». Le tout est mis en décoction dans de l'eau. De cette eau on prit une petite quantité dans une calebasse que l'on plaça sur l'ensemble. Nous[27] les « Kajɛkaji » qui sommes venus des différents « xɔhennu » (couvents), nous nous agenouillâmes tout autour. Et l'on nous fit la solennelle adjuration (xodo) : « Ce que vous avez vu ici, malheur à vous si vous allez en parler quelque part : vous mourrez tous. Mais si quelqu'un n'en parle pas, celui-là vivra. » (Nué mimon ɖo fie ɔ mi yi ɖo do fidé ɔ mibi wɛ na ku ; é nyi mɛde ma ka ɖɔ a ɔ, é na gan.)

Le vodunnon du Xodaxo était l'officiant en la circonstance ; il nous fit boire tous à cette même coupe. Cette eau qu'il nous fit boire est le Vodun auquel nous appartenons et qui nous tuerait si nous allions quelque part en livrer le secret[28].

Le lendemain matin, chacun retourne à son couvent d'origine. Mais si le regroupement est important et que la distance parcourue est longue pour certains, il arrive que les autres rituels, décrits ci-après, se passent dans le même lieu.

2. Le rituel de « asihuhu », ou la mise à mort de son « épouse » par le vodun. Lorsque le vodun prend la personne, cette dernière est forcée de se rendre au couvent. Voici ce que rapporte un informateur : « En arrivant devant le vodunon qui se trouve à l'intérieur du couvent, nous nous affalâmes en prenant soin de nous coucher sur le côté gauche, la tête vers le vodunon, le poing gauche servant d'oreiller. On vint nous prendre comme des cadavres pour nous emmener à l'intérieur du vodunxɔ où seuls ont accès les vodunsi. Là nous nous asseyons et dès ce jour, on commence à nous apprendre la langue que nous devrons parler en tant que Nubyɔɖutɔ (ceux qui mendient leur pain). »

---

27. Il n'a pas été facile d'obtenir l'accord de publier ladite initiation. Le « nous » est employé parce que l'initation se fait toujours en groupe. Mais il désigne aussi l'apprentissage de la langue du « nous communautaire ».
28. Adoukonou, *Jalons pour une théologie africaine*, p. 191-192.

3. La « résurrection » des vodunsi « morts » ou « Hunfunfun ». Il existe plusieurs formes de ce rituel : celui qui se pratique sur un groupe, et le cas individuel dépendant du type de vodun (Xɛbyoso par exemple). Pour le cas du « hunfunfun » du groupe, voici ce que rapporte l'informateur :

> Sept jours après, on nous ramène devant le temple du vodun (vodunxɔhɛnnu) et l'on nous coucha sur une natte (ɖɔ́) ; on étendit une autre natte (ɖɔ́) sur nous tous qui étions « morts », tués par le vodun. Nous sommes prévenus que l'on chantera un certain chant et qu'à un moment donné nous rejetterons d'un seul mouvement le (ɖɔ́) qui a été étendu sur nous. Un vodunsi est chargé de chacun des « morts » ; il doit le piquer à la fin du 4ᵉ chant, pour qu'il n'oublie pas de se lever. La fin de la 4ᵉ strophe en question est significative : « La panthère a longtemps dormi / Mais la panthère s'est réveillée ! » [...] Nous nous levons et nous mettons à griffer la terre au rythme du tam-tam en direction des poulets que les Hunsi tiennent en main. Nous les leur arrachons et les décapitons d'un coup de dents. Nous dansons et retournons tous à l'intérieur du couvent.
>
> À partir de ce moment, nous marcherons toujours un peu penchés vers l'avant, les yeux à moitié fermés et le point gauche toujours fermé. L'apprentissage de la langue « vodun » recommence sous la direction de Nangbɔ (qui est la grande mère, la maîtresse des novices). Il dure trois à quatre mois. Deux autres rituels closent cette cérémonie, il s'agit du rituel de sortie, où, en présence des parents et amis, nous sortons de l'entrée du couvent où le Nangbɔ nous amène à manger avec notre main gauche. Les parents donnent des cadeaux, souvent de l'argent que chacun remettra au Vodunon. Le dernier rituel de cette cérémonie est appelé « ajamɛyiyi », c'est-à-dire du tatouage. Chaque novice boit une potion préparée pour empêcher une trop forte hémorragie[29].

4. La levée des interdits vodun ou le « Suɖiɖé ». C'est le rituel qui va préparer « la levée d'embargo » du vodun sur la personne pour l'autoriser à la réintégration sociale. La date de la cérémonie est déterminée en accord avec les parents. Dans le cas d'une femme mariée, c'est avec le mari que les

---

29. *Ibid.*, p. 192-194.

négociations sont faites. Les parents ou le mari doivent donner pour la tenue de la cérémonie : des poulets, de l'argent (cauris), des pagnes, des canaris, de la poterie sacrée (lobozɛn et gbazɛn). Au jour convenu, on apporte les jarres qui vont servir pour la préparation du bain rituel. La nuit précédant le jour du rituel, les vodunsi sont apprêtés. On cherche, dans des conditions spécifiques, des rameaux de palme dont on couronne la tête et dont on ceint le cou et les reins de tous les vodunsi. On moud du kaolin (hwɛ) et de l'argile rouge. On les délaie séparément pour en tacheter les vodunsi de la tête aux pieds. À l'aube ils partiront à la source d'eau indiquée en chantant et dansant. Cela anime de joie tout le village, qui y voit le signe que bientôt les vodunsi vont revenir à la maison. Un lieu secret est aménagé pour leur bain rituel. Un grand trou y est creusé pour enfouir tout ce qui a été utilisé pendant la retraite, à l'exception du grand pagne sale qui est ramené au couvent pour le vodunon. Ils sont rhabillés de pagnes blancs pour le retour au couvent. Le rituel suivant envisage le retour au lieu commun aux vivants et aux esprits : le marché.

5. Le rite d'accès au marché ou *Axi yiyi*. Dans le contexte maxi, comme ailleurs, le marché est le lieu où les vivants achètent et vendent des produits divers. Mais il y a beaucoup de mythes qui montrent que c'est aussi le lieu où les esprits et les divinités se rendent pour faire des affaires entre eux et avec les vivants. Le jour du marché qui a suivi le rituel « sudịdẹ́ », les vodunsi se rendent au marché en chantant et en dansant. Selon le vodun, ils font un certain nombre de tours du marché, généralement trois. Il s'agit de leur première sortie publique et ils sont objets d'admiration pour le reste du village. Ils viennent s'asseoir sur une natte et le vodunon procède à un rituel, après quoi ils retournent au couvent pour le dernier rituel, celui de la guerre.

Le rituel de la guerre, *Ahwandịdạ* ou *Ahwankinkan*, est un rituel qui cumule à la fois le repas de communion et l'épreuve du feu, dont le but est de sceller dans la tête des néophytes tout ce qui a été enseigné. Le rituel se passe sur la place publique où apparaissent les Vodun. On fait autant de foyers qu'il y a de néophytes. On tue un mouton et on en répand le sang sur les marmites mises sur les feux. On prépare de la pâte rouge dans chaque marmite et on en fait trois boulets pour chaque néophyte. On y ajoute la viande. Les néophytes sont amenés sur la place publique pour la cérémonie. Sous la supervision du vodunon, chaque vodunsi prélèvera un morceau sur chaque boulet, donc trois fois, pour les donner aux rythmeurs de tam-tam. Ensuite, on met de l'huile dans les marmites vidées, puis on la chauffe jusqu'à ce que l'huile s'enflamme, c'est le sens de la guerre. Chaque néophyte passera trois fois par-dessus le feu. La fin du rituel est sanctionnée par la danse. Puis ils regagnent le couvent. C'est la fin de l'initiation et ce dernier rituel permet la réintégration sociale du vodunsi.

Ce processus de l'initiation au vodun est couplé à la formation à l'identité vodun, dont le système d'apprentissage est fondé sur l'anthropologie rythmo-pédagogique.

3.3.2. L'éducation par le rythmo-mimisme

Le but de cette section est de mettre en exergue les outils d'activation et de consolidation de l'identité et la communauté Vodun Xɛbyoso. Trois panégyriques le montrent, et « le panégyrique vodun » est un chant-poème psalmodique. C'est donc une parole sacrée et littéraire, une parole fragmentaire d'archivage de la théologie vodun et de la rhétorique dans le Golfe du Bénin (en Afrique de l'Ouest)[30].

Le chercheur a choisi pour la présente étude trois panégyriques maxi. Le premier concerne l'identité et aidera à améliorer la connaissance du Vodun Xɛbyoso. Le deuxième se rapporte à ce que le Vodun Xɛbyoso représente dans l'imaginaire des vodunsi et le troisième exprime la beauté de la communauté que constituent les vodunsi.

3.3.2.1. Panégyrique de l'identité de Vodun Xɛbyoso

Se dit au début de toute activité spirituelle comme une « confession de foi », à valeur louangeuse. Il comporte deux « strophes », la première est chantonnante et la seconde est déclamée.

> *Axɔ/ nyi/ so/ éé*
> Dignitaire/ projeter/ foudre/ interjection
> Le dignitaire projette la foudre. Quoi donc
>
> *Agɔngónu/ Sogbó/ wɛ/ nyi/ so*
> Redoutable/ *Sogbo*/ qui/ projeter/ foudre
> Le redoutable Sogbo qui projette la foudre
>
> *Man/ nɔn/ dó/ gbé/ vɔ/ éé*
> Lui/ pas/ parler/ langue/ rien/ interjection
> Il ne gronde pas dans le vide donc
>
> *Ajɛ̀/ atiin/ d'é/ éé*

---

30. Ananou, *Vodun Xevioso*, p. 17.

Si foudroie/ arbre/ quelconque/ interjection
Si tu foudroies un quelconque arbre donc

Odi/ so/ man/ nɔn/ do/ gbé/ vɔ
Odi/ foudre/ lui/ pas/ parler/ langue/ vide
Odi la foudre ne gronde pas pour rien

O /Soso/ O/ bogbé/ so/ man/ jɛgbé/ vɔ/ éé
Toi/ foudre de foudre/ toi/ puissance/ foudre/ ne pas/ tonner/ vide/ interjection
Toi foudre de foudre, toi puissante foudre, Tu ne grondes pas pour rien
(Fin de la partie chantonnante)

Kawɔ/ éé
Univers/ firmament/ interjection
Grand firmament

Kawɔ/ kablési
Firmament/ Grand Couvercle
Grand Couvercle du firmament

Kpokpogli
Bossu de taille courte

Sunu/ wanu/ man/ mɔn
Homme/ agir/ pas/ nier
Homme responsable de ses actes

Adantɔnon/ byɔ/ ku/ ɔ/, xèsinon/ non/ byɔ/ gbɛ
Courageux/ demande/ mort/ si/, peureux/ lui/ demande/ vie
Alors que le courageux affronte la mort, le peureux, quant à lui, détale

Macéwu/ o/ nyancé-nyancé
Faire pas/ donc/ homme-ami
Ne fais donc pas, mon ami

Kpóvi/ nukonton/ wɛ/ non/ hu/ alɔtrɔ/ do/ gbɛgo
Baguette/ premier/ lui/ qui/ tue/ margouillat/ sur/liane
Au premier coup, il atteint le margouillat sur la liane

Gbɛgo/ wo/ alɔtrɔ/ ka/ non/ ku
Liane/ détruit/ margouillat/ conséquence/ lui/ meurt
La liane détruite entraîne la mort du margouillat

Bó/ cɛklɛ/ man/ non/ nyi/ do/ mɛnon/ xɔ̀/ mɛ
Puissance/ destructeur/ ne/ pas/ projeter/ dans/ mère de soi/ maison/ dans
On ne dirige pas la puissance destructrice contre la chambre de sa mère

Mɛnon/ man/ yi/ axɔ/ cɛcɛ
Mère de soi/ pas/ être/ dignitaire/ proche
Sa mère ne saurait être une proche dignitaire[31]

Agbé/ téwutu/ cobo/ éé
Lièvre/ Debout/ toute-puissance/ interjection
Le lièvre s'élève en toute puissance, donc

Cobo/ hla.
Toute puissance/ rapidement
La toute-puissance permanente.

Ce récit comporte plusieurs éléments ésotériques qu'il convient d'expliquer. À travers ce texte, c'est l'identité du Vodun Xɛbyoso au pays Maxi qui est exposée. Le préambule pour accéder à la compréhension des textes est que tous les mouvements cosmiques, qu'ils soient des phénomènes naturels de la vie ou de la mort, sont gouvernés chacun par un Principe, c'est-à-dire une Force ou une Intelligence. En conséquence, il est inadéquat de traduire Xɛbyoso par « foudre » ou « tonnerre ».

Dans ce texte, on retrouve premièrement une personnalisation de cette « Force ou Intelligence » par le mot « Axɔ », qui donne le sens de dignitaire et qu'il convient de qualifier de « céleste ». Car c'est de ce mot que dérive le « axɔsu » (axɔ/dignitaire-su/en bas), qui donne « dignitaire d'en bas », qui signifie « roi ». Xɛbyoso est donc le dignitaire céleste. Il n'est pas la foudre, parce dans le texte c'est le dignitaire qui projette la foudre. Et lorsque le dignitaire céleste descend sur la terre, il prend le nom de « Sogbo ». Dans l'imaginaire maxi, « Sogbo » est représenté par un grand homme trapu véritablement noir. Devant le temple Xɛbyoso de Savalou est érigée une statue le représentant. Elle mesure trois mètres soixante et dix centimètres (cf. photo annexe III.5). Dans le panthéon du Vodun Xɛbyoso, *Sogbo* est au sommet de la hiérarchie.

---

31. L'épreuve d'initiation subie par le néophyte est parfois si rude que sa mère ne pourrait en être la conductrice.

Le deuxième élément mis en exergue, ce sont les manifestations du Xɛbyoso, préfiguré par Sogbo. Il parle et agit, et l'une de ses voix, c'est le grondement du tonnerre. Encore une fois, il n'est pas le tonnerre, mais ce dernier est compris comme faisant partir de son langage. Ses multiples actions seront exposées dans la section décrivant le panthéon. Car à chacune des divinités du panthéon sera confiée une responsabilité spécifique. Dans cette strophe, l'élément déterminant concerne l'objectif de ses « paroles et actions ». Il est souligné à maintes reprises « qu'il ne parle pas dans le vide ». Cela signifie que quand il le fait, c'est qu'il y a une raison suffisamment importante pour qu'il parle. Par exemple, le grondement du tonnerre annonce la pluie ou la foudre. Il en est de même quand il agit : « si tu foudroies un quelconque arbre », c'est toujours pour une très bonne raison (cf. section 3.4.). L'identité du Vodun Xɛbyoso est décrite dans la partie chantée et la raison de son intervention qui a commencé à être abordée sera complétée dans la partie déclamation.

Trois éléments importants sont à souligner dans la déclamation : « intégrité », « infaillibilité » et protection permanente. Dans la déclamation, le Vodun Xɛbyoso est ramené au rang des êtres pour qu'on lui attribue des qualités humaines, afin de le rendre plus proche des hommes. Son « intégrité » se manifeste par le fait que malgré sa grandeur, s'il se trompait il l'avoue. Le texte le dit mot à mot par : « Homme/ agir/ pas/ nier ». Mais les vers qui suivent précisent qu'il ne se trompe presque jamais, surtout dans son agir : « son premier coup atteint toujours sa cible », et c'est la description de la cible qui fait penser à son infaillibilité : « détruit le margouillat qui est sur une liane ». La précision est portée sur la destruction de la liane qui porte le margouillat, ensuite le vers dit que si « la liane est détruite c'est que le margouillat est déjà mort ». Et partant de cette infaillibilité, un avertissement est donné de ne pas aller en travers de sa route. L'expression « nyancé-nyancé » peut se rendre aussi par « ô toi homme prends garde » ou « fais attention ». Le dernier qualificatif de protection se trouve dans les derniers vers où il est mentionné que « On ne jette pas la puissance destructrice dans la chambre de sa mère ». Dans les croyances maxi, le Jɛtɔ n'est jamais foudroyé, à moins d'être un malfaiteur. Mais s'il demeure comme le lièvre qui n'a pour toute défense que ses pattes (la course), désormais, Xɛbyoso, qui est plus rapide que le lièvre, se charge de ses adversaires et le fidèle n'a plus besoin de fuir. Car le puissant Vodun Xɛbyoso devient « *coboé hla* » : puissance permanente.

Le second panégyrique évoque le Vodun Xɛbyoso comme un héritage qu'il faut garder précieusement. Le meilleur patrimoine pour le vodunsi, c'est le Vodun Xɛbyoso, si précieux qu'une fois qu'il l'a acquis il ne s'en sépare plus.

3.3.2.2. Panégyrique de l'héritage du Vodun Xɛbyoso

Ce panégyrique décrit la conscience d'identité de chaque fidèle dans le Vodun Xɛbyoso.

> *Sogbo/ ɔ/ alɔ/ wɛ/ u/ minyo/ do*
> Sogbo/ donc/ main/ je/ serrer point/ sur
> Je serre fortement Sogbo dans mes mains
>
> *Jɔ/ wɛ/ mi/ wɛ/ jɔ/ bo/ wa/ mon*
> Né/ on/ nous/ on/ né/ pour/ venir/ voir
> C'est un héritage que nous sommes venus trouver à la naissance
>
> *Vodun/ ɔ/ alɔ/ wɛ/ u/ minyo/ do*
> Vodun/ aussi/ main/ je/ moi/ serrer point/ sur
> Moi, je serre aussi fortement le Vodun dans mes mains
>
> *Jɔ/ wɛ/ mi/ jɔ/ wa/ mon*
> Né/ on/ nous/ né/ venir/ voir
> C'est un héritage que nous sommes venus trouver à la naissance
>
> *Jɔ/ wɛ/ mi/ jɔ/ wa/ mon*
> Né/ donc/ nous/ né/ venu/ voir
> De même que nous sommes nés et avons vu
>
> *Sɛ/ xwi/ ɖo/ alɔkpa/ mɛ*
> Dieu/ lignes de la main (traits)/ dans/ main/ à l'intérieur
> Les lignes que Dieu a imprimées à l'intérieur de nos mains
>
> *Jɔ/ wɛ/ mi/ jɔ/ wa/ mon*
> Né/donc/ nous/ né/ venir/ voir
> C'est donc un héritage que nous sommes venus trouver à la naissance.

Les éléments importants de ce texte concernent le rapport entre le « néophyte » et le Vodun Xɛbyoso. Le Vodun est un héritage que chaque génération hérite et il reste collé à elle comme une tache indélébile. Le système d'enseignement utilise les lois d'analogie et de correspondance pour faire ancrer l'information sous forme d'images dans l'âme du vodunsi. Les éléments qui entrent dans les lois de l'analogie et la correspondance sont le Vodun et les lignes dans les mains. Les lignes de la main[32] sont tracées dans les mains avant toute naissance, le vodun existe avant toute naissance, en cela les deux sont des héritages, mais des héritages qui déterminent la vie. Comme nul ne peut effacer les lignes de sa main, de même personne ne peut se passer du Vodun Xεbyoso. Quand le point est fermé, c'est pour garder ses lignes de la main, de même il est recommandé de garder (s'attacher) précieusement au Vodun Xεbyoso. Mais il existe aussi une autre raison supplémentaire qui encourage à s'attacher au Vodun Xεbyoso. Elle se trouve dans le dernier panégyrique, elle concerne la beauté et la bonté de communauté des vodunsi.

3.3.2.3. Panégyrique de la vie communautaire

Ce panégyrique se chante souvent pour se rappeler la vie élogieuse menée au couvent et combien il est beau d'appartenir à cette communauté des croyants.

Le Vodun, une communauté douce comme le miel

Yεhwé/ ɔ/ vivi/ hú/ win/ éé
Esprit/ donc/ doux/ plus/ miel/ interjection
L'esprit de la communauté est plus doux que le miel

Ema/ xó/ ɖo/ alɔji/ yé é
Nous donc/ jouer/ sur/ main/ interjection
Même les mains vides nous louerons

Emi/ bo/ tonu/ yεhwé ya
Vous donc/ pour/ arranger/ esprit
Arrangez donc tout selon l'esprit

Man/ ɖɔ/ man/ tunwun/ sin/ bo/ nyl
On/ dit/ on/ connaît/ lois/ pour/ respecter
Nous avons été enseignés les commandements pour les respecter

Agongonu/ Sogbosi/ lε/ man/ tunwun/ sin/ bo/ nyi

---

32. Cela renvoie à la chiromancie, mais il le dépasse ou donne deux interprétations. La première concerne le fait que les lignes de la main ne peuvent jamais s'effacer. Et la seconde, c'est que le Vodun veille sur l'accomplissement du destin inscrit dans ces lignes par Sεgbo-Lisa. Pour la chiromancie, voir Gabriel Lechevallier, *Dictionnaire des symboles, des arts divinatoires et des superstitions*, Paris, In Édit, DL, 2010, p. 86-92.

Agongonu/ femme de Sogbo/ vous/ connaître/ lois/ pour/ respecter
Toutes les vodunsi connaissent les commandements pour les respecter

Emi/ bo/ tonu/ yɛhwé/ ya
Vous donc/ pour/ arranger/ esprit
Arrangez donc tout selon l'esprit.

Soulignons les deux éléments importants de ce panégyrique : beauté de la communauté et respect des lois et commandements. Tous les habitants du monde maxi connaissent le miel, et la vie de la communauté est décrite comme meilleure, comparée au miel. La conséquence, c'est que, même pauvre, le néophyte s'engage à y rester. « Les mains vides nous louerons » à cause de la bonté et la beauté de la communauté. La raison fondamentale de la beauté de la communauté se trouve dans l'enseignement et le respect des lois et commandements donnés par le Vodun Xɛbyoso. Tout cela aboutit à une soumission volontaire et joyeuse au Vodun Xɛbyoso.

Le chercheur a appliqué les lois du rythmo-mimisme et du bilatéralisme pour les apprendre (par un rythme en mimant le contenu tout en dansant). L'apprentissage a été fait en 2016 et en une semaine. Le résultat fut sans appel, ils sont comme imprimés dans son subconscient, le chant, le rythme et la danse lui sont restés et l'un entraîne l'autre, car le chercheur ne peut chanter sans que ne le saisisse l'envie de la danse. Et par le chant, le message émerge dans sa conscience. Jousse exprime le phénomène en parlant du fait que tout le corps est pris par le rythme du texte.

Mais si la beauté de la communauté Vodun Xɛbyoso est un facteur de ralliement, une perpétuation de vie en communion avec la divinité, c'est la fonction que remplit le Vodun Xɛbyoso qui explique l'attachement à vie que vouent tous les vodunsi à la divinité.

3.4. La fonction du Vodun Xɛbyoso au pays Maxi

Le but de cette section est de montrer comment les Maxi trouvent dans le Vodun Xɛbyoso une solution à certains de leurs maux. Deux éléments vont permettre d'atteindre cet objectif : le rôle ou la fonction du vodun en général et le rôle ou la fonction du Vodun Xɛbyoso en particulier.

3.4.1. La fonction des vodun au pays Maxi

Cette section vise à montrer que le vodun existe pour protéger la vie du peuple. La fonction de chaque vodun détermine son utilité et sa grandeur.

Étant dans la catégorie des vodun interethnie, ces derniers se constituent en deux groupes, le premier se rattache aux phénomènes de la nature et le second est constitué de personnes historico-mythiques.

Les vodun sont nés à partir des phénomènes ou de situations extraordinaires ou surnaturelles, à l'exception des Nensuxwé, vodun importés d'Abomey, initialement réservés aux membres de la cour royale. Ainsi, comme phénomènes atmosphériques associés au Vodun Xɛbyoso, on a : la foudre, le tonnerre, l'orage, la pluie, les éclairs, le cyclone, le débordement des eaux de fleuves et des mers, etc. La variole est associée à Sakpata ; les accidents à *Gu* ; les malformations congénitales à Tɔxɔsu ; les esprits possesseurs à *Dan* ; les autres dysfonctionnements quotidiens, à savoir maladies, échecs, pertes économiques, etc., aux Asɛɛn (les Ancêtres ou encore Hennu vodun). De l'ethnie « Nango », les Maxi ont importé la divinité « Nangovodun », qui se charge de tout ce qui concerne la brousse (les génies, les égarements dans la forêt, etc.). Le vodun *Lɛgba* au pays Maxi ne chevauche pas comme chez les Fon, son rôle est de veiller sur le village (*Tó-Lɛgba*), il n'a pas de temple ou de couvent où se déroulent des rituels ni où se forment des néophytes. Chaque village a aussi ses vodun spécifiques s'occupant d'aspects particuliers bien déterminés. Le système vodun est conçu de telle manière qu'à chaque domaine où peuvent se manifester les menaces récurrentes de la vie est associé une divinité, rappelant ainsi le système athénien d'adoration.

Mais avec l'usure du temps, les divinités se rattachant aux phénomènes de la nature s'estompent, à l'exception d'une seule divinité : le Vodun Xɛbyoso, ce qui fait d'elle la mémoire vive du vodun au pays Maxi. En effet, certains phénomènes ayant connu un éclairage, leur rattachement à certaines divinités a disparu. Prenons l'exemple du deuxième plus grand vodun au pays Maxi : *Sakpata*, dont Brand décrit bien l'attribut : « Le Vodun Sakpata est une divinité liée à la terre dans ses rapports avec l'homme dont l'aspect maléfique se manifeste par la variole[33]. » Sakpata est associé à la variole, cette maladie éruptive qui sévissait comme la peste, et qui est aujourd'hui bien maîtrisée. Chaque enfant né dans un centre semi-urbain est vacciné contre la variole. Mes souvenirs sur la dernière épidémie de

---

33. R. BRAND, *Dynamisme des symboles dans les cultes vodun*, Paris, France, École Pratique des Hautes Études, Sorbonne, 1973, p. 318.

variole remontent à quarante-cinq ans. Tous ceux qui sont nés après cette date, dans la contrée de Savalou, en ont simplement entendu parler, mais ne l'ont pas vécu. Il en est de même pour toutes les « divinités-phénomènes » répertoriées ci-dessus, à l'exception du Vodun Xεbyoso et des Asεεn. Les Asεεn ne sont pas des vodun qui chevauchent, ils sont à l'image de Lεgba, et leur fonction principale est de veiller sur les membres de la collectivité et sur le respect de la tradition. Le Vodun Xεbyoso se présente donc comme la seule divinité au pays Maxi dont les manifestations cosmiques continuent d'influencer la vie de tous les jours. C'est pourquoi il joue un rôle important dans la vie des Maxi.

Vodun Xεbyoso, justicier de Dieu

Le mythe de la naissance du Vodun Xεbyoso montre la corrélation qui existe entre ce dernier et Sεgbo-Lisa ou Mawu, qui est le Dieu Yahvé chez les Maxi et les Fon. Le mythe rapporte que Xεbyoso tient son pouvoir de Segbo-Lisa, et c'est sous sa permission qu'il descendit sur la terre pour résoudre le problème de la sécheresse et rendre justice. Selon la conception africaine de Dieu, l'univers est sous le contrôle de Dieu. Idowu le confirme quand il montre que « la plupart des Africains croient que Dieu est particulièrement responsable pour les résultats ultimes de la vie et de la mort. Il est considéré comme le roi suprême donc omniprésent (il encercle le monde). Il est aussi un roi qui juge. *La conception du jugement de Dieu est si forte que la colère de Dieu a été conceptualisée dans une certaine divinité, qui est la divinité du soleil et du tonnerre. Chez les Nupe, la divinité tonnerre s'appelle Sokogba (Soko egba ou "la Hache de Dieu")*[34] ».

Ainsi la fibre qui traverse toute la culture maxi est « tissée » et entretenue par le Vodun Xεbyoso, représentant « légal » des autres vodun et justicier de Sεgbo-Lisa, Mawu, Dieu. La place qu'occupe le Vodun Xεbyoso dans l'imaginaire du peuple Maxi sera révélée par l'expression matérielle qu'en donne le peuple. C'est l'objet de la section suivante.

---

34. B. Idowu, « Dieu », dans K. A. Dickson et P. Ellingworth, sous dir., *Pour une théologie africaine,* Yaoundé, Cameroun, Éditions CLÉ, 1969, p. 7-37, c'est le chercheur qui souligne.

3.4.2. La fonction du Vodun Xɛbyoso au pays Maxi

Le but de cette section est de montrer la grandeur du Vodun Xɛbyoso au pays Maxi. C'est par sa nature et ses multiples fonctions qu'il récapitule tous les vodun.

3.4.2.1. La nature du Vodun Xɛbyoso

D'après la section 3.1.2.2, le Vodun Xɛbyoso diffère des autres vodun principalement par le fait qu'il est le couvercle de la terre : « Quand le monde fut créé, la terre et tout ce qui s'y trouve furent créés. La terre avait la forme d'une calebasse auquel manquait le couvercle. Xɛbyoso fut le couvercle que Sɛgbo-Lisa créa pour parfaire le monde. »

Ce vodun se présente comme celui sans lequel la création resterait imparfaite. Car une « calebasse » sans couvercle livre son contenu aux aléas de la nature et aux ennemis. Sɛgbo-Lisa est l'équivalent du « Dieu créateur » dans l'imaginaire maxi. Le Vodun Xɛbyoso est une création supérieure dont le premier rôle est la protection générale de la terre. Cela lui donne le privilège de résider auprès de Sɛgbo-Lisa dans les firmaments, d'où il peut contrôler tout ce qui se passe sur la terre. Dans son rôle de surveillance de la terre, il constata que l'injustice sévissait partout, et que son peuple (au sens de « Akɔ », lignage), les Jetɔ, se retrouvait sans divinité protectrice. Il prit autorisation auprès de Sɛgbo-Lisa pour descendre au sein des siens et pour rétablir la justice. Sa descente se manifesta par un chevauchement spécial.

Un chevauchement humain et divin. Chevauchement humain (section 3.1.2.2) : « Xɛbyoso prit possession de sa femme qui poussa un cri strident jusqu'à aller s'abattre au "Satɔ" (place publique où les vodunsi viennent danser devant le vodunxɔ) de Xɛbyoso. Ce fut la première possession, car jadis aucun vodun n'entrait en possession des hommes. [...] Sakpata lui dit qu'à partir de ce jour il devrait entrer sans délai en possession de ses adeptes (hu asi : tuer la femme), sans fiançailles préalables (sɔ nyonnu, sɔ asi ɖo té). [...] C'est pourquoi Xɛbyoso ne connaît pas le rite des fiançailles sacrées ("asi sɔ ɖoté"). Seul parmi les "vodun", il "tue" "ses femmes" sans délai ; en revanche, Sakpata et les autres "vodun" ne tuent pas nécessairement leurs "femmes" ».

Le chevauchement divin concerne la manière dont il retourne à sa place dans le firmament après avoir opéré sur la terre : « Mais avant que Xɛbyoso ne retourne dans sa demeure au firmament d'où il jura de contrôler le monde, il rendit visite à son jeune frère vodun Sakpata à qui Sɛgbɔ a confié la surveillance de la terre. Il lui recommanda de veiller sur ses enfants Jetɔ à qui il venait de révéler tout le système vodun de son adoration. Puis il se fit chevaucher par le vodun Ayiɖɔ-Xwɛɖo pour retourner rendre compte à Sɛgbo-Lisa. »

Les deux chevauchements montrent comment le Vodun Xɛbyoso entre en contact avec les humains d'une manière qui, selon ce mythe, diffère de celle des autres vodun. Il semble prendre possession de l'individu indépendamment de sa volonté. Cela explique le pouvoir qui serait lié à cette divinité, pouvoir dont l'évidence est rendue par des histoires de possession. Lors de ses recherches, le Nangbo Naanmon a présenté au chercheur une vodunsi que Xɛbyoso a saisie depuis la Côte d'Ivoire pour venir la « tuer » au « Satɔ » de Logozohɛ. Quand elle fut prise, elle cessa de parler sa langue maternelle et perdit le sens normal de la vie. Elle parla une langue inconnue et il a fallu une femme maxi pour discerner qu'il s'agissait d'une prise de Xɛbyoso pour qu'elle soit convoyée jusqu'au village. Après les rites d'initiation, elle recouvra le sens et réintégra sa famille. Mais le Vodun Xɛbyoso ne peut « descendre » sur la terre pour agir que grâce à l'une des divinités de son panthéon, appelée « Dan-Ayiɖohwɛɖo », qui a pour symbole l'arc-en-ciel. Cette divinité « révèle en fait, le rôle de médiation de ce vaudou entre Hèvioso et Dan ; Hèvioso étant une divinité "d'en haut", et Dan une divinité d'"en bas"[35] ».

Enfin, le Vodun Xɛbyoso récapitule à lui seul trois des quatre éléments caractéristiques autour desquels se bâtissent tous les systèmes vodun, à savoir : l'air, l'eau, le feu et la terre. S'il n'existe pas à l'intérieur du panthéon une divinité spécifiquement liée à la terre, la divinité composite « Dan-Ayiɖohwɛɖo », qui véhicule le Vodun Xɛbyoso, est fortement liée à la terre. C'est ce qui fait que le point de chute de la foudre est la terre.

Ces différents éléments caractérisant la nature complexe du Vodun Xɛbyoso expliquent les multiples fonctions qu'il remplit dans le contexte maxi.

3.4.2.2. Les fonctions du Vodun Xɛbyoso au pays Maxi

Trois grandes fonctions sont dévolues au Vodun Xɛbyoso au pays Maxi : la « justice », la « pharmacopée » et la « régulation atmosphérique ».

---

35. Monsia, *Religions indigènes et savoir endogène*, p. 81.

3.4.2.2a. La fonction de justicier

Le Vodun Xɛbyoso est compris comme un dieu qui défend la cause des innocents en punissant les malfaiteurs, les criminels. Cette fonction se résume de la manière suivante :

> Les décharges de Hebiosso doivent être soumises à un examen sérieux, sans préjugés. On y découvre l'attitude du justicier. La quasi-totalité des évènements afférant à son déploiement de force fait toujours réfléchir. Il frappe souvent, toutes les fois aussi, des malfaiteurs insensés. En tout état de cause ses descentes ne se font pas au hasard, jamais de façon désordonnée. Elles paraissent de tout temps orientées vers des sentences méritées [...] la qualité de justicier de Dieu contient toute sa valeur [...] Devant les tribulations dues à l'adversité, de malheur commandité dans un milieu hostile, en cas d'envoûtement, on lui adresse des plaintes associées d'offrandes ou de simple libation afin de solliciter sa protection[36].

La compréhension de cette fonction permet de saisir la seconde fonction qui concerne la pharmacopée.

3.4.2.2b. La guérison de certaines maladies

La pratique de la thérapie traditionnelle par les plantes relève d'une connaissance empirique bien établie chez les vodunon en général, mais les « Sonon » sont reconnus comme spécialistes des maladies cutanées.

Le Vodun Xɛbyoso n'inflige pas les mêmes punitions indifféremment aux coupables. Il fait correspondre la punition au degré d'implication dans le mal commis. Lorsqu'il intervient, ce n'est pas toujours pour tuer, exterminer. À ceux qui ne méritent pas la mort, il imprime le châtiment par la brûlure. Et comme l'encyclopédie Encarta l'explique : « La gravité d'une brûlure dépend de sa profondeur, de son étendue et de l'âge du brûlé. Selon la profondeur, on distingue les brûlures du premier, deuxième ou troisième degré. Les brûlures du premier degré provoquent rougeur et douleur (comme dans le cas d'un coup de soleil). Les brûlures du deuxième degré se caractérisent par la formation de cloques (brûlures causées par un liquide chaud, par exemple). Pour les brûlures du troisième degré, l'épiderme et le derme de la peau sont détruits et les tissus sous-jacents peuvent également être lésés. » Les Sonon arrivent à guérir les brûlés du troisième degré. Au cours des recherches,

---

36. Missain-Ade, *Vodun, œuvre des anges de Dieu*, p. 48-49.

le chercheur a rencontré le cas d'un jeune qui a été guéri d'une brûlure du troisième degré. Un médecin l'a examiné pour confirmer qu'il s'agissait effectivement d'une brûlure de troisième degré. Lorsqu'il a été foudroyé, tous le croyaient mort. Il a été transporté dans le couvent de Xɛbyoso de Wɛdɛmɛ et a subi les soins pendant 41 jours, plusieurs « Sonon » ont dû conjuguer leurs compétences thérapeutiques pour le sauver[37].

Les autres compétences en guérison de maladies cutanées ont été mises au point à cause de certains rituels du Vodun Xɛbyoso, pratiqués sur le corps des néophytes. Les scarifications étaient si abondantes que sans les compétences en traitements antiseptiques, l'infection pouvait conduire à la mort. Des accidents peuvent aussi survenir lors du chevauchement ou des transes dues à des renversements occasionnant des fractures ouvertes. Il arrive que des vodunsi accouchent pendant l'internement au couvent. Des compétences thérapeutiques sont développées pour pallier ces différentes situations d'écoulement de sang ou des manifestations des maladies de la peau.

Dans le contexte de la tradition maxi, la variole est considérée comme une maladie occasionnée par le Vodun Sakpata, elle est appelée « Jinu » (ji/haut-nu/chose, ce qui donne « chose d'en haut »). Et tout ce qui vient d'en haut doit être maîtrisé par les « Sonon ». Puisque la variole touche à la peau, les « Sonon » ont aussi développé des compétences en traitement de la variole. Mais c'est le panthéon du Vodun Xɛbyoso qui permet de découvrir les autres fonctions liées aux menaces cosmiques dont il assure la maîtrise.

3.4.2.3c. *Régulateur des manifestations atmosphériques*

Cette section vise à montrer la fonction de régulation des manifestations atmosphériques par le Vodun Xɛbyoso. Auteur de la pluie pour le bien-être du peuple, il régularise les autres manifestations atmosphériques par son panthéon.

Le Vodun Xɛbyoso produit la pluie pour le bonheur des humains. Les chrétiens interviewés sont plus convaincus du pouvoir de Xɛbyoso pour produire la pluie que les vodunsi. Ces derniers, vivant la réalité du vodun de l'intérieur, connaissent mieux les limites du vodun que ceux qui ne l'appréhendent que de l'extérieur.

---

37. Le chercheur a voulu le prendre en photo, mais cela lui a été interdit, car il faut que la guérison dure cinq ans (à partir de l'an 2020) avant une telle exposition, sinon le jeune peut encourir une malédiction.

À ce niveau, le Vodun Xɛbyoso au pays Maxi aurait procédé à une décentralisation où, dans chaque localité, il aurait délégué cette fonction à un vodun qui assure la régulation de la pluie. S'il y a sécheresse, ce vodun est consulté pour en détecter la cause. Très souvent quand il y a adultère dans un champ ou inceste (jɛtɔ avec jɛtɔ), la sanction est la privation de pluie jusqu'à ce que le mal soit identifié et la cérémonie de purification accomplie. Le signe qui accompagne la purification est la pluie. Mais la régulation de la pluie se fait différemment selon les vodun représentant le Vodun Xɛbyoso. À Wɛsɛ Wɔgudo, la divinité responsable s'appelait *Dádàkpému* (Dádà/roi-kpé/herbe-mu/couché parce que brûlée, ce qui donne « Roi de l'herbe brûlée »). Sai Guillaume[38] rapporte avoir expérimenté six fois dans sa vie le phénomène de manifestation de cette divinité. L'organisation de son cadre social était telle que la fin de la saison sèche était bien régulée. L'activité menée par la population active masculine pendant la saison sèche était la chasse, pratiquée au moyen du feu de brousse. Elle se dit en maxi : *kpé, é na yi kpé* (la chasse, on va à la chasse). À Wɛsɛ, il y avait différentes catégories de chasse auxquelles avait été donné le nom de « ɖɛhwin ». On peut dénombrer « ɖɛhwin-kpɛ », « ɖɛhwin-tɔvlamɛ » et « ɖɛhwin-ɖaxó ». Cette dernière, « ɖɛhwin-ɖaxó », est associée au vodun *Dádàkpému*. Il s'agit du plus grand feu de brousse dont le lieu est réservé et connu de toute la population. Tous les animaux qui ont échappé aux autres feux de brousse trouvaient refuge là. C'est pour cela que la chasse s'appelait « ɖɛhwin-ɖaxó ». Cette chasse est programmée et doit être la dernière, le roi en annonce le jour par le système de « ganɖotɔ » (le gongoneur). C'est une partie de chasse qui dure une journée, et à la fin de la journée il y a toujours eu une très grande pluie qui marque le début de la nouvelle saison pluvieuse. Le soir, les premières semences sont mises en terre. Cette croyance en la bienfaisance du Vodun Xɛbyoso à produire la pluie demeure une évidence dans l'imaginaire maxi. Puis les Sonon sont vus comme les « faiseurs de pluie » au pays Maxi.

Mais c'est le panthéon du Vodun Xɛboso qui montre la complexité et l'envergure du domaine couvert. Les paragraphes suivants décrivent la fonction et le rôle des grandes divinités et le tableau en annexe III.6 récapitule l'ensemble du panthéon.

Le panthéon du Vodun Xɛbyoso compte quarante et une (39 +2 [Dan-Ayiɖhwɛɖo]) divinités secondaires, dont les plus connues remplissent des rôles et fonctions diverses. Il y a des divinités mâles et des divinités femelles,

---

38. Interview réalisée le 7 décembre 2016 à 13 h 38.

certaines sont douces tandis que d'autres sont violentes, certaines agissent tandis que d'autres ne font rien d'autre que de « chevaucher » leurs épouses. Il est donc difficile d'établir une hiérarchie systématique de ces trente-neuf divinités listées dans le tableau du panthéon. Il n'a pas été possible d'obtenir le rôle de chacune, seul sera donc exposé le rôle de celles qui régissent les différentes manifestations liées à l'air, l'eau, la forêt et le feu (foudre).

Sogbo

À la tête du panthéon Xɛbyoso se trouve Sogbo, qui est considéré comme le père. Cela fait de lui une divinité du genre masculin. Sa primauté transparaît déjà dans son nom, qui signifie : *So*/foudre-*gbo*/grand ce qui donne « la grande foudre ». Ananou décrit son rôle en ces termes : « Il joue le rôle fondamental de justicier. À ce titre, il châtie par la foudre les malfaiteurs en les laissant debout. Il cible toujours ceux qui font usage abusif de l'envoûtement par le gri-gri, la sorcellerie, la magie [...] Agissant avec promptitude et exactitude, il lutte pour défendre les causes nobles telles que le sauvetage de l'innocent des dangers qu'il risque. Il empêche le crime crapuleux [...] Sogbo qui matérialise la foudre apparaît, cependant, sous l'aspect d'un bélier blanc ayant dans la gueule la hache néolithique dite Sosyɔvi en fɔn. Il partage ce symbole avec la plupart de ses pairs du panthéon[39]. » Au pays Maxi, le bélier blanc ayant la hache dans la gueule est la représentation du tous les Vodun Xɛbyoso. Sogbo, lui, est plutôt spécifiquement représenté par la grande statue géante très noire.

Gbadɛso ou Gbadɛ

Gbadɛso, dont le radical est Gbadɛ : gba/casser-dɛ/étendu, signifie « étalage de force », ce qui donne la foudre qui étale sa force. Chez les « Sonon » Maxi, cette divinité accompagne Sogbo et s'occupe des affaires secondaires de ce dernier. Il est du genre masculin et pendant sa mission sur terre, il lui arrive de prolonger son séjour pour renforcer Avlekete dans l'annonce des messages de Sɛgbo-Lisa. Mais, s'il veut punir, il se sert de la foudre tonitruante pour déchirer entièrement sa victime. Se montrant toujours impulsif, irascible, brutal et malicieux, il étale sa force à même le sol.

Agbaka

Agbaka se décompose en *A*/toi-*gba*/émietter-*ka*/ouvert, ce qui donne « toi qui ouvres avant d'émietter ». Il est le messager de Sogbo, celui qui le

---

39. Ananou, *Vodun Xevioso*, p. 86.

devance dans ses actions. Il est du genre masculin. Son rôle est d'aller vérifier la pertinence de l'intervention de Sogbo avant que ce dernier n'intervienne. Le malfaiteur est averti, et il le fait souvent en se déguisant en être humain pour lui demander d'arrêter ses crimes. Après entêtement, il en rend compte à Sogbo, mais se rend sur les lieux d'intervention avant l'action punitive. Si le criminel se trouve avec des innocents, il se charge d'écarter ces derniers avant l'action de Sogbo. Sous son action, la victime est déchiquetée et ses morceaux sont éparpillés.

Aklɔnbɛ

Ce nom se retrouve encore sous la forme *Akronbɛ* chez les Fon. Mais les Maxi n'en connaissent que la première qui se décompose en *Aklon/*déjouer-*bɛ*/cacher, ce qui donne « celui qui déjoue ce qui est caché ». Il est aussi du genre masculin, il provoque la grêle, règle la météo. Il utilise deux stratégies pour assurer son rôle de justicier : s'il s'agit de plusieurs malfaiteurs, il fait déborder les cours et plans d'eau ; pour les cas d'un seul individu, il le foudroie et lui enlève les lèvres. Il déjoue les projets de nuisance fomentés en se voilant derrière une hypocrisie criminelle.

Adĕn

Le nom Adɛn se décompose en A/tu-dɛn/ignorer, ce qui donne « tu ignores le dieu foudroyant » ou encore « tu n'as pas vu venir le dieu foudroyant ». Il s'agit d'une divinité femelle. Elle est perçue comme la divinité la plus douce du panthéon Xɛbyoso. C'est elle qui assure les productions agraires en arrosant la terre par les fines pluies. Elle n'aurait institué que les eaux de libations, d'invocation et de demande de faveur, soit de la rosée recueillie. Sa douceur n'exclut pas son action de justicière. Elle ne foudroie le malfaiteur que la nuit et dans son sommeil, car il paraît qu'elle n'aime pas les actions spectaculaires. Ce qui lui vaut son nom et la douceur qui lui est reconnue.

Jakata

Jakata vient de Ja/hacher-kata/bruyamment, ce qui donne « tu haches bruyamment ». Il est masculin et joue le rôle de portier devant le panthéon Xɛbyoso. Ses actions sont plutôt dirigées vers les choses inanimées, en premier les arbres ou les lieux où sont cachés des « esprits malfaiteurs » ou des gris-gris dangereux. Il fait la chasse aux grands sorciers et aux envoûteurs invétérés. Quand il foudroie, la victime a toujours les yeux qui sont arrachés.

À cause de son rôle de gardien, il manifeste une colère bouillante et fait tout avec empressement.

Akle ou *Akɛle*

Akle ou Akɛle est masculin. Il tient la corde de la pluie. Il préside à l'évaporation de la mer. Il propulse la formation des nuages côtiers. Il n'a formellement pas pour fonction de foudroyer.

Sonyanwan

Il s'agit d'une divinité femelle. Son nom se décompose en *So*/foudre-*nyan*/jeter-*wan*/éclairs, ce qui donne « la foudre qui jette des éclairs ». Elle est au service des deux divinités *Sogbo* et *Adɛn*. Elle précède les deux en éclairant leur chemin. Avec *Sogbo* l'éclair est éblouissant, tandis qu'avec *Adɛn* il est doux. Elle assure le châtiment corporel en provoquant la brûlure dont le degré dépend du degré d'implication dans le crime. Si vous avez simplement eu l'information du projet de crime, la brûlure peut être du premier degré. Vous séjournerez au couvent de Xɛbyoso pour être soigné.

Avlekete

Il est difficile de prouver le sexe d'Avlekete. Au niveau du panthéon Xɛbyoso des Fon, Avlekete est le benjamin, parce qu'il n'y a qu'une douzaine de divinités, tandis qu'il est difficile de déterminer son rang au pays Maxi, dans un panthéon de trente-neuf divinités. Son identité sexuelle est de nature « caméléon », tantôt masculine, tantôt féminine. Il protège ceux qui travaillent en mer. Il est, en outre, un messager qui sert d'intermédiaire entre Xɛbyoso et le Créateur, Sɛgbo-Lisa. Mais sur la mer le danger de noyade étant permanent, il retire sa protection au criminel pour le livrer à la noyade, fut-il un expert en natation.

Xudan

Contrairement à Avlekete, dont la nature vire du masculin au féminin et vice versa, *Xudan* a certains caractères masculins et d'autres féminins. Son rôle étant de gouverner la mer dans ses phénomènes naturels comme les vagues, les cyclones, les souffles de vent, etc., il connaît une expansion géographique limitée. Très développé dans les régions côtières où les humains sont en contact permanent avec l'océan, il reste impopulaire dans l'hinterland. Au pays Maxi, cette divinité a très peu d'épouses, à cause de l'éloignement de la mer. Pour les groupes socioculturels Xweɖa, Xwla, au sud du Bénin, elle est la divinité principale et les Tɔfin du département du

Littoral lui vouent fréquemment un culte. Ananou[40] signale qu'il existe trois correspondantes de cette divinité chez les Fon : Xu, Agbe et Adantɔxu.

Zuti

Cette divinité du panthéon est du genre masculin. Son nom décomposé donne Zu/forêt dense-ti/arbre, ce qui signifie « veilleur sur les forêts ». C'est elle qui assure la protection et la purification des forêts sacrées afin que les humains n'aillent pas les profaner par des crimes crapuleux.

Le tableau du panthéon en annexe III.6 permet de découvrir les autres noms. La fonction des divinités secondaires permet au Sonon d'identifier la divinité qui a agi quand il doit procéder au traitement d'un cadavre foudroyé. Car eux seuls ont la prérogative de gérer les personnes qui meurent par foudroiement. Ce qui confère aux Sonon le pouvoir sur la mort, en ce sens qu'ils « réveillent » le mort foudroyé afin qu'il confesse ce qu'il a fait de mal. Après la confession, cette dernière retourne à la mort, c'est alors qu'on pourra lui assurer des funérailles au « prorata » du mal commis. Cela découle de l'eschatologie du Vodun Xɛbyoso, qui mérite des recherches poussées, au-delà du présent travail.

Car les éléments cardinaux de l'eschatologie du Vodun Xɛbyoso qui ravivent la mémoire et demeurent présents dans l'imaginaire maxi sont le « pouvoir de résurrection » des Sonon et la punition éternelle de toutes les victimes du Vodun Xɛbyoso. L'influence de ces éléments dans l'héritage culturel et religieux au pays Maxi est si profonde que l'on a de la peine à croire à une « métanoïa » de l'eschatologie du Vodun Xɛbyoso quand un Maxi se convertit au christianisme. C'est l'un des plus grands défis que pose le Vodun Xɛbyoso au christianisme dans l'aire géographique Maxi d'étude.

Conclusion

Ce chapitre révèle le vodun de l'intérieur. Il fait découvrir que si on naît dans les vodun lignagers, on devient membre des religions vodun par initiation. Cette initiation ouvre le chemin à un processus de socialisation qui est une continuité et un approfondissement de la socialisation culturelle commencée au niveau ethnique. Le Vodun Xɛbyoso, le plus grand des vodun au pays Maxi, se manifeste par le phénomène naturel de la foudre et du tonnerre qui le rendent présent et actif dans le quotidien. Il exerce les fonctions

---

40. ANANOU, *Vodun Xevioso*, p. 89.

de justicier, de guérisseur et de régulateur des manifestations atmosphériques. Son influence impacte toute vie dans le contexte maxi, à tel point qu'il constitue un défi de changement à toute autre religion. C'est pourquoi le chapitre suivant permettra de comprendre comment une autre religion, les EEAD, se comprend et se vit dans ce contexte fortement vodouiste.

CHAPITRE 4

Stratégie d'implantation et de mission des Églises Évangéliques des Assemblées de Dieu au pays Maxi

Ce chapitre est une application de la quatrième étape du MADIR. Il permet de comprendre comment l'intégration du chercheur dans les EEAD est si profonde qu'il accède à toutes les données lui permettant d'ébaucher l'histoire et l'organisation de l'EEAD, de décrire les stratégies d'évangélisation et d'exposer la sotériologie, telle qu'elle est comprise et vécue par les fidèles chrétiens EEAD au pays Maxi.

Le but de ce chapitre est de voyager jusqu'au cœur de la vision du monde de la communauté missionnaire pour découvrir son origine et son fonctionnement au pays Maxi.

Le chercheur partira de la vision que les EEAD constituent une solution à la question du mal (troisième question existentielle selon Wright, cf. chap. 2 section 2.1.1.), pour explorer la dénomination et l'histoire des EEAD au pays Maxi, leur organisation, le processus d'intégration, leur fonction ou mission et leur ancrage ou leur rejet au pays Maxi.

4.1. Bref historique de l'Église des Assemblées de Dieu

Le but de cette section est de montrer que les EEAD sont venues des États-Unis pour s'implanter au pays Maxi.

De leur origine jusqu'au pays Maxi, il y a eu quatre étapes : la naissance américaine, celle africaine, puis au niveau du Bénin, et enfin la formation des premières cellules maxi des EEAD.

4.1.1. La naissance américaine des EEAD

Cette section vise à montrer l'origine américaine et la dénomination des EEAD. À l'origine se trouvent « la convention de Hot Spring » et l'œuvre pionnière de « Thomas King Leonard ».

4.1.1.1. La convention de Hot Spring et la naissance des AD

Tout est parti d'un mouvement, et plusieurs personnes ont travaillé à sa concrétisation. L'histoire des Assemblées de Dieu, telle que le chercheur la présente, est celle relatée par les Assemblées de Dieu elles-mêmes, cent ans après leur naissance. Le point de départ serait la ville de Findlay, dans l'Ohio, selon ce que Chapman décrit :

> Les rapports de l'effusion du Saint-Esprit à la Mission Azusa à Los Angeles ont alimenté la faim de la Pentecôte dans la nation de l'Ohio. À la fin de 1906, des services de renaissance étaient organisés à Findlay, à la mission locale de l'Alliance chrétienne et missionnaire, connue sous le nom de « Penial ». Le révérend Claude A. McKinney, de l'Union Gospel Mission à Akron, dans l'Ohio, était l'évangéliste, proclamant le message pentecôtiste. Le pouvoir pentecôtiste est tombé, et beaucoup ont été baptisés dans l'Esprit Saint avec comme preuve le fait de parler en d'autres langues, y compris T. K. Leonard[1].

Les Assemblées de Dieu ne sont donc pas nées de l'œuvre d'une seule personne. Il s'agissait d'un mouvement de réveil émanant de plusieurs groupes religieux qui sentaient la nécessité d'un réveil et qui le cherchaient par des séances d'intenses prières et de prédications. Akibo résume la naissance ainsi : « La puissance que les frères venaient d'expérimenter fit d'eux des témoins efficaces de Jésus auprès des inconvertis pour leur annoncer la Bonne Nouvelle. On dirait une nouvelle Pentecôte. Pendant qu'ils se furent ainsi engagés dans l'évangélisation, ils sentaient la nécessité de s'organiser

---

1. P. D. CHAPMAN, « Thomas King Leonard : A Truly Indispensable Man », *Heritage*, vol. 34, 2014, p. 17, traduction libre.

et de se faire une identité. C'est ainsi qu'une Convention Générale fut convoquée à Hot Spring, Arkansas, USA[2]. »

Chapman a recensé les grandes représentations missionnaires qui ont œuvré au début, et en voici la liste :

> William H. Durham, pasteur de la North Avenue Mission de Chicago, Aimee Semple McPherson, le futur fondateur de l'Église Internationale de l'Évangile de Foursquare, est connu pour avoir servi avec Leonard. Dr F. Eoakum, un évangéliste guérisseur de Los Angeles ; Robert E. McAlister, futur chef des Assemblées de la Pentecôte du Canada ; James Hebden, pasteur de l'East End Mission de Toronto, la première assemblée pentecôtiste au Canada ; Timothy Urshan, missionnaire à Jérusalem ; E. N. Bell, premier président du Conseil Général ; D. W. Kerr, ancien éducateur pentecôtiste ; l'équipe d'évangélisation de A. H. Argue ; C. A. McKinney, l'un des premiers à avoir reçu le baptême du Saint-Esprit dans l'Ohio ; J. A. Wilkerson, père de David Wilkerson, fondateur de Teen Challenge, et D. W. Myland, pionnier théologien pentecôtiste ; A. P. Collins ; et E. N. Richey[3].

Mais l'historique des Assemblées de Dieu ne peut se passer de Thomas King Leonard qui en est l'un des pères fondateurs.

4.1.1.2. Thomas King Leonard et les Églises Assemblées de Dieu aux États-Unis

Le but de cette section est de montrer que l'histoire personnelle et le ministère de Thomas King ont formé la base théologique et la dénomination des EEAD.

Douglas Chapman intitule son article du nom de celui que l'on peut appeler l'un des grands fondateurs des Assemblées de Dieu : « Thomas King Leonard : un homme vraiment indispensable[4]. » C'est pourquoi le centenaire des Assemblées de Dieu, célébré en 2014, lui consacre des dizaines de pages, comme pour redire l'histoire, afin de rendre hommage à l'un des grands piliers de ce qui est devenu aujourd'hui les Églises Assemblées de Dieu. En

---

2. K. P. Akibo, *Les fruits de la Pentecôte. Histoire de l'Évangélique des Assemblées de Dieu du Bénin : 1945-1998*, Cotonou, Bénin, EEDB, 1998, p. 9.
3. Chapman, « Thomas King Leonard : A Truly Indispensable Man », p. 19, traduction libre.
4. Chapman, « Thomas King Leonard : A Truly Indispensable Man », p. 17, traduction libre.

remontant à l'histoire de Thomas King Leonard (1861-1946), on remonte plus facilement à l'origine et à la base théologique des Assemblées de Dieu.

4.1.1.2a. La vie de Thomas King Leonard et la base spirituelle des AD

À partir de la biographie de Chapman sur T. K. Leonard, le chercheur a résumé sa vie pour mettre en exergue les deux évènements qui ont été à la base de son engagement à servir Dieu.

Né le 14 février 1861 à West Independence, dans le comté de Hancock, dans l'Ohio, il fut le cinquième des onze enfants nés de Stephen (1833-1905) et Melvina Wells Leonard (1835-1879). À l'âge adulte, il a cru que les prières sincères de sa mère à son sujet l'avaient fait revenir à Dieu. Le 27 novembre 1879, il s'est marié avec Alice M. E. Rader (1862-1888). Trois enfants sont nés de cette union : Lucy A. (1882-1968), Ella M. (1883-1886) et John Michael (1887-1894). La vie personnelle de T. K. a été jalonnée par la maladie et la mort. « La tuberculose a dévasté sa famille : sa femme, sa mère, deux sœurs, un frère et plusieurs tantes et oncles sont morts de cette maladie redoutée. Deux de ses enfants, Ella et John, ont contracté la diphtérie et sont morts à un âge précoce[5]. » Ces différentes « calamités » ont mis sa foi à rude épreuve, sans toutefois l'écarter définitivement du chemin du Seigneur, alors il décida très tôt de refaire sa vie.

« Quatorze mois après la mort prématurée d'Alice, Leonard se maria avec Mary Eva Brown (1871-1947). Ils eurent quatre enfants : Esther Viola (1892-1974), Paul Ellsworth (1894-1976), Georges Washington (1896-1974) et Laura Naomi (1905-1989). » Mais la rude épreuve arriva quand, au milieu des années 1890, T. K. et Mary contractèrent la tuberculose. L'histoire devait-elle se répéter ? T. K. Leonard chercha ardemment le Seigneur, suppliant que la grâce qui l'avait sauvé de ses péchés les sauve de nouveau de la présente mort. Dieu entendit ses prières et T. K. et Mary furent miraculeusement guéris de la tuberculose. Ce fut ce miracle qui consacra T. K. et Mary au service du Seigneur. Chapman le confirme lorsqu'il écrit : « la plus ancienne participation connue de Leonard au ministère date de 1890, date à laquelle il s'est associé à Christian Union (une petite dénomination évangélique régionale) et a participé à sa fusion avec l'Église du Christ. À l'été 1894, le Conseil annuel de l'Ohio du Nord l'a élu au poste de secrétaire et d'évangéliste pour le nord de l'Ohio[6] ».

---

5. *Ibid.*
6. *Ibid.*

Cette nouvelle expression de la grâce, origine lointaine du réveil capitalisé et conceptualisé à la Convention Générale à Hot Spring, va déterminer le ministère et la dénomination des AD.

4.1.1.2b. *Du ministère de Thomas K. Leonard est née la dénomination*

Thomas King Leonard, qui avait personnellement mené plusieurs campagnes d'évangélisation et de réveil, fut aussi de ceux qui reçurent l'effusion avec le signe visible du parler en langues. Il va donc vouer toute sa vie et tout ce qu'il possède pour que le mouvement du Saint-Esprit qui vient de naître se développe et se propage dans le monde entier.

Thomas King Leonard fonda désormais son ministère sur ses expériences, et le nom que prendra ce mouvement de réveil vient de son ministère. En effet, lors de l'une de ses campagnes « plus de quarante personnes ont reçu le baptême du Saint-Esprit, trente individus ont confessé leur guérison et treize ont été baptisés dans l'eau à la mission de Leonard. À la fin de l'été, Leonard faisait la publicité de ses activités dans le journal local. En deux ans, il avait nommé la congrégation naissante l'Assemblée de Dieu[7] ». Dès sa fondation, Leonard décida que l'Église servirait des personnes de toutes les classes raciales et économiques. Chapman rapporte que de nombreuses réunions ont eu lieu pour garder la forme dans un esprit de renouveau : « Le succès apparent de ces réunions a abouti à une série continue de services spéciaux. Au cours des trente années suivantes, Leonard et sa congrégation ont parrainé plus de 100 réunions, renouveaux et congrès du camp pentecôtiste. Quatre fois par an, des pasteurs notables, des évangélistes et des missionnaires de tout le pays faisaient une randonnée jusqu'à Findlay pour prêcher, prier et servir les foules venues de l'Ohio, de l'Indiana et du Michigan. »

Mais les Assemblées de Dieu sont nées à partir de la Convention Générale tenue à Hot Spring, dans l'Arkansas, du 2 au 12 avril 1914. Si la congrégation de Leonard a été nommée « Assemblée de Dieu », remarquons le singulier. Au sortir de la Convention, l'ensemble des participants adoptaient le pluriel « Assemblées de Dieu » par la résolution que rapporte Akibo : « Que nous reconnaissions toutes les Assemblées ci-dessus nommées sous diverses appellations et qu'en parlant d'elles on se réfère à elles par le nom

---

7. *Ibid.*

scripturaire général "Assemblées de Dieu". Nous recommandons que tous les reconnaissent par le même nom c'est-à-dire "ASSEMBLÉES DE DIEU[8]". »

À cette Convention Générale, Leonard transféra tous ses acquis aussi bien matériels que spirituels, dont la liste est bien longue et mérite d'être connue. Chapman en donne les détails :

> Les contributions du pasteur Leonard aux Assemblées de Dieu à ce Conseil Général sont bien documentées – il a présidé le comité qui a rédigé le préambule constitutionnel et la résolution ; il a proposé le nom officiel « Les Assemblées de Dieu » ; il a fait don de son entreprise d'édition, connue sous le nom de Gospel Publishing House, puis il offrit ses locaux de Findlay, dans l'Ohio, comme premiers sièges nationaux de la convention ; il a été élu au presbytère exécutif ; et son école biblique a été approuvée comme la première institution du Conseil Général pour la formation ministérielle. Il n'est pas étonnant que l'historien Carl Brumback ait appelé T. K. Leonard : « un homme vraiment indispensable à Hot Springs ». Malgré cette approbation retentissante, étonnamment peu a été publié concernant le ministère et la vie de cet homme[9].

Car la pensée d'exporter ce réveil a propulsé l'envoi des missionnaires sur les anciens champs des missions. C'est ce que renferme la déclaration de la convention de Chicago en novembre 1914 sur la mission : « les missions mondiales ont toujours été au centre de l'identité des Assemblées de Dieu. Les délégués au deuxième Conseil général, tenu à Chicago en novembre 1914, résolurent de réaliser la plus grande évangélisation que le monde ait jamais vue ». Et cette décision a été mise en application quand « en 1915, les Assemblées de Dieu ont approuvé une trentaine de missionnaires. Ils opéraient de façon indépendante et travaillaient principalement dans les sites traditionnels de la mission chrétienne : Afrique, Inde, Chine, Japon et Moyen-Orient ; d'autres ont servi plus tard en Europe, en Amérique latine et en Océanie[10] ». C'est ainsi que la mission AD naquit en Afrique.

---

8. Akibo, *Les fruits de la Pentecôte*, p. 11.
9. Chapman, « Thomas King Leonard : A Truly Indispensable Man », p. 17, traduction libre.
10. *Ibid.*, p. 9, traduction libre.

4.1.2. La naissance africaine des EEAD

Cette section vise à montrer que l'exportation du réveil né aux États-Unis se fera selon le schéma classique des missions. Ce qui va changer n'est pas pour autant la stratégie, mais plutôt le contenu du message. Deux circuits déterminent l'implantation en Afrique : la fédération des missions et le départ du Burkina-Faso.

À l'image de la Conférence de Berlin le 26 février 1885 où l'Afrique fut partagée entre les Occidentaux, les missions protestantes et évangéliques se sont mises en fédération de missions pour se partager aussi l'Afrique. Akibo confirme ce partage en donnant une précision sur leur siège : « La Mission Américaine des Assemblées de Dieu n'était pas la seule présente sur le terrain. Il y avait aussi la Sudan Interior Mission (SIM) et la Mission Méthodiste. Toutes formaient une Fédération (de Missions) ayant son Siège au Sénégal et s'occupant de la coordination des œuvres missionnaires en Afrique de l'Ouest[11]. »

Puisque les premiers explorateurs des côtes africaines furent pour la majorité des catholiques, les pays côtiers ont été la chasse gardée du catholicisme. « Dès qu'ils mettaient le pied sur une plage nouvelle, les Portugais commençaient par y dresser une croix de pierre venant de leur pays ou une croix de bois fabriquée sur place[12]. » Les pays enclavés ou désertiques de l'Afrique subsaharienne ont été réservés aux évangéliques, les derniers venus dans la mission. C'est pourquoi la première station missionnaire de la Mission des Assemblées de Dieu d'Amérique a été implantée au Burkina Faso, la Haute Volta d'alors. Et c'est du Burkina Faso que la Mission des Assemblées de Dieu va pénétrer au Nord-Ouest du Bénin, le Dahomey d'alors, nous étions en l'an 1945.

4.1.3. La naissance béninoise des AD

Cette section montre l'itinéraire et l'implantation des EEAD au Bénin, et spécifiquement, leur naissance au pays Maxi.

Origine et répartition de la mission au Bénin. À cause des explorateurs qui étaient majoritairement catholiques, le sud du Dahomey a été fortement évangélisé par le catholicisme, qui a établi ses stations missionnaires dans

---

11. Akibo, *Les fruits de la Pentecôte*, p. 18.
12. J. C. Alladaye, *Le catholicisme au pays du Vodun*, Cotonou, Bénin, Éditions du Flamboyant, 2003, p. 52.

presque toutes les villes coloniales. Pour la mission Assemblées de Dieu, « venu du Burkina Faso en 1945 avec son épouse, le missionnaire Arthur Wilson débarqua au Bénin et s'installa à Natitingou dans le but d'évangéliser la population, de créer des écoles catéchistes et d'installer des lieux de culte[13] ». La répartition géographique régionale des champs missionnaires a été aussi appliquée au Dahomey d'alors. En 1949, les différentes missions protestantes et évangéliques présentes sur le territoire se retrouvèrent pour procéder à la délimitation des champs d'action de chaque mission. Ainsi « le Nord-Ouest du Bénin pour les Assemblées de Dieu, le Nord-Est pour la SIM, [et] le sud pour la Mission Méthodiste[14] ». Cette dernière, la plus ancienne des trois, rivalisait déjà avec le catholicisme au Sud.

La présence du premier missionnaire Arthur Wilson à Natitingou en 1945 sera renforcée par l'arrivée d'autres missionnaires. En 1948, un groupe composé d'un couple, Charles Petrosky et son épouse, et d'une demoiselle, Hélène Iselin, de nationalité française, rejoignit le couple Wilson à Natitingou. Un an plus tard, en 1949, vinrent William Plange Lange du Ghana et Charles Greenaway avec leurs familles. Ce fut cette colonie de missionnaires qui entama l'évangélisation de la population de Natitingou. La reconnaissance officielle de la mission des Assemblées de Dieu a été accordée par l'administration coloniale dont le gouverneur général a son siège à Porto-Novo, selon la « lettre N° 88 du 10 novembre 1946[15] ».

« Le souci d'intensifier l'œuvre d'évangélisation sur le terrain avec la participation des nationaux amena les Missionnaires à ouvrir des stations missionnaires dont les principales furent, après celle de Natitingou le 20 septembre 1948, Tanguiéta en 1950 par le Pasteur Greenaway, Kouandé par le Pasteur Petrosky en 1951 et Boukoumbé par le Pasteur Ted Schultz[16]. » La communication a été la première difficulté que rencontrèrent ces missionnaires. Ne parlant aucune langue africaine, les missionnaires se trouvaient face à des autochtones qui ne parlaient que leurs langues maternelles. Pour résoudre ce problème crucial, fut ouverte en janvier 1949 à Natitingou l'École Biblique Daho-Togo. Elle fut dirigée par Mademoiselle Hélène Iselin pour former des pasteurs dahoméens, togolais et voltaïques.

---

13. Akibo, *Les fruits de la Pentecôte*, p. 17.
14. *Ibid.*
15. *Ibid.*
16. *Ibid.*, p. 19.

Les neuf premiers catéchistes formés étaient tous du Burkina Faso, à l'exception de Sabou Kalifa, qui est un Togolais.

La dénomination AD au Bénin. En 1952, l'effectif total dans l'œuvre pionnière est composé des neuf premiers catéchistes, sept couples missionnaires américains et deux missionnaires du Burkina Faso. Ils tinrent une conférence le 7 décembre 1956 à Tanguiéta, qui regroupa « tous les missionnaires Dahoméens et Togolais en vue d'étudier le projet de constitution préparé et soumis par le Groupe Missionnaire. Les textes adoptés furent envoyés au Ministère de l'Intérieur du Dahomey. L'Église prit alors le nom d'"Église Africaine des Assemblées de Dieu Daho-Togo [EAADD-T]". L'acte de reconnaissance fut établi en août 1959, sous le N° 1472[17] ».

L'EAADD-T qui venait de naître a élu comme comité directeur, pour conduire la charge des deux champs missionnaires, les personnes suivantes : Daniel Pasgo au poste de président, il est originaire du Burkina Faso. Le poste de vice-président fut confié à Sabou Kalifa et la charge de secrétaire-trésorier fut assumée par Claude Wagbe, tous deux originaires du Togo. Mais avec l'avènement des indépendances politiques en Afrique de l'Ouest, qui consacrèrent définitivement les frontières, l'Église Daho-Togo devait se scinder en deux. Ce fut la naissance de l'EPAD.

De l'EAADD-T à l'EEADB, la dénomination a évolué. C'est ainsi que la branche du Dahomey prit le nom d'« Église Protestante des Assemblées de Dieu » du Dahomey (EPAD). Jusqu'à la période de l'indépendance, l'administration du Dahomey ne reconnaissait que deux dénominations chrétiennes, le catholicisme et le protestantisme. C'est pourquoi, pour éviter d'être taxée de secte, la branche dahoméenne de la scission insère dans sa dénomination le mot « protestant », qu'elle a gardé jusqu'au 16 décembre 1991, jour où elle est devenue l'« Église Évangélique des Assemblées de Dieu » du Bénin (EEAD Bénin). Ce nom lui est resté jusqu'à aujourd'hui. La séparation de l'Église du Bénin insuffle un dynamisme nouveau et le développement ainsi enclenché a fait voler en éclats la délimitation des champs d'évangélisation au sein de la Fédération des missions. La décennie de l'indépendance a vu la formation de plusieurs pasteurs béninois. Elle fut aussi caractérisée par la multiplication des stations missionnaires, parce que « les nationaux qui connaissent mieux le contexte ont été associés comme les auxiliaires aux côtés des missionnaires américains ». Cependant, l'évangélisation de l'aire maxi n'a été faite que par les Maxi venus d'ailleurs.

---

17. *Ibid.*, p. 21.

4.1.4. La naissance des EEAD au pays Maxi

L'objectif de cette section est de montrer que les Maxi ont été missionnaires chez eux. À cause de l'esclavage subi, le peuple est réfractaire aux étrangers, et une croyance a été développée, affirmant que tout Maxi doit être enterré chez lui. Cette pensée est en arrière-plan lorsque ceux qui deviendront missionnaires fondateurs de l'EEAD maxi reviennent au pays.

4.1.4.1. Les Maxi ont établi les premières cellules des EEAD

Dans l'aire maxi, il existait plusieurs cellules et une église établie avant la campagne du missionnaire Halepian. Et tous ces points d'évangélisation partagent le même processus de naissance.

Akibo, datant la naissance des Églises des Assemblées de Dieu au pays Maxi aux environs de 1988, s'est référé à la campagne d'évangélisation du missionnaire français Jacques Halepian, à cause de sa méthode d'évangélisation dénommée « systémique ». Cependant, il existait des cellules des EEAD que la campagne a renforcées.

La plus ancienne cellule est celle de Logozoxε. Elle naquit sur l'initiative d'Egbegnon Séverin Degla, électronicien dépanneur (79 ans). Il a connu le Seigneur en Côte d'Ivoire, précisément à Béoumu, département de Bouaké. À la suite d'une catastrophe qui s'abattit sur ses affaires, il entama une réflexion sur sa vie et décida de retourner chez lui, dans son village à Logozoxε. Il était dans cette réflexion quand il apprit par le témoignage d'un missionnaire américain des Assemblées de Dieu que l'évangélisation avait gagné presque tout le Bénin, à l'exception du département du Zou, et précisément l'aire Maxi. La nouvelle l'intrigua tant qu'il interpréta le déclin de ses affaires comme un appel de Dieu à rentrer pour apporter la Bonne Nouvelle à son peuple. Muni d'une lettre de recommandation de son Église de Béoumu, il retourna avec toute sa famille dans son village. Il chercha en vain une Église des Assemblées de Dieu dans toute l'aire Maxi. L'église locale la plus proche se trouvait à Dassa-Zoumé et il s'y rendit et trouva le pasteur Abissou Gabriel, à qui il présenta sa lettre de recommandation. Après une prière de consécration, il commença dans son salon, le 23 août 1986, la cellule devenue aujourd'hui l'Église des Assemblées de Dieu de Logozoxε. Deux ans après, la cellule avait tellement grandi qu'elle reçut son premier pasteur, Houngbedji Basile, à qui succéderont Sewou François, Jean Nouwatin et le dernier en date, Kassa Emmanuel.

L'Église de Savalou est née selon le même schéma : une cellule de maison entamée par Amoussou Frédéric, un natif de Wεdεmε, un technicien des

Postes et Télécommunications affecté à Savalou. Étant nouvellement converti, il entreprit de créer une cellule de prière et d'étude du livre sur la paix de Billy Graham. La petite cellule reçut l'encadrement de Egbegnon et des pasteurs stagiaires, notamment Tossa Alexandre, un natif de Wɛdɛmɛ. Frédéric Amoussou a reçu le Seigneur par les œuvres du pasteur Tossa Alexandre, qui s'était converti dans l'Église des Assemblées de Dieu de Dassa-Zoumɛ.

La troisième source d'où partira la naissance de plusieurs autres Églises Assemblées de Dieu au pays Maxi est le village de Wɛdɛmɛ. Le village avait la réputation des « forces de nuisances », surtout la sorcellerie. Plusieurs tentatives d'implantation d'Église par les missions catholique et protestante n'ont produit aucun fruit. La cellule des EEAD est née à Wɛdɛmɛ à l'initiative de Marie Amoussou, sœur de Frédérik Amoussou. Marie s'était convertie à Parakou. Ayant appris que l'évangélisation côtoyait Savalou, elle s'est sentie appelée par le Seigneur à rentrer dans son village, réputé « forteresse impénétrable ». Après une lutte âpre comme Jonas, elle fut convaincue que sa vie était assurée par son Seigneur, alors elle rentra malgré l'opposition de certains membres de sa famille. Mais c'était sans compter que le Seigneur avait déjà pourvu à *l'homme de paix* (cf. section 5.4.2.3.) en la personne de son frère Henri, instituteur à la retraite, homme bien respecté par la majorité des villageois. Il fut le premier à accepter le projet, pas le premier converti, mais il comprenait l'enjeu. Il a été le premier et grand soutien. La cellule commença donc dans la maison d'un autre frère de Marie, du nom de Cyriaque. Le jeune pasteur stagiaire Alexandre Tossa, ayant appris la naissance de la cellule, en a aussi été l'un des responsables. La jeune Église d'Aklankpa a été désignée par le Bureau National pour superviser la cellule naissante de Wɛdɛmɛ. La famille Amoussou, par qui l'Évangile a pénétré Wɛdɛmɛ, a offert une parcelle, sur laquelle fut bâti le premier temple. Mais par la suite, cela a créé au sein de la famille un conflit qui a abouti au tribunal. Les membres ont dû abandonner ce premier temple pour en ériger un autre sur un terrain acheté auprès de l'autorité territoriale.

Ces différentes personnes initiatrices des cellules ont confirmé qu'elles avaient accueilli une ou plusieurs campagnes de l'évangéliste Halépian.

De ces différents points d'évangélisation d'où partira l'extension des Églises des Assemblées de Dieu au pays Maxi, il se dégage des similitudes qui méritent examen et conclusion. Toutes les cellules sont nées à partir d'un Maxi converti à l'extérieur de l'aire géographique maxi : Béoumu, Dassa-Zoumɛ et Parakou. Tous ont eu un grand désir de retourner chez eux au pays Maxi, pour porter la foi aux leurs. Cet acte « missionnaire » de retour chez soi pour annoncer la Bonne Nouvelle est favorisé par deux éléments culturels importants que sont l'attachement à l'identité maxi, et la croyance qu'il faut finir sa vie chez soi, au pays.

4.1.4.2. L'attachement à son ethnie

L'esclavage subi par les ancêtres maxi a créé deux attitudes : la méfiance à l'égard des étrangers et l'attachement au terroir maxi.

En effet, à partir de l'esclavage qu'avaient vécu les ancêtres maxi, il a été créé un rituel funéraire spécifiquement maxi, « Afɔgban » (afɔ/pied-gban/calebasse, ce qui donne « le pied de calebasse » et qui signifie « la calebasse qui a servi à laver le pied »), dont le sens est de ramener les âmes de tous les Maxi décédés à l'extérieur dans l'enclos familial pour les unir aux ancêtres de la famille. Il s'ensuit que tout Maxi décédé sur n'importe quel point du territoire béninois doit être rapatrié et enterré dans son village. À défaut du rapatriement de son corps, on prélève « religieusement » ses ongles, cheveux et poils qui sont renvoyés dans son village pour y servir de « présence matérialisée » et subir les funérailles. Cela explique l'empressement de tout Maxi attaché aux valeurs du terroir à vouloir finir sa vie au village et y être enterré.

C'est ce fait culturel qui a motivé les Maxi[18] convertis à l'étranger à rentrer pour mener l'évangélisation de leur propre peuple. Benoît Ahoga, un ancien des EEAD, est rentré de la Côte d'Ivoire pour ce double motif : finir sa vie au village et évangéliser les siens. Si la stratégie d'encadrement des Églises suivait une telle tradition en utilisant ces Maxi retraités rentrés comme évangélistes ou pasteurs, le témoignage chrétien se consoliderait dans les villages où il y a très peu de cadres pour prendre soin des pasteurs titulaires. Mais l'ecclésiologie des EEAD n'autorise pas une telle conception du ministère. Il faut appartenir au clergé pour diriger une cellule ou communauté.

4.2. L'organisation des EEAD au pays Maxi

Le but de cette section est de montrer l'organisation et la structuration des EEAD. Il sera exposé l'organisation ecclésiastique, les instances de gestion et de développement et la participation sociale des EEAD au pays Maxi.

---

18. C'est mû par le même sentiment que le chercheur a commencé l'évangélisation en 1982 dans son village.

4.2.1. La gouvernance ecclésiastique des EEAD

Cette première sous-section sera consacrée à l'organisation ecclésiastique de la communauté des EEAD au pays Maxi.

L'organisation des EEAD est fortement cléricale et sacramentelle. Le pouvoir de décision se trouvait au départ dans les mains d'un petit noyau que la croissance de l'Église a obligé à étoffer. « L'Église, au fil des ans, a connu de profondes modifications dans son administration. Autrefois, tout était centralisé au sein d'une même instance. La croissance de l'Église a imposé une restructuration ou plus précisément une décentralisation[19]. » Le cléricalisme se manifeste par le fait qu'à la tête de toutes les structures se trouve toujours un pasteur, et le Conseil National, qui est l'organe de décision, n'est composé que de pasteurs et de missionnaires. L'Église administre les sacrements sans réaliser que sa liturgie est sacramentelle. En effet, les « ordonnances » (sacrements) ne peuvent jamais être accomplies par un laïc, quel que soit son degré de consécration, en qualité de diacre ou ancien. C'est surtout au niveau des membres de l'Église des Assemblées de Dieu maxi que le chercheur a noté la notion de sacrement[20]. Ils ne l'appellent pas sacrement, mais le comprennent comme sacrement, car ils identifient les « pasteurs » aux « prêtres catholiques[21] » au niveau des fonctions d'intermédiation, de « transmetteur » de la grâce (bénédictions) et du pouvoir dont les deux jouissent. Les expressions maxi employées traduites sont : « ḍɛmɛnu mitɔn : ḍɛ/langue, mɛnu/ appartenant, mitɔn/pour nous, ce qui donne "langue appartenant pour nous" et signifie "être notre langue auprès de", qui est traduit par "intermédiaire" ». La seconde expression : « acɛ nan mɛtɔ : acɛ/grâce ou pouvoir, nan/donner, mɛtɔ/père capable, ce qui donne "grâce/pouvoir donné par père capable", qui est traduit par "transmetteur ou transférateur de la grâce et du pouvoir" ». Chez les Maxi Assemblées de Dieu, la notion de « sacrement » est beaucoup plus attribuée à l'agent « transmetteur » que la grâce ou le pouvoir même. Le chercheur a interviewé un groupe de pasteurs et un groupe de cadres Assemblées de Dieu (IAPCv, 3), qui confirment que « les Pasteurs sont les seuls par qui les rituels peuvent être adminstrés et tout pasteur n'y est pas habilité, sauf celui qui

---

19. Akibo, *Les fruits de la Pentecôte*, p. 33.
20. Le chercheur a noté l'usage du mot « sacrement » dans le manuel de l'école du dimanche n° 31, leçon 6, p. 23.
21. Les non-lettrés dans l'Église ne font pas une grande différence entre les deux groupes, sinon que les pasteurs sont des prêtres qui se marient, en cela ils les trouvent meilleurs. Mais pour la fonction, il n'y a pas de différence.

est ordonné ». Et la raison fondamentale donnée est que « l'onction de Dieu n'est accordée qu'aux seuls appelés par Dieu et reconnus par l'Église, qui une fois ordonnés, ont le pouvoir de poser des actes que Dieu agrée ». Le cléricalisme est poussé jusqu'à exclure tout pasteur non Assemblées de Dieu[22] de l'administration des ordonnances (« sacrements ») principales, qui par ordre d'importance sont présentées ci-après.

Consécrations : il s'agit prioritairement de la consécration du pasteur pour devenir « pasteur ordonné », puis le pasteur ordonné est consacré pour devenir révérend (les textes statutaires parlent de « pasteurs titulaires »). Ensuite vient la consécration des temples et des autres lieux dédiés à l'œuvre ou aux usages appartenant aux membres comme biens, meubles ou immobiliers.

Mariage : son importance est telle qu'il faut un révérend pour le célébrer. Cela ne fait pas l'unanimité au sein des pasteurs. À défaut d'un révérend, un pasteur ordonné peut accomplir cette ordonnance.

Baptême : il s'agit de l'ordonnance recommandée par le Seigneur Jésus-Christ et qui constitue le moyen par lequel un individu devient membre d'une Église locale. Il est administré par au moins un pasteur ordonné.

Sainte cène : c'est la seconde ordonnance qui ne s'applique que pour ceux qui sont passés par le baptême. Elle ne peut s'administrer que par au moins un pasteur ordonné.

Enterrement : il s'agit d'un honneur qui accompagne tout chrétien qui meurt dans le Seigneur. Les renégats n'en bénéficient pas. À ce sujet, il y a exercice de « l'éthique de situation ». L'Église insiste pour enterrer ses pasteurs, mais dans le cas d'un simple membre dont la famille exige d'assumer les funérailles, le débat[23] sur l'attitude à tenir n'est pas encore tranché. L'acte ne peut s'administrer que par au moins un pasteur ordonné.

Présentation d'enfant : il ne s'agit pas de baptême d'enfant, mais comme Jésus a été présenté au temple, l'EEAD a décidé de le faire. Il est recommandé à chaque chrétien de présenter ses enfants à Dieu à leur

---

22. Par exemple, un pasteur baptiste ne peut baptiser ou célébrer un mariage dans une Église EEAD. Ce fut le cas du chercheur avant les recherches. Mais à cause de son intégration due aux recherches, il est autorisé à officier certaines ordonnances.
23. Le chercheur a été mandaté par les autorités pour proposer une solution précédée d'une bonne argumentation.

naissance, mais ce n'est pas une obligation, la présence de couples mixtes[24] dans l'Église en exclut l'imposition.

L'ordre clérical est de trois niveaux : pasteur-stagiaire ou pasteur proposant, pasteur missionnaire ou reconnu et pasteur titulaire ou ordonné (statut titre ii, chapitre II, section 1, article 14). Le « pasteur-stagiaire ou pasteur proposant » est celui finissant l'école biblique ou nouvellement sorti de l'école biblique. Son rôle est d'assister le pasteur ordonné ou le révérend au cours des ordonnances. Il prêche, prie ou bénit les fidèles. Il dirige le culte et peut poser les actes auxiliaires, mais pas les ordonnances citées ci-dessus.

Le laïcat des EEAD se compose de deux instances : le « diaconat » et « l'anciennat », à dominance diaconat. L'anciennat se développe plus dans les zones rurales que dans les villes.

Enfin, le ministère féminin n'est pas encore admis chez les EEAD. Cependant, les femmes ont une organisation (ASC) très dynamique dans toutes les Églises, comme en témoignent les instances de l'Église.

4.2.2. Les instances de direction et de gestion

Cette section vise à montrer comment l'EEAD se gère. Deux structures gèrent l'EEAD sur les plans national, régional et local, la structure spirituelle et le management.

Les instances assurant le management au niveau clérical sont décentralisées jusqu'au niveau de la région, tandis que les autres structures de développement et des entités des différentes catégories (ASC ; AHC et JAD) se constituent à la base pour remonter sur le plan national.

Instances gouvernantes des EEAD. Elles sont par ordre décroissant : instances nationales, instances régionales, organes sectoriels et départements et instituts. Les instances et les références statutaires sont les suivantes :

Instances nationales : Titre III, chapitre II, section 1, article 18 : Les instances nationales sont le Congrès, le Conseil National et le Bureau Exécutif National.

Instances régionales : Titre III, chapitre I, section 2, article 23 : Les organes régionaux sont le Congrès Régional, le Conseil Régional et le Bureau d'Administration de la Région.

---

24. Le couple mixte désigne dans ce contexte un couple dont un membre est chrétien et le second ne l'est pas encore.

Organes sectoriels : Titre III, chapitre I, section 3, article 27 : Le Conseil Sectoriel est composé des membres du Bureau Exécutif de la Section et du premier responsable de chaque département. Le Bureau Exécutif de la Section est composé de trois à cinq membres selon la grandeur de la Section. Son mandat est de quatre ans renouvelables.

Départements et Instituts : Titre III, chapitre II, section 1, article 29 : L'Église des Assemblées de Dieu est dotée de deux types de départements : les départements associatifs et les départements techniques. Il s'agit de :

Départements associatifs

- Département de l'Association des Hommes en Christ (AHC)
- Département de l'Association des Servantes de Christ (ASC)
- Département de la Jeunesse Assemblée de Dieu (JAD)
- Département des Enfants (DE)

Sont considérés comme départements techniques ceux qui s'occupent des œuvres spécifiques :

- Département de l'Évangélisation
- Département National de l'Action Missionnaire (DNAM)
- Département de la Communication (DC)
- Département de l'École du Dimanche et de la Littérature (DEDL)

Instituts

- Institut Biblique des Assemblées de Dieu du Bénin (IBAD-Bénin)
- Bureau des Projets de Développement et des Œuvres Sociales (BUPDOS)

Sur le plan national, la visibilité sociale des Assemblées de Dieu est marquée par le dynamisme des départements associatifs. Mais depuis 1973, un département des œuvres sociales nommé « Bureau des Projets de Développement et des Oeuvres Sociales (BUPDOS) » a été créé, dont le but est de témoigner l'amour de Dieu aux couches sociales défavorisées.

En management, la première structure, qui est spirituelle, organise les activités spirituelles dont la principale est le culte, avec deux ordonnances : le baptême et la sainte cène. La deuxième structure concerne le management comportant le clergé et les autres entités de développement des membres et de l'institution, qui sont : le Département de l'École du Dimanche et de la Littérature (EDL), l'Association des Servantes de Christ (ASC), l'Association des Hommes en Christ (AHC) et la Jeunesse Assemblée de Dieu (JAD). Ces différents organes mènent des activités qui décrivent le système d'éducation des membres de l'Église. Ils sont appuyés dans leur fonctionnement par les structures de développement créées par l'Église Nationale. Cependant, ces différentes structures ne sont pas toutes décentralisées au niveau de l'aire maxi.

4.2.3. La participation sociale des EEAD au pays Maxi

Cette section montre que les EEAD ne sont pas socialement présentes au pays Maxi. La théologie de présence et le non-lettrisme font que les instances n'opèrent pas au pays Maxi.

L'implication sociale des EEAD au pays Maxi est inexistante. Les raisons qui l'expliquent sont d'ordre économique (pauvreté des membres), intellectuel (leur illettrisme) et théologique (métanoïa). L'Église est composée pour la majorité de personnes pauvres, et vivant dans une telle précarité qu'il leur est difficile de penser à poser des actes sociaux. Les chrétiens maxi dans les Églises interviewées sont à 90 % des « paysans ou artisans », et non lettrés. Ils ne comprennent pas souvent le rôle desdites structures. Un ancien a confié au chercheur : « pour les actions de grâces de l'Église, j'associe aussi les non-chrétiens qui sont des fonctionnaires ou des commerçants que Dieu me fait la grâce de convaincre ». Par ailleurs, les chrétiens des Assemblées de Dieu au pays Maxi se plaignent du fait que BUPDOS, qui est une structure de développement des Assemblées de Dieu, travaille avec les Églises du Sud et celles du Nord au détriment de celles du Centre où elles se trouvent. Il en découle que ce sont plutôt les non-chrétiens qui aident financièrement l'Église. Ce fut l'un des problèmes que l'immersion du chercheur dans cette communauté a essayé de régler.

Ces chrétiens vivent une crise d'identité, car ils ont quitté des structures sociales qu'ils maîtrisaient (cf. sections 2.3. et 2.4.) pour de nouvelles qu'ils ne comprennent pas. Avant, ils étaient propriétaires terriens par héritage, mais aujourd'hui, c'est le rejet des autres personnes, même de leurs propres parents qui est compris comme le vivre normal du converti. Se séparer pour mener sa vie pieuse ou « sortir du milieu d'eux » est l'idéal du témoignage chrétien. À cause de la conversion, ils se sont séparés de leurs biens domaniaux. Ceux qui ont voulu s'y accrocher ont créé des conflits qui ont conduit au tribunal, où ils n'ont jamais gagné un seul procès[25]. Cette séparation

---

25. L'avocat du chercheur lui a expliqué pourquoi les chrétiens ne peuvent jamais gagner les procès. Le bien domanial étant communautaire, celui qui se désolidarise de la communauté en perd sa part.

d'avec sa famille d'origine se comprend par le processus d'intégration dans la nouvelle communauté qu'est l'Église locale.

4.3. Le processus d'intégration dans les EEAD au pays Maxi

Cette section vise à montrer comment une personne intègre une Église locale des EEAD. Deux aspects de la mission déterminent l'intégration et la croissance d'un membre : le discipulat et la marche chrétienne.

4.3.1. La mission comme discipulat

Le but de cette section est de montrer l'identité du chrétien et sa communauté de vie. La conception et la fonction de l'Église locale ainsi que le programme de formation déterminent la mission en tant que discipulat.

Le chercheur a exploité les manuels de formation[26] des EEAD qu'il a complétés par des interviews pour montrer comment les EEAD elles-mêmes déclinent le processus d'intégration et de croissance.

4.3.1.1. Conception et fonction de l'Église selon les EEAD

Il s'agit de présenter ce qu'est l'Église ainsi que ses responsabilités selon les EEAD.

Le Maxi qui se convertit au christianisme est appelé à sortir de sa communauté de base maxi (cf. sections 2.3.1. et 2.3.2.) pour intégrer sa nouvelle communauté, l'Église. Alors, qu'est-ce que l'Église et comment en devient-on membre ?

« L'Église de Jésus-Christ est l'ensemble des hommes et des femmes nés de nouveau par le Saint-Esprit, et qui vivent et travaillent pour la vie éternelle[27]. » Mais le manuel s'empresse de clarifier et de se distancier de l'idée populaire répandue qui associe l'Église aux bâtiments : « Dans les villes et villages du monde entier, nombreux sont ces grands bâtiments, beaux et souvent luxueux que l'on appelle "églises". Le dimanche et plusieurs autres

---

26. C'est grâce à la documentation des manuels de l'école du dimanche que le chercheur a pu accéder aux écrits sur la mission et les stratégies de la mission chez les EEAD. Il a examiné 1048 leçons des manuels qui sont les seuls écrits de formation et d'information chez les EEAD. Il n'existe aucune traduction en d'autre langue que le français de ces manuels.
27. Manuel de l'école du dimanche, leçon 6, n° 31, p. 21.

jours, les parents croyants crient à leurs enfants : "Apprêtez-vous pour que nous allions à l'église !" Cet usage universellement répandu du mot "église" et le sens qu'on lui a ainsi donné sont à présent tels que beaucoup de gens croient que l'Église, c'est le bel édifice en face. Mais en lisant la Bible, on comprend que "l'église" n'a jamais signifié, et ne signifiera jamais un bâtiment ou lieu de culte[28]. » Selon les statuts, article 12, section 1, chapitre II, titre II, « est membre de l'Église Évangélique des Assemblées de Dieu du Bénin toute personne née de nouveau, baptisée par immersion, qui participe activement à la vie de l'église locale et qui se conforme à la doctrine des Assemblées de Dieu et à ses textes fondamentaux ».

Pour devenir membre de l'Église, deux conditions sont requises : « Avoir une foi implicite en l'Évangile et une confiance du fond du cœur en Jésus-Christ comme le seul divin Sauveur » et « Accepter le baptême d'eau par immersion comme témoignage symbolique de foi en Christ et profession de foi verbale ». Mais les EEAD reconnaissent que tous les membres d'une communauté locale ne sont pas tous de véritables chrétiens : « Mais à mesure que le temps passe, comme l'Église grandit, les sacrements ont tendance à remplacer la conversion. Il en résulte un afflux de personnes qui ne sont pas chrétiennes de cœur. Elles sont membres de l'église locale visible mais pas de celle invisible[29]. »

La responsabilité à l'égard des membres se trouve consignée dans ce qui est appelé « les tâches de l'Église[30] » et qui sont de trois ordres, à savoir :

> « Pourvoir aux moyens d'adoration, d'édification et d'évangélisation ; c'est-à-dire une communauté au sein de laquelle Dieu est honoré par les louanges, les prières et les témoignages » ; « Pourvoir à la communion fraternelle. Nous voyons avec l'Église primitive que la chaleur de la communion fraternelle était une des caractéristiques des croyants (Ac 2.44-45 ; 4.32-37) » ; et enfin « Maintenir un niveau moral. La Parole de Dieu affirme clairement que l'Église est la lumière du monde et le sel de la terre [...] les chrétiens doivent se préserver de la corruption morale et enseigner aux hommes comment vivre et comment mourir pour le Seigneur (Rm 13.12-14) ».

---

28. *Ibid.*
29. *Ibid.*, p. 23.
30. Manuel de l'école du dimanche, leçon 7, n° 31, p. 24-25.

Pour atteindre ces objectifs, l'Église locale offre aux convertis le culte avec les deux ordonnances que sont le baptême et la sainte cène. Elle s'occupe également de sa croissance par un programme bien défini.

4.3.1.2. Processus et programme de formation des fidèles selon les EEAD

Cette section vise à montrer les différentes étapes théoriques de l'intégration d'un membre et les chemins de sa progression.

Au niveau des ordonnances de l'Église, l'EEAD considère le baptême comme le point de départ de l'appartenance du nouveau converti à la communauté qu'est l'Église. En effet, « le baptême d'eau est le rite d'entrée dans l'Église chrétienne. C'est le symbole de la vie spirituelle commencée. Il est accompli une seule fois, car on ne naît qu'une fois à la vie spirituelle (Mt 28.19-20 ; Ac 2.38) ». Mais c'est aussi par le baptême que « Dieu a ouvert devant nous une nouvelle carrière (Hé 12.1). Nous désirons aller jusqu'au bout dans cette nouvelle aventure et le baptême constitue la première étape et non l'apogée[31] ». Le baptême et ce qui le précède décrivent le processus du discipulat instauré par l'EEAD.

Dans les textes de formation[32], il est mentionné que le baptême ne peut pas être administré directement à quiconque en fait la demande. Car cela requiert des préalables qui constituent la première étape avant celle du baptême. La raison principale du préalable se libelle de la manière suivante : « Aujourd'hui avant d'administrer le baptême aux nouveaux croyants, il faut faire un travail de base. Il *est encore accroché par son arrière-plan socioculturel et religieux qui l'empêche d'être totalement ouvert à l'Évangile*[33]. » Cela nécessite trois étapes avant que le baptême ne soit administré : classe des nouveaux convertis ; classe de cours de baptême ; entretien de « clinique spirituelle ».

1. La classe des nouveaux convertis. Dans cette classe, « le croyant est enseigné sur les principes élémentaires de la nouvelle vie en Christ, ses avantages et ses exigences. Cette classe devra être tenue non par un chrétien immature, mais par celui qui a une vie chrétienne pleine d'expériences. S'il s'agit d'une église

---

31. *Ibid.*, p. 28-29.
32. Manuel de l'école du dimanche, leçon 9, n° 31.
33. *Ibid.*, p. 30, c'est le chercheur qui souligne.

nouvellement créée, le Pasteur devra lui-même se charger de ces nouveaux convertis[34] ».
2. La classe de baptême. Le croyant « a besoin de *comprendre* ce qu'est le baptême chrétien, son origine et les bénédictions qui s'y attachent. Il aura, à travers ces cours, l'occasion de poser des questions d'éclaircissement qui sont sur son cœur et des réponses concises et claires lui seront données[35] ».
3. Entretien de « clinique spirituelle ». Voici comment la clinique en question est décrite : « le responsable ou le Pasteur devra accorder une audience privée à chaque nouveau croyant. Il peut au besoin demander à son épouse ou à ses diacres de l'assister. Il procédera à une cure d'âme [...] L'objet serait de rechercher dans la vie du croyant *tout ce qui pourrait l'empêcher de grandir spirituellement et de l'aider à s'en débarrasser*. Le Pasteur ou le responsable spirituel ne se substituera pas au nouveau croyant pour prendre des initiatives en son nom, mais il l'aidera à le faire librement de lui-même[36] ».

Il s'agit là d'une bonne description théorique de la formation des membres. Mais lors des entretiens sur le terrain, les chrétiens maxi interviewés ignoraient toute cette programmation du discipulat. Il fallait localiser le problème. S'agissait-il d'une situation liée seulement aux Maxi ou le phénomène d'absence de formation était-il général pour toute la dénomination ? Cela a amené le chercheur à faire des interviews téléphoniques avec des responsables nationaux des trois grandes structures, à savoir l'ASC, l'AHC et la JAD, qui sont censées prendre la relève de la formation des fidèles après celle subie jusqu'à l'administration du baptême. Le chercheur a aussi interviewé le directeur de l'école du dimanche et de la littérature, département responsable de la production du matériel didactique et de l'enseignement. Il ressort de ces interviews que :
1. Il n'existe pas de manuel d'affermissement pour chaque catégorie prise isolément ni pour l'ensemble sur le plan national. C'est le manuel de l'école du dimanche qui constitue le seul, unique et même manuel qu'utilisent toutes les différentes catégories de l'EEAD. Le manuel étant en français (pas encore traduit en une

---

34. *Ibid.*, p. 30.
35. *Ibid.*, p. 31, c'est le chercheur qui souligne.
36. *Ibid.*, c'est le chercheur qui souligne.

langue locale), seuls les élèves et les lettrés dirigent ces classes du dimanche dans les Églises au pays Maxi.
2. Le manuel pour le cours de baptême a été utilisé quand l'Église était jeune et moins grande. Mais depuis près de 20 ans (personne n'a pu indiquer la date exacte au chercheur), chaque Église conçoit son propre contenu pour les cours de baptême. Le processus décrit dans les textes n'est plus en vigueur. Ce qui explique le constat de l'absence de formation au pays Maxi.
3. Les objectifs de l'existence de ces structures sont aujourd'hui plus orientés vers un développement économique que spirituel, sauf au niveau des femmes, qui essaient de combiner les deux. Ces structures n'existent que de nom au pays Maxi. René Deffon, qui est le responsable des hommes (président régional AHC), ne connaît pas le thème de l'année. Il a fait remarquer au passage que la structure de développement BUBDOS des EEAD n'a jamais œuvré dans leur zone.

La synthèse qui se dégage de ces descriptions est que quand le Maxi converti rejoint l'Église, si les étapes théoriques fonctionnaient, il entrerait dans une première classe pour apprendre à comprendre théoriquement (puisqu'il serait enseigné comme dans une école) sa communauté, sa nouvelle identité et sa nouvelle responsabilité (évangélisation). Ensuite, par le baptême d'eau, il deviendrait membre à part entière pour partager et vivre les avantages de la nouvelle communauté. La suite de la vie spirituelle se vivrait dans sa catégorie sociale (homme, femme, jeune). Puisque cette organisation n'existe pas, et en l'absence de matériel didactique, sa croissance dépendra alors de l'enseignement de l'école du dimanche et de la vision du pasteur de son Église locale. Pour la majorité des chrétiens maxi qui ne savent pas lire, l'affermissement de la foi est limité à la participation aux rencontres de l'Église. Car c'est seulement à ces occasions qu'ils écoutent la traduction de la Parole. Cet enseignement les aide-t-il à marcher victorieusement dans le monde voduiste maxi ?

4.3.2. La marche chrétienne selon les EEAD au pays Maxi

L'objectif de cette section est de montrer l'éthique des membres et son impact sur leur contexte de vie.

La marche chrétienne est déterminée après le baptême d'eau par les recommandations sur la manière de « se comporter dans le monde[37] » et « la sanctification du chrétien[38] ». Mais le comportement à adopter dans le monde étant déterminé par la perception que les EEAD ont du monde, voici la description du monde, telle qu'elles-mêmes le perçoivent.

Le « monde est le vaste système de corruption que Satan a installé pour introduire un désordre au sein de la création. Il est en d'autres termes le système mondial que les hommes se sont construit et qui les condamne. C'est la sphère dans laquelle le mal est entré par la chute de l'homme, où l'humanité s'est détournée de Dieu et a rejeté sa grâce et où règne la mort (Rm 5.12[39]) ». Cette conception du monde physique sera suivie par celle de l'univers invisible qui se comprend ainsi : « la pensée diabolique selon laquelle l'homme est son propre dieu (Gn 3.5) constitue le fondement de la perception non chrétienne du monde inspiré par Satan. Cela lie spirituellement les hommes au royaume des ténèbres. Cette conception diabolique a envahi toute la terre, l'a polluée par sa folie et ses abus. Le monde va plus loin ; il hait et rejette le Christ venu pour l'éclairer et le sauver (Jn 12.46). N'acceptant pas le sauveur, le monde est donc tout entier reconnu coupable devant Dieu[40] ». Pour une telle perception du monde, la marche du chrétien dans le monde requiert de fuir le monde pour survivre, même si la manière de fuir le monde n'est pas explicitée. La théologie de la fuite s'appuie sur Jean 8 : « Comme notre Seigneur l'a dit nous ne sommes pas de ce monde (Jn 8.23 ; 17.14-16). C'est pourquoi il nous faut fuir tout ce qui est dans le monde et qui ne vient pas du Père. Le chrétien doit se retirer des souillures du monde : la corruption de la chair, les plaisirs du monde, l'orgueil de la vie, etc. Il doit prendre garde de ne pas être condamné avec le monde. Il n'est donc pas étonnant que Dieu nous interdise l'amour du monde et des choses qui sont dans le monde[41] ». Si cette recommandation concerne le comportement physique, la sanctification va déterminer l'aspect spirituel de la préservation du monde.

La sanctification du chrétien des EEAD se réalise par la présence du Saint-Esprit dans le croyant. Car si le Saint-Esprit quitte le croyant, il redevient une personne non convertie : « Le Saint-Esprit aide l'enfant de Dieu

---

37. Manuel de l'école du dimanche, leçon 12, n° 31, p. 42.
38. Manuel de l'école du dimanche, leçon 21, n° 26, p. 64-65.
39. Manuel de l'école du dimanche, leçon 21, n° 31, p. 42.
40. *Ibid.*, p. 43.
41. *Ibid.*

à vaincre les attraits du péché, à corriger les tendances et les habitudes mondaines ou charnelles. Si, après avoir agi, l'Esprit de Dieu s'en allait, le converti retomberait dans ses anciennes voies. C'est ce qui fait que le chrétien qui ne s'attache pas au Saint-Esprit retombe dans l'apostasie[42]. » Ainsi, c'est le Saint-Esprit qui agit dans le croyant pour le sanctifier. La manière de le faire est progressive, « allant du cœur à la surface, de l'intérieur à l'extérieur, du siège de la vie aux manifestations de la vie, aux actions et aux paroles ; permettant au début beaucoup de choses incompatibles avec Sa sainte nature, et puis petit à petit, les attaquant l'une après l'autre, une année celle-ci, une autre année celle-là, entrant dans tous les détails si profondément que rien n'étant capable d'échapper à Son influence. Au bout du rouleau, l'homme tout entier, glorifié par le Saint-Esprit, sera resplendissant de la vie de Dieu[43] ». Quand le Saint-Esprit abandonne le chrétien, il perd son salut, et sa situation après la mort est la même que celle de ceux qui n'ont jamais accepté le Christ. Une fois converti, chaque membre a la fondamentale responsabilité d'évangéliser les païens.

4.4. La mission et l'influence des EEAD au pays Maxi

Le but de cette section est de montrer comment les EEAD vivent la mission au pays Maxi et l'impact qu'a leur présence. Les stratégies d'évangélisation et le contenu des messages d'évangélisation vont permettre de comprendre l'impact social de leur présence.

4.4.1. Les stratégies d'évangélisation au pays Maxi

Cette section vise à montrer les différentes stratégies appliquées au pays Maxi. Mais relevons d'abord que mission et évangélisation sont synonymes chez les EEAD.

4.4.1.1. L'évangélisation comme mission

La mission de l'Église selon la leçon « Vivre la vérité[44] » est : « Si l'Église veut que l'Évangile parvienne aux pécheurs pour qu'ils soient sauvés, elle doit prêcher partout. » Et l'objectif de la leçon est de faire « connaître

---

42. Manuel de l'école du dimanche, leçon 21, n° 26, p. 64.
43. *Ibid.*, p. 64-65.
44. Manuel de l'école du dimanche, leçon 17, n° 16.

l'importance de la mission et s'y engager ». Le développement qui en est fait peut se percevoir par ce qui est écrit dans l'introduction : « Dans une église locale, il est écrit : "entrez pour adorer et sortez pour servir". Cette déclaration est la confirmation de l'ordre suprême de notre Seigneur Jésus à ses disciples avant son ascension. L'œuvre la plus importante à l'heure actuelle est d'obéir à l'ordre ultime de notre Seigneur en allant prêcher l'Évangile aux tribus lointaines, aux gens encore non évangélisés de ce monde[45]. » La notion d'aller loin pour annoncer l'Évangile se profile dans la compréhension de la mission. Mais une fois sur place, le vocable « évangélisation » est le plus utilisé, et il se comprend comme : « l'œuvre la plus importante de l'Église[46] ». L'objectif consiste dans le fait d'« amener chaque chrétien à comprendre qu'aucune activité, quelle que soit sa valeur ne surpasse l'évangélisation dans le plan de Dieu ». L'évangélisation est si importante qu'elle constitue « le critère par lequel on peut apprécier la spiritualité d'une Église ou d'un chrétien évangélique. Elle constituera un élément important du jugement de Dieu à l'égard de chacun de nous [...] et comprenons donc que tout ce que nous pouvons entreprendre au détriment de l'évangélisation n'aura aucune valeur devant le Seigneur. Notre amour véritable pour lui se mesure à travers la place que nous accordons au salut des âmes perdues[47] ».

La mission et l'évangélisation sont des thèmes synonymes qui constituent le cœur de l'œuvre de l'Église et de l'individu membre de l'Église. Elle est l'indicateur de la spiritualité aussi bien de l'institution que de l'individu à l'intérieur. Par elle, Dieu appréciera l'amour qu'offre le chrétien en retour. Et l'évangélisation devient un indicateur d'identification où tout autre facteur qui lui est prioritaire est désavoué. L'importance de la mission a nécessité l'élaboration de stratégies pour l'accomplir. C'est ce que la section suivante permettra de découvrir.

4.4.1.2. Les stratégies d'évangélisation

Il n'y a que deux stratégies formelles d'évangélisation : témoignage personnel et campagne d'évangélisation.

---

45. Manuel de l'école du dimanche, leçon 17, n° 16, p. 57.
46. Manuel de l'école du dimanche, leçon 5, n° 28.
47. *Ibid.*, p. 16-17.

Les EEAD étant pentecôtistes, le rôle du Saint-Esprit est fondamental dans l'annonce de la Bonne Nouvelle, et définir par avance une stratégie, c'est empêcher ou bloquer l'action du Saint-Esprit. Ainsi :

> L'agent principal dans la proclamation de l'Évangile est le Saint-Esprit. C'est lui qui donne aux croyants le pouvoir d'expliquer la parole avec puissance et efficacité. C'est lui qui ouvre les esprits, les cœurs et attire les hommes à Dieu. Christ a dit : « Mais vous recevrez une puissance, le Saint-Esprit survenant sur vous, et vous serez mes témoins à Jérusalem, dans toute la Judée, dans la Samarie et jusqu'aux extrémités de la terre » (Ac 1.8). Le Saint-Esprit est la puissance du succès de notre proclamation de l'Évangile. Sans lui, toutes nos activités ne sont que des efforts humains et vains. Tout témoignage placé sous l'autorité du Saint-Esprit accomplira l'intention de Dieu[48].

Et la prière se présente comme le canal de déferlement du Saint-Esprit, c'est par la prière que l'on place un témoignage sous l'autorité du Saint-Esprit. Les autres stratégies pratiquées dont font mention les documents des EEAD sont les suivantes : le porte-à-porte, les études bibliques dans les maisons, la distribution des traités. Ces autres stratégies doivent être relativisées pour assurer une croissance qualitative de l'Église. Et pour ce faire, il a été enseigné de se garder de certaines stratégies qui pourraient affecter négativement la croissance.

> L'Église doit s'assurer qu'elle est prête à annoncer le vrai Évangile dont le thème central est Jésus-Christ. Ce que les chrétiens doivent apporter de particulier aux non-chrétiens, c'est bien l'Évangile de Jésus-Christ. C'est ce qui manque le plus à notre monde. *Quels que soient les stratégies, les méthodes et les outils à utiliser, il faudrait que l'aboutissement soit l'annonce du vrai Évangile. Nous devons savoir que les sketches, les films, les théâtres, les concerts ne font qu'accompagner la prédication de la Parole et ne doivent pas prendre la place de l'Évangile lui-même* [...] Ni l'Évangéliste, ni la dénomination, ni le sensationnel, ni les témoignages d'anciens magiciens ou des sorciers convertis ne sauraient être le message principal d'une évangélisation. L'Évangile doit être plutôt prêché dans son intégralité, puis

---

48. Manuel de l'école du dimanche, leçon 5, n° 26, p. 16-17.

accompagné et appuyé par les autres méthodes. Cette vérité doit être retenue par chaque chrétien lors de nos croisades d'évangélisation et de nos témoignages personnels[49].

Cet enseignement permet de comprendre que la chose fondamentale à apporter au non-chrétien est exclusivement le message qui est qualifié ici de « vrai Évangile ». Puisque le Maxi est réfractaire aux étrangers (cf. section 4.1.4.1.), il a fallu des stratégies spécifiques pour l'atteindre.

4.4.1.3. Stratégies spécifiques au pays Maxi

Cette section montre qu'il y a eu des stratégies spécifiques au pays Maxi, au nombre de deux : étude biblique et « veillée funèbre ».

Les Maxi étant réfractaires aux injonctions d'étrangers à cause de l'esclavage ancestral, il a fallu des Maxi pour commencer l'évangélisation chez eux. La tradition du retour de tout Maxi au bercail a donc favorisé l'accueil heureux qui a été réservé aux premiers « missionnaires » revenus dans leur propre village. Il est à noter que chaque « missionnaire maxi » a commencé la cellule d'évangélisation (étude biblique) chez lui et non dans un autre village, là où il n'est pas connu : Egbegnon Séverin Degla à Logozoxɛ, Marie Amoussou à Wɛdɛmɛ, et Frédérik Amoussou à Savalou (cf. section 4.1.4.1.). Et par le principe énoncé (cf. section 4.1.4.2.) de l'attachement du Maxi à son ethnie, au retour au bercail, tout Maxi bénéficie d'une certaine confiance de la part des siens, ce qui fait que tout apport est accepté sans être questionné. Egbegnon s'est vu offrir l'enclos familial pour commencer la cellule naissante. Marie Amoussou, de l'Église naissante à Wɛdɛmɛ, s'est vue offrir une parcelle pour commencer l'œuvre nouvelle. Ces gestes de générosité de la part des familles dépassent la simple sympathie, ils montrent un autre aspect de la culture maxi. Lorsqu'un membre d'une famille rapporte une chose nouvelle de l'étranger, l'accueil qui lui est réservé s'interprète par un sens de fierté communautaire. En cas de réussite, la fierté communautaire s'accroît, dans le cas contraire, toute la famille accepte d'être couverte de honte.

La seconde stratégie spécifique d'évangélisation développée au pays Maxi est la mise à profit des veillées funèbres, aux funérailles d'un proche parent d'un membre de l'Église ou d'un chrétien membre de l'Église. C'est une sorte de cérémonie parallèle à celle qu'organisent les membres de la famille. Elle est organisée parce que celle de la grande famille, avec qui

---

49. Manuel de l'école du dimanche, leçon 4, n° 30, p. 16, c'est le chercheur qui souligne.

le chrétien évite d'avoir un quelconque contact, est considérée comme païenne et diabolique. Mais la veillée devient une occasion pour communiquer la Bonne Nouvelle, ainsi elle prend le nom de « soirée d'évangélisation », dont le contenu viendra aggraver la brouille que son organisation aurait occasionnée.

4.4.2. L'impact de l'évangélisation et la naissance de la crise

Cette section vise à montrer l'impact de l'évangélisation sur le peuple Maxi. Cet impact se découvre à travers la forme des messages d'évangélisation et des attitudes des Maxi convertis.

4.4.2.1. Le contenu des messages d'évangélisation

Les stratégies d'évangélisation s'expriment souvent par des messages verbaux sous forme de témoignage ou prédication et de messages sous forme d'images que sont les films.

Les personnes maxi des EEAD que le chercheur a interviewées ont dit s'être converties lors de campagnes d'évangélisation par des films. Par exemple, sur les 37 personnes (IVCCı1) à Axɔsɛdo et à Wɛsɛ, seulement deux[50] ont déclaré que c'est en lisant la Bible qu'elles ont compris la puissance de Dieu qui sauve. Les autres ont chacune parlé du miracle de Dieu qui les avait arrachées de la « puissance oppressive » des vodun et des autres croyances, en particulier de la sorcellerie.

Le message donné lors des témoignages est subjectif, car dépendant de celui qui donne le témoignage. Le chercheur ne peut pas les rapporter tous ici, car ces témoignages ne sont jamais écrits, mais racontés. Il résume les éléments saillants qui en constituent la trame : « dans l'ignorance, ou vivant dans les ténèbres, ils adoraient les idoles et subissaient les affres de ces dernières. Souvent ils étaient sous possession des esprits des ancêtres, des eaux ; ou vivaient dans les liens ancestraux ». *Personne n'a confessé s'être donné à Christ en étant convaincu de ses péchés.* Chacun essayait de montrer que les choses n'allaient pas bien jusqu'à ce qu'il accepte Jésus-Christ dans sa vie et soit libéré de toutes ces emprises. Pour d'autres, il s'agit de cas de

---

50. Il s'agit de Réné Deffon, un instituteur, président de l'AHC de la région Maxi, et de Marc Yaɖedo, lui aussi instituteur.

maladies, de sorcellerie (la majorité se retrouve là) ou de stérilité, et, en venant à Jésus-Christ, ils ont été guéris.

Les prédications lors des campagnes et veillées d'évangélisation présentent trois caractéristiques : Dieu est toujours présenté par sa puissance, il y a prière de guérison et de délivrance, et, enfin, appel à suivre le Sauveur et Seigneur Jésus-Christ. Les messages et l'appel à suivre Jésus-Christ sont axés sur la dénonciation des œuvres de ténèbres que constituent les croyances africaines, le vodun. « La vraie repentance est simplement le fait de renoncer au péché, de se détourner des ténèbres pour aller à la lumière, et quitter la puissance de Satan, pour aller dans celle de Dieu. Le repentant se résout à abandonner chacune de ses pensées et son être entier à Dieu. Cela implique aussi une haine pour la route qu'il avait prise avant, et de laquelle il se détourne maintenant[51]. » Les Vodun et les parents non chrétiens sont identifiés comme appartenant au royaume de Satan. Sonon Voji (IACVIII9) a critiqué les campagnes d'évangélisation de la façon suivante : « Les chrétiens installent leur entonnoir [haut-parleur] de temps en temps dans nos villages, villes, sur la terre de nos ancêtres pour nous insulter et nous appeler Satan, démons, Lɛgba ou "Awovi" [le mot maxi pour désigner le diable]. Ils nous traitent de malfaiteurs et nous accusent d'être à l'origine de leurs maux. Mais nous n'allons pas leur répondre car nous étions ici avant leur arrivée et nous y serons encore quand ils partiront. »

Les films d'évangélisation projetés au pays Maxi ont été de deux catégories : le film de Jésus et les autres films africains, notamment nigérians et béninois. Le premier, le film de Jésus, a été apprécié par tous ceux qui l'ont visualisé. Plusieurs chrétiens interviewés, parmi lesquels trois femmes de Wɛsɛ et deux hommes de Axɔsɛdo, ont répondu à l'appel à suivre Jésus après avoir visionné ce film. Le succès du film est dû au fait qu'il est traduit en « Fɔn », langue que comprennent tous les Maxi.

Les autres films suivent le scénario de la lutte entre David et Goliath, mais à un niveau spirituel. Les non-chrétiens sont présentés comme incarnant le diable qui ne veut que la mort des chrétiens en utilisant le pouvoir occulte. Le scénario est toujours le même : le mal planifié par les Vodunon se retourne contre eux. Le cinéaste togolais Marcus, dans ses deux films « Combat » et « La solution », montre un combat entre le christianisme et les Vodun, et la fin est toujours la victoire des chrétiens. C'est surtout la diabolisation des croyances africaines qui est mise en exergue. Le film

---

51. Manuel de l'école du dimanche, leçon 3, n° 25, p. 9.

béninois « Yatin », avec le même type de scénario, ridiculise certaines divinités comme « Zangbetɔ » et « Lɛgba ». Des églises dans deux villages, Govi, à une dizaine de kilomètres de Gobada, et Aglamijɔji, dans la commune de Tchɛti, ont été incendiées après la projection de ce film. Le conflit déclenché ainsi par ces différents messages a été aggravé par des attitudes chrétiennes d'évitement et de séparation.

4.4.2.2. Les attitudes des Maxi convertis

Le but de cette section est de montrer que les chrétiens ont construit des ghettos culturels (groupes sociaux enfermés sur eux-mêmes) évangéliques. Ils l'ont fait par le langage, par une considération désincarnée de l'humain, et par le refus de présence sociale.

Des Maxi chrétiens ont refusé d'user du langage qu'ils ont hérité. Certains ont décidé d'appeler leurs parents par un nouveau nom, parce que l'ancien nom est lié au vodun. Deux personnes ont introduit une demande au tribunal pour changer leur nom de famille, parce que ledit nom relève du vodun. Mais le juge a exigé l'accord préalable de leur père, celui qui a donné le nom. Ce qui n'a pas été possible. Leur oncle, interviewé, a confié au chercheur que c'est à cause de cet acte qu'il a interdit au reste de la famille de mettre un pied dans une église.

Cette attitude par rapport au langage observée au pays Maxi a motivé le chercheur à examiner profondément certains thèmes d'évangélisation dans les documents des EEAD. C'est alors qu'il a découvert que les mots « homme » et « femme » sont attribués uniquement aux chrétiens. Mais lorsqu'il s'agit des autres personnes à évangéliser, à gagner ou à conquérir, c'est l'expression « âmes perdues » qui est systématiquement employée. C'est dans la leçon 5, n° 30, qui traite spécifiquement des méthodes d'évangélisation, que l'attention du chercheur a été éveillée. À la page 18 on peut le constater : « Il existe plusieurs méthodes pour propager la Bonne Nouvelle mais la plus efficace, c'est les *hommes* et les *femmes* engagés dans l'évangélisation et désireux de voir les *âmes perdues* revenir dans la bergerie de Dieu. » Dans le paragraphe suivant, on peut lire : « Ce que nous appelons méthodes ici ne sont que des stratégies que peuvent utiliser ces *hommes* et ces *femmes* pour atteindre les *âmes perdues* avec l'Évangile de Jésus-Christ. » Un peu plus loin, à la page 21 parlant des moyens utilisés, la même pensée se répète : « Aller annoncer l'Évangile aux *âmes perdues* », « Acheter des moyens de déplacement pour des serviteurs de Dieu qui sont à la conquête des *âmes perdues* », et enfin « Intercéder en faveur des *âmes perdues* et des ouvriers de Dieu qui propagent la Bonne Nouvelle ». Le même langage s'est développé dans la langue maxi « mɛn ebu lɛɛ », « ceux qui sont perdus », ou bien « mɛn e dɔn lɛɛ ».

L'attitude des premiers missionnaires. Les familles des premiers missionnaires maxi sont frustrées parce que ces derniers leur ont manifesté de l'ingratitude et du non-respect en les diabolisant avant de quitter l'enclos familial. À Wɛdɛmɛ, la famille qui a octroyé la portion de terre s'est indignée du contenu du message qui condamne les pratiques et les croyances de la population et qui taxe les parents qui pratiquent les vodun de « démon » et « diable ». Ils ont donc créé un conflit pour reprendre la portion de terre offerte pour l'église. À Logozoxɛ, Dah Degla (IAPIV 18 novembre 2017), le chef de famille de Egbegnon Séverin donne son point de vue sur l'EEAD de Logozoxɛ : « Ce que Egbegnon a amené chez nous est une bonne chose. J'ai vu qu'ils ont prié pour des malades qui ont été guéris. Mais je n'entre pas dans son église parce qu'il a renié sa famille et a rejeté ses traditions et ils n'ont cessé de nous insulter dans leurs prédications. »

Les chrétiens évangéliques au pays Maxi ont fait le choix de vivre en vase clos et ne s'intéressent à rien de ce qui se passe dans leur environnement. Ils sont absents partout, même dans les structures qui les concernent directement, et justifient ce retrait par la nouvelle compréhension du monde, de son système et des hommes qui y vivent. Pour les chrétiens maxi des EEAD, tous ceux qui ne sont pas chrétiens appartiennent à une et seule catégorie : les enfants des ténèbres. Il s'agit des personnes qui ne méritent plus qu'on vive avec elles. Dans l'enseignement, l'accent est bien mis sur la séparation à opérer. Ainsi, dans la leçon 3 n° 35, à la page 10, le verset que tous ceux qui ont suivi cet enseignement doivent apprendre et vivre est : « C'est pourquoi sortez du milieu d'eux et séparez-vous, dit le Seigneur ; ne touchez pas à ce qui est impur, et je vous accueillerai » (2 Co 6.17). Egbegnon Séverin (cf. section 4.1.2.2.), le fondateur de l'EEAD de Logozoxɛ, s'est appuyé sur ce verset pour sortir la cellule naissante de l'enclos familial. Puis, dans la suite de la leçon, « le désir de Dieu pour son peuple est que celui-ci se sépare du monde pour posséder son héritage[52] ». Et voici comment les EEAD définissent et conceptualisent l'univers :

> Une mauvaise conception du terme monde fausse notre obéissance à l'ordre d'en sortir. Le monde, dans le contexte où nous nous situons, ne désigne pas les éléments de la création

---

52. Manuel de l'école du dimanche, leçon 3, n° 35, p. 10.

physique qui nous entourent. Ces choses n'ont rien de nuisible à la foi, au contraire, elles révèlent l'existence de Dieu. Le monde dont il faut sortir désigne plutôt l'ensemble du système visible et invisible dominé et influencé par le règne satanique (1 Jn 5.19), et dont le mode de vie, le raisonnement, les buts et les désirs sont contraires à la vie selon Dieu, selon sa Parole et selon son Esprit. C'est le monde de l'iniquité, de la convoitise et de l'idolâtrie qui surtout est caractérisée par l'amour de l'argent[53].

Ce retrait des chrétiens maxi de la vie de la communauté, de la famille traditionnelle, est perçu comme une déchirure, une trahison depuis l'ancestralité jusqu'aux vivants. Car pour le Maxi, la communauté représente tout. « C'est en elle et grâce à elle que l'ancêtre fondateur associé à toute sa descendance, se survit et se prolonge : c'est dans et par la communauté que la vie « sacrée » du fondateur et son action bienfaisante atteignent les vivants et que du monde sensible montent aux âmes désincarnées la propitiation, l'expiation et les moyens du renforcement de leur vie d'outre-tombe[54]. »

Cela explique pourquoi il n'y a aucun dignitaire maxi qui s'est converti au christianisme dans les EEAD maxi. Dah Kandénu a lancé le défi que le chercheur ne trouvera dans aucune des églises dites évangéliques des vodunsi du Vodun Xɛbyoso. Pour ces dignitaires, le christianisme est pour les enfants, les jeunes scolarisés qui ne connaissent pas les réalités africaines, qui se sentent coincés dans le contexte sociopolitique et trouvent dans le christianisme une porte de sortie. Cependant, ils n'ont jamais eu une pensée de dérision, ni pour l'EEAD ni pour le christianisme en général. Par rapport au film Jésus, Dah Kandénu l'a apprécié en disant « si tous les films donnaient un tel message, peut-être que tout le village serait déjà entré à l'église ». Dah Dègla a reconnu la puissance de l'EEAD et a confessé : « J'ai vu qu'ils ont prié pour des malades qui ont été guéris » (cf. section 4.1.4.2.). Mais ce sont les attitudes de rupture, d'abandon et de dénigrement de la famille et des croyances africaines qu'adoptent les Maxi convertis au christianisme que ces hunnon et dignitaires maxi déplorent.

---

53. Manuel de l'école du dimanche, leçon 5, n° 35, p. 10.
54. M. Mulago gwa Cikala, *La Religion traditionnelle des Bantu et leur vision du monde*, Kinshasa, Faculté de Théologie catholique de Kinshasa, coll. Bibliothèque du Centre d'Études des religions africaines, 1973, p. 486.

Mais ce repli sur soi du Maxi converti aux EEAD ne camoufle-t-il pas plutôt de la peur qu'une attitude essénienne ? « Les choses anciennes sont passées, voici, toutes choses sont devenues nouvelles » (2 Co 5.17). Qu'est-ce qui est devenu nouveau ? Est-ce son identité ? Son anthropologie ? Ses convictions eschatologiques ? Et que sont les nouveaux éléments d'identité, d'anthropologie exprimés en termes réels et non philosophiques ?

4.4.3. Les Maxi convertis aux EEAD

Cette section vise à montrer que la transformation chez les EEAD maxi n'a pas atteint le cœur de la vision du monde qu'avait le Maxi avant la conversion. Le chercheur évoquera trois croyances fondamentales qui sont restées inchangées malgré la conversion : il n'y a pas de mort naturelle ; la vie continue après la mort ; la mort par foudroiement prive du droit au sépulcre.

Les Maxi croient que telle maladie ou tel échec provient d'un mauvais sort, d'un parent jaloux qui aurait jeté un sort, ou de la sorcellerie d'un membre offensé de la famille. Il n'existe pas de décès qui ait une cause maléfique. Il y a aussi d'autres éléments qui sont liés aux traditions ancestrales, mais diversement interprétées. Les chrétiens maxi attribuent aux échecs répétés, maladies chroniques ou pauvreté, etc., des liens spirituels ancestraux dont ils ont besoin d'être délivrés. De leur côté, les vodun attribuent leurs échecs répétés, maladies chroniques ou pauvreté, etc., aux offenses ou négligences des tabous et règles ancestrales. Ce qui fait que l'on recherche les causes à tout décès qui survient avant le troisième âge.

Les Maxi croient aussi à la vie qui continue après la mort. La culture maxi parle du village des ancêtres qui est hors de notre espace géographique. Ils croient qu'un fleuve imaginaire sépare notre monde de ce village et que certaines cérémonies conditionnent la traversée. C'est pourquoi les cérémonies funéraires sont importantes et obligatoires dans la culture maxi. Et les conflits entre l'Église et la famille constituent la preuve que les deux partagent la même conviction. Mais une fois admis au village des morts, les ancêtres peuvent accéder à volonté à notre monde pour agir aussi bien dans l'invisible que dans notre environnement physique. Cette conception a fait naître dans l'ontologie maxi la croyance de « Mɛkuwadé » (Mɛ/quelqu'un-ku/mort-wadé/revient à la vie ailleurs, ce qui signifie « le mort revient à la vie délocalisé »). Cela voudra dire que si la mort intervient avant « l'âge normal de la mort », donc une mort prématurée, la personne se « réincarne » dans un autre village ou pays lointain, en tant que personne, pour poursuivre sa vie et consommer normalement le reste de ses jours. Tous les chrétiens maxi demeurent convaincus de cette croyance, malgré le fait que la Bible a dit « et tout comme il est réservé aux humains de mourir une seule fois – après quoi vient le jugement » (Hé 9.27, NBS).

Enfin, les chrétiens maxi, les EEAD y compris, croient au Vodun Xεbyoso comme étant une divinité « justicière » et croient que son intervention, qui provoque la mort, laisse sur le cadavre une puissance telle que seuls les « Grands Prêtres » Sonon peuvent le gérer. Cette croyance est devenue nationale, et l'État concède la gestion des dépouilles des personnes foudroyées à ces Sonon. Pour les simples membres de la population maxi, les Sonon semblent détenir le pouvoir sur la mort en ce sens qu'ils « réveillent » le mort foudroyé afin qu'il confesse ce qu'il a fait de mal. Après la confession, il retourne à la mort, et c'est alors qu'on pourra lui assurer des funérailles au « prorata » du mal commis. Les morts par foudroiement n'accèdent pas au village des morts.

Le Vodun Xεbyoso demeure le même pour les chrétiens maxi des EEAD. L'examen de leurs documents ne montre aucun texte écrit sur le sujet. Alors le chercheur a interviewé systématiquement tous les groupes maxi convertis rencontrés. Il s'est avéré que les Maxi des EEAD interviewés n'ont jamais suivi un exposé, ni une conférence, ni une prédication sur le phénomène du tonnerre ni sur son interprétation maxi. Lors de la première rencontre, certains membres sont étonnés qu'un chrétien (le chercheur), maxi de surcroît, s'intéresse à une chose « mauvaise », nuisible, qu'il faudrait fuir. Et dans les échanges sur leur perception du Vodun Xεbyoso, on constate que rien n'a changé de la vision qu'ils en avaient avant leur conversion, sinon que la peur du Vodun Xεbyoso a augmenté d'un cran. Ils accordent au clergé « Sonon » le pouvoir de réveiller le mort foudroyé, et le fait qu'une frange de la population détienne une puissance permettant de ramener un mort à la vie, ne serait-ce que temporairement, induit une crainte presque maladive à son égard. Ils ont manifesté une si forte certitude quant à l'existence du Vodun Xεbyoso et à son rôle, que lorsque le chercheur a insisté pour remettre en cause ce rôle, les témoignages ont fusé de toutes parts. Dame Baloïca E (IVCC12) rapporta le fait insolite suivant :

> Cela se passa en pleine saison sèche dans mon village Lawɔ quand j'étais jeune fille. Un soir, à la nuit tombante, un grand coup de tonnerre fendit l'atmosphère et un grand incendie s'ensuivit et tout le village sut que Xεbyoso venait de se manifester. Le feu embrasa le toit en paille d'une case située au milieu

de deux autres cases contiguës dont les toits étaient aussi en paille. Tout le village accourut et les vodunsi Xεbyoso vinrent aussi, chevauchées par la divinité. Elles faisaient le tour des enclos en feu tout en chantant. L'insolite concernait l'incendie : seule la case du milieu fut entièrement consumée par le feu sans que le feu se répande sur les deux autres.

Le Fa révéla qu'un puissant gri-gri qui servait à tuer des humains était caché dans la case en question et Xεbyoso avait décidé de l'anéantir. Le propriétaire planifiait de l'utiliser dans un futur proche.

Elle raconta cette histoire d'une manière très vivante, montrant que l'évènement représentait pour elle un fait réel et certain. Tout le reste du groupe attesta qu'il s'agissait bien d'une réalité tangible, le Vodun Xεbyoso est le justicier qui punit et détruit les malfaiteurs et leur pouvoir, et il est le protecteur des innocents qu'il sauve et épargne de la méchanceté des criminels. Ce rôle est doublé de celui de la gestion des manifestations atmosphériques.

Dans l'imaginaire Maxi, les Sonon sont de la race des « redoutables » parmi toutes les catégories des différentes divinités. En cela leur influence atteint toutes les couches sociales et toutes catégories de croyances, les chrétiens des EEAD compris.

Ainsi, le christianisme n'a fait qu'agir comme le système vodun, où rien n'est tenté comme explication rationnelle. Le Maxi converti au christianisme n'a jamais entendu parler du tonnerre à l'église ni une tentative d'explication du phénomène désigné comme tel. Ce silence instaure ce que le chercheur appelle la peur du Moyen Âge, caractérisée par l'inexplicabilité des réalités ou des choses, que Sadaune décrit bien : « Lorsqu'on déclare qu'au Moyen Âge, on a peur de l'inexplicable, on n'a rien dit. Car la notion d'inexplicable n'est justement pas applicable à cette période : tout est explicable puisque tout provient de Dieu, simplement tout n'est pas forcément compréhensible par tous. Si l'indescriptible, l'imprévisible, l'inhabituel font peur, c'est parce qu'on a tendance à penser que Dieu est linéaire dans ses bons jours, et surprenant dans ses mauvais[55]. »

La mission dont l'œuvre ne pénètre pas dans la vision du monde du peuple pour que l'Évangile la transforme depuis la racine a besoin d'être

---

55. S. SADAUNE, *La peur au Moyen Âge. Craintes, effrois et tourments particuliers et collectifs*, Rennes, France, Ouest-France, 2013, p. 8.

revisitée dans ses stratégies missiologiques. Il faudra pour cela examiner les causes qui ont conduit le ministère des EEAD à créer le conflit et la peur et non la paix et l'assurance que donnent la mort et la résurrection du Christ.

Conclusion

Ce chapitre permet de remonter le cours de l'histoire des EEAD jusqu'à ses origines aux États-Unis, dans la ville de Findlay, dans l'Ohio. Sa création au pays Maxi a suivi les voies traditionnelles des explorateurs, de la colonisation et des anciennes missions. Il montre que l'on devient membre des EEAD par conversion « metanoïa », qui se comprend et se manifeste par une désocialisation ethnique, un rejet de sa propre culture pour l'adoption et l'intégration dans une nouvelle structure qu'est l'Église. La fonction de la mission a consisté essentiellement à avertir les autochtones du danger qu'ils courent en demeurant dans leurs croyances voduistes et leur offrir l'opportunité de les quitter pour le salut de leurs âmes. Ce message et la rupture des chrétiens maxi avec leur ethnie exacerbent les Hunnon qui réagissent en provoquant le conflit religieux qui perdure pendant des décennies. Le prochain chapitre examinera les causes profondes dudit conflit. Qu'est-ce qui fait que des frères consanguins partageant les mêmes culture, histoire, patrimoine et ancêtre se détestent au point d'en venir aux mains jusqu'à ce que mort s'ensuive ? Après identification des causes, une approche de solution sera proposée.

CHAPITRE 5

Analyse des causes et de la portée du conflit interreligieux au pays Maxi

Ce chapitre couvre la cinquième étape du MADIR. Il analyse la situation à partir des données pour développer les facteurs bibliques, historiques et socioculturels du conflit. Et c'est dans les Écritures qu'a été trouvée la solution. Car Christ n'a pas seulement réconcilié le monde avec Dieu, mais il a enseigné et laissé un modèle d'amour basé sur le dialogue.

L'objectif de ce chapitre est de montrer les causes du conflit et la manière de le résoudre. Quatre sections permettront d'atteindre cet objectif. La première expose la cause principale qui est d'ordre sotériologique, la seconde se penchera sur les causes secondaires, stratégies et messages missiologiques découlant de la cause principale. La troisième section développe la principale conséquence, absence de dialogue, qui va déboucher sur la solution : « la mission dialogale » comme une nouvelle approche missiologique de paix et de transformation socioculturelle.

5.1. La « métanoïa » comme source principale du conflit

Le but de cette section est de montrer que c'est la compréhension de la conversion qui est à l'origine du conflit. Cette compréhension est déterminée par la notion de la vocation missiologique, du modèle historique des premiers missionnaires et de l'herméneutique de certains versets clés.

La définition de la conversion que l'on découvre chez les EEAD est le passage d'un héritage religieux quelconque au christianisme. Il s'agit du passage d'individus ou de groupes du paganisme au christianisme, ou de l'état de péché à l'état de repentance. Et cela se manifeste par une attitude de séparation ou de distanciation d'avec son passé, son environnement et ses pairs. Cette compréhension tire sa première origine de la vocation missionnaire des EEAD.

5.1.1. La vocation missionnaire des EEAD

Sous le paragraphe « Une missiologie à plusieurs voix », Bosch montre les trois vocations de la mission : « Les uns ne voient que la chance et se précipitent en avant sans voir les pièges qui les guettent de tous côtés. Les autres n'aperçoivent que le danger : ils en sont comme paralysés et ils reculent. Or notre vocation nous pousse à prendre en compte simultanément le danger et la chance. Notre mission ne s'accomplit que dans cette tension[1]. » Les Assemblées de Dieu du Bénin se situent dans la première catégorie pour qui la mission est perçue comme la chance de sauver le maximum d'âmes perdues avant qu'il ne soit trop tard.

Cette compréhension vient de l'histoire de la mission américaine des AD qui s'insère dans le courant historique du « mouvement missionnaire à sens unique de l'Occident vers le Tiers monde [...] On annonce l'Évangile sans se préoccuper des conditions de vie des gens, dans le seul but de sauver des âmes de la damnation éternelle[2] ». Et la vision d'exporter le réveil sur les anciens champs missionnaires[3] fait qu'il n'a plus été question de penser ni à la théologie de la mission ni à une stratégie missionnaire nouvelle contextualisée. Constitués en avril 1914, les AD envoient les premiers missionnaires en 1915 pour réaliser la déclaration de leur convention sur la mission : « Les missions mondiales ont toujours été au centre de l'identité des Assemblées de Dieu. Les délégués au deuxième Conseil Général, tenu à Chicago en novembre 1914, résolurent de réaliser la plus grande évangélisation que le monde n'ait jamais vue[4]. »

---

1. D. J. Bosch, *Dynamique de la mission chrétienne. Histoire et avenir des modèles missionnaires*, traduit de l'anglais par F Bernard, I. H. Pierrehumbert et al., Lomé/Paris/Genève, Togo/France/Suisse, Haho/Karthala/Labor et Fides, 1995, p. 18.
2. *Ibid.*
3. Les Assemblées de Dieu étaient constituées au départ par l'œuvre d'anciennes missions : North Avenue Mission de Chicago, l'Union Gospel Mission à Akron, Mission Azusa, l'Alliance chrétienne et missionnaire, etc.
4. Chapman, « Thomas King Leonard : A Truly Indispensable Man », p. 9, traduction libre.

Les premiers actes des missionnaires sur le sol africain vont renforcer la compréhension de la conversion en termes de distanciation avec les autochtones.

5.1.2. Les modèles historiques négatifs

Les faits historiques qui attestent cette notion de conversion en termes de séparation sont la création des stations missionnaires au début de la mission et l'importation de la culture occidentale. Ces faits historiques ont imprimé dans la mentalité des Maxi convertis au christianisme que « se convertir signifie se séparer de, ou quitter pour ».

La création des stations missionnaires des Assemblées de Dieu au Bénin s'était révélée comme la première stratégie d'implantation des Églises. « Là où se créait une station missionnaire devait se créer une église à tel point qu'on confondait "station missionnaire" avec église[5]. » La création des stations missionnaires a véhiculé une théologie de « séparé d'avec les évangélisés », théologie de distanciation qui est demeurée incorporée à la notion de la conversion.

L'œuvre pionnière des EEAD au pays Maxi a suivi le même schéma. Ainsi, toutes les cellules des EEAD (cf. section 4.1.4.) qui ont commencé dans l'enclos familial maxi en sont parties pour se constituer en dehors du cercle de la famille. L'oncle d'Egbegnon Séverin Degla refusa d'intégrer l'Église, parce que ce dernier « s'était exilé » quand l'Église avait grandi (cf. section 4.4.2.2.).

Dans les stations missionnaires, c'est la culture occidentale qui était importée. Les raisons sont multiples, mais la principale est celle du « nègre sauvage » : « De l'esclavage à la colonisation on a projeté sur l'Afrique l'image d'un monde de sauvages, incultes et on a imaginé toutes espèces d'êtres et de coutumes bizarres. Cette altérité de l'Africain se retrouve dans tous les domaines : en histoire, en philosophie, en anthropologie, etc.[6] » Les stations missionnaires sont construites pour se protéger d'un tel monde et à la longue, par l'évangélisation, les civiliser. La mission Assemblée de Dieu, comme toutes les autres missions, n'a pas échappé à ce piège du triomphalisme occidental, qui a généré une compréhension de la conversion

---

5. Akibo, *Les fruits de la Pentecôte*, p. 17.
6. C. A. Ahoga, « Christianisme et contexte de vie », dans R. Pohor et I. Coulibaly, sous dir., *Christianisme authentique en Afrique contemporaine,* Abidjan, Côte d'Ivoire, Les Presses de la FATEAC, 2014, p. 30.

en termes de rejet de la culture, des religions et surtout des propres langues béninoises.

Les Maxi convertis ont fustigé leur culture en rompant toutes relations familiales. Ces chrétiens évangéliques au pays Maxi ont fait le choix de vivre en vase clos (théologie de la fuite[7]) et ne s'intéressent à rien de ce qui se passe chez eux et dans leur environnement. Ils sont absents partout, même dans les structures qui les concernent directement comme l'Association des parents d'élèves, l'Association de développement du village, etc. Ils démontrent ce que décrit Djereke : « Le chrétien qui refuserait de s'impliquer dans l'organisation de la cité empêcherait l'Église de manifester qu'elle partage "les joies et les espoirs, les tristesses et les angoisses des hommes de ce temps, des pauvres et de tous ceux qui souffrent[8]". » Ils soutiennent leur attitude par l'interprétation de certains versets, tels 2 Corinthiens 6.17 ; Ésaïe 52.11 ; Apocalypse 18.4.

5.1.3. Interprétation de certains versets

Les interprétations des versets qui soutiennent la conversion en termes de séparation d'avec le monde se trouvent dans les manuels de l'école du dimanche et concernent la « cosmogonie » (le monde) et la cohabitation avec les non-chrétiens.

Le verset fondamental allégué pour prôner la rupture avec les siens et le monde est 2 Corinthiens 6.17, et l'interprétation est le « refus de cohabiter avec les non-chrétiens ». Dans la leçon 3, n° 35, à la page 10, il s'agit d'un verset que tous ceux qui ont suivi cet enseignement doivent apprendre par cœur et mettre en application : « C'est pourquoi sortez du milieu d'eux et séparez-vous, dit le Seigneur ; ne touchez pas à ce qui est impur, et je vous accueillerai » (2 Co 6.17). Mais la raison fondamentale pour laquelle il faut fuir le monde se trouve dans l'interprétation de la cosmogonie. Dans la leçon 3, n° 35, la vérité biblique sur laquelle est bâti le reste de l'enseignement s'énonce de la manière suivante : « Le désir de Dieu pour son peuple est que celui-ci se sépare du monde pour posséder son héritage » et l'objectif de

---

7. B. Assohoto, « L'engagement du cadre dans la haute sphère », imprimerie Ahouansou, Cotonou, Bénin, 1996, p. 7.
8. J. C. Djereke, *Être chrétien en Afrique aujourd'hui. À quoi cela engage-t-il ?*, Bafoussam, Cameroun, CIPCRE-SEROS, 2002, p. 119.

la leçon est d'« amener chaque disciple à réaliser ce qu'est le monde et ce que signifie être disciple afin qu'il prenne les responsabilités qui s'imposent[9] ».

C'est la définition du « monde » et de la perception qui en a été faite qui explique en partie la conversion en termes de séparation et de rejet de son environnement. Et voici comment les EEAD définissent et conceptualisent l'univers :

> Une mauvaise conception du terme monde fausse notre obéissance à l'ordre d'en sortir. Le monde, dans le contexte où nous nous situons, ne désigne pas les éléments de la création physique qui nous entourent. Ces choses n'ont rien de nuisible à la foi, au contraire, elles révèlent l'existence de Dieu. Le monde dont il faut sortir désigne plutôt l'ensemble du système visible et invisible dominé et influencé par le règne satanique (1Jn 5 : 19), et dont le mode de vie, le raisonnement, les buts et les désirs sont contraires à la vie selon Dieu, selon sa Parole et selon son Esprit. C'est le monde de l'iniquité, de la convoitise et de l'idolâtrie qui surtout est caractérisé par l'amour de l'argent[10].

Mais comment sortir de ce système visible et invisible ? Les textes et les enseignements ne rendent pas la réponse évidente dans la leçon. Il se dégage de cette description que la lecture que font les EEAD de la cosmogonie en général est une lecture négative, il s'agit d'un système infect dont il faut s'éloigner. Et le même regard et la même lecture sont faits aussi par les Maxi des EEAD.

L'interprétation de « sortir du milieu d'eux » devrait prendre en compte le contexte auquel l'apôtre faisait allusion. Selon Peter Jones, Paul a cité Ésaïe 52.11, pour qui « l'exigence de séparation découle logiquement de la présence de Dieu parmi son peuple. Le contexte d'Ésaïe concerne le retour du peuple de l'exil, exprimé par l'image de l'Exode originel [...] Ainsi il est évident que Paul voit l'exigence de cette séparation dans le fait qu'il s'agit de la répétition spirituelle de la sortie d'Égypte du peuple de Dieu des derniers jours[11] ». Il s'agit d'une séparation spirituelle qui ne nécessite pas une distanciation physique. Autrement, cela contredirait l'injonction qui est faite dans Matthieu 5.13-16 : « C'est vous qui êtes le sel de la terre. [...]

---

9. Manuel de l'école du dimanche, leçon 3, n° 35, p. 10.
10. Manuel de l'école du dimanche, leçon 5, n° 35, p. 10.
11. P. JONES, *La deuxième épitre de Paul aux Corinthiens. Commentaire Évangélique de la Bible*, Vaux-sur-Seine, France, Édifac, 1992, p. 124.

C'est vous qui êtes la lumière du monde ». Car en quittant physiquement les hommes, comment ces derniers seront-ils éclairés par la lumière que devraient constituer les chrétiens ?

Cette manière de définir la conversion conduit à des stratégies missionnaires et des messages d'évangélisation qui sont à la base de conflits ouverts et violents.

5.2. Les stratégies d'évangélisation et d'implantation d'Églises comme sources secondaires de conflit

La conversion étant conçue en termes de séparation, de distanciation vis-à-vis de l'autre à évangéliser, les stratégies élaborées pour aller à sa rencontre sont offensives. Le chercheur va analyser les stratégies d'évangélisation qui créent les conflits, puis les messages qui enflamment et détruisent les relations.

5.2.1. Les stratégies d'évangélisation conflictuelles

Les EEAD étant pentecôtistes, le rôle du Saint-Esprit est fondamental dans l'annonce de la Bonne Nouvelle, et définir par avance une stratégie, c'est empêcher ou bloquer l'action du Saint-Esprit. Cette première stratégie « informelle » génère assez de conflits par sa nature non réglementée. Parmi les autres stratégies, celle qui occasionne le grand conflit est celle appelée : « veillée d'évangélisation ».

5.2.1.1. Stratégie « informelle » ou au nom du Saint-Esprit

Le rôle accordé au Saint-Esprit comme « agent exclusif du salut » (cf. section 4.3.1.2.) et comme « agent exclusif de la sanctification » (cf. section 4.3.2.), rôle dont le signe visible est le revêtement de la puissance de Dieu, relativise le pardon des péchés comme voie du salut et focalise l'attention sur deux domaines qui deviennent sources du conflit : la « puissance » et « l'origine des maux de la société ».

Le chercheur a découvert dans la communauté des EEAD maxi que la première stratégie d'évangélisation se perçoit comme « puissance contre puissance » : la puissance de Dieu contre la puissance des ténèbres. Et la conversion se comprend comme le passage d'une puissance « nuisible » à une autre qui est bonne, celle de Dieu. Dieu n'est plus recherché pour seulement et fondamentalement le pardon des péchés accordés, mais pour l'acquisition de sa puissance, qui se manifeste physiquement par la plénitude du Saint-Esprit et le parler en langues.

Le premier élément qui a marqué les chrétiens des Assemblées de Dieu maxi interviewés est, selon leur propre expression (IACCı1 ; IVCCıı1) : « Yɛsisɛn Mawu tɔn gɔ tufla » (Yɛ/ombre-sisɛn/fruit de Mawu/Dieu-tɔn/ appartenant à gɔ/rempli tufla/débordant ou coulant, ce qui donne « ombre, fruit de Dieu rempli et coulant », et qui signifie le « Saint-Esprit remplissant et s'extériorise en débordant »). Cette deuxième expérience avec l'Esprit de Dieu est considérée comme la clé des pouvoirs qui ouvre d'abord la porte de sa propre guérison et croissance, ensuite les autres portes d'équipement pour rendre témoignage, adorer Dieu, donner ses biens pour Dieu ou se consacrer à Dieu.

Le deuxième élément lié à l'expérience de la puissance de Dieu est que le Saint-Esprit est donné pour révéler la source du mal, comprise non pas en termes de péché, mais en termes de croyances traditionnelles incarnant le pouvoir de destruction dont il délivre. C'est la compréhension exprimée par les Maxi interviewés : (IVCCı1) « Ee mi yi Jésu wɛ mi mɔn nukun jɛmɛ ɖɔ numɛsɛɛn mitɔn lɛ wɛ ɖo mi huwɛ » (Ee/quand, mi/nous, yi/reçu, Jésu/Jésus, wɛ/que, mi/nous, mɔn nukun/yeux vu, jɛmɛ/dedans, ɖɔ/que, numɛsɛɛn/croyances, adoration, mitɔn/pour nous, lɛ/eux, wɛ/qui, mi/nous, huwɛ/tuer nous, ce qui donne « *c'est quand nous avons reçu Jésus que nous avons compris que ce sont nos croyances qui nous tuaient* ». Ainsi, l'Évangile est compris comme la révélation de la nature négative, destructrice des croyances et pratiques maxi. Et une fois que le mal est dévoilé et compris, il est exorcisé : car l'expérience du parler en langues se comprend comme la libération des autres esprits et leur remplacement par l'Esprit de Dieu qui sauve et guérit. Les chrétiens maxi répondant à la question de l'importance du parler en langues confirment que « Yɛ Mawutɔn non za ayi mitɔ mɛn bo nɔn jijɔmɛn, bɔ yɛ nyanya lɛɛ nɔ hɔn » (Yɛ/ombre ou Esprit, Mawutɔn/de Dieu, non/lui, za/balayer ou dépoussiérer, ayi/cœur, mitɔ/ notre, mɛn/intérieur, bɔ/puis, nɔn/lui, jijɔmɛn/s'asseoir à l'intérieur, bo/ puis, yɛ/esprit, nyanya/mauvais ou méchants, lɛɛ/eux, nɔ/donc, hɔn/fuir, ce qui donne « Esprit de Dieu, lui, balaie notre cœur, puis s'asseoir dedans et les esprits mauvais, eux donc s'enfuient », ce qui signifie « *l'Esprit de Dieu en remplissant nos cœurs chasse les mauvais esprits et y installe sa demeure* ».

Ce rôle de combat, de révélation, de libération et de substitution du Saint-Esprit stigmatise les croyances, la culture et le peuple Maxi comme agents et représentations du mal, du diable aux yeux des Maxi convertis.

Et une fois délivrés de tout le système, il faut opérer une rupture radicale, de peur qu'en s'en approchant le Saint-Esprit ne parte (perte de salut) et que l'individu ne soit reconquis par le mal. Cet aspect sotériologique de leurs pratiques (perte de salut) renforce la notion de rupture radicale et la théologie de fuite observée chez les EEAD maxi. Ce radicalisme se manifeste davantage lors des funérailles au pays Maxi.

5.2.1.2. La veillée d'évangélisation ou la provocation ouverte

Les funérailles au pays Maxi sont souvent l'évènement de grand rassemblement. À côté des autres stratégies « formelles » d'évangélisation, telles que le porte-à-porte, les études bibliques dans les maisons et les campagnes d'évangélisation, c'est seulement cette dernière qui marche le mieux dans les villages maxi. Ainsi, les EEAD ont développé une stratégie de campagne d'évangélisation spécifique contextuelle, mais qui crée des conflits : la « veillée d'évangélisation ».

La « veillée d'évangélisation » est organisée parallèlement à celle des autres membres de la famille. Une telle désolidarisation crée déjà une friction entre le chrétien ou l'Église et le reste de la famille endeuillée. Car il n'a jamais existé au pays Maxi de cérémonie funéraire « individuelle ». Le deuil a toujours rassemblé, voire réconcilié des personnes en conflit au sein de la famille. Une cérémonie spéciale de réconciliation « Ajlallasa[12] » se tient pour régler un quelconque conflit existant entre les membres avant que ne commence toute cérémonie funéraire.

Le premier choc qu'occasionne la stratégie de la veillée d'évangélisation, c'est le fait que les chrétiens maxi refusent toute participation aux différentes « assises » familiales pour les prises de décision concernant les funérailles. Ensuite, certains vont jusqu'à s'opposer à l'admission des rites funéraires sur la dépouille. Les démêlés qui s'ensuivent ont parfois conduit les membres d'une même famille devant les tribunaux.

Ces oppositions chrétiennes révèlent que le sens accordé à une dépouille mortelle et « l'eschatologie du vodun » qu'avaient ces chrétiens avant leur conversion n'ont pas véritablement changé. Car si on a réellement compris que le corps retourne à la terre d'où il a été tiré (cf. Ec 12.7) et qu'à l'avènement du Seigneur Jésus-Christ, tous vont ressusciter (cf. 1 Th 4.16), on ne devrait plus discuter le corps d'un chrétien au point de se retrouver devant les tribunaux. Dans les croyances traditionnelles et le vodun, un cadavre fait plus peur que la personne vivante. Cela explique l'importance accordée

---

12. Quenum, *Au pays des Fons : us et coutumes du Dahomey*.

aux funérailles, et celui qui s'en détourne court le danger de la mort. C'est pourquoi manquer de participer aux funérailles d'un parent est une « forme d'anathème » pour la communauté maxi.

Mais le pire, qui exaspère les non-chrétiens, c'est la « veillée d'évangélisation ». Elle est organisée parce que celle de la grande famille est considérée comme païenne et diabolique et le chrétien doit éviter d'avoir quelque contact avec. Mais la veillée devient une occasion pour l'évangélisation des parents endeuillés. Elle s'organise généralement dans l'enceinte de la maison mortuaire, et prend le nom de « veillée d'évangélisation », dont le contenu aggrave la brouille que son organisation a occasionnée.

Ce ne sont pas ces différentes stratégies qui constituent d'abord le problème, mais c'est leur contenu qui interpelle et qui mérite d'être analysé.

5.2.2. Les messages d'évangélisation conflictuels

C'est souvent le contenu des messages de certaines stratégies d'évangélisation qui crée des conflits, qui parfois sont ouverts. Dans un ordre croissant de la violence du message, les stratégies employées sont : les témoignages, les campagnes d'évangélisation et les films d'évangélisation.

5.2.2.1. Les témoignages

Les témoignages se présentent sous un angle d'accusation, de stigmatisation et ne sont pas exempts de mensonges.

Le fait d'attribuer la source des différents malheurs aux parents et aux vodun constitue une accusation sans preuve à l'égard des proches parents qui ont voué toute leur vie à la survie de la personne. Cela dénote une attitude de profonde ingratitude qui fait que les parents, même quand ils sont convaincus d'une certaine véracité du message de l'Église, refusent de l'intégrer. Des cadres non chrétiens en 2016 ont voulu traduire l'Église de Laxotan en justice pour diffamation envers une femme qui a été accusée de sorcellerie par un membre de l'Église. Un jeune homme chrétien ayant échoué à son examen aurait témoigné à l'Église que la source de son échec était sa tante, avec qui il partageait la même concession. Le pasteur aurait menacé la femme, lui enjoignant de libérer son fidèle. Le neveu de la femme, non chrétien, en visite au village, a été saisi de l'affaire. Quand il a découvert que le jeune homme qui a fait la série D[13], n'avait pas obtenu la moyenne dans

---

13. Note de l'éditeur : la série D est une filière scientifique de l'enseignement général secondaire dans le contexte africain francophone. C'est la filière qui concerne la biologie.

les trois matières principales de sa série, il s'est fâché et a décidé de porter l'affaire en justice. N'eût été l'intervention d'un autre pour calmer l'affaire, ç'aurait été un procès en sus pour l'Église. Ces histoires sont légion et ne crédibilisent pas le témoignage de l'Église. Cela joue contre le message de la Bonne Nouvelle, car le Christ est présenté comme incapable de protéger contre l'envoûtement.

Il s'est institué dans l'Église une sorte « d'éthique de mensonge ». L'encouragement des fidèles à donner le témoignage de ce que Dieu fait dans leur vie amène certains à inventer des choses sans crainte de mentir. Dans le contexte pentecôtiste où l'accent est mis sur le « dynamis », la puissance, tout témoignage est galvanisé selon cet objectif.

Mais voici la lecture que font les Vodunon des témoignages des Maxi convertis au christianisme, appréciation du représentant des Sonon, Dah Kandénu (ITPVIv 4 décembre 2016) :

> « Je reconnais que les chrétiens adorent Dieu et quand ils lui demandent quelque chose il leur répond comme le Vodun répond à nos libations. Certains sont effectivement guéris, surtout quand il s'agit des maladies physiologiques. Mais quand les chrétiens disent qu'ils sont libérés des liens ancestraux, c'est faux. Car les ancêtres ne veulent jamais faire du mal à leur descendance. Si quelqu'un offense les lois et les tabous ancestraux, il subit les conséquences de ses fautes dont le but n'est pas de le tuer, mais de lui donner l'occasion de demander pardon afin d'être réintroduit dans sa lignée ». Et il ajoute : « Pasteur, il faut dire à tes membres que personne ne peut sortir de sa propre famille et survivre, la Bible même le dit, comment un chrétien qui est vraiment chrétien peut-il quitter son Dieu et survivre ? C'est Dieu qui a donné la famille à chacun, et renier sa famille, c'est renier Dieu. »

La conversion exprimée par la rupture avec sa famille est interprétée par les Vodunon comme une réalité contre Dieu. Car c'est Dieu qui fait naître dans une famille pour l'épanouissement de l'individu, et quitter sa famille pour une raison religieuse, c'est « renier Dieu ».

5.2.2.4. Les films d'évangélisation

Cette section montre que le film a joué le jeu du couteau à double tranchant. Par son contenu, il peut sauver comme il peut détruire.

Le film « Jésus » a été le moyen par lequel plusieurs personnes ont intégré l'Église. Le succès du film est dû, premièrement, au fait qu'il est traduit en « Fɔn », langue que comprennent tous les Maxi. Deuxièmement, le contenu n'a fait que présenter Jésus dans sa vie terrestre. Dah Kandénu a apprécié ce film en disant « si tous les films donnaient un tel message, peut-être que tout le village serait déjà entré à l'Église ». Et Dame Thérèse (IACCI2) a qualifié le film par ces mots : « J'ai vu Jésus qui a parlé ma langue et je ne pourrai jamais oublier son visage avec ma langue dans sa bouche. » Mais ce sont les autres films nigérians et béninois qui ont mis le feu aux poudres et causé d'innombrables dégâts.

Dans les autres films, les non-chrétiens sont présentés comme incarnant le diable et ne voulant que la mort des chrétiens en utilisant le pouvoir occulte. Le film béninois « Yatin » n'a fait que ridiculiser certaines divinités comme « Zangbetɔ » et « Lɛgba ». C'est le film qui a le plus occasionné de violence, non seulement au pays Maxi, mais aussi dans d'autres parties du territoire national. Plusieurs Églises en ont payé le prix, par des procès devant les tribunaux. Le film a été interdit au pays Maxi par plusieurs chefs d'arrondissements à cause de la violence qu'il suscite. Le message de ces films n'exprime pas seulement un triomphalisme du christianisme, mais aussi la disparition de ses ennemis dans la rencontre. Ces cinéastes chrétiens et leurs bailleurs de fonds, ces Églises qui projettent ces films révèlent l'identité qu'ils se donnent en tant que chrétiens, et tout ce que le message d'amour du prochain du Nouveaut Testament signifie pour eux. S'ils sont sauvés, sont-ils transformés ? Et quels sont le sens et la nature de leur transformation ?

Ce que la compréhension de la « métanoïa » et ses conséquences manifestées dans les stratégies d'évangélisation produisent dans la communauté révèle-t-il le message fondamental de l'Évangile, où, dans Romains 12.18, il est écrit : « S'il est possible, pour autant que cela dépend de vous, soyez en paix avec tous » ? Une vraie théologie de conversion, en d'autres termes, une vraie sotériologie ne doit-elle pas avoir une dimension communautaire dans le sens de promouvoir l'harmonie au lieu de semer le conflit et la division au sein d'un même peuple ? Cela soulève la question de la typologie chrétienne des Maxi convertis. Sont-ils « nouvelles créatures » au sens paulinien où « autant que possible, il faut être en paix avec tout le monde » ? Quel type de disciple de Christ sont-ils et comment peuvent-ils incarner le message « Aimez vos ennemis, bénissez ceux qui vous maudissent, faites du bien à ceux qui vous haïssent, et priez pour ceux qui vous maltraitent et vous persécutent afin que vous soyez fils de votre Père qui est dans les cieux. » (Mt 5.44-45) ? Qu'est-ce que le christianisme a fait de ces Maxi qui, une fois convertis, prennent leurs propres parents pour des ennemis à abattre et des humains de moindre valeur ? De l'autre côté, quelle a été la profondeur de la déchirure subie par ces Maxi africains voduistes, censés incarner la sagesse et l'hospitalité légendaire africaine, pour qu'ils s'en prennent à leurs frères qui ont décidé de quitter la famille et les croyances ancestrales ?

La section suivante va examiner le « religieux » des deux communautés, il s'agira du religieux comme matrice de construction sociale de la réalité, qui constitue l'obstacle au dialogue du vivre ensemble.

5.3. L'absence du dialogue et ses conséquences pratiques

Le but de cette section est de montrer l'édification sociale de chacune des deux communautés qui fait qu'elles ne peuvent pas se rencontrer pour dialoguer. Les deux types de « socialisation » qui s'affrontent sont, du côté des EEAD, « la théorie de la table rase », et de l'autre, celle « voduiste ».

La construction sociale de la réalité du christianisme que le chercheur va analyser dans cette section est la théorie de « la table rase » et sa conséquence pratique de la négation de l'humain à évangéliser ; tandis que la construction sociale de la réalité du Vodun Xɛbyoso qui sera analysée est « la socialisation voduiste » comme facteur de résistance à toute ingérence religieuse de structure littéraire.

5.3.1. La théorie de la table rase

Cette section développe les grands obstacles chrétiens à leur rencontre avec la communauté vodun. Ces obstacles tirent leur existence d'une source principale : la table rase.

Il sera examiné dans une première section l'origine et le développement de la table rase et le rôle du christianisme dans sa construction. Dans une seconde section, le chercheur montrera comment la mission s'est ensuite développée sur le principe de la théorie de la table rase pour produire une théologie de la table rase. La troisième section montrera les conséquences pratiques de la théologie de la table rase au pays Maxi.

5.3.1.1. L'origine et le développement de la théorie de la table rase

Pour comprendre la théorie de la table rase, il faut prendre en compte les trois phases importantes de l'histoire de l'Afrique, à savoir l'esclavage, la colonisation et son évangélisation.

Spindler, dans la préface au livre de Kä Mana, tout en situant l'origine de la théorie de la table rase, montre le rôle fondamental qu'a joué le christianisme occidental à son début. « Peut-on encore racheter, réparer la compromission des Églises et des chrétiens occidentaux avec la traite des esclaves africains du XVIe au XIXe siècle ? Cela est impossible et ce passé pèsera toujours sur les relations entre l'Afrique et l'Occident[14]. » Mais c'est Koulagna qui met en exergue ce rôle fondamental des Églises et des chrétiens occidentaux quand il écrit : « L'exégèse esclavagiste s'est toujours appuyée sur ces textes et sur d'autres de l'Ancien et du Nouveau Testament, pour soutenir cette activité et l'idéologie qui la sous-tend. Le mythe biblique de la malédiction de Cham par exemple, qui servira également d'alibi raciste, y a joué un rôle important[15]. »

Ainsi, pendant l'esclavage, le christianisme a encouragé certains esclavagistes par la justification biblique de la traite négrière. Mais le pire derrière l'esclavage est la valeur qui est accordée à l'âme du Noir. Ladite valeur a été définie lors du débat historique appelé « la controverse de Valladolid » (1550), dont le chercheur n'évoque que la conclusion sur la valeur des âmes :

> La controverse de Valladolid refait surface quand on entreprend des analyses sur les âmes. Elle a animé la galerie en Occident, Jean-Claude Carrière y a consacré un téléfilm, puis un roman et enfin une pièce de théâtre éponyme. L'enjeu de la controverse est autour de l'âme des Indiens, qui étaient d'abord considérés comme des sous-hommes, puis lorsque les débats ont évolué, ils ont été admis au rang des humains, mais avec une âme de qualité inférieure. Ainsi donc ils sont des esclaves nés. Lorsque la controverse prend fin, on découvre qu'il y a pire que l'âme indienne : l'âme des Africains. Mélanie Déchalotte rapporte dans la revue *Le Monde des religions* (mai-juin 2013) :

---

14. K. MANA, *Foi chrétienne, crise africaine et reconstruction de l'Afrique. Sens et enjeux des théologies africaines contemporaines*, Nairobi/Lomé/Yaoundé, Kenya/Togo/Cameroun, CETA/HAHO/CLÉ, 1992, p. 8.
15. J. KOULAGNA, *Le christianisme dans l'histoire de l'Afrique*, Yaoudé, Cameroun, Éditions CLÉ, 2007, p.110.

> « On ne sait pas ce qui s'est exactement passé durant la controverse, mais on a évoqué la question des Africains [...] Leur âme est inférieure à celle des Indiens, considérée comme presque animale. » Ainsi donc, une hiérarchie se met en place et transparaît dans toutes les relations jusqu'à ce jour : les blancs, les Indiens et tout en bas de l'échelle, les noirs[16].

La colonisation a été bâtie sur cette considération raciale de l'infériorité du Noir et le christianisme a servi de justification humaine à l'expansion occidentale et à l'entreprise coloniale. Et Bilolo affirma que grâce au christianisme, « le travail d'occupation coloniale de l'Afrique par l'Occident a pu s'accomplir jusque dans les consciences et dans les esprits[17] ». Et pour parfaire l'annihilation du colonisé, le colonialisme s'était attaqué aux langues des « barbares ». Cela rappelle la « glottophagie » de Louis-Jean Calvet[18], qui, dans son livre *Linguistique et colonialisme*, « dénonce violemment le fait de manger les langues, plus exactement la tendance du colonialisme français à combattre les langues africaines, les langues des pays dominés en imposant celle du colonisateur aux populations locales[19] ».

Ainsi, l'origine et le développement de la théorie de la table rase vis-à-vis d'un peuple se caractérisent d'abord par la valeur accordée à son humanité. À cet effet, certains mots ont été forgés, tels le « primitif », le « sauvage » et le « civilisé ». Puis la place que l'on attribue à la hiérarchisation des âmes, qui, selon la « controverse de Valladolid », a trois niveaux : « homme vrai », suivi de « sous-homme » et, en dernière position, « homme-animal ». Et enfin vient la pratique de la « glottophagie », qui signifie détruire les langues de « l'homme-animal » et les remplacer par celle de « l'homme vrai ». Dans son rapport avec l'Afrique pour l'évangélisation, qu'est-ce que la mission évangélique a apporté ?

5.3.1.2. La mission dans le spectre de la théorie de la table rase

Le chercheur prend la définition de la théologie de la table rase de Kä Mana, qui la situe par rapport à celle de l'implantation des Églises :

---

16. AHOGA, « Christianisme et contexte de vie », p. 27.
17. MANA, *Foi chrétienne, crise africaine et reconstruction de l'Afrique*, p. 22.
18. J.-L. CALVET, *Linguistique et colonialisme*, Paris, France, Payot, 1974.
19. P. HOUNTONDJI, sous dir., *Les savoirs endogènes. Pistes pour une recherche*, Paris, France, Karthala, 1994, p. 281-282.

Selon les théologiens africains contemporains qui se livrent à une analyse critique de l'histoire de la « mission » occidentale en Afrique, les visées des théologiens missionnaires se sont structurées autour de trois projets : le projet de table rase culturelle dont l'intention fut de détruire le « paganisme » local au nom de l'excellence de la civilisation du missionnaire et de la nouveauté inaliénable de l'Évangile confondu avec son incarnation en Occident ; le projet d'implantation de l'Église selon le modèle occidental : avec des structures, des rites, des problématiques, des conflits et des ambitions propres aux pays missionnaires ; le projet, quand les exigences de table rase et d'implantation de l'Église se sont révélées impossibles et théologiquement douteuses, de considérer certaines valeurs africaines comme des « pierres d'attente » à partir desquelles le christianisme occidental devait ancrer la foi chrétienne sur la terre africaine[20].

La mission par ces trois différents projets a parachevé le principe de la table rase à partir des considérations socioanthropologiques élaborées par l'esclavagisme et le colonialisme. À la culture du sauvage, la mission a donné une nouvelle qualification, celle de païenne, voire diabolique, ce qui donne une raison suffisante pour la démolir et la faire remplacer par celle civilisée et pure chrétienne. Et le message qui traverse tous ces courants de pensée est que l'Africain, ce Noir, esclave, n'est autre chose et n'a de valeur que sauvage. Il faut donc lui arracher toute la barbarie pour tenter de le rapprocher du Blanc en lui transférant de nouvelles cultures (civilisation) et une nouvelle religion : le christianisme. Si le dernier projet dont parle Kä Mana, la théologie des « pierres d'attente », avait commencé chez les EEAD du Bénin, cela aurait amélioré les relations entre les deux communautés. En attendant de voir des théologiens des EEAD y penser dans le futur, la prochaine section va montrer quelles sont les conséquences pratiques lorsque la table rase est pratiquée par des Africains à l'endroit d'autres Africains.

5.3.1.3. Les conséquences pratiques de la table rase au pays Maxi

Le missionnaire occidental et le Maxi converti au christianisme convinrent tous deux que les croyances africaines relèvent du pur paganisme

---

20. MANA, *Foi chrétienne, crise africaine et reconstruction de l'Afrique*, p. 39-40.

et que les pratiques, qu'elles soient culturelles ou cultuelles, sont une émanation du diable.

Le principe de la table rase devient ainsi un « patrimoine » que partagent les EEAD, et cela se démontre par les trois éléments suivants : l'occupation de l'espace géographique, l'exclusion des instruments africains du culte et la pratique de la « glottophagie ».

La création des stations missionnaires comme stratégie d'implantation d'Église dénote ce principe de la table rase qui consiste à ne pas cohabiter avec « les sauvages et païens » à sauver et civiliser. Ce principe du refus de partager la vie communautaire et l'environnement du peuple à évangéliser est devenu un patrimoine des EEAD que les Maxi convertis pratiquent aussi. En effet, la naissance des EEAD au pays Maxi a été l'œuvre des Maxi convertis à l'étranger. Les trois missionnaires maxi qui ont commencé l'œuvre à Logozoxɛ, Wɛdɛmɛ et Savalou, ont tous démarré leur cellule dans leur maison familiale. Car, de retour de l'étranger, ils avaient bénéficié de la légendaire hospitalité familiale. Mais ils ont tous connu un conflit : Egbegnon Sévérin Degla de Logozoxɛ, avec le chef de sa famille Dah Degla. Il en a été de même avec les autres : Marie Amoussou à Wɛdɛmɛ et Frédéric Amoussou à Savalou.

Qu'un missionnaire blanc ne vive pas avec la population maxi, cela pourrait se comprendre, mais c'est inadmissible qu'un natif qui, revenant de l'étranger, apportant une nouvelle religion qui a été accueillie, s'exclut par la suite, condamne sa propre famille et rejette ses croyances. Cela dénote une haute trahison. Aux yeux des Maxi non chrétiens, renier son ethnie, c'est comme cesser d'exister, c'est une mort « spirituelle ».

Aux niveaux cultuel et culturel, le principe de la table rase a conduit à un rejet quasi total de la culture africaine. C'est ce qui explique l'interdiction formelle de l'utilisation des instruments de musique africains dans le culte des premières Églises établies par les missions occidentales. L'Africain qui avait l'habitude de vivre sa foi dans ces rythmes et qui surmontait les vicissitudes de la vie par les chants et les danses se voit contraint à apprendre une autre manière de vivre. Cela a produit un dessouchement dont les conséquences vont être le rejet du christianisme et la naissance d'un christianisme africain de type prophétique. Grâce à certaines Églises indépendantes, des rythmes maxi, tels que le Cingume, sont aujourd'hui acceptés et même promus dans les cultes des EEAD.

L'imposition du français comme la langue de « l'Évangile » est la preuve de la « glottophagie ». En janvier 1949, rapporte Akibo, « fut ouverte l'École

Biblique Daho-Togo à Natitingou, dont l'objectif était de former des pasteurs dahoméens, togolais et voltaïques. Elle fut dirigée par mademoiselle Hélène Iselin[21] ». La colonisation avait imposé la langue du colon et la mission est allée dans le même sens que le colonisateur. Après 73 ans d'existence au Bénin, l'EEAD n'a créé aucun centre pour la formation des autochtones dans leur langue locale. Bien que 80 % de la population du Bénin soit non lettrée, il n'existe aucun groupe qui s'occupe de la traduction de la littérature française. Mais la « glottophagie », conséquence du principe de la table rase, a produit des « pasteurs bénino-français » qui ont honte de prêcher dans leur propre langue. Le directeur de Wycliffe (ITPC 2 mars 2018) indique dans l'interview qui lui a été accordée que les pasteurs qui sortent des écoles bibliques « [auraient] honte s'ils [devaient] prêcher dans leur langue maternelle. Le système mis en place par les missionnaires valorise le français qui est considéré comme la langue des civilisés. Il y a un cours préparatoire de deux ans pour les pasteurs entrant à l'école biblique et qui ne [parlent] pas le français. Ainsi chacun quitte l'école biblique comme "un nouveau commis colonial". Quand ils vont prêcher dans leur propre village, ils demandent un traducteur pour leur message, car ils ne peuvent prêcher qu'en français ».

Au pays Maxi, les écoles du dimanche sont conduites par les élèves et quelques rares fonctionnaires, les seuls capables de lire les manuels (existants uniquement en français) de l'école du dimanche. Les adultes non lettrés se plaignent du fait qu'il leur est difficile de mémoriser les versets, même quand ceux-ci sont traduits. Dans un contexte d'oralité, ce sont les adultes qui enseignent les jeunes, mais dans les EEAD au pays Maxi, ce sont les « enfants » qui enseignent leurs parents, parce que le christianisme se présente comme une religion « élitiste ».

Pour les Vodunon, les Églises évangéliques (ils font exception pour le catholicisme) constituent un groupe social d'hommes immatures, à la solde d'un colonialisme religieux. Dah Kandénu décrit leur situation de la manière suivante : « Ces pasteurs, responsables des églises, rappellent "la période sombre de la colonisation". » Pour lui, « les chrétiens maxi se laissent coloniser à nouveau, mais cette fois par des Noirs, au nom d'un Dieu qui demande de rejeter sa propre famille. Le colon blanc nous a interdit de parler notre langue, le colon noir chrétien nous a demandé de rejeter et notre langue et notre famille. Le premier nous faisait au moins les routes, des écoles où nous envoyions nos enfants qui viennent prendre soin de nous

---

21. Akibo, *Les fruits de la Pentecôte*, p. 19.

quand nous devenons vieux. Mais le nouveau colon noir chrétien ne nous donne rien, mais détourne nos enfants qui nous abandonnent dans notre vieillesse » (IAPVII2).

Ce commentaire de Dah Kandénu révèle la dimension nouvelle du principe de la table rase lorsqu'il est pratiqué par des Africains. Il s'agit de la négation de l'humanité de ses propres parents.

5.3.2. La négation de l'humanité du peuple à évangéliser

Deux éléments caractérisent ce principe de la négation de l'humanité observé au pays Maxi : absence du social dans l'approche de l'autre à évangéliser et indifférence face au vivre ensemble.

5.3.2.1. Absence du social dans l'approche de l'autre

L'évangélisation des missionnaires est préférée à celle des Noirs qui ont pris la relève de la mission. Les premiers semblent plus humains, parce qu'ils peuvent distribuer par moment un peu de riz ou acheter ou donner des médicaments pour quelques non-chrétiens, même si c'est en guise d'appât, comme stratégie d'évangélisation. Ce qui n'est pas le cas des chrétiens noirs qui ne le font pas, non pas parce qu'ils sont pauvres, mais pour d'autres raisons que l'on ne peut qu'attribuer au principe inhumain de la table rase.

Au pays Maxi, venir en aide aux non-chrétiens, même ses propres parents, est compris comme une participation au mal, une façon de sympathiser avec le diable. Se séparer pour mener sa vie pieuse ou sortir du milieu d'eux est l'idéal du témoignage chrétien. Le chercheur a rencontré quatre cas éloquents représentatifs de l'anti-sociabilité des chrétiens : la veuve Azombakpo, 70 ans (IAPVII 1ᵉʳ novembre 2016) ; Titigo, 60 ans (IAPNII 23 novembre 2015) ; la veuve Dehuin, 69 ans (IAPVIv 12 décembre 2015) et Dame Azonsito, 52 ans (IAPVII 8 décembre 2016). Elles ont respectivement un fils, Léopold (48 ans), une fille, Roberte (33ans), un fils, Yvon (42 ans) et un fils, Alfred (30 ans), qui chacun aidait financièrement son parent quand il n'était pas chrétien « évangélique ». Mais une fois convertis, ils ont suspendu ladite aide, argumentant que les parents allaient utiliser les aides financières pour nourrir les vodun. Les mêmes raisons sont avancées par certains chrétiens pour refuser de payer les quotes-parts pour les cérémonies funéraires dans leur famille. Plusieurs autres chrétiens sont toujours indécis pour payer les cotisations familiales. Cela crée des conflits entre ces chrétiens et leur famille, car les parents ne comprennent pas pourquoi un fils peut manquer à un tel devoir familial, communautaire, ancestral et humain. En Afrique, les enfants sont un investissement, et les parents attendent « leur retour sur investissement », mais « le christianisme évangélique » les en prive. Une telle attitude décrédibilise le christianisme qui est compris comme antisocial.

Ainsi, quelque chose de fondamental a manqué à l'annonce de l'Évangile : « L'amour du prochain. » P. Béguerie et C. Duchesneau se demandent : « Comment dire ou montrer Dieu aux autres d'une manière plus efficace ? Jadis l'on a pensé par la proclamation, ce qui a donné le christianisme du discours dénué le plus souvent de sa substance principale recommandée par Jésus-Christ : l'amour[22]. » Le christianisme dénudé ainsi de son socle qu'est l'amour ne se manifeste pas seulement au niveau familial, l'environnement immédiat, le quartier, le village et la ville constituent aussi l'ennemi qui ne mérite pas l'attention ou le secours des chrétiens des EEAD.

5.3.2.2. Indifférence face au vivre ensemble

Les chrétiens évangéliques au pays Maxi sont comme « programmés » à vivre en vase clos et ne s'intéressent à rien de ce qui se passe dans leur environnement. Et cela s'explique par leur absence des structures sociétales et des activités où les autres seront présents.

Ils sont absents partout, même dans les structures qui les concernent directement : association des parents d'élèves, ou ONG de développement (l'Église au pays Maxi est composée à 90 % de paysans et elle est très pauvre). Voici la description d'une réalité illustrant la situation en ce milieu :

Le gouvernement a opté pour une politique de décentralisation nationale. Cela a motivé la création des comités zonaux ou départementaux pour penser le développement. La plupart de ces comités, formés dans la capitale, s'évertuent soit à mettre en place leurs propres structures de développement, soit encouragent et plaident auprès des ONG de développement pour mener des actions dans leur localité d'origine. Le chercheur fait partie de l'un de ces comités. Des fournitures scolaires et des médicaments sont convoyés au pays Maxi. Parmi les répondants de cette activité, il n'y a jamais eu de chrétien évangélique. Le leadership à la base est assuré par les Vodunon et les chrétiens catholiques. Cependant, c'est dans ces réseaux que les chrétiens pouvaient exercer leur influence, mais parce que ce sont les Vodunon qui assurent le leadership, ils ne peuvent pas coopérer avec eux. Ils manquent ainsi à leur présence, comme le décrit Djereke : le chrétien qui « refuserait

---

22. BÉGUERIE et DUCHESNEAU, *Pour vivre les sacrements*, p. 22.

de s'impliquer dans l'organisation de la cité empêcherait l'Église de manifester qu'elle partage "les joies et les espoirs, les tristesses et les angoisses des hommes de ce temps, des pauvres et de tous ceux qui souffrent[23]" ».

L'indifférence est si criarde que leur mode de vie s'apparente à celui des ermites du Moyen Âge, ou des ghettos. Ils ne participent ni aux structures de développement telles les ONG ou les associations d'entraide, ni aux actes de maintenance de l'environnement, telles les campagnes de salubrité publique. Et ils n'initient rien pour le bien-être commun.

Ainsi, l'objectif que vise la théologie de la table rase, qui consiste à tenter d'effacer la tradition ou la culture ou les croyances d'un peuple, est une illusion. Le résultat au pays Maxi montre qu'elle a produit des chrétiens dont la valeur comportementale est aux antipodes de ce qui fait le cœur du message chrétien : l'amour du prochain. Cependant, il est impossible de « raser » la vie traditionnelle d'un peuple de l'oralité. Tabar le confirme quand il écrit : « On ne peut faire table rase de la culture traditionnelle, dans la mesure où elle est comprise comme un système de représentations spécifiques de l'existence[24]. » C'est ce que la section suivante va démontrer par la « socialisation du Vodun Xɛbyoso ».

5.3.3. La socialisation du Vodun Xɛbyoso

Devenir membre du vodun est une continuité sociale (non pas métanoïa). Cette continuité que le chercheur qualifie de « densification de l'ancrage social » constitue le facteur principal de résistance à toute influence étrangère. La densification se réalise par trois éléments : « l'élection » Vodun Xɛbyoso, la communauté d'initiation et la « vodussolalie ». Lorsqu'un individu passe par toutes ces étapes, il devient comme immunisé contre tout déracinement religieux.

5.3.3.1. Élection du Vodun

Celui qui est élu par le Vodun Xɛbyoso entame le processus de construction d'un second patrimoine, ayant déjà acquis le premier, qui est le patrimoine culturel maxi (cf. section 2.4.) principalement voduiste. Cette seconde acquisition explique la densification de l'ancrage social et permet

---

23. DJEREKE, *Être chrétien en Afrique aujourd'hui. À quoi cela engage-t-il ?*, p. 119.
24. TABAR, « Théologie des Religions Traditionnelles Africaines. Recherches de Science Religieuse », p. 327.

de comprendre la solidité identitaire acquise à la fin du processus. Deux éléments caractérisent ladite élection : la précocité du recrutement et la négociation de la famille, qui la précède.

Le recrutement se fait depuis la petite enfance jusqu'à l'adolescence. Dah Voji (IAPVIII 8 décembre 2016) en donne deux raisons : c'est l'âge où l'assimilation est des plus faciles et c'est la période par excellence de la pureté d'une personne. S'il arrive qu'une personne adulte doive devenir membre (généralement à cause des difficultés de la vie où l'oracle révèle que le salut se trouve dans l'adhésion au vodun), il existe une tradition de transfert d'élection sur sa progéniture. L'adulte s'engage à donner l'un de ses enfants présents ou à naître au vodun et prête serment qu'il subisse le retour des calamités en cas de non-respect. Ce dernier rentre dans les bénédictions du vodun dès qu'il fait le vœu et s'acquitte des sacrifices conséquents.

Le recrutement se fait toujours par une négociation avec la famille du jeune néophyte. Avant la colonisation, la famille était très heureuse que le vodun élise une personne en son sein, car c'était un privilège et une garantie de protection. Chose qui a changé avec la colonisation et l'école forcée, qui ont engendré le dépeuplement des couvents. Les responsables ont adopté de nouvelles stratégies qui ont déjà été décrites ci-dessus (cf. section 3.2.2.). Sinon il n'a jamais existé de conflit entre une quelconque famille et le Vodun Xɛbyoso dans le Maxi traditionnel. Même quand la situation a changé avec l'institutionnalisation de l'école, les Hunnon ont changé de stratégie pour s'adapter aux nouvelles conditions. Ils ont changé la période des cérémonies qui se pratiquaient de décembre à février pour les réaliser en août et septembre, afin de se conformer aux vacances scolaires, à cause des élèves et étudiants qui sont membres. Pour ces derniers, les statistiques 2017 pour le pays Maxi étaient de 29 au total dont 4 en master, 2 en licence et le reste en cours secondaire.

Si le recrutement est individuel, l'initiation est toujours en communauté.

5.3.3.2. La communauté d'initiation

L'identité culturelle maxi est communautaire, et l'initiation au Vodun Xɛbyoso se fait par cohorte pour prolonger la structure communautaire. L'initiation communautaire se fonde sur deux choses : les « identités » individuelle et communautaire qui restent tributaires de la tradition orale et l'éducation par l'exemplification et la pensée imageante.

Dans le contexte de l'oralité, identité et mémoire collective se forgent par le vécu collectif et la parole sert de vecteur d'éducation et de textes.

Le système d'initiation est fondé sur l'éducation par modèle de vie. C'est pourquoi la cohorte de néophytes va vivre dans le même couvent auprès des anciens dont le rôle est d'enseigner par la manière de vivre. Lors des interviews, le chercheur a noté deux éléments qui l'ont renseigné sur le fonctionnement de la mémoire collective et l'identité : l'acte de naissance et l'attribution du nom.

Un fait insolite, aucun des vodunsi ne se rappelait son âge naturel de naissance, mais c'est seulement l'âge d'élection du Vodun qui constitue l'acte de naissance. Le chercheur a fait intentionnellement le test lors des interviews collectives et personnelles, et la réponse fut la même. Il n'existe que des identités collectives de naissance et la différence d'âge ne concerne que les cohortes. Le même phénomène d'oubli du passé s'observe aussi au niveau des noms de naissance naturels. Mais chacun se rappelle de son nom du Vodun, le déclame et le fait suivre de son explication proverbiale comme faisant partie de son identité, c'est ce que souligne Aguessy : « Le nom fait partie intégrante de la personne. Le prénom notamment exprime ou qualifie celui qui le porte par une phrase condensée et symbolique. Il est conduite du progrès. D'origine secrète, il ne fait pas que nommer : il explique. C'est plus qu'un signe ; il devient une figuration symbole. Il illustre en résumant ; en ce sens, il est vrai de dire qu'il révèle l'être[25] ».

Ces deux éléments ont produit une identité nouvelle qui rend l'individu comme amnésique de l'identité ancienne. Et la nouvelle identité est achevée et « activée » par le système d'éducation utilisant la pensée imageante dont l'élément activateur est le rite.

La pensée imageante se forge dans le domaine religieux par le rite dont le but est de former l'homme entier comme P. Béguerie et C. Duchesneau le montrent : « Le rite met en jeu l'homme intégral. Il rappelle à l'homme qu'il n'est pas que pensée et intelligence, mais aussi corps et sensibilité. C'est pourquoi un rite n'est jamais fait que de mots. Dans un rite, il y a toujours à sentir, à toucher, à voir, à entendre, à parcourir, à manger, à boire [...] parce que, pour faire un homme, il faut à la fois corps et âme[26]. » Pour le Vodun Xɛbyoso, l'identité voduiste se parachève par le langage sacré qu'apprend tout néophyte.

---

25. Aguessy, *Cultures vodoun*, p. 45.
26. Béguerie et C. Duchesneau, *Pour vivre les sacrements*, p. 74.

5.3.3.3. La « vodussolalie » ou langue du Vodun

Il existe une langue sacrée qui est parlée par tous les néophytes que le Vodun Xɛbyoso a chevauchés. Le non-initié n'entend le vodunsi parler cette langue (incompréhensible pour lui) que lorsque ce dernier est chevauché. On peut y voir une similitude avec le « parler en langues » dans le christianisme, à la différence que les autres membres initiés du Vodun comprennent la langue quand elle est parlée.

Pour l'informateur ou les initiés, c'est un langage qui est appris pendant la première période d'initiation et le perfectionnement continue pendant les trois ans que dure l'initiation. Concomitamment à l'apprentissage du langage sacré, les danses sacrées, les chants et les panégyriques sont les éléments sacrés de socialisation religieuse de la personne que le Vodun élit.

Ainsi, par ces différentes étapes d'initiation, le Vodun Xɛbyoso transforme tous ses néophytes en des « adultes » dotés d'un patrimoine religieux inaltérable. Dah Kandénu a lancé le défi au chercheur de trouver dans ses églises un seul vodunsi qui aurait été chevauché par le Vodun Xɛbyoso. Mais n'est-ce pas cette densification de l'ancrage social qui serait cause de leur exaspération vis-à-vis des Maxi convertis aux EEAD ? Ce qui explique davantage l'âpreté de la résistance à l'égard du christianisme.

5.3.4. Les facteurs sociaux de résistance

Le Vodun Xɛbyoso, fort de la solidité des membres et assumant le leadership des Vodun, innove des activités sociales qui, tout en développant la résistance au niveau des autres Vodun plus faibles (Ninsuhwe, Dan, Gu, Nangovodun, etc.), vise la récupération des Maxi convertis : restructuration du système vodun, « élitisation » du vodun et modernisation de la présence vodun. Selon le dictionnaire Cordial, « élitisation » signifie « le fait de rendre réservé à l'élite ».

5.3.4.1. « Élitisation » du vodun

Le but poursuivi est de doter le système vodun de personnes capables de penser son développement. Car avec la mondialisation et la globalisation, un système vodun incapable de s'insérer dans le développement et de rimer avec les nouvelles technologies a programmé sa propre mort.

Selon Dah Kandénu (IAPVii 5 novembre 2016), ingénieur géomètre, ancien catholique, homme politique (chef d'arrondissement) et Hunnon, trois stratégies sont en cours d'essai. Il s'agit de la mobilisation des hommes politiques qui cherchent à se faire élire dans les circonscriptions maxi ou les cadres maxi qui rencontrent des difficultés dans leur profession ou sont aux prises avec divers problèmes comme maladies, hypofertilité ou autre. Il leur est proposé, comme à la manière de l'évangélisation, une « voduisation » qui consiste à se confier aux vodun pour expérimenter la satisfaction de leurs besoins par ce dernier. Des annonces publicitaires allant dans ce sens se font sur plusieurs radios FM. Mais la troisième stratégie, prioritaire, est celle de suivi et d'accompagnement des 29 élèves et étudiants qui sont de véritables néophytes, chevauchés par le Vodun. Dans le passé, le vodun et l'école étaient deux entités opposées, mais la vision d'« élitisation » du vodun conduit à ce changement de paradigme. Ces premiers intellectuels voduistes sont coachés par le comité que dirige Dah Kandénu. Ils reçoivent une bourse pour leurs études, sommes mobilisées auprès des hommes politiques et des cadres qui viennent chercher secours auprès des Vodun. Dah Kandénu confiait au chercheur que si l'expérience marchait, elle serait systématisée et développée sur l'étendue de tout le pays[27].

Les arguments de mobilisation utilisés sont principalement la restauration du patrimoine traditionnel maxi et la valorisation des croyances et pratiques traditionnelles en perte de vitesse. Et c'est pour atteindre cet objectif qu'il était nécessaire de restructurer tout le système vodun se trouvant dans les arrondissements entourant Savalou.

5.3.4.2. Structuration du vodun

La création d'une instance pour fédérer les vodun dans les arrondissements a vu le jour en décembre 2014. Le but principal est d'unir et d'organiser les différents vodun en fédération pour penser le développement du pays Maxi et jouer le rôle de gardien et de garant des valeurs culturelles, des croyances, et, enfin, assurer la stabilité et la paix au pays Maxi.

Cette structuration a aussi induit, au niveau de la royauté, la naissance et le développement de l'Association des Rois et Têtes couronnées[28]. Ce sont des cadres Maxi qui occupent les trônes des trois grandes communes maxi que sont Savalou, Cove et Soclogbo, respectivement colonel dans l'armée

---

27. L'intégration du chercheur est une ouverture pour poursuivre des réflexions sur la stratégie efficace pour atteindre la vision du monde maxi avec l'Évangile.
28. Les intellectuels rentrent pour s'occuper de la gestion des valeurs traditionnelles. Il s'agit d'un phénomène nouveau qui se développe en Afrique et qui a été documenté par C. H. Perrot et F.-X. Fauvelle-Aymar, sous dir., *Le retour des rois. Les autorités traditionnelles et l'État en Afrique contemporaine*, Paris, Karthala, 2003.

béninoise, professeur d'université et professeur certifié de mathématiques du secondaire.

Ces rois-cadres ont doté leur structure d'un cadre juridique et l'Assemblée Générale des Rois et Têtes couronnées se tient chaque année le troisième samedi du mois de novembre. L'Assemblée élit le comité des Rois et Têtes couronnées pour la gestion et le suivi des décisions prises à l'AG. Sont invités à cette AG les cadres du forum maxi qui organisent des festivals « Mahi-Hwindɔ » et des symposiums de réflexion sur le pays Maxi et la valorisation de sa culture. Les festivals se tiennent chaque année le troisième dimanche du mois de novembre. Et comme son nom l'indique, « Mahi-Hwindɔ » (Mahi/ethnie Maxi, hwindo/entité familiale, ce qui donne « entité familiale maxi »), ils se tiennent pour la promotion et le relèvement des valeurs culturelles, historiques, familiales et linguistiques maxi.

Les innovations sont apportées au vodun afin de lutter contre l'évasion de certains membres (des vodun faibles) vers d'autres religions, en l'occurrence les Églises dites évangéliques. Mais des réflexions ont été faites par les élites du vodun et des têtes couronnées pour moderniser le vodun afin d'assurer la résistance face aux Églises, mieux, pour récupérer les anciens membres convertis.

5.3.4.3. Modernisation de la présence du vodun

Les premières innovations apparues dans le vodun sont le changement de nom et la stratégie de présence qui l'accompagne.

Le comité de réflexion dirigé par le roi Tossoh Gbaguidi, pour penser l'avenir du vodun[29] au pays Maxi, se serait inspiré des travaux de l'Institut du Développement Endogène et d'Échange (IDEE) du professeur Aguessy. Institut dont l'objectif premier est de libérer l'initiative africaine en commençant par l'immersion culturelle[30]. La seconde source d'inspiration fut les travaux de recherche du professeur philosophe Paulin Hountondji, consignés dans le livre *Les savoirs endogènes*. Dah Kandénu, membre du comité, rapporte : « Le choix du mot "endogène" pour qualifier l'ensemble des vodun repose désormais sur des analyses scientifiques menées par des Béninois de

---

29. Le chercheur a demandé à accéder aux textes, mais il fallait attendre les 7 ans qui doivent suivre le décès du roi (Tossoh Gbaduidi 13), décédé le 19 septembre 2014, pour ouvrir le coffre royal du défunt où seraient entreposés les archives secrètes du royaume, dont ces documents.
30. Les informations se trouvent sur le site : www.idee-bénin.com/objectif.htm, consulté le 12 février 2019.

références internationales. Le concept "vodun" est trop chargé historiquement et rappelle, pour les intellectuels béninois, une vieille croyance que les évangéliques ont fait connoter de "diabolique" » (IAPVII 6 novembre 2016). Et pour donner aux vodun le même rang que toutes les croyances classiques comme le christianisme, l'islam et le bouddhisme, il faut qu'ils deviennent aussi des religions. Ainsi, le néologisme pour désigner l'ensemble des voduns et croyances au Bénin est « Les Religions Endogènes ». Mais à quoi aurait servi ce changement de nom si ce n'est que pour des raisons de réflexion ? Dans le contexte de l'oralité, les symboles visibles sont d'importance dans les échanges et la communication. Cela a conduit à la conception d'une politique de présence : la construction des « lieux de culte des Religions Endogènes ». Ainsi, au moment où les chrétiens évangéliques se retirent et se complaisent dans leur ghetto, les Vodunon élaborent des stratégies d'occupation spatiale. L'enquête révèle les raisons suivantes pour cette présence :

La construction des lieux de culte pour les Religions Endogènes repose sur deux considérations : la stratégie d'imitation pour une assimilation et la modernisation des temples vodun pour le confort de la nouvelle cible.

Le premier édifice des Religions Endogènes a été érigé à Savalou (cf. photo annexe v.1). L'architecture est une copie de la structure catholique en forme de croix, mais les matériaux de construction sont locaux. Le bois est utilisé parce que le vodun fait corps avec le cosmos et ne saurait être embrigadé à l'intérieur d'un temple en béton, entièrement fait par les humains. L'inscription sur l'édifice est conçue à l'image de celles qu'on trouve sur les églises évangéliques, telles : « Union des Églises Évangéliques du Bénin » ou « Union Renaissance d'Hommes en Christ ». Il y est écrit : « Union des Religions Endogènes », URE, Djowamon de Savalou. « Djowamon », dans la langue maxi, se décompose en Djo/naître-Wa/venir-mon/trouver, ce qui donne « naître venir trouver », et qui signifie « nous avons reçu à notre naissance » ou « notre héritage ». Plusieurs numéros de téléphone y sont affichés pour les contacts ou les sollicitations d'urgence.

Le contenu de la section montre que la communauté du Vodun Xɛbyoso est aussi sur le pied de guerre, elle a affûté des armes pour combattre, récupérer et reconquérir le territoire maxi conquis et le reste du Bénin.

Ainsi se présente la situation : d'un côté la communauté des EEAD, qui, par sa sotériologie qui définit la conversion en termes d'évacuation ou de capitulation, fait du Maxi converti un ennemi de ses propres parents. Il refuse de rencontrer les autres et se réfugie dans son assemblée, seul lieu de sécurité. De l'autre côté, la communauté Vodun Xɛbyoso, confiante dans la solidité de son ancrage social, et exaspérée par les stratégies de dénigrement des EEAD, se lance dans une « guerre de reconquête » en mobilisant les couches sociales influentes pour sa cause. Nous sommes en présence de deux communautés qui, par leurs stratégies, se trouvent aux antipodes du vivre ensemble. Alors qu'avant l'arrivée du christianisme, elles n'étaient qu'une seule communauté. Le responsable du conflit est la communauté chrétienne, et la nature du conflit dépasse l'injonction de « haïr » ses parents de Luc 14.26-27. Ce qui pousse à analyser, dans la section suivante les éléments bibliques qui permettent de mieux comprendre le conflit et d'entrevoir la solution biblique à suggérer.

5.4. La réponse biblique au conflit entre les deux communautés

Le but de cette section est d'examiner le conflit à travers le prisme biblique et de suggérer la solution biblique qui convient. Deux éléments permettront d'atteindre cet objectif : l'examen des facteurs bibliques qui éclairent le conflit, et les données bibliques et théologiques dont l'application sera source de transformation, de paix et d'harmonie sociétale, car le chrétien est lumière et sel pour les nations (Mt 5.13-14).

5.4.1. Les facteurs bibliques et théologiques explicatifs d'une sotériologie exclusiviste

Du conflit provenant de l'œuvre missionnaire évangélique au pays Maxi, le chercheur a identifié quatre facteurs bibliques et théologiques qui permettent de comprendre la profondeur de la sotériologie en termes de repli-distanciation : la « contextualité de la mission », le « type d'évangile », « le grand mandat missionnaire » et la « formation de disciples ».

5.4.1.1. La contextualité de la mission

Le choix de considérer la vocation missionnaire uniquement en termes de chance ou d'opportunité (cf. section 5.1.1.) paraît être à l'origine de l'absence d'élaboration d'une théologie de la mission chez les Assemblées de Dieu du Bénin (EEADB). Cela a généré des problèmes théologiques et bibliques dont le premier concerne la « contextualité de la mission » et le second soulève la question « du prochain » dans la mission des EEADB. Ces deux problèmes font partie des pièges relevés par Bosch[31] et que le chercheur va développer dans les paragraphes suivants.

Le fait de n'avoir pas intégré le contexte dans leur approche de la mission a conduit les EEAD du Bénin à ne pas questionner leur propre contexte. Ils ont ainsi d'une part pérennisé et renforcé l'esclavage et le colonialisme sur les champs de mission, et d'autre part hypothéqué la vie de leur Église. Ainsi, le « christianisme impérialisme » issu de cette continuité historique a eu des conséquences négatives aussi bien pour leur propre pays que pour les églises issues de la mission. On parle aujourd'hui d'un « christianisme occidental refroidi, enfermé dans son particularisme (romain, blanc), et qui a besoin d'un redressement des valeurs d'une société décadente livrée à l'homosexualité, au divorce, autant de maux qui alimentent l'éternel procès de l'individualisme occidental[32] ». La finalité est ce que Bosch décrit d'elles : « Les Églises occidentales en ont conçu une profonde insécurité, jusqu'à mettre en question la mission chrétienne elle-même[33]. » Négliger le contexte de vie où l'Évangile doit s'appliquer, c'est courir le risque de la sécularisation de la foi. C'est pourquoi les Saintes Écritures nous avertissent : « Ils ne sont pas du monde [...] [mais] envoyés dans le monde » (Jn 17.16-18). Nous ne devrons pas considérer comme nôtres toutes les valeurs du monde, mais nous avons certaines valeurs que le monde ne peut avoir et avons la responsabilité de les faire valoir dans le monde pour le bien du monde. La connaissance du contexte d'échange des valeurs détermine notre réussite ou notre échec de la mission et de la présence dans le monde.

La même erreur a été commise lors de la réalisation de la mission en Afrique où l'ignorance du contexte de la mission a produit une « christianisation » et non une évangélisation, comme le souligne Mveng : « La question est de savoir [...] si la conversion au Christianisme équivalait à une conversion au mode de vie européen ou américain. Pour beaucoup de gens de cette génération, malheureusement, christianisme et mode de vie occidentale coïncidaient. Christianisation devenait donc occidentalisation. La crise était imminente[34]. » Un aspect de la crise est le débat de la contextualisation ou

---

31. Bosch, *Dynamique de la mission chrétienne*, p. 18.
32. M. J. Nzeyitu, « Jésus l'Africain », https://histoirenoire992.skyrock.com/3073088583-Jesus-l-africain-le-livre-par-Pasteur-Melo.html, 2002, consulté le 18 décembre 2016.
33. Bosch, *Dynamique de la mission chrétienne*, p. 14.
34. E. Mveng, *L'Afrique dans l'Église, paroles d'un croyant*, Paris, France, L'Harmattan, 1985, p. 78.

inculturation au sein des théologiens africains. Mais la crise avait aussi eu pour première expression la naissance des Églises indépendantes, dont Nduku-Fessau Badze indique quelques causes : « Le christianisme impérialisme n'avait pas créé des églises pour le bien-être des nouveaux convertis ni pour une quelconque éthique du royaume de Dieu. Le christianisme occidental avant les indépendances était à la solde du pouvoir colonial. Les premiers missionnaires avaient eu souvent à choisir entre le pouvoir colonial et les nouveaux convertis qu'ils venaient de produire[35]. » Une ramification de ce clivage est la naissance du « christianisme africain » et du « christianisme endogène ». Le premier regroupe les Églises indépendantes issues de la mission occidentale, le second concerne ceux dont André Mary fait la description suivante : « Seront du christianisme endogène, ceux qui se déclarent "authentiquement" et exclusivement africains alors même que des emprunts substantiels au christianisme font partie de leur identité[36]. » Il s'agit de tout christianisme pensé et institué par des Africains pour des Africains avec le souci d'une spécificité africaine.

Ainsi, la théologie de la contextualisation ou d'inculturation est l'expression de cette inadéquation du christianisme hérité aux besoins religieux des Africains que vivent ceux qui sont restés dans le prolongement de la mission. La solution ne semble pas se trouver dans une quelconque voie d'importation d'une théologie conçue ailleurs. Car il s'agit d'une problématique identitaire liant mémoire du mal et généalogie ancestrale que le christianisme occidental récusait par sa stratégie missionnaire de la négation du contexte. Mais le développement du christianisme des nouvelles spiritualités en Afrique est une critique de cet aspect de la mission, car le point focal de leurs stratégies concerne prioritairement l'environnement. Et leur succès s'explique par cette culture globale de la prise en compte des problèmes contextuels du rôle de matrice d'accueil des identités indigènes qu'offrent ces Églises.

Cependant, la crise de l'œuvre missionnaire en Afrique ne peut être déterminée par la seule ignorance des contextes du missionnaire et du

---

35. Interview accordée au pasteur Nduku-Fessau Badze par Religioscope, https://www.religion.info/2006/07/23/livre-kimbanguisme-et-identite-noire/, 29 août 2004, consulté le 11 septembre 2015.
36. A. Mary, « Culture pentecôtiste et charisme visionnaire au sein d'une Église indépendante africaine », *Archives de Sciences Sociales des Religions*, n° 105, 1999, p. 29-49.

champ de la mission. Le type d'évangile prêché participe aussi à la situation. C'est l'objet de la section suivante.

5.4.1.2. Le type d'évangile prêché

L'essentiel de la foi devrait demeurer toujours dans la réponse à la question que le Christ adresse à chacun de nous : « Et vous, qui dites-vous que je suis ? » (Mt 16.15). Quelle réponse les chrétiens africains, surtout les peuples de l'oralité, donnent-ils à cette question ? La réponse dépend du type d'évangile qui leur a été prêché. C'est un évangile réductionniste, où le Christ est venu détruire les idoles, le pouvoir des ancêtres et apprendre aux convertis à vivre une nouvelle vie à l'image de l'Occident. Ce qui fait que la situation des chrétiens africains ne s'est guère améliorée.

Il faut repenser le contenu de la présentation de l'Évangile pour lui donner toutes les dimensions qui l'élèvent au-dessus du réductionnisme qui l'empêche de s'ouvrir au monde pour assurer sa responsabilité de sel et lumière. Car « si des personnes ont été exposées à une compréhension de l'Évangile qui est énoncée principalement en termes individualistes ("justification par la foi"), ou en termes de "salut" comme étant fondamentalement une vie dans un autre monde après la mort (et la "foi" comme la police d'assurance qui nous y fait parvenir), il est presque impossible de les amener à une position d'où elles voient à quel point leur travail et leurs implications culturelles dans le monde présent sont étrangers à l'Évangile[37] ». Ainsi, au lieu de travailler en vue de transformations sociales et culturelles, pour créer un environnement propice à la paix, les chrétiens africains ont été abreuvés à un « évangile » désincarné de son humanité. Ce qui est contraire au modèle de Christ, qui s'était toujours préoccupé des autres, de la foule, comme le montrent par exemple Matthieu 15.29-39 ; Marc 6.30-44 et Luc 9.10-17. Christ offre un modèle d'Évangile que le chercheur qualifiera d'« humain aimant », qui, de sa bouche, fait entendre : « Je suis ému de compassion pour cette foule ; car voilà trois jours qu'ils sont près de moi et ils n'ont rien mangé. Je ne veux pas les renvoyer à jeun, de peur que les forces leur manquent en chemin » (Mt 15.32). Christ, qui savait qu'il était venu pour que les humains aillent au ciel, s'est d'abord préoccupé d'eux ici-bas. Car l'écoute de son message passe par cet amour qui rencontre les autres dans leurs situations, leur environnement. À sa suite, on voit le grand apôtre

---

37. V. RAMACHANDRA, « Qu'est-ce que la mission intégrale ? », traduit par Prisca Wiles, 2006, p. 3, document PDF.

envoyé vers les peuples de culture non juive qui manifeste une intégration culturelle humaine valorisante : « avec les Juifs, j'ai été comme Juif [...] avec ceux qui sont sous la loi, comme sous la loi [...] avec ceux qui sont sans loi, comme sans loi [...] J'ai été faible avec les faibles [...] Je me suis fait tout à tous » (1 Co 9.21-22). Ni Jésus ni Paul n'ont créé un logement, ni une tente, ni une station missionnaire pour vivre isolés des gens. Il s'agit d'un Évangile d'amour qui vous pousse à vivre avec et parmi les personnes à « évangéliser ».

Contrairement aux chrétiens des EEAD au pays Maxi, Paul aurait vécu parmi les adorateurs du Vodun Xεbyoso, s'il avait été missionnaire au pays Maxi. À cause de son sens de l'Évangile et de la transformation qu'il a expérimentée, il se serait servi des croyances vodun comme ancrage[38] pour faire accepter, adopter et aimer Christ par le peuple voduiste maxi. Car pour lui, « Jésus n'est pas seulement un homme qui signifie Dieu, il est présence de Dieu [...] Nous n'entendons pas seulement qu'il annonce ce salut et ce royaume ou qu'il en indique le chemin. Davantage encore il en est la réalisation. Il est Emmanuel, Dieu avec nous, et c'est le Royaume. C'est pourquoi Jésus ne révèle pas seulement Dieu par ses paroles et son enseignement, mais par la totalité de sa vie et son ministère[39] ».

Si Christ était présenté ainsi, il n'y aurait pas eu le conflit, mais à la place, la paix et la vérité auraient libéré le peuple de l'obscurantisme voduiste pour la lumière de Christ. C'est le message que devrait produire le grand mandat missionnaire, mais l'interprétation qui en a été faite renforce aussi les problèmes que le chercheur vient de développer. La prochaine section montrera les problèmes générés par l'interprétation du grand mandat missionnaire.

5.4.1.3. Le grand mandat missionnaire

Les problèmes liés à l'interprétation du grand mandat missionnaire sont de trois ordres : l'impératif donné à la mission en est le premier, qui engendre à son tour celui de mettre la priorité sur le résultat de la mission, et le troisième, la mission devient une affaire de spécialiste.

---

38. Il a manifesté une telle approche à Athènes en visitant les temples. Il a discerné le point d'ancrage à partir de l'inscription sur un autel : « À un dieu inconnu. » Pour lire une telle inscription, Paul a dû s'approcher de ces différents autels, pour chercher à comprendre les différents symboles et inscriptions. C'est probablement ainsi qu'il fit sa découverte en Actes 17.23b.
39. BÉGUERIE et C. DUCHESNEAU, *Pour vivre les sacrements*, p. 26.

La notion de la mission en tant qu'envoyé tire son origine du texte de Matthieu 28.19, et « les jésuites ont été les premiers à l'utiliser pour décrire l'extension de la foi chrétienne parmi les peuples [...] En ce sens, il était intimement associé à l'expansion coloniale de l'Occident dans ce qu'on a appelé plus récemment le Tiers monde[40] ». Et c'est la traduction d'un verbe en aoriste (grec) par un impératif qui impulse le problème à l'origine. En effet, le verbe « poreuqentes », qui en grec est un « aoriste participatif nominatif masculin pluriel[41] », qui normalement devrait se traduire par « allant », a été rendu par l'impératif « Allez » depuis des siècles dans plusieurs versions de la Bible en français.

Et Ramachandra « voit l'erreur de la mission, comme aller au loin, dans la traduction traditionnelle française qui obscurcit l'accent des paroles de Jésus. L'accent n'est pas placé sur le "allez", mais sur le "faites des disciples" ». Il souligne que « l'invitation de Jésus comprend un impératif entouré de trois clauses participiales : la personne doit faire des disciples en allant, baptisant et enseignant. Elle devrait à proprement parler être traduite : "en allant" ou "sur votre chemin" faites des disciples[42] ». Sinon, quand l'accent est mis sur l'impératif, le missionnaire est préoccupé par la rentabilité des personnes à gagner, ce qui le dispense de l'intégration dans le champ missionnaire pour faire de véritables disciples. Et lorsque la rentabilité devient le critère d'évaluation de la mission, seuls ceux qui peuvent donner de bons résultats sont reconnus aptes à la mission. Cela détourne du but fondamental du grand mandat missionnaire qui est de faire des disciples et non de faire des chrétiens.

5.4.1.4. La formation des disciples

Il y a une différence entre faire des chrétiens et faire des disciples. Les erreurs développées ci-dessus concernant le contexte, le type d'évangile et le grand mandat missionnaire aboutissent inéluctablement à la « production de chrétiens ». Et pour éviter cette confusion entre faire des chrétiens et faire des disciples, il faut comprendre ce que c'est qu'un disciple et comment on le devient.

« Faites des convertis au Christ et à une pratique ecclésiale particulière et baptisez-les pour qu'ils deviennent des membres de cette église », décrit,

---

40. Bosch, *Dynamique de la mission chrétienne*, p. 11.
41. M. Carrez, *Nouveau Testament interlinéaire grec/français*, France, Société Biblique Française, 1993, p. 28.
42. Ramachandra, « Qu'est-ce que la mission intégrale ? », p. 6, note 8.

comme le dit Bjork, « comment s'est produit le processus de substitution du modèle que Jésus a laissé pour notre modèle actuel, et pourquoi cela est vraiment tragique pour la communauté chrétienne en Occident, et dans les pays émergents[43] ». Ce modèle déformé de la façon d'assumer le grand mandat missionnaire qui est né depuis le ministère missionnaire au pays Maxi s'est poursuivi jusqu'à ce jour. Car il va sans dire que si nous n'avons pas fait de nos convertis des disciples, il leur est impossible d'apprendre aux autres comment vivre selon l'enseignement et l'exemple de Jésus. Et si nous avons compris ce qu'est un disciple, il nous devient évident qu'on ne fait pas un disciple, mais le disciple advient par un long processus qui défie toutes les erreurs que le chercheur a développées antérieurement.

Il faut entendre par disciple « un apprenti, quelqu'un qui s'attache à un gourou pour apprendre un savoir-faire ou une manière de vivre. Les premiers disciples de Jésus, les femmes comme les hommes, étaient tous juifs puisque le ministère de Jésus était encore confiné au peuple d'Israël. Mais maintenant, de la même manière que Jésus les avait invités à apprendre de lui et à le suivre, ils doivent inviter d'autres dans le monde païen (*ta ethne*) à entrer dans sa communauté de disciples, le véritable Israël de Dieu[44] ». Et pour parvenir à une manière de vivre suivant le modèle de Jésus en Afrique, cela va demander un long processus d'intégration du missionnaire, dépendamment de son origine raciale ou ethnique. Car « *pour s'exprimer et s'extérioriser, le message du salut devra nécessairement s'incarner dans les formes déterminées par une culture et une civilisation données, tout en restant transcendant à toute culture particulière*[45] ». Ce travail théologique gigantesque n'a pas encore été entrepris (pas au pays Maxi à ce jour), à l'image des suggestions de la Consultation de Willowbank[46]. Les bases de l'approche de la théologie africaine ont été posées à ladite rencontre dont le chercheur rappelle seulement deux éléments qui illustrent l'argumentation : la prise de conscience nécessaire à l'élaboration de la théologie africaine et l'importance de l'incarnation culturelle de l'Évangile.

---

43. D. E. BJORK, *Nous sommes tous disciples ! Participer à la mission de Dieu*, Carlisle, Royaume-Uni, Langham Global Library, 2015, p. 5.
44. Ramachandra, « Qu'est-ce que la mission intégrale ? », p. 8.
45. R. DE HAES, « La théologie des religions après Vatican II », dans *La pertinence du christianisme en Afrique. 6ᵉ semaine théologique de Kinshasa, 19-23 juillet 1971*, Kinshasa, Faculté de Théologie Catholique de Kinshasa, 1972, p. 436.
46. Une trentaine de théologiens, anthropologues, linguistes, missionnaires et pasteurs de tous les continents se retrouvèrent à Willowbank (Bermudes) en janvier 1978 pour étudier des rapports entre l'Évangile et la culture.

En effet, il est nécessaire de comprendre qu'il ne faut pas importer la théologie pour faire de véritables disciples en Afrique. Car « l'Occident dit chrétien compte ses années à partir de l'évènement qu'est l'incarnation de Dieu en Jésus-Christ. Cela montre bien à quel point il a assimilé le message de l'Évangile en le rendant conforme à son histoire et à sa vision du monde. Les églises d'Occident ont souvent été les complices plus ou moins conscients de cette réduction du témoignage évangélique à une culture : elles n'ont pas su garder la distance critique à laquelle les appelait la Parole de Dieu lors de leurs engagements dans les diverses cultures de ce monde[47] ». L'Occident a fait une excellente inculturation de l'Évangile chez lui. C'est lorsqu'on considère la conséquence de l'exportation de leur christianisme dans les champs de mission qu'on découvre la nécessité d'entreprendre la conception théologique en Afrique. C'est ce que le rapport de Willowbank souligne : « C'est pourquoi les missionnaires ont parfois exporté un Évangile enrobé de leur propre culture et imposé des conceptions de la vie ecclésiastique marquées par leur mode de vie[48]. » Cela montre que la responsabilité théologique des Maxi chrétiens est grande et l'objectif principal à atteindre sera d'amener l'Évangile au cœur de la vision du monde des Maxi.

L'approche contextuelle suggérée par la rencontre de Willowbank pour étudier la Parole aujourd'hui se révèle comme un excellent moyen pour faire des chrétiens africains des disciples. Elle se résume en ce que « le lecteur ne peut pas et ne doit pas interroger les Écritures comme s'il se trouvait en vase clos. Dans son approche, il doit être conscient de son arrière-plan culturel, de sa situation personnelle et de sa responsabilité envers les autres. Ce sont ces facteurs qui détermineront sa manière d'interroger les Écritures. À leur tour, les textes bibliques ne se borneront pas à lui donner des réponses. Ils l'interpelleront, révéleront ses présupposés culturels et corrigeront sa manière de formuler ses questions. Il sera aussi pris dans un processus d'interaction[49] ». La nouvelle stratégie missionnaire en Afrique ne pourra pas se passer de ces suggestions, au risque de voir le christianisme emprunter le chemin de ce qu'il est devenu en Occident.

Ainsi, le seul gage d'une viabilité et crédibilité au christianisme dans le contexte examiné supra (cf. section 5.2.), c'est de revenir aux principes bibliques, mais non selon la théologie occidentale. Car nous avons vu le

---

47. *La culture au risque de l'Évangile : rapport de Willowbank*, traduit par J.-C. Losey, J. Blandenier et M. Gardio, Lausanne, Presses bibliques universitaires, 1979, p. 7-8.
48. *Ibid.*, p. 8.
49. *Ibid.*, p. 23.

résultat que cela a donné : déchristianisation et sécularisation en Occident, et impérialisme, conflits, révoltes (Églises indépendantes) et chrétiens mimétiques en Afrique.

Les statistiques affichent que le centre de gravité du christianisme se déplace dans le sud, dont l'Afrique. Mais les conditions politico-socio-économiques ne s'améliorent guère, au contraire elles semblent empirer. C'est parce que le système n'a produit que des chrétiens et non des disciples, car, pour Kä Mana, si on interroge « les communautés de foi en Jésus-Christ sur la conscience qu'elles ont d'elles-mêmes et de leur mission, sur l'idée qu'elles se font de leurs grandeurs et de leurs faiblesses, et sur l'image qu'elles ont concernant leur impact social et leurs ambitions face aux inquiétudes et aux attentes de nos sociétés africaines[50] », la réponse est négative : pas de présence visible, à l'exception de l'Église catholique. Cet auteur parle quant à lui d'une « dynamique d'imbécilisation » qui « abêtit les esprits, désoriente les consciences, brouille l'horizon du sens, anémie les capacités créatives et conduit peu à peu l'Afrique à un destin d'esclave spirituel et d'insignifiance sociopolitique[51] ». On pourrait considérer que Kä Mana exagère, mais, lorsqu'on quitte le monde urbain africain où le christianisme est souvent porté par des intellectuels, sa configuration dans le monde rural est telle qu'au pays Maxi, cadre des présentes recherches, le « paysan converti » au christianisme manifeste une attitude qui répond au cliché que présente Kä Mana des chrétiens africains. Le paysan converti est comme sorti de ses repères d'appréhension et d'analyse de la vie, et plongé dans un monde où il ne comprend presque rien. Il est de l'oralité, mais on le fait entrer dans la littéralité, un monde de conceptualisation, où il ne peut plus assimiler grand-chose, étant limité par ses soixante ans de vie. Sa situation ressemble à celle de l'albatros de Baudelaire dans *Les Fleurs du mal*, qui, observé sur terre, arrache le commentaire suivant : « Ce voyageur ailé, comme il est gauche et veule ! Lui, naguère si beau, qu'il est comique et laid[52] ! » L'Évangile doit rejoindre le paysan Maxi dans son monde, son univers, surtout dans sa vision du monde, afin de le changer de l'intérieur, sans vouloir le faire monter dans la barque de la modernité occidentale. Plusieurs raisons militent en faveur de cela.

---

50. K. Mana, *Christianisme africain. Construire l'espérance*, Cotonou, Bénin, Pentecôte d'Afrique Éditions, 2004, p. 16.
51. *Ibid.*
52. C. Baudelaire, *Les fleurs du mal*, sous dir. A. Poulet-Malassis et E. de Broise, Paris, France, 1861, p. 13.

Deux raisons principales seront évoquées. La première concerne la logique du paysan. P.-M. Decoudras[53] nous enseigne que « la logique paysanne diffère de celle des lettrés et manquer de considérer ce facteur principal, c'est courir le risque de passer à côté de la transformation souhaitée lui apporter[54] ». La deuxième raison est que « le cœur idéologique de toute culture est religieux, même lorsque cette culture, comme le marxisme, se proclame athée[55] ». Dans une Afrique de pluralisme religieux « agressif », parce que révolté contre les religions traditionnelles, en particulier le christianisme, nous avons besoin de changer nos stratégies de mission ou d'évangélisation afin que l'Évangile atteigne la vision du monde de l'Africain.

Et pour rejoindre le paysan dans sa culture avec l'Évangile, il faut entrer en dialogue avec lui, vivre avec lui comme Christ l'a fait, l'aimer comme Christ l'aime. Le chercheur appelle cette approche la « mission dialogale » et la section suivante montrera comment elle repose sur le modèle du Christ.

5.4.2. Les facteurs bibliques de la « mission dialogale »

La présente section montrera que les éléments qui fondent la « mission dialogale » reposent sur une base biblique. La première section exposera les deux éléments qui fondent la mission dialogale : l'identité ethnique comme base du dialogue et l'histoire culturelle pour rétablissement de la confiance mutuelle. La deuxième section va montrer comment ces deux éléments se fondent sur des données bibliques.

---

53. L'auteur a travaillé sur plusieurs projets de développement en Afrique. Il souligne la raison fondamentale pour laquelle lesdits projets échouent. Voici comment il résume la situation : « les arguments ne manquent pas pour dénoncer les échecs de projets, et le discours des acteurs institutionnels reporte invariablement la responsabilité sur le milieu rural : poids de la tradition, méfiance paysanne, manque d'intérêt pour l'innovation, blocages culturels. C'est oublier que toute acceptation du changement est un risque à prendre, pour des sociétés dont une des stratégies consiste justement à minimiser le risque, et c'est faire peu de cas des logiques paysannes », dans P.-M. DECOUDRAS, *À la recherche des logiques paysannes*, Paris, France, Karthala, 1997, p. 17. La gestion du risque du changement chez le paysan et sa logique sont des facteurs importants à prendre en compte dans le cheminement avec lui pour assurer toute transformation.
54. DECOUDRAS, *À la recherche des logiques paysannes*, p. 17.
55. *La culture au risque de l'Évangile : rapport de Willowbank*, p. 41.

5.4.2.1. Les fondements de la « mission dialogale »

Les deux expressions : « identité ethnique » et « histoire culturelle » concernent une et même entité humaine qu'on peut appeler de différents noms : peuple, race, tribu, ethnie, clan ou famille, dépendamment de la considération sociologique. Le chercheur n'entre pas dans les débats ethnologiques, mais il s'intéresse à des groupes humains où l'ethnie demeure encore une réalité par laquelle le groupe peut se définir. C'est dans cette perspective qu'il examine la première expression.

5.4.2.1a. L'identité ethnique comme base du dialogue

L'ethnologie est, selon Käser, « la science qui étudie les modes de vie des populations humaines [...] On entend par mode de vie tout ce qui est nécessaire et utilisé pour organiser et prendre son existence en main[56] ». Le chercheur partira de cette définition pour montrer que chez les peuples de l'oralité, l'ethnie est la base qui fonde l'existence et donne l'identité la plus élevée. Et c'est cette identité ethnique qui se présente comme l'excellent moyen de s'incarner dans un peuple de l'oralité.

En Afrique, l'État-nation ne définit pas les individus comme c'est le cas chez les Occidentaux. En effet, un Français ou un Anglais est identifié par sa langue, qui indique un État-nation. Mais les États-nations africains tels le Bénin, le Togo ou le Congo ne renvoient qu'à des langues occidentales qui les mettent en plus dans un regroupement : le français donne l'Afrique francophone, l'anglais donne l'Afrique anglophone et le Portugal donne l'Afrique lusophone. Mais la langue par laquelle le Togolais ou le Béninois s'identifie intrinsèquement n'est pas le français, mais plutôt celle de son ethnie (Mina, Fɔn, Kabyɛ, etc.). Il se réclame d'une nation ethnique. C'est pourquoi le chercheur concluait que c'est l'ethnie (entendre la langue et non l'identité État-nation) qui donne l'identité la plus élevée aux peuples verbomoteurs. La distinction au sein d'un même État-nation comme Togolais, Ghanéens ou Béninois se fait sur la base ethnique. Au Bénin, il y a les Maxi, Batonnou, Idatcha, etc., au total une soixantaine[57] d'ethnies et il n'existe pas une autre manière d'identification au-dessus de l'ethnie. C'est d'elle que la société détermine les autres identités de rang inférieur. Juste avant l'ethnie se trouve le « clan » ou akɔ (cf. section 2.3.2.). Elle est une identité mémoire

---

56. KÄSER, *Voyage en culture étrangère*, p. 7.
57. Le Bénin compte, à l'instar de plusieurs autres pays d'Afrique de l'Ouest comme le Burkina Faso (Bougma, 2010), un nombre très élevé de langues nationales, une soixantaine, selon l'INSAE (2004).

que déclament les panégyriques. En dessous du clan se trouve la famille élargie (hinnou) et la dernière, celle en bas : l'ensemble composé du père, des mères et des enfants.

Les trois éléments par lesquels se détermine l'identité ethnique africaine sont : la langue, le lignage (généalogie ou « ancestralité ») et le rythme. Votre degré d'authenticité ou votre intégration ethnique sera mesuré par ces trois éléments. Par exemple, vous ne pouvez pas prétendre être un authentique Maxi quand vous ne pouvez pas bien parler la langue maxi, ou bien quand on ne peut pas retracer votre lignée (hennu : parents, grands-parents, arrière-grands-parents, etc.) et que vous ne connaissez ni n'aimez ou ne dansez le Cingumɛ. Un étranger qui prétend aimer un Maxinou le démontrera par sa capacité à parler la langue maxi et son amour pour le Cingumɛ. Ainsi, la langue, la lignée et le rythme sont les éléments de base qui constituent le baromètre de la nature de la relation chez les peuples de l'oralité. Et tous ces éléments caractéristiques de l'ethnie sont connus ou révélés par l'histoire et la culture du peuple.

5.4.2.1b. *L'histoire culturelle comme base de confiance mutuelle*

À défaut d'une définition universelle satisfaisante de la culture, suivons la synthèse du rapport de Willowbank qui dit :

> Si nous devions faire une synthèse de ce qui caractérise une culture, nous pourrions la définir comme une combinaison de croyances (Dieu, réalité, finalité), de valeurs (ce qui est vrai, bon, beau, normatif), d'us et coutumes (comportement, communication, langue, habillement, travail, loisirs, commerces, alimentation, etc.), d'institutions (formes de gouvernement, systèmes judiciaires, temples ou église, famille, écoles, hôpitaux, usines, magasins, syndicats, clubs, etc.) qui toutes rendent solidaires les membres d'une société en leur donnant une identité, une dignité, un sentiment de sécurité et de continuité[58].

La longueur de la synthèse permet de comprendre que la culture concerne tous les domaines de vie d'un peuple. Et malgré le fait qu'aucune culture n'est jamais statique, dans le contexte de l'oralité, certains de ses aspects peuvent tomber dans le piège de la paralysie du paradigme. Ce qui fait que les nouvelles générations pratiquent certaines croyances, valeurs et surtout des us et coutumes dont ils ignorent l'histoire et le sens. C'est

---

58. *La culture au risque de l'Évangile : rapport de Willowbank*, p. 15.

pourquoi il faut revisiter l'histoire pour raviver le sens des croyances et des us et coutumes. Le processus par lequel il faut procéder est ce que le chercheur appelle « l'histoire culturelle ». Le paragraphe suivant va montrer qu'en le faisant, cela bâtit la confiance entre les membres de la communauté.

Dans le système de l'oralité, il n'y a pas d'archivage ni d'ouvrages où l'on peut revisiter l'histoire. La société traditionnelle avait développé le système de la caste des griots pour redire l'histoire aux générations suivantes. Mais ces griots ont disparu depuis quelques décennies. Pour accéder à ce passé historique, pour le comprendre et pouvoir le consigner désormais par écrit, il a fallu au chercheur faire des interviews collectives. Car dans le système de l'oralité, il n'y a pas de connaissance traditionnelle individuelle[59] qui ait pour auteur un individu, comme dans le système littéraire de livres. L'élaboration du savoir est communautaire et elle produit la mémoire collective, qui, selon Halbwachs, « est constituée de souvenirs conformant à une interprétation des conditions de vie du groupe[60] ». Ici, ce sont les aïeux qui ont constitué cette mémoire qui est racontée de génération en génération. Et c'est ensemble que l'on peut se la rappeler, car chacun en détient un pan et c'est lorsque l'un raconte sa part que peut s'éveiller chez les autres leur part enfouie. Dans ce processus de reconstitution de l'histoire culturelle se crée ce que Halbwachs appelle la « communauté affective[61] ». Il se crée donc ainsi un sentiment d'appartenance à une même racine, une même histoire, un même peuple et enfin à une même ethnie.

Cette découverte du sens de sa culture, réalisée par le groupe, fonctionne comme une recréation de l'ethnie. Cela ravive les liens, et l'amour pour l'ethnie se ravive à son tour. Cette consolidation de l'identité ethnique débouche sur la confiance en l'appartenance à ce passé que l'on partage avec les autres membres du groupe. L'évangélisation du Maxi pour amener l'Évangile au cœur de sa vision du monde devrait passer par ce processus pour lui faire découvrir le véritable amour, celui du Dieu Yahvé. Car Dieu lui-même pour s'incarner dans notre monde s'est servi du passé d'Abraham pour se révéler à ce dernier. Et l'élément fondamental qui a motivé Dieu pour

---

59. Même dans la production artistique, il s'agit toujours d'une réalisation communautaire. C'est ce qui explique l'existence des différentes castes, telles la caste des forgerons, celle des chasseurs, celle des potiers, etc.
60. M. HALBWACHS, « Mémoire collective », http://classiques.uqac.ca/classiques/Halbwachs_maurice/memoire_collective/memoire_collective.html, 2001, consulté le 18 décembre 2017.
61. *Ibid.*, p. 15.

envoyer son Fils est l'amour pour l'humanité. C'est pourquoi l'évangélisation d'un peuple, d'une ethnie pour produire des disciples de Christ devrait s'inspirer des « stratégies de Dieu », parce que la mission est de Dieu, et il a utilisé une approche « dialogale ».

5.4.3. L'approche « dialogale » est de Dieu

L'amour est le premier élément qui fonde la mission de Dieu. Dieu va alors démontrer son amour aux humains par le fait qu'il a adopté la culture des humains (le choix d'Abraham). Et le grand amour s'est démontré par l'incarnation et l'identification de Dieu aux humains. Car Jésus-Christ est « Emmanuel », Dieu parmi nous, dans le monde au milieu des humains.

5.4.3.1. Dieu utilise la culture des hommes pour entrer en dialogue avec eux

Après la rupture de la relation avec l'homme, il n'y a que l'amour de Dieu pour les hommes pour expliquer le choix d'Abraham. Dieu, en choisissant Abraham, lui a parlé dans sa langue pour qu'il puisse comprendre le message. Et parlant la langue d'Abraham, Dieu adopte la culture d'Abraham. Dieu va se servir de la culture juive pour se révéler aux Juifs.

La Bible retrace l'histoire d'un peuple, le peuple juif, mais à deux périodes historiques différentes de leur parcours. Dieu, en choisissant le peuple, n'a pas fait table rase de son passé culturel, il a marché avec le peuple tout en transformant progressivement sa vision du monde. Les Juifs ont découvert par leur histoire qu'ils sont des descendants d'Abraham (ancêtre éponyme) qui a été choisi par Dieu et dont l'histoire leur a été contée et transcrite (Gn 12-25). Cependant, Dieu n'avait pas caché l'origine traditionnelle d'Abraham qui va devenir l'ancêtre des Juifs, mais avec Abraham, Dieu initie un nouveau départ, une nouvelle référence à cause de son choix. Chaque culture a un sens de son identité, Abraham va apprendre sa nouvelle identité d'une manière progressive. Glaser résume bien cela : « La religion de la famille d'Abraham ne commence à se différencier que lentement de celles des nations environnantes. Et elle ne reflète pas la particularité de Yahvé avant l'époque de Moïse. Dans la Genèse, ce qui importe ce n'est pas la religion, mais l'appel de Dieu lancé à une famille particulière pour faire alliance avec elle[62]. » Cela montre que le changement a été vraiment long, parce qu'il s'agit d'une nouvelle socialisation, et une véritable transformation ne peut être complète en une seule génération. La mission en Afrique n'a pas appris cette leçon sur le temps qu'il faut pour obtenir le changement.

Puis Dieu n'a rien emporté du ciel. On pourrait imaginer combien un objet venant du ciel causerait une distraction et affecterait l'importance et la compréhension du message. Ce principe de ne rien emporter du pays qui envoie en mission sera recommandé tout au long de l'histoire de la mission que Dieu a initiée. Cela signifie que tous ces instruments et ces rythmes que nous retrouvons dans les Psaumes appartiennent à la culture juive. Encore, Dieu aurait pu faire venir les anges pour enseigner la belle mélodie céleste aux Juifs, s'il voulait raisonner comme les humains. Car les chants juifs, à la mesure de la mélodie céleste, seraient de l'anathème. Si Dieu, qui est saint, n'a pas considéré les œuvres des humains comme souillées, comment se fait-il que certains humains aient pu considérer leurs semblables comme sauvages et diaboliques ?

Un élément important, propre aux peuples de l'oralité dont Dieu s'est servi pour bâtir l'identité et la culture juive, est « l'ancestralité ». Le peuple qui a perdu la référence de ses ancêtres va aussi perdre la référence de Dieu. C'est même grâce à cette ancestralité que la foi chrétienne se répand encore aujourd'hui (Dieu d'Abraham, d'Isaac, de Jacob, etc., qui sont tous morts, donc des ancêtres). Au lieu d'évacuer ou de diaboliser l'ancestralité dans la culture africaine, nous avons besoin de relever le défi qu'elle lance aux chrétiens pour voir comment y puiser des principes pouvant raviver notre foi. En effet, Bediako relève ledit défi par la question suivante : « Les adeptes des religions africaines traditionnelles invoquent leurs ancêtres et croient qu'ils sont présents lors de la cérémonie qui suit. (Professons-nous avec la même assurance que Jésus est présent lorsque nous prions[63] ?) »

Lorsque la mission est motivée par l'amour, le missionnaire le démontre par son degré d'intégration dans le champ missionnaire et sa capacité de s'oublier pour le bien-être de la personne pour qui « Christ est mort ». Ainsi, les Juifs n'avaient pas eu besoin de dénier ou dénigrer leur culture avant

---

62. I. GLASER, *Dieu et les religions. Pour des relations justes et respectueuses entre chrétiens et autres croyants*, traduit de l'anglais par S. Artiguebert, Marne-la-Vallée, Éditions Farel, 2008, p.81.
63. K. BEDIAKO, « Les Écritures, interprètes de la culture et de la tradition », dans Adeyemo, sous dir., *Commentaire biblique contemporain. Un commentaire en un seul volume écrit par 70 théologiens africains*, Marne-la-Vallée, France, Éditions Farel, 2008, p. 4.

d'être appelés enfants de Yahvé. De même, les « Africains n'ont pas besoin de changer de culture pour s'appeler enfants de Dieu[64] ». C'est en apportant l'Évangile au cœur de la vision du monde de l'Africain que le christianisme peut devenir une source de richesse pour les Africains. Et cela ne sera possible que lorsque ceux qui apportent le message de paix suivront le modèle de Dieu, qui s'est incarné afin que l'homme soit véritablement transformé de l'intérieur.

5.4.3.2. Dieu s'identifie aux hommes afin de les sauver

L'Ancien Testament a montré que la révélation de Dieu, par interpellation des prophètes, des signes et des miracles, n'a pas suffi pour transformer les Juifs, afin qu'ils incarnent l'amour de Dieu auprès du reste du monde, selon la vocation « ancestrale » assignée à leur ancêtre éponyme. Le chercheur montrera ici que c'est l'identification ethnique (tribale) qui a servi de base au dialogue à la rencontre de Dieu et des Juifs, afin qu'ils soient sauvés.

En Jésus, Dieu s'identifie aux Juifs. Le premier motif de cette identification se trouve dans cette phrase : « Car Dieu a tant aimé le monde qu'il a donné son Fils unique » (Jn 3.16). Dieu prend l'initiative par amour et le missionnaire qu'il a envoyé a accompli la mission en « tant qu'amour » de Dieu. Il sera montré que les trois éléments (racine, langue et rythme) caractéristiques identitaires (cf. section 5.4.2.1a.) seront appliqués par Dieu.

Dieu trouve une origine juive à Jésus. Puisque Dieu a pris la décision de s'incarner, en tant que Maître de l'histoire, il va se servir de l'histoire (cf. section 5.4.2.1b.) pour confirmer l'origine humaine juive de son « missionnaire[65] ». Par sa souveraineté, il fait naître le missionnaire dans une famille où les prédictions permettaient de lui reconnaître les prérogatives nécessaires à sa mission. Les différentes généalogies (Mt 1.1-17 ; cf. 1 Ch 2.3-15 ; 3 ; Lc 3.23-38 ; cf. 1 Ch 17.11-14 ; Gn 5 ; 11.10-26) sont élaborées pour retracer l'origine juive de Jésus-Christ. La précaution d'intégration est allée jusqu'à trouver un précurseur pour préparer le champ de la mission :

---

64. B. Bujo, *African Theology in Its Social Context*, traduit de l'allemand par Patmos Verlag GmbH, Düsseldorf, Allemagne, Wipf and Stock Publisher, 1992, quatrième de couverture.

65. J. Kapolyo, « Matthieu », dans Ademeyo, sous dir., *Commentaire biblique contemporain. Un commentaire en un seul volume écrit par 70 théologiens africains*, Marne-la-Vallée, France, Éditions Farel, 2008, p. 1192. Voici ce qu'a écrit l'auteur : « Les généalogies étaient également très importantes pour situer une personne dans la société juive. C'est pourquoi dans la Bible, les gens sont souvent présentés par une formule semblable à celle utilisée à propos du père de Samuel. »

Jean-Baptiste (Lc 1.15-17 ; Mt 3.2 ; Mc 9.12) fut choisi et il y a un lien familial entre le « missionnaire de Dieu » et lui.

La stratégie fondamentale de l'incarnation est composée de trois éléments : ne rien emporter dans le champ de la mission, s'identifier au peuple à évangéliser et vivre parmi et comme le peuple.

Le premier est fondamental et conditionne les deux autres. Il semble exposer le missionnaire comme un faible, mais c'est ainsi que la mission peut véritablement dépendre de Dieu. Jésus est venu sans rien emporter du ciel. Cela est un facteur important pour l'intégration, car cela l'a plongé dans le contexte dans lequel il s'est retrouvé. Il a parlé la langue juive, quoi qu'il eût la langue du ciel, et s'est approprié toute la culture juive. Il a respecté les traditions et est passé par les cérémonies d'identification juive que sont la circoncision (Lc 2.21), les rituels de purification et de consécration de tout mal (Lc 2.22-24). Il a subi la loi de la croissance humaine en vivant dans une famille et en apprenant le métier de son père adoptif. Il a connu la socialisation juive. Cependant, il est important de préciser que Christ n'a pas subi la culture juive comme finalité de sa mission, au contraire, il s'était incarné pour la transformer de l'intérieur. C'est ce que l'Évangile doit faire à toute culture. Le missionnaire ne s'identifie pas à la culture pour simplement s'y accommoder. Le but de faire de toutes les nations des disciples passe par le modèle du rapport que Jésus a développé avec la culture juive, modèle qui doit être dupliqué par tous ceux qui sont ses disciples. C'est Niebuhr, qui, dans son livre *Christ and Culture*, a fait une bonne synthèse de ce que Christ doit apporter à toute culture : « Il n'existe aucun élément de la culture des hommes qui échappe au règne du Christ, aucune œuvre humaine qui ne soit pas sujette à son pouvoir de transformation[66]. » Le règne de Christ, qui transforme toute culture par le pouvoir de l'amour, est la finalité de toute incarnation culturelle. Jésus, en offrant le modèle, le recommande à ses disciples comme la première expérience de la mission.

5.4.3.3. Jésus recommande aussi la stratégie d'incarnation à ses disciples

Dans la première « expédition missionnaire » de ses disciples, Jésus recommande la stratégie fondamentale de l'incarnation pour la mission.

---

66. H. R. NIEBUHR, *Christ and Culture*, New York, Harper & Row, 1956, p. 217, traduction libre.

Le chercheur ne fera pas l'exégèse de la péricope, mais une simple lecture à l'africaine et « missiologique », selon le développement de sa thèse.

Les textes qui présentent le premier envoi des disciples en mission se trouvent dans Matthieu 10.5-15 ; Marc 6.7-11 ; Luc 9.1-5. La principale stratégie de « ne rien emporter » est systématiquement recommandée dans les trois Évangiles. Matthieu inclut dans sa liste des choses de grandes valeurs : « Ne prenez ni or, ni argent, ni monnaie dans vos ceintures, ni sac pour le voyage, ni deux tuniques, ni souliers, ni bâton [...] » (v. 9-10). Puis il ajoute à la liste d'autres précisions, comme « de n'avoir ni pain, ni sac, [...] de ne pas revêtir deux tuniques » (v. 10). L'Évangile de Luc comporte aussi les mêmes interdictions : « Ne prenez rien pour le voyage, leur dit-il, ni bâton, ni sac, ni pain, ni argent, et n'ayez pas deux tuniques » (v. 3).

Les trois choses qui se retrouvent dans les trois textes sont : pas deux tuniques, pas de sac, et pas d'argent. Elles désignent les premiers éléments de rechange dont a besoin tout voyageur pédestre pour sa destination[67]. Après avoir parcouru une longue route par la marche, la tunique est la première chose qu'il faut changer après une douche qui dépoussière. L'interdiction peut s'interpréter comme le premier geste d'incarnation[68]. Le voyageur s'identifie à l'hôte en acceptant de porter la tunique de rechange que l'hôte lui offre. Et on peut comprendre que l'une des raisons de ne pas prendre de l'argent consiste à ne pas être tenté de s'acheter une nouvelle tunique de rechange, mais d'intégrer la maison qui accueille par cette première identification. Le même raisonnement peut s'appliquer à l'interdiction d'emporter du pain. Le voyageur, après une longue route, a besoin de s'alimenter. Sans pain, sans argent, il ne peut que manger la nourriture qu'offre l'hôte. Porter la tunique de l'hôte et manger de son pain sont deux signes manifestes d'intégration.

---

67. R. A. COLE fait une lecture rabbinique de l'interdiction dans son commentaire de l'Évangile de Marc, « The Gospel According to St Mark », dans *The Tyndale New Testament Commentary*, sous dir. R. V. G. TASKER, volume 2, Grand Rapids, Michigan, The Tyndale Press, 1982, note 1, p. 109.
68. F. Bassin rapporte l'interprétation que fait Bovon de l'interdiction par « les règles pratiques pour la route », cf. François BOVON, *L'Évangile selon Luc*, Vaux-sur-Seine, France Édifac, 2006, p. 296. Lui-même y voit « la perspective d'une courte mission ». Tandis que R. T. France y voit « la note d'urgence qui marquait sa [Jésus] mission vers Israël », cf. R. T. FRANCE, « Old Testament Prophecy and the Future of Israel. A Study of the Teaching of Jesus », *TB* 26, 1975, p. 59. Si la raison pratique trouve un écho dans le texte, le facteur « temps » qu'évoquent les deux autres auteurs semble peu important, étant donné qu'il n'y avait pas eu une injonction liée à la durée de la mission.

C'est Matthieu qui nous permet de comprendre que la troisième caractéristique d'identification (cf. section 5.4.2.1.) qu'est la langue est aussi en vigueur ici. La précision est donnée au verset 5b : « N'allez pas vers les païens, et n'entrez pas dans les villes des Samaritains ; allez plutôt vers les brebis perdues de la maison d'Israël. » Les disciples sont donc envoyés vers leur propre peuple, ceux avec qui ils partagent la même identité ethnique[69]. Il ne se pose alors plus de problème de langue ni de culture. Les trois éléments fondamentaux se trouvent réunis dans cette stratégie d'envoi en mission de Jésus.

Cependant, les instructions de Jésus intègrent un autre élément important pour que la mission produise une Église autochtone dès son implantation. Jésus a demandé de chercher dans les maisons pour leur accueil un homme de paix. La précision de Matthieu est très claire à ce sujet : « Dans quelque ville ou village que vous entriez, informez-vous s'il s'y trouve quelque homme digne de vous recevoir, et demeurez chez lui jusqu'à ce que vous partiez » (v. 11). Les autres Évangiles affirment qu'il faut rester dans la maison qui reçoit et y demeurer jusqu'au départ. Matthieu, parlant de l'homme digne de recevoir, laisse comprendre que ce dernier jouit d'une certaine notoriété et remplit certaines conditions sociales, loin du dénuement. Car accueillir des étrangers en pourvoyant à leurs tuniques et en les nourrissant pendant tout leur séjour exige une certaine capacité financière. Puis, le fait d'accueillir des étrangers relève d'une bonté qui montre qu'il s'agit d'une personne particulière[70]. Une telle personne doit être recherchée, car il ne s'agit pas de n'importe qui. Il se dégage que le premier point de la mission, c'est de trouver cet homme de « paix » qui peut déjà prendre en charge le missionnaire et l'œuvre qui naîtra de la mission. D'autre part, le fait qu'il est une référence crédibilise l'œuvre qui naîtra aux yeux de ses compatriotes. Une telle œuvre ou Église est déjà autochtone dès sa naissance,

---

69. Kapolyo, « Matthieu », p. 1218b ; D. M. Carson, « Matthew », dans F. E. Gaebelein, sous dir., *The Expositor's Bible Commentary*, volume 8, Grand Rapids, Michigan, The Zondervan Corporation, 1984, p. 244 ; G. A. Buttrick, « Matthew », dans G. A. Buttrick, W. R. Bowe et al., sous dir., *The Interpreter's Bible*, volume 7, Nashville, New York, Abingdon Press, 1951, p. 364.
70. Voici comment D. M. Carson commente cette partie : « To settle into the house of a "worthy" person (v. 11) implies that the disciples were not to shop around for the most comfortable quarters ». (« S'installer dans la maison d'une personne "digne" (v. 11) implique que les disciples ne devraient plus se laisser aller à la recherche de meilleurs pied-à-terre ».) Carson, « Matthew », p. 245-246.

car elle ne dépendra pas de la mission, mais de l'homme de paix, qui est une référence dans son contexte.

Jésus, sachant que la mission de Dieu doit passer par ce modèle d'incarnation, et l'ayant vécu, n'a pas voulu envoyer ses premiers disciples vers les païens. C'est pourquoi le chemin de la mission est conçu d'une manière graduelle vers l'extérieur. Il fallait commencer par les Juifs de Jérusalem, le cœur de la culture juive, puis progresser vers la Galilée, les Juifs de la périphérie. Ensuite, l'expérience aidant, on pourra aller vers un peuple « composite » juif-païen : les Samaritains, avant d'aller vers les païens, les autres nations (Ac 1.8). Mais Jésus a dû choisir un apôtre qu'il a spécialisé pour le monde païen : Paul, qui a véritablement compris son Seigneur au point de se faire son parfait imitateur. Il s'était donné la même stratégie d'incarnation pour la mission.

5.4.3.4. Paul s'applique la stratégie d'incarnation pour la mission

Les multiples voyages missionnaires de Paul montrent qu'il a véritablement compris son Seigneur dans son approche de la mission. Il y a deux péricopes qui montrent que Paul est un véritable disciple imitateur de Jésus-Christ. Son amour pour Dieu et pour le prochain se perçoit par son chapitre sur l'amour (1 Co 13). Puis sa stratégie missionnaire est corroborée par son texte de 1 Corinthiens 9.11-22.

« Soyez mes imitateurs, frères, et portez les regards sur ceux qui marchent selon le modèle que vous avez en nous » (Ph 3.17). Cette parole de Paul résume le processus du disciple par lequel la chaîne initiée par Jésus ne devrait jamais se rompre. Il recommande de l'imiter, parce que lui-même imite Jésus-Christ (1 Co 11.1). Sa vie entière témoigne de son amour pour Dieu et pour son peuple, puis pour les autres nations, qui sont les prochains à qui il a été envoyé pour faire connaître l'amour de Dieu. Il a vécu ce qu'il a écrit dans 1 Corinthiens 13 et que Coulibaly qualifie de « suprématie de l'amour[71] », car « sans amour, insiste Paul, aucune qualité aussi spectaculaire soit-elle, qu'il s'agisse d'un don spirituel ou de zèle religieux, n'a la moindre valeur ». Ainsi, le vrai amour chrétien, pour Paul, est patience et serviabilité. Et il l'a démontré à travers ses voyages missionnaires, en risquant sa vie pour les autres. Sans ce premier amour, une personne n'est pas qualifiée pour être

---

71. I. Coulibaly, « Commentaire des Corinthiens », dans Ademeyo, sous dir., *Commentaire biblique contemporain. Un commentaire en un seul volume écrit par 70 théologiens africains*, Marne-la-Vallée, France, Éditions Farel, 2008, p. 1502.

missionnaire auprès des païens⁷². Car c'est cette qualité qui peut motiver à s'identifier aux païens, comme l'expose Paul dans 1 Corinthiens 9.18-23.

Bien que le chapitre 9 de la première épître aux Corinthiens prenne le ton d'une apologie apostolique, nous y trouvons exposée la stratégie d'incarnation missionnaire de Paul. Son amour pour Dieu et pour le prochain le prédispose à s'adapter à toute situation. Dans le langage imageant africain, on qualifiera sa capacité d'adaptation de « stratégie caméléonne ». En effet, le caméléon a la capacité de se confondre à tout contexte dans lequel il se trouve. Si ce dernier le fait comme moyen de défense, Paul s'identifie à tous les peuples qu'il rencontre pour faire d'eux des disciples de Christ par le moyen de se faire « serviteur de tous » (v. 19). Dans cette péricope de cinq versets, Paul décrit quatre catégories différentes de groupes de personnes ou peuple avec qui il s'est identifié : les Juifs, ceux qui sont sous la loi, ceux qui sont sans la loi et enfin ceux qui sont faibles. Le chercheur ne veut pas définir ces différentes catégories, car ce n'est pas utile dans le présent argumentaire. Ce qui importe, c'est ce que révèle le texte sur l'approche de Paul : intégrer les différents peuples lors du déroulement de sa mission[73].

L'approche paulinienne de la mission est une démonstration de la stratégie d'incarnation que le chercheur a développée dans les sections précédentes. On comprend pourquoi la prescience de Dieu a préparé Paul en lui conférant plusieurs citoyennetés et la possibilité de parler plusieurs langues. Il est juif : « circoncis le huitième jour […] Hébreu né d'hébreux » (Ph 3.5), mais aussi citoyen romain (Ac 22.28). En tant que pharisien, docteur de la loi, il parle l'hébreu, ses épîtres montrent qu'il parle et écrit le grec, Morlet confirme que « dès sa naissance, Paul possédait donc tous les titres de gloire possibles, et la suite de sa vie fut aussi brillante[74] ». En tant que citoyen romain, il parle le latin, c'est pourquoi il doit aller rendre témoignage du Seigneur à Rome.

---

72. G. D. Fee, *The First Epistle to the Corinthians. The New International Commentary on the New Testament*, Grand Rapids, Michigan, Eerdmans, 1987, p. 635-637.

73. Fee, *The First Epistle to the Corinthians*, p. 422. Fee met l'accent sur la liberté de l'apôtre, d'abord par rapport aux hommes, « he is thereby also "free" from all people (i.e., free from the restrictions that patronage might impose) », puis la capacité de s'adapter ensuite à toute situation. Cette liberté doit être comprise comme l'ouverture aux autres que donne l'amour véritable du prochain. R. Somerville parle de la liberté comme « le moyen par lequel il peut le mieux accomplir la mission qu'il a reçue du Seigneur Jésus », cf. *La première épître de Paul aux Corinthiens*, tome 2, Vaux-sur-Seine, France, Édifac, 2005, p. 44.

74. R. M. Morlet, *L'épître de Paul aux Philippiens*, Vaux-sur-Seine, France, Édifac, 1985, p. 128.

Le modèle que nous offre Paul montre que la stratégie biblique de faire des disciples doit reposer sur la motivation de l'amour pour Dieu et pour les autres personnes qui sont nos prochains, quel que soit leur lieu de résidence. Et quand c'est l'amour qui motive la mission, la stratégie de s'identifier à l'autre pour dialoguer avec lui devient la source qui va produire des disciples nés par l'amour de Dieu. La conversion cessera d'être la fuite de l'enfer pour chercher refuge en Dieu. Cette stratégie de faire naître par l'amour de Dieu est ce que Paul appelle le « mystère de Christ ». Et pour Paul, « ce mystère, c'est que les païens sont cohéritiers, forment un même corps, et participent à la même promesse en Jésus-Christ par l'Évangile » (Ep 3.6).

Cette stratégie d'intégration ethnique comme base de dialogue n'est pas seulement efficace pour faire des disciples, mais elle l'est aussi là où la mauvaise approche de la mission a produit des chrétiens qui sont à la base de conflits communautaires. Elle se présente comme une stratégie de réconciliation, parce qu'elle est basée sur l'amour de Dieu pour le prochain. C'est ce que va démontrer le prochain chapitre.

Conclusion

Ce chapitre a permis d'identifier les causes du conflit, qui est d'ordre théologique du côté de la communauté de la mission, et ethnique du côté de la communauté Vodun Xɛbyoso. La principale cause théologique relève de la sotériologie des EEAD que ceux du Bénin comprennent comme une rupture géospatiale, sociologique, culturelle et religieuse. La communauté vodun n'a pu tolérer la faute grave de rupture et d'ignominie ethnique. Elle a répondu par des stratégies dont l'une est la violence physique. Ce chapitre a montré que la solution au problème se trouve dans l'amour biblique qui fait des disciples. Solution que le chercheur a nommée « mission dialogale » et qui repose sur le modèle de Jésus-Christ. La « mission dialogale », pour résoudre le conflit, doit aider les deux communautés à la réappropriation de l'identité commune qu'elles ont perdue. Et chez un peuple verbomoteur, la reconstitution de leur histoire est le moyen par excellence de cette réappropriation. Le chapitre suivant va montrer la praticabilité de ces deux principes pour la résolution du conflit au niveau des deux communautés EEAD et Vodun Xɛbyoso au pays Maxi.

CHAPITRE 6

Approche pratique du dialogue interreligieux au pays Maxi

Ce chapitre est une application de la sixième étape du MADIR. Il décrit comment le dialogue s'est réellement passé au pays Maxi et rassemble les cinq premières étapes déjà réalisées.

L'objectif de ce chapitre est de montrer les étapes pratiques de la résolution du conflit au pays Maxi. Trois sections permettront d'atteindre cet objectif. La première regroupe les quatre étapes préparatoires indispensables à la réconciliation. La deuxième section rend compte du jour de la réconciliation, du pardon et de la guérison. La troisième récapitule la formulation des principes de résolution du conflit.

6.1. Les quatre étapes préparatoires à la réconciliation

Le but de cette section est de décrire les quatre étapes franchies pour atteindre la réconciliation. Il s'agit de mettre en exergue ce que le chercheur a fait et qui sous-tend la rédaction des chapitres 2, 3 et 4. La première étape concerne la recherche d'une expérience pratique de réconciliation. La seconde décrit l'intégration culturelle du chercheur dans l'ethnie Maxi. La troisième étape se rapporte à l'intégration dans les deux communautés. La quatrième traite des neuf mois de séjour du chercheur au sein des deux communautés.

6.1.1. La recherche d'expériences pratiques de réconciliation

L'échec de la première intervention du chercheur dans le conflit l'a poussé à la recherche de modèles de résolution à contextualiser. Cette section expose les deux catégories de modèles trouvés et leurs limites. La première regroupe les modèles de facilitation de dialogue dans les communautés à la base. On note principalement le modèle PFVA (Planifiez Faites Vérifiez Ajustez) et l'expérience des Organisations Communautaires à la Base (OCB) de la Guinée. La seconde catégorie concerne le modèle d'une intégration culturelle qui fut principalement l'expérience de « Tokombéré au pays des Grands Prêtres » au Nord-Ouest du Cameroun.

6.1.1.1. Les guides ou manuels sur la facilitation de dialogue

Dans ses recherches, le chercheur n'a pas trouvé de description d'approche concrète de résolution de conflits d'origine religieuse. Jean-Nicolas Bitter, expert international de résolution de conflit, n'a connu et décrit que des approches de résolution de conflits à composante religieuse[1]. En revanche, le chercheur a trouvé plusieurs guides et manuels. Il en expose deux, afin de mettre en exergue leurs limites pour l'applicabilité à son cas d'étude.

Le modèle PFVA est réalisé par l'Université de Victoria au Canada[2]. Ce guide, pour faciliter le dialogue en communauté, propose les différentes étapes suivantes :

- Planifier : identifier les malentendus, développer l'invitation, et déterminer comment les gens peuvent se réunir ;
- Faire : incarner les principes du dialogue (cinq au total), commencer doucement, et rester flexible ;

---

1. J. N. Bitter, « Conflits et religions : comment faire dialoguer deux visions du monde », https://www.cevaa.org/actualites/conflits-et-religions-comment-faire-dialoguer-deux-visions-du-monde, 2018, consulté le 12 décembre 2018.
2. Il s'agit d'une « ressource qui a été développée grâce au financement fourni par le gouvernement du Canada dans le cadre du projet dialogue Let's Talk Cannabis. Ce projet a été mené par l'Institut Canadien de recherche sur l'usage des substances » (p. 7) : Dan Reist, Kristina Jenei, Tim Dyck, Mahboubeh Asgari, « Un guide pour faciliter le dialogue en communauté », trad. de l'anglais Gaëlle Nicolussi, 2018, https://www.ccsa.ca/sites/default/files/2019-05/Cannabis-Talks-Series-Nurturing-Community-Dialogue-Guide-2018-fr.pdf, consulté le 20 décembre 2018.

- Vérifier : se poser certaines questions pour s'assurer que l'objectif est atteint ;
- Ajuster : penser les résultats en considération et faire des ajustements, car « le dialogue est un acte d'équilibrage, une danse, une forme d'art qui crée la beauté de la communauté[3] ».

Le second modèle, intitulé « comment former les facilitateurs en dialogues des générations concernant l'excision », est expérimenté en Guinée par une OCB qui propose des « séances de dialogue » réalisables selon les cinq étapes suivantes :

- Pratiquer l'écoute et le dialogue
- Apprécier les parcours de vie traditionnelle et moderne
- Aborder le sujet de l'excision
- Associer les dialogues des femmes et d'hommes
- Préparer la période de suivi

Ces modèles montrent que pour tout dialogue, il est nécessaire d'établir des étapes à suivre. Le chercheur trouve ce principe valable pour son étude, parce que toute résolution de conflit avec des peuples verbomoteurs passe par le dialogue. Il en est de même pour l'ensemble des principes dans leur forme. Toutefois, leurs techniques de mise en œuvre s'appliqueraient difficilement au cas d'un peuple verbomoteur. Ces limites qu'il relève se vérifient particulièrement dans son cas d'étude. En effet, si ces principes peuvent s'appliquer plus facilement dans le cas d'une communauté intellectuelle, chez un peuple verbomoteur en conflit religieux violent, l'identification des malentendus, par exemple, ne peut pas se faire par questionnaire, comme proposé à l'étape de planification. Cependant, en dépit de leurs limites, ces différents modèles ont inspiré l'approche que le chercheur a conçue. La section suivante présente le principal modèle qui a inspiré son système d'intégration du champ de la recherche.

6.1.1.2. Le modèle d'intégration culturelle

Le modèle qui a inspiré le chercheur ne traite pas de conflit religieux. Il décrit plutôt l'intégration culturelle et religieuse des chrétiens catholiques dans un contexte religieux chez les Kirdis, un peuple verbomoteur vivant au Nord-Ouest du Cameroun.

---

3. *Ibid.*, p. 6.

Pour ne pas s'étendre sur l'expérience, le chercheur exposera seulement les points importants qui l'ont inspiré et ont favorisé sa propre intégration.

L'expérience des Kirdis est un record historique d'intégration culturelle qui était inédite pour lui jusqu'à ses travaux de recherche. Elle est rapportée dans le livre d'Aurenche, *Tokombéré au pays des Grands Prêtres. Religions africaines et Évangile peuvent-ils inventer l'avenir*[4] ? C'est l'histoire de trois missionnaires : « à la suite de Baba Simon, pionner africain de la première évangélisation, Christian Aurenche, prêtre du diocèse de Paris, envoyé en mission, témoigne de son expérience d'évangélisateur et de médecin auprès des Kirdis ». Ce livre décrit la rencontre concrète entre le christianisme et les croyances africaines et a instruit le chercheur des éléments importants suivants en matière d'intégration culturelle :

- Dans la pratique, « le dialogue ne concerne pas que la parole. Le dialogue devient nécessaire là où deux choses, situations, deux nations, cultures religions se font face[5] ». Un exemple est que l'hôpital est aussi un lieu de dialogue, « car les objectifs et les méthodes de soins de l'Occident ont besoin d'entrer en dialogue avec les objectifs et méthodes pratiqués en Afrique[6] ».
- Le premier principe du dialogue qui se dégage de cette expérience est que le dialogue doit mettre l'humain, l'homme au centre de ses réflexions et objectifs. Les autres considérations deviennent secondaires.
- Le second élément doit concerner la misère de l'humain (on pourra établir un rapport entre la misère et le mal, le péché, sans toutefois statuer que la cause de toute misère est le péché. La misère peut avoir pour cause des facteurs endogènes et des facteurs exogènes).
- Le troisième élément concerne le cadre de vie de l'humain en question. L'humain ne peut pas s'épanouir en dehors de son milieu, et toute réflexion sur l'humain qui néglige ce troisième élément serait moins-disant. Le dialogue doit s'examiner dans la trilogie humain-misère-environnement.

---

4. C. Aurenche, *Tokombéré au pays des Grands Prêtres. Religions africaines et Évangile peuvent-ils inventer l'avenir ?*, Paris, France, Éditions Ouvrières, 1996.
5. *Ibid.*, p. 67.
6. *Ibid.*

Ce modèle fut important pour la conception du modèle que le chercheur a conçu. Il a éclairé le chercheur pour penser sa propre intégration, dont le premier essai s'était soldé par un échec qui est à la base de la présente étude. La prochaine section développera l'induction de cet échec.

6.1.2. Intégration ethnique

Le but de cette section est d'exposer les deux faiblesses qu'a révélées l'échec de la première intervention du chercheur dans le conflit au pays Maxi, puis la correction de ces faiblesses, ainsi que la plus-value générée pour la présente étude.

6.1.2.1. Incompétence en résolution de conflit

Cette section montre qu'à défaut d'intégrer une école de résolution de conflit (qui n'existe pas au Bénin), le chercheur a procédé à une formation en autodidacte. Les années 2012 à 2014 ont été consacrées à ladite formation, dont témoigne le nombre d'ouvrages lus. Le chercheur rend succinctement compte dans les lignes qui suivent de ladite formation en indiquant les références des grands domaines des ouvrages consultés.

Les ouvrages lus sont ceux sélectionnés parmi plusieurs, d'auteurs africains, pour rendre compte des domaines explorés avant l'investigation du champ de recherche. Ces ouvrages couvrent plusieurs domaines. Le premier concerne les outils de recherche empiriques en littérature africaine orale, dont les plus importants sont :

- A. Bogniaho « Méthodologie de la recherche en littérature africaine orale », dans M. Kakpo, sous dir., *Voix et voies nouvelles de la littérature béninoise*, Cotonou, Bénin, Les Éditions des Diasporas, 2011, p. 201-231.
- J.-M. Éla, *La recherche africaine face au défi de l'excellence scientifique*, livre III, Paris, France, L'Harmattan, 2007.
- M. Kakpo, sous dir., *Voix et voies nouvelles de la littérature béninoise. Les enseignants du Département des Lettres Modernes de la Faculté des Lettres, Arts et Sciences Humaines de l'Université d'Abomey-Calavi*, Cotonou, Bénin, Éditions des Diasporas, 2011.

Ces œuvres ont préparé le chercheur à adopter des attitudes idoines en recherche en littérature orale et à utiliser convenablement le langage pour communiquer dans le contexte de l'oralité. Ils ont servi de guide tout au long des investigations. Le reste des ouvrages couvre les domaines ci-après.

- La philosophie africaine[7], qui a fait découvrir la pensée symbolique de l'oralité. Les chants du rythme Cingumɛ en regorgent (le chercheur en a fait une description dans la section 2.5.2.2.). Paulin Hountondji est une référence mondiale de la philosophie africaine. Il a initié un laboratoire d'étude des réalités africaines, dont les premiers travaux sont publiés dans l'ouvrage *Les savoirs endogènes*.
- La géomancie divinatoire africaine[8] a été un outil pour percer le secret du « Fa », l'art divinatoire béninois. Et le « Fa » est à la fois la divinité, par laquelle parlent les autres divinités, et la science d'interprétation du monde invisible. Au Bénin, le « Fa » est introduit dans l'enseignement au secondaire et en sociologie à l'université étatique d'Abomey-Calavi (UAC).
- Le chercheur a été suffisamment instruit par la théologie de l'identité de Bédiako[9] pour vouloir conserver la syntaxe de la pensée symbolique dans la traduction.
- Les autres sous-domaines sont : la théologie africaine, l'ethnicité et le tribalisme, la culture et les croyances.
- Et enfin, les différents ouvrages sur les outils techniques de recherche dont il faut mentionner celui que le chercheur a suivi pour rédiger la présente dissertation : K. Smith, *Rédaction d'un travail académique et recherche théologique : un guide pour étudiant*[10].

---

7. Hountondji, *Les savoirs endogènes* ; D. Mamoussé, *Critique de la raison orale. Les pratiques discursives en Afrique noire. Avec la collaboration de Bonaventure Mve-Ondo*, Niamey, Paris, Dakar, CELHTO, Karthala, IFAN, 2005.
8. B. Maupoil, *La géomancie à l'ancienne Côte des Esclaves*, Paris, France, CNRS-Institut d'Ethnologie, 1981 ; P. Verger, *Ewé. Le verbe et le pouvoir des plantes chez les Yoruba*, Paris, France, Maisonneuve et Larose, 1997.
9. Voici la question fondamentale qui fonde sa théologie : « Est-ce que les Africains pouvaient devenir pleinement chrétiens seulement en accueillant la mentalité des chrétiens occidentaux, et en laissant tomber les choses qui les rendaient vraiment africains ? »
10. Smith, *Rédaction d'un travail académique et recherche théologique : un guide pour étudiant*.

Loin de répertorier tous les auteurs par domaine, le chercheur en a simplement indiqué quelques-uns, importants pour la compréhension de la pensée et la mentalité africaines.

Ces ouvrages étudiés en prélude à sa recherche l'ont accompagné tout au long de ses travaux. La section suivante va permettre de comprendre combien cette formation autodidacte a été nécessaire pour combler la seconde lacune du chercheur : l'acculturation.

6.1.2.2. Acculturation du chercheur

Deux réalités ont mis à nu les carences identitaires du chercheur : la langue et le rythme. Il fallait combler ces lacunes pour faciliter l'intégration culturelle.

Tous les échanges se tenaient en langue maxi. Ainsi, lors de ses premières interventions, le chercheur a été constamment repris : « Parle-nous dans notre langue ! », parce que son discours était truffé de mots et expressions françaises. Né de deux parents maxi et ayant grandi au village, c'était inconcevable que le chercheur ne puisse tenir une conversation entièrement dans sa langue maternelle. Cette expérience a révélé la crise d'identité du chercheur, qu'il fallait régler avant toute entreprise de recherche. Avec l'appui de Wycliffe, structure de traduction de la Bible et d'alphabétisation dans les langues africaines, le chercheur a comblé le déficit linguistique. La pratique de lecture systématique journalière de la Bible et la prédication dans la langue ont renforcé les acquis linguistiques maxi. En outre, le séjour à Accra, dans le centre « Akrofi Christaller Institute » dont Bediako Kwame était le recteur, où toute thèse de doctorat est systématiquement résumée dans la langue maternelle de l'étudiant, a servi de cadre d'apprentissage et de renforcement de la compétence en étude des langues africaines.

Le second élément caractéristique de l'acculturation du chercheur s'est révélé par son incapacité à danser les rythmes de son ethnie. Le rythme spécifique des Maxi, qui se rencontre partout, dans les funérailles, dans les réjouissances (mariage, intronisation, etc.) est le Cingumɛ. Ce rythme, jadis exclu dans l'église, y est aujourd'hui prisé. La danse de ce rythme est un critère de différenciation entre le vrai et le faux Maxi. Le chercheur s'était donc révélé être un faux Maxi lors de ses premières visites. Ce défi, indispensable pour une intégration réelle, a été relevé au bout de six mois d'exercice de la danse. Avec l'*Anthropologie du geste* de Marcel Jousse, le chercheur a découvert qu'il ne s'agit pas du rythme pour le rythme ni de la danse pour la danse. Mais c'est par le rythme que l'identité psychologique de la communauté s'anime par les procédés musicaux à plusieurs niveaux.

Ainsi, la maîtrise de la langue et de certains rythmes met fin à l'acculturation du chercheur et ouvre la porte à une intégration culturelle accomplie. Car les trois grandes caractéristiques de l'identité maxi que sont la langue, les rythmes et la généalogie se trouvent ainsi réunies chez le chercheur.

6.1.2.3. Intégration culturelle réussie

L'objectif de l'intégration est double : connaître l'ethnie de l'intérieur, afin de mieux apprécier les enjeux du conflit, puis devenir crédible, afin de gagner la confiance des deux communautés.

Le processus d'intégration s'est fait en trois paliers : familial, villageois et zonal. Il s'est réalisé à chaque niveau par l'adhésion aux différentes structures propres à chaque niveau et par de la recherche historique.

Chaque famille clanique est dirigée par le chef de famille ou le représentant ancestral, appelé au pays Maxi par « Dah » suivi du nom de l'ancêtre éponyme. Ainsi, Dah Ahoga est le chef de famille des Ahoga. Ce dernier est assisté par un collège de conseillers composé des pères de famille du clan. Un poste spécial est réservé au représentant de tous les enfants, appelé « Vigan » (Vi/enfant-gan/chef/responsable, ce qui donne « responsable des enfants »). Ce poste a été spécialement doublé pour faciliter l'intégration du chercheur. Ainsi, il a été nommé le « Vigan » des intellectuels Ahoga[11], pour agir au nom du « Dah Ahoga » en dehors de la zone Maxi.

L'objectif présenté par le chercheur de vouloir comprendre et écrire l'histoire de la famille Ahoga a été l'élément fondamental intégrateur. Après l'initiation au rythme spécifique « Gbehun » des Ahoga, le chercheur a eu accès à tout ce qui pouvait lui permettre de connaître la famille, le clan Ahoga et participer au développement du village Logozoxɛ et de l'ethnie Maxi. Tout ce que le chercheur a écrit au chapitre 2 sur la sociologie, l'anthropologie maxi et surtout l'ancestralité et les Vodun lignagers provient de la recherche au niveau de la famille, que les deux autres niveaux ont confirmé, élargi et approfondi.

Au niveau du village, le chercheur a adhéré aux associations de développement du village. Tout ce que le chercheur a écrit sur l'histoire des

---

11. Pour les mariages, c'est chez le chercheur que les cérémonies de dot se font dans la capitale. Une Association familiale a été créée pour gérer les problèmes liés à tous les fils, petits-fils et arrière-petits-fils Ahoga séjournant en ville. Le chercheur rend compte au Dah Ahoga au village une fois par an.

villages de Logozoxɛ, Monkpa, Wɛdɛmɛ et Gobadɑ provient des investigations qui ont été favorisées par le roi. Ce dernier fut enthousiasmé par le projet d'écrire sur l'histoire de son village. Il a mis à la disposition du chercheur des personnes-ressources et quelques moyens. Le chercheur fit une expérience fascinante à sa première rencontre avec le roi Tchaou Toffa de Logozoxɛ. Ce dernier descendit de son trône pour l'accueillir, chose rarissime dans la tradition. La raison, jusqu'alors ignorée du chercheur, était que la reine mère était une tante à lui. Le roi, par ce geste, honorait en réalité sa propre mère. Les informations sur les différents « Akɔ », les Vodun interethniques, et une portion de l'histoire maxi de Savalou, dans le chapitre 2, proviennent des investigations faites à ce niveau, qui seront complétées par celles du niveau zonal.

Au niveau zonal, le chercheur a adhéré à l'association culturelle « MAHI-HOUINDO » regroupant les cadres, les rois et têtes couronnées, et dont l'objectif principal est la valorisation de la culture maxi. L'association se réunit chaque troisième week-end du mois de novembre. Toutes les interviews réalisées auprès des cadres et des rois et têtes couronnées maxi ainsi que toute la documentation sur les Maxi ont été favorisées par cette adhésion. Ce fut à cette occasion que les articles des artistes sur l'histoire, la philosophie et les croyances maxi ont été collectés. Ce fut aussi par ce truchement que le chercheur a accédé à l'unique thèse où l'histoire maxi a été esquissée pour la première fois. L'auteur, un professeur d'histoire et de géographie, est devenu le coach du chercheur. L'histoire maxi que le chercheur a écrite dans le chapitre 2 est le couronnement des investigations réalisées à ce niveau. La dernière activité qui a parfait l'intégration fut la participation à la fête maxi appelée « la fête des ignames ».

Le 15 août de chaque année est célébrée la fête des ignames dans la ville de Savalou, chef-lieu des Maxi. En effet, l'igname étant la principale production agricole des Maxi, une fête en célèbre la bonne récolte. La participation du chercheur parfait son intégration et assure sa crédibilité comme vrai Maxi. Il peut alors opérer son intégration dans les deux communautés Vodun Xɛbyoso et EEAD au pays Maxi.

6.1.3. Devenir membre des deux communautés en conflit

L'objectif de cette section est de montrer comment le chercheur s'est fait membre des deux communautés pour se faire le représentant du dialogue devant conduire à la réconciliation. L'intégration du chercheur dans les deux communautés s'est réalisée par un intermédiaire au niveau de chaque communauté. Et la recherche sur l'histoire du peuple Maxi et du Vodun Xɛbyoso a été l'élément motivateur pour le rapprochement.

Le rôle d'intermédiaire a un lien avec ce que le chercheur a examiné dans le chapitre 5 par rapport à l'envoi des disciples de Jésus en mission. La recommandation de Jésus de trouver des hommes crédibles dignes de confiance s'est analogiquement concrétisée dans ces deux intermédiaires : Dah Kandénu pour la communauté Vodun et l'ancien d'Église Benoît Ahoga pour la communauté des EEAD. Grâce à eux, le chercheur a été accepté et admis dans chaque communauté.

Au niveau de la communauté Vodun, Dah Kandénu fut l'intermédiaire très influent, parce qu'il est politiquement le chef de l'arrondissement (CA) de Logozoxɛ. De profession ingénieur géomètre, il est socialement de la classe supérieure. Au niveau du système Vodun, il est également dans les instances supérieures. Il fut responsabilisé pour la modernisation de ce système. L'intégration culturelle fut pour le chercheur un atout pour une rapide incorporation dans la communauté sous le coaching de Dah Kandénu. Son initiation a été spéciale et courte à cause de son intermédiaire, son identité culturelle affirmée et son projet de recherche sur l'histoire maxi ainsi que la résolution du conflit. Toute la description du Vodun Xɛbyoso, son organisation, les étapes d'initiation, sa fonction et sa théologie, décrites dans le chapitre 3, n'est connue que des membres de la communauté. Le chercheur a appris et a dansé les panégyriques, ce qui lui a permis de les transcrire pour les analyser. Vers la fin de l'année 2015, plusieurs Hunnon ont fait du chercheur leur confident, ce qui est l'attestation de la confiance dont il jouissait désormais au niveau de cette communauté.

Au niveau de la communauté des EEAD, le chercheur, bien que pasteur, a eu besoin de l'ancien d'Église Benoît Ahoga de l'EEAD de Logozoxɛ pour faciliter son acceptation. Benoît Ahoga, dépanneur radio à la retraite, assume une fonction de levée de fonds en faveur des Églises et ministères. Pour cela il est bien connu et apprécié de toutes les EEAD au pays Maxi. Toutes les descriptions empiriques du chapitre 4 proviennent des investigations effectuées au niveau des communautés locales des EEAD d'Axɔsɛdo, Wɛsɛ, Logozoxɛ et Wɛdɛmɛ. La preuve de l'admission du chercheur comme membre des EEAD fut qu'il a été autorisé à prêcher et enseigner, bien qu'étant pasteur baptiste.

Ainsi, vers la fin de l'année 2015, toutes les preuves étaient réunies, montrant que le chercheur était véritablement connu et accepté dans la société maxi par les cadres et les rois et têtes couronnées. Les deux communautés l'ayant elles aussi accepté, la décision a été prise de se concentrer sur la résolution du conflit. Ces différentes phases de l'intégration ont été réalisées lors de brefs séjours du chercheur. Pour une proximité plus accrue, le chercheur est allé vivre ensemble avec les deux communautés pendant son année sabbatique.

6.1.4. Vivre avec les deux communautés en conflit

L'objectif de la section est de montrer que le vivre ensemble du chercheur avec les deux communautés a ravivé l'unité identitaire qui a conduit à la rencontre de la réconciliation.

Une année sabbatique du chercheur d'avril 2016 à février 2017 lui a permis d'atteindre l'objectif du « vivre ensemble physique » avec les communautés. Grâce à la confiance préalablement établie, les communautés se sont engagées dans la recherche historique et la réconciliation. Le chercheur et les deux communautés étaient convenus des faits suivants :

- Chaque communauté aide le chercheur à la reconstitution de l'histoire des Maxi.
- Le chercheur aidera les communautés à ce qu'une issue soit trouvée à la crise.
- Les communautés acceptent que le chercheur enregistre et filme les interviews afin de les exploiter.
- Les communautés acceptent de se rencontrer sous l'égide du chercheur.

Après cet accord, chaque communauté a constitué des groupes, composés exclusivement d'adultes, pour entrer dans le processus de la recherche historique et du dialogue. Les activités qui ont meublé le séjour du chercheur sont de plusieurs ordres, mais il cite seulement les plus importantes.

Il y a eu des visites individuelles, très nombreuses, car chaque responsable des différentes communautés dans chaque village et ville a reçu au moins cinq visites. Certains responsables ont en retour rendu visite au chercheur pour des échanges personnels. Ces visites ne sont pas enregistrées, mais le chercheur prenait des notes quand le sujet concernait un pan de l'histoire ou le Vodun Xɛbyoso.

Il y a eu des rencontres d'entretien collectif. Elles ont toutes été enregistrées selon l'accord préalable. Il s'agit de la collecte des données sur l'histoire des Maxi et le Vodun Xɛbyoso. Chaque groupe en a connu au moins deux, sauf l'EEAD de Wɛsɛ qui a préféré y consacrer une matinée entière. En dehors de ces deux activités principales réalisées au niveau de chaque communauté, les autres activités différaient selon qu'il s'agissait de la communauté Vodun ou de l'Église.

Au niveau de l'Église, le chercheur a donné des enseignements, des conférences et des prédications et participé à toutes les activités habituelles des églises locales. La confiance établie pendant ce séjour a préparé l'EEAD à répondre à la rencontre des prêtres du Vodun Xɛbyoso fixée pour le 7 février 2017.

Au niveau de la communauté vodun, le chercheur avait reçu des doléances de la part des responsables, notamment la demande de médicaments de base à distribuer à certaines communautés et centres de santé (deux). Le chercheur a satisfait à cette demande. Il lui a aussi été demandé d'aider à restaurer, sur le site du Vodun Xɛbyoso de Wɛdɛmɛ, une maison lézardée. Mais il n'a pas accédé à cette demande pour des raisons théologico-éthiques. Enfin, il y a eu une activité test, la visite du site où le Vodun Xɛbyoso serait descendu à l'origine. Le chercheur a accepté d'effectuer le voyage. Le lieu est situé à une soixantaine de kilomètres du village Logozoxɛ, et pour s'y rendre, il n'y a que 18 km de piste en voiture, 29 km de piste cyclable et 14 km de piste pédestre dans la brousse. L'annexe II.9 présente quelques photos décrivant des aspects du site. Cette dernière activité réalisée le 6 février favorisa la rencontre avec les chrétiens qui eut lieu le 7 février 2017.

6.2. L'identité ethnique, source de réconciliation et de guérison

L'identité ethnique est l'élément qui a brisé la tension émotionnelle liée au conflit qui a perduré pendant des décennies. Elle a ainsi libéré les cœurs contrits pour installer un véritable dialogue entre les responsables des EEAD et le « clergé » vodun. Cette libération a conduit à l'échange autour de l'histoire culturelle des Maxi. La réconciliation a été couronnée par la guérison de blessures liées au conflit lors du face-à-face des deux communautés.

6.2.1. Le contenu intrinsèque de la rencontre

Le mercredi 7 février 2017 à 8 h eut lieu la réunion attendue. Dans une atmosphère tendue de part et d'autre, les deux groupes cibles s'installèrent séparément, se regardant en chiens de faïence et comme rangés en ordre de bataille : chrétiens d'un côté, vodunons de l'autre. Sur leurs visages se lisaient la crispation et la méfiance réciproque. Le chercheur avait aussi été gagné par le sentiment qui animait les deux groupes. Mais on était là et il fallait avancer. D'abord avec la problématique de l'identité ethnique, en tant que base du dialogue.

Prenant la parole à la suite de son introduction par Dah Kandénu, la solution toute trouvée qui était apparue au chercheur pour tenter de décrisper l'ambiance afin de permettre de véritables échanges était celle de l'identité ethnique. Ainsi, le chercheur demanda à tous, chrétien ou vodunsi, de lever la main à son appel, pour lequel il faisait volontiers usage de l'identité « Akɔ », c'est-à-dire lignagère. Il avait à peine commencé par les « Jɛtɔ » qu'aussitôt des mains se sont levées à son appel de part et d'autre, dans les deux groupes ; les intéressés se mirent tout à coup à se regarder avec stupéfaction et même à se sourire. Les « Ayatɔ » et les « Gbétɔ » firent pareil. Le chercheur décida sciemment de s'arrêter à ce point. Alors, après un court moment de silence, éclata du fond de la salle une vive protestation élevée par un participant qui s'était dressé et qui debout, révolté, réclamait : « Et nous les "Dévɔ", alors tu nous as oubliés ? Mes frères levez vos mains où que vous soyez. » Et instantanément, des mains se levèrent dans les deux camps et la même chose se reproduisit quand vint le tour des autres « Akɔ » revendiquant leur part à l'appel. À la fin de l'exercice, aucun des participants n'était en reste. Et, miracle ! Le climat de la salle ne fut plus le même, car entre sourires continuellement échangés et joie mal contenue, les uns et les autres venaient indifféremment de se découvrir qui un frère, qui une identité ethnique commune au sein du groupe d'en face. Là, le dialogue véritable était amorcé et sera renforcé par le partage autour de l'histoire culturelle maxi.

Avec un tel changement d'atmosphère, il était devenu plus facile d'aborder l'histoire maxi en commençant par répondre à la double question : qui sommes-nous et qu'est-ce qui fait notre particularité ? Pour ce faire, les participants, les Dah en particulier, ont essayé de raconter des pans entiers de notre histoire, qu'il nous était permis de compléter avec des informations glanées lors des différentes recherches. Et c'est à l'unanimité que nous sommes parvenus à la conclusion qui s'imposait : chrétiens ou vodunsi, nous avions la même origine et dans nos veines coulait en réalité le même sang ; c'est-à-dire que nous étions tous descendants d'un seul et même ancêtre lointain, Dɔvi du village du nom de Mitɔgbodji, et du petit-fils de celui-ci, Gba-Xakɔ, qui, devenant roi, prit le nom de « Axɔsu Soxa » en fondant le royaume de Savalou. Ce rappel historique, suivi de celui de l'esclavage qu'ont vécu nos ancêtres, a fini par renforcer durablement le sentiment d'appartenance commune à la communauté maxi de tous les participants à ce dialogue interreligieux. Ce qui, outre la confiance mutuelle installée et renforcée, permit d'examiner ensemble l'un des principaux problèmes, obstacle aux relations entre les deux religions : la peur de l'autre.

6.2.2. La réconciliation et la guérison des blessures relationnelles

À partir de la nouvelle confiance mutuelle naissant entre les participants au fil narratif de l'histoire culturelle, le terrain était suffisamment balisé pour soulever l'épineuse question qui jusqu'alors aurait fâché. Lequel du Vodun Xɛbyoso ou de l'Église des Assemblées de Dieu est la religion qui fait le plus peur à l'autre ?

Des échanges il ressortira que les vodun sont devenus des vecteurs du mal parce que certains Bokonons et guérisseurs traditionnels ont abandonné leur vocation première d'assistance à autrui, de médecin traitant et de protecteur du peuple pour s'adonner exclusivement à l'esprit du lucre.

Le climat de confiance instauré pendant ces échanges a permis le témoignage illustratif de Dame Gbaguidi du vodun comme source de mal :

> Le Bokonon en qui j'avais eu confiance au point de lui confier ma maison était devenu la cause de ma ruine totale. Pour assurer ma protection et celle de mes enfants, il exigeait chaque fois davantage de fortes sommes que je n'hésitais pas à lui procurer. À sa requête, j'avais aussi fini par donner mon accord pour que mes deux garçons prennent le « Fa ». C'est la base de ma ruine, car ils revinrent malades de leur initiation « Fa-zoumɛ ». Comme si ce n'était pas assez, le Bokonon réclama à nouveau la somme de 300 000 francs CFA pour les guérir ; et toujours pas de guérison. Mon premier garçon mourut dans ces conditions et le second était devenu fou. J'étais donc au bord de ce précipice quand j'ai eu recours aux Assemblées de Dieu qui

ont prié pour moi, m'ont délivrée et m'accompagnent jusqu'à ce jour. Depuis, ma vie a changé et j'ai retrouvé une certaine paix et sérénité, et mes affaires ont repris un peu. Je ne dénie pas le vodun, car mon grand-père fut un grand Bokonon. Mais lui, durant son « exercice », aidait ceux qui venaient solliciter son secours. Il pouvait, de ses deniers, accomplir des sacrifices pour des personnes pauvres et en détresse. Moi, j'ai juste été la victime innocente d'un Bokonon qui a ruiné ma famille et ma vie. C'est pourquoi le vodun fait peur.

Dame A. Gbaguidi est allée jusqu'à dénoncer nommément le Bokonon en question, qui était une personne bien connue à Savalou. Sa fin fut tragique. Aussi, certains Dah présents ont-ils confessé avoir eu vent de cette tragédie qui avait touché Dame Gbaguidi. Ils n'ont pas manqué de fustiger le comportement du Bokonon-escroc qu'ils ont qualifié de type « des nombreuses brebis galeuses » qui « prostituent » la fonction sacrale du vodun et jettent du discrédit sur les valeurs morales traditionnelles. De tels dérapages ne sont pas l'apanage du vodun, tous les participants ont reconnu l'instrumentalisation à des fins sordidement matérielles de la religion aussi bien chez les chrétiens que chez les vodun. Dans la foulée, Dah Kandénu a rapporté un fait insolite où « "un prétendu pasteur" était venu instituer un système de micro finance "tontinier" pour escroquer de fortes sommes d'argent aux populations avant de disparaître avec l'épargne. Ce qui conduisit en prison trois jeunes filles innocemment abusées que le pasteur utilisait à cette basse besogne. Le pasteur criminel ainsi définitivement porté disparu, conclut Dah Kandénu, c'est à tout le village qu'il était revenu de se cotiser pour le dédommagement des épargnants en contrepartie de l'élargissement des trois filles ».

C'est autant de circonstances qui ont joué un rôle cathartique par rapport aux préjugés. En s'avouant soulagée d'avoir eu l'occasion de s'adresser à un groupe-type qu'elle tenait pour responsable de ses malheurs, Dame Gbaguidi, par son exemple, montre des signes de début de restauration. Aussi, ayant reconnu, quant à eux, l'existence de prétendus pasteurs qui sont en réalité des contre-témoignages de la foi chrétienne, les chrétiens n'avaient fait que montrer également que tout échange véridique, suivi de la restauration de certaines relations brisées entre personnes partageant la même identité ethnique, est par avance de nature à conduire à « un vivre ensemble » pacifié. (Voir photo en annexe VI.1.)

6.2.3. Les œuvres sociales comme preuve de la réconciliation

Une autre des questions essentielles abordées concernait la réaction des deux communautés face à un ennemi commun. Une telle question a été conçue comme test de vérification de la réconciliation : que feriez-vous si l'État interdisait toute activité religieuse sur l'étendue du territoire ?

En leur opposant un ennemi commun, la réaction fut vive et la solidarité s'est manifestée d'une manière spontanée. En face d'un ennemi commun, ils peuvent se mettre ensemble pour lutter contre ce dernier. Leurs réactions ont mis en exergue la reconnaissance et l'importance de l'autre.

Dah Vodji (IVDii20) argumenta : « Si le président est élu pour gouverner une population, comment réussira-t-il sans rechercher la paix pour le pays ? Et il n'est pas possible à un pays d'être en paix sans la prière des chrétiens et l'invocation de la manne des ancêtres. » Unanimement, ils ont proposé une pétition qui serait signée par tous les membres des deux religions. Les échanges autour de cette question ont révélé le rôle fondamental de la recherche de la paix nationale par les différentes croyances lorsque le vivre ensemble est menacé par des forces extérieures.

La dernière question essentielle abordée concernait l'opportunité offerte aux deux groupes par la rencontre et qui visait la promotion du vivre ensemble.

Ainsi, alors qu'au départ du processus les deux groupes confessionnels étaient réticents à entamer le dialogue, précisément à cause du conflit lié aux causes développées dans le chapitre 5, c'est avec empressement que ces mêmes membres, une fois l'appartenance à la même communauté ethnique rétablie, ont plutôt suscité et demandé la mise en place d'un comité paritaire de chrétiens et de « vodunsi » chargé de promouvoir le développement à la base pour le bien-être des Maxi aux prises avec une situation de pauvreté qui nécessite la conjugaison de toutes les forces vives de l'ethnie. Un tel comité a pour mission de penser aux stratégies de satisfaction des besoins prioritaires de développement des habitants de l'aire maxi.

Dah Vodji (IVDii26), le représentant régional des Hunnon, a remercié le chercheur pour l'initiative de la rencontre et fait la suggestion de la mise sur pied d'un comité interdialogue où se retrouveraient cinq personnes, les leaders des religions présentes. Il conclut ses propos par : « La rencontre régulière va réduire la peur du mal entre nous. » Le pasteur Akoty Yao Florent a recueilli les contacts téléphoniques des Dah Hunnon, afin que les échanges continuent pour des résultats tangibles.

Le mot de fin, donné par Dah Vodji, relève d'une caractéristique propre aux peuples de l'oralité, où il revient au doyen d'âge ou à la plus haute autorité sociale de conclure. La section suivante exposera comment le chercheur a utilisé les deux principes (l'identité ethnique comme base de dialogue et l'histoire culturelle pour rétablir la confiance mutuelle) pour gagner toute cette hiérarchie vodun.

6.3. La recherche et les principes de l'identité ethnique et de l'histoire culturelle

Cette section va montrer l'usage pratique de ces deux principes dans l'étude du chercheur au pays Maxi. Le chercheur l'exposera à travers le principe d'intermédiation, premier et fondamental à toute incarnation culturelle. Puis viendra l'exposé sur les conditions requises pour faciliter l'application desdits principes.

6.3.1. Le principe d'intermédiation

Ce principe repose sur la recommandation que Jésus a faite à ses disciples de trouver « des hommes dignes » dans chaque ville ou village où ils se rendraient : « Dans quelque ville ou village que vous entriez, informez-vous s'il s'y trouve quelque homme digne de vous recevoir, et demeurez chez lui jusqu'à ce que vous partiez » (Mt 10.11). Ce principe est fondamental pour les raisons suivantes :

L'homme digne ou encore l'homme de référence a un impact social. Il est d'abord digne par rapport à un environnement social, et sa dignité lui est conférée par son vécu de valeurs sociétales appréciées par les personnes au sein desquelles il vit. Cela suppose aussi une certaine connaissance de son milieu et de son peuple.

La seconde raison, corollaire à la première, est que l'homme digne est écouté et jouit d'une certaine crédibilité auprès de sa population. La charge qu'il devrait assurer en hébergeant des étrangers indique une aisance financière au-delà de la moyenne juste suffisante. En vivant chez une telle personne, l'étranger bénéficie ainsi de toutes ses prérogatives.

La section suivante va montrer comment l'intermédiation a été appliquée dans les présentes recherches au pays Maxi.

6.3.1.1. L'application du principe d'intermédiation au pays Maxi

Les différentes catégories d'intermédiation dont a fait usage le chercheur ont concerné respectivement la royauté, la communauté des EEAD et la communauté Vodun Xεbyoso. La première, parce que le roi est l'autorité suprême du village et son intermédiation vise l'incarnation ethnique. Les deux autres sont nécessaires pour l'immersion dans les deux communautés, respectivement.

Le roi Tchaou Toffa de Logozoxε est l'intermédiaire ethnique choisi pour les raisons suivantes. Historiquement, Logozoxε est, après Savalou, le village qui a donné naissance aux autres villages du champ de recherches. Le roi Toffa est un intellectuel et fut un homme d'affaires avant son intronisation. Ces éléments lui confèrent une « sorte d'estime » et de privilège par rapport aux autres rois. Le chercheur a aussi avec lui un lien familial[12]. Il avait recommandé le chercheur auprès de ses pairs, et plusieurs fois, il a témoigné de sa maturité avant certaines initiations.

Benoît Ahoga est un ancien de l'Église Assemblée de Dieu de Logozoxε. Il a joué le rôle d'intermédiaire auprès des EEAD au pays Maxi pour les raisons principales suivantes : il est un intellectuel à la retraite, après avoir travaillé en Côte d'Ivoire. Il exerce le ministère de « levée de fonds » au profit des Églises de la région pour les différents projets de construction de temples et les actions de grâce. L'ancien Benoît est aussi le représentant des intellectuels dans la structure familiale des Ahoga au pays Maxi. Le chercheur n'a fait aucune interview collective en son absence. Il a bénéficié de sa notoriété, ce qui lui a facilité l'accès aux Églises Assemblées de Dieu au pays Maxi, bien qu'il soit baptiste.

Dah Kandénu est « hunnon », intellectuel, ingénieur géomètre, homme politique et chef d'arrondissement de Logozoxε. Il a servi de sauf-conduit vers les « Vodunon » et « Vodunsi ». C'est pour tous ces titres qu'il fut l'intermédiaire incontournable pour l'intégration dans cette communauté. Il joua ce rôle parce qu'il est celui qui a interpellé le chercheur quand le conflit n'a pu être géré par les instances territoriales maxi. Il fut coreligionnaire catholique du chercheur avant sa conversion au christianisme évangélique. Il est une interface pour les interventions du chercheur dans l'aire maxi. Il est une référence politique et économique pour l'aire maxi. Et enfin, représentant légal du Vodun Xεbyoso auprès de l'administration préfectorale,

---

12. La mère du roi Toffa est née Ahoga.

Dah Kandénu est le « réformateur du vodun » dans l'aire maxi. Le chercheur a bénéficié de toutes ses prérogatives et certaines initiations lui ont été accréditées sans qu'il subisse leur rituel.

Le roi Toffa, l'ancien Benoît et Dah Kandénu constituent le collège d'intermédiation sans lequel l'incarnation du chercheur aurait été problématique. La section suivante va montrer comment leur rôle est déterminé par « l'agent du dialogue » que constitue le chercheur.

6.3.1.2. Le chercheur et les principes de l'identité ethnique et de l'histoire culturelle

Cette section va examiner les deux catégories de chercheur probables dans l'usage des deux principes. La première catégorie concerne un chercheur étranger, tandis que la seconde concerne un natif.

Si le chercheur n'appartient pas à l'ethnie où se passent les recherches, l'intégration prendra davantage de temps. Et voici les principales raisons de la nécessité d'un long séjour pour un chercheur étranger. D'abord, n'ayant pas de racine ethnique, il lui faut un effort supplémentaire pour son intégration. Puis l'apprentissage de la langue sera le premier défi explicatif du long séjour. Car il ne s'agit pas de la connaissance « grammaticale » de la langue. Parce que les langues africaines sont des langues « à ton », l'apprentissage est plus complexe[13]. Puis il y a lieu de distinguer entre le langage culturel et le langage religieux. Pour ce dernier type de langage, le chercheur doit accéder d'abord à la compétence des nuances et des idiomes avant d'entreprendre l'apprentissage du langage religieux. Car les « dogmes religieux » en Afrique s'expriment énigmatiquement et par des rituels dont le sens échappe au commun des mortels (cf. section 2.5.1.3.).

Les autres défis à relever, tels que l'incarnation culturelle et linguistique et la maîtrise de l'histoire de l'ethnie, sont autant de grands enjeux qui ne peuvent être surmontés en moins d'une décennie. Le record historique d'intégration culturelle est rapporté dans le livre d'Aurenche, *Tokombéré au pays des Grands Prêtres. Religions africaines et Évangile peuvent-ils inventer l'avenir ?* C'est l'histoire de trois missionnaires : « À la suite de Baba Simon, pionner africain de la première évangélisation, Christian Aurenche, prêtre du diocèse de Paris, envoyé en mission, témoigne de son expérience d'évangélisateur et de médecin auprès des Kirdis. Considérant les Grands

---

13. B. Akoha, « Problèmes des tons en fon-gbè : identification, combinaison », mémoire de DEA, Paris II, Paris, France, 1977.

Prêtres de la religion traditionnelle comme d'authentiques partenaires dans la quête du sens religieux de l'existence, il œuvre avec eux à la promotion de leur communauté[14]. » L'auteur fut précédé par Jean-Marc Ela. Le premier, Baba Simon, a consacré toute sa vie à ce peuple, les deux autres ont vécu respectivement quinze et vingt ans dans le village de Tokombéré, qu'ils ont quitté au terme de leur mission.

Lorsque la recherche est faite dans sa propre ethnie, les difficultés ci-dessus exposées sont de moindre intensité. Le premier facteur qui facilite l'intégration est la référence généalogique. Et dépendamment de la renommée de sa lignée, sa réintégration sera plus ou moins facilitée. Dans le présent cas, le processus d'intégration a été de courte durée et facile, à cause de la réputation ancestrale et parentale et des activités sociales et spirituelles (pionnier de l'Église baptiste) du chercheur. L'enseignement des Religions Traditionnelles Africaines depuis une quinzaine d'années a été un grand atout pour la réintégration. Mais ces éléments à eux seuls ne suffisaient pas pour assurer l'intégration aussi bien culturelle que dans les deux communautés respectives. Il a fallu d'autres conditions pour expérimenter les deux principes, chers au MADIR, que sont : « l'identité ethnique comme base de dialogue » et « l'histoire culturelle pour rétablir la confiance mutuelle ». Elles seront examinées dans la prochaine section.

6.3.2. Les conditions requises pour vivre les principes du MADIR

Cette section traitera des conditions indispensables pour expérimenter les deux principes du MADIR. Le chercheur doit se doter d'une éthique et développer une approche scientifique appropriée qui facilite l'intégration, et aussi jouir d'une maturité émotionnelle et spirituelle pour supporter certains rituels d'initiation. Si ces deux conditions font défaut, même un long séjour n'aboutira pas à une véritable intégration culturelle et religieuse.

6.3.2.1. Les conditions d'ordre pédagogique et scientifique

Le chercheur doit changer sa pédagogie magistrale et s'initier à une approche scientifique de l'esprit pour les raisons suivantes.

Le comportement induit par la pédagogie magistrale qu'héritent tous ceux qui sont formés aux sciences modernes occidentales constitue un

---

14. AURENCHE, *Tokombéré au pays des Grands Prêtres*, p. 9.

obstacle à l'intégration, à cause des deux paradigmes qui sous-tendent ladite pédagogie.

En effet, le premier élément, le paradigme d'individualisme compétitif, issu des présupposés scientifiques, repose « sur le fait que nous considérons comme évident d'exister comme des êtres autonomes, isolés, qui vivent leurs histoires individuelles[15] ». Il s'agit d'un système qui est à l'antipode du système communautaire du monde de l'oralité. Car dans le système de l'oralité, l'identité individuelle n'existe que par l'identité communautaire, et il n'y a d'histoire individuelle qu'au travers de celle de la famille. Puis, dans le système de l'oralité, l'éducation est communautaire, c'est-à-dire qu'elle commence par la famille[16] et va au-delà pour atteindre tout le village. Dans ce contexte, le chercheur doit se prédisposer à apprendre de la communauté. Car la connaissance à transmettre est aussi communautaire et n'a pas d'auteur individuel, mais c'est toute la communauté qui en est dépositaire. Il faut se convertir de son paradigme individualiste compétitif pour emprunter celui de l'apprentissage communautaire.

Un autre obstacle à surmonter est le mode de transmission dans le contexte d'oralité. L'oralité, qui suggère une prédominance du langage parlé pour la communication, fonctionne cependant moins par la communication verbale dans la transmission du savoir. Au contraire, elle fonctionne par exemplification, c'est-à-dire par le modèle de vie vécue. Marcel Jousse parle dans ce cas de la loi du « rythmo-mimisme[17] », qui caractérise l'éducation propre au contexte de l'oralité. Il en expose le fondement dans l'*Anthropologie du geste*. Cela implique que la connaissance repose sur le principe : « on apprend en faisant ce que l'on ne savait pas[18] » et exige un développement aigu du sens de l'observation. Le processus d'acquisition du savoir des sciences modernes devient inopérant et le chercheur doit se convertir à l'apprentissage du savoir par la pratique, qui passe essentiellement par l'initiation. Et se laisser initier remet en cause le deuxième paradigme hérité.

---

15. L. McTaggart, *Le lien quantique, the Bond. La carte pour changer de vie et vivre en harmonie avec les autres et la nature*, traduit de l'anglais par Madeleine Le Jeune, collection Science et Connaissance, France, Macro Éditions, 2013, p. 21.
16. D. Massi Gams, *La rencontre de l'Évangile avec la culture des peuples de l'Est Cameroun (1916 – 1961). Perspective d'une histographie de chrétienté africaine*, Yaoundé, Cameroun, CLÉ, 2017 p. 67.
17. Jousse, *L'anthropologie du geste*.
18. K. Ngarial, « Manuel de rédaction de cours. Élaboration d'outils de compétence situationnelle », Cours professé à CACC, Abidjan, Côte d'Ivoire, 2010, p. 8.

Le second élément hérité est le « paradigme de la lutte héroïque pour la domination ». Il repose sur la vision de la compétition sans pitié. Thomas Huxley, un des « bouledogues de Darwin », « était convaincu qu'il était dans l'ordre naturel que les êtres humains mettent leurs propres intérêts au-dessus de tous les autres[19] ». L'élément de ce paradigme qui intéresse le chercheur est « la représentation métaphorique de la vie comme une course vers la ligne d'arrivée [...], qui considère la compétition comme le parfait mécanisme de la société ». Les deux éléments fondamentaux dont le chercheur doit se départir sont les *facteurs temps* et la pensée de sa *suprématie sur les autres*. Le monde rural est bien hiérarchisé, mais non compétitif, et le pouvoir hiérarchique se fonde sur le pouvoir ancestral dont les symboles se trouvent dans les pratiques, les rituels, les cérémonies dont il faut connaître l'existence et qu'il faut respecter. Cela signifie qu'il n'y a pas des personnes fonctionnant comme « un tout connaisseur » qui dictent au reste de la communauté ses lois et volontés. Lorsque surviennent des situations ou des questions difficiles nécessitant des solutions ou réponses, le processus de résolution semble très lent et long pour quelqu'un provenant du monde moderne. Les solutions sont collectivement trouvées et il faut, pour toute exécution, la confirmation des ancêtres dont le procédé est l'oracle ou la divination. Un chercheur non avisé s'y prendrait mal et pourrait se retrouver face au mur, car dans ce contexte d'oralité, le sage ou l'autorité ne parle pas le premier. Et le questionnement anarchique est considéré comme une caractéristique d'immaturité. C'est pourquoi il faut beaucoup d'humilité et assez de patience à un moderne pour intégrer le monde de l'oralité. Un autre élément auquel il faut s'accoutumer est la répétition de toute chose. Tous les actes de la vie sont concernés par la répétition, paroles, gestes, rythmes, chants, rituels, cérémonies, etc. Il s'agit d'un processus de socialisation long, mais à terme, cette socialisation est définitive et parfois irréversible. Pour saisir les principes de ladite socialisation, il faut s'initier à une approche scientifique, telle l'anthropologie du geste qui offre d'apprendre « la science de la vie des signes au sein de la vie sociale », pour utiliser ses outils à décrypter et analyser les « textes oraux », rites et gestes par lesquels le peuple « verbomoteur » communique.

En plus de cette initiation pour décrypter et analyser les « textes oraux », il faut que le chercheur remplisse une autre condition, d'ordre scientifique, qui sera examinée dans la section suivante.

---

19. MCTAGGART, *Le lien quantique, the Bond*, p. 21.

6.3.2.2. Les conditions d'ordre scientifique

Le domaine religieux, en Afrique, relève d'une vision du monde à trois dimensions. Et il ne peut y avoir une intégration ethnique africaine sans une prise en compte du monde des esprits, pour les deux raisons fondamentales suivantes :

Premièrement, la théologie du christianisme occidental hérité en Afrique n'a étudié que Dieu, l'homme et son salut. Et puisque la théologie en Afrique francophone n'est qu'une copie ou une partielle contextualisation de celle de l'Occident, l'Église, dans cette partie du monde, vit une inadéquation entre sa foi et ses besoins réels. Il en résulte que les Églises africaines font face au défi d'« une foi pathologique en la puissance des croyances africaines », dont Zokoué donne l'exemple illustratif suivant : « Lors d'une émission sur RFI, un orateur africain déclarait : "On peut mentir en mettant sa main sur la Bible ou sur le Coran ; mais on ne ment pas sur les ancêtres". Autrement dit, les Ancêtres sont plus respectés que les textes sacrés[20]. » Un chercheur dont la foi serait une illustration de celle décrite ci-dessus est disqualifié pour l'usage des principes du MADIR pour ses recherches. Mieux, à force d'insistance, il pourrait soit basculer dans le camp des croyances africaines, soit abandonner par suite de troubles mentaux.

La deuxième raison, concomitante à la première, c'est l'absence de réflexion africaine par rapport au monde des esprits. Dépendants de l'Église occidentale, les Africains formés à la théologie occidentale n'ont rien pu initier dans ce domaine, et ne s'intéressent pas non plus aux innovations. Par exemple, l'« indicamétrie », une innovation africaine, initiée en Côte d'Ivoire[21] depuis plusieurs décennies, qui tente de développer une approche scientifique de l'irrationnel, est restée inexploitée.

On peut s'initier à « l'indicamétrie » par le livre de Déazon, *Introduction à l'indicamétrie*, dont il indique ainsi la portée : « À la différence des sciences antérieures se limitant aux seuls indicateurs objectifs et laissant de côté

---

20. Issac ZOKOUÉ, *Revisiter la théologie en Afrique contemporaine*, Abidjan, Côte d'Ivoire, CITAF, 2016, p. 36.
21. Inventée, il y a une cinquantaine d'années par le professeur Moustapha Diabaté, l'indicamétrie est une science qui ambitionne de révolutionner le système éducatif à travers la « pédagogie capacitaire ». Lequel outil consiste à adapter la pédagogie aux capacités des apprenants. C'est pour traduire cette ambition en réalité que l'ouvrage intitulé *Introduction à l'indicamétrie* a été publié par Dr André Déazon en vue d'initier les acteurs du système à la pratique de cette science. A. Déazon, *Introduction à l'indicamétrie. Il ne suffit pas d'être compétent pour être efficace. Indicamétrie et éducation*, Abidjan, Côte d'Ivoire, EDUCI, 2011.

les indicateurs subjectifs, l'indicamétrie ouvre un chemin inédit : intégrer les indicateurs subjectifs et invisibles dans la modélisation scientifique. Ce que le positivisme scientifique a toujours relégué au rang du flou et de résidu acquiert une dignité scientifique[22]. » Il fait une différence entre « compétence » et « capacité » qui aide aux recherches dans le monde des esprits. L'apport de cette approche est inestimable et se résume ainsi : « La rationalisation et la modélisation de l'invisible au service du visible. Il n'y a plus deux mondes antinomiques, l'un scientifique et l'autre ascientifique. L'indicamétrie les fédère dans une globalité totalement intelligible où le visible et l'invisible ne sont que des manifestations différentes d'une même réalité[23]. » Cependant, l'acquisition des compétences scientifiques d'analyse des réalités croyantes africaines ne suffira pas pour réussir l'incarnation culturelle développée ci-dessus. Car investir le monde des esprits chez le peuple africain verbomoteur exige des conditions psychospirituelles qui feront objet de la section suivante.

6.3.2.3. Les conditions psychospirituelles

Il faut remplir des conditions psychologiques et spirituelles avant toute intégration au système religieux du peuple pour les trois raisons suivantes : les critiques des évangéliques, les rituels et cérémonies d'initiation, le pouvoir magique réel dans la religion africaine.

Les critiques des évangéliques. S'approcher de ses parents païens ou les aimer, tel que le recommande Jésus, est, en Afrique francophone, surtout en Afrique francophone de l'Ouest, synonyme de sympathiser avec le monde des ténèbres. Le bon chrétien évangélique est celui qui n'a rien à voir avec les non-chrétiens. Et un chercheur qui décide d'intégrer une ethnie est considéré comme un renégat. Il faut avoir un moral suffisamment fort pour supporter l'indexation ou l'isolement.

Le chercheur a expérimenté une mise en quarantaine au début de son enseignement sur les Religions Traditionnelles Africaines. Lors du premier cours à la FATEAC en 2002, deux étudiants, tous deux pasteurs de grandes Églises à Abidjan, sont sortis du cours pour aller se plaindre à l'administration qu'on « leur avait assigné un professeur inconverti qui venait faire l'apologétique des croyances africaines ». Il y a eu une réaction similaire à l'ITES (Institut de Théologie Évangélique du Sénégal), où un missionnaire

---

22. DÉAZON, *Introduction à l'indicamétrie*, p. 30-31.
23. *Ibid.*, p. 31.

qui avait assisté à l'introduction de ce cours a demandé à l'administration de suspendre le cours. Le chercheur pourrait allonger la liste. Les raisons avancées pour justifier ces réactions sont de trois ordres : le chercheur ne condamne pas ou ne diabolise pas les RTA ; il récuse d'enseigner les RTA par dérision ; il présente les RTA comme les pratiquants les considère. Il s'agit d'une mise en quarantaine qui peut affecter un non averti. Aujourd'hui, les choses ont changé, et répondre aux nombreuses demandes d'enseignement sur les RTA devient si difficile que même un ministère à plein temps satisferait difficilement toutes les sollicitations. Mais la maturité psychologique sera plus exigée quand il s'agit de la participation aux rituels et cérémonies d'initiation.

Les rituels et les cérémonies d'initiation. Le mode ritualiste et certaines cérémonies d'initiation se réalisent dans un contexte ésotérique qui peut choquer l'entendement de l'étranger.

Le pouvoir magique réel dans la religion africaine. Les RTA se servent de trois croyances et pratiques parareligieuses (qui font l'objet d'un chapitre entier de cours), dont l'ignorance peut avoir des conséquences psychologiques néfastes. Il s'agit de la divination, de la sorcellerie et de la magie. Ce sont des croyances et pratiques que l'on retrouve dans tous les religions et systèmes religieux en Afrique francophone. Les étudiants en RTA suivent ce chapitre avant de se rendre sur leur terrain de recherche.

Mais pour faire des recherches dans le domaine religieux africain, il faut remplir les conditions spirituelles du chrétien fort selon le Nouveau Testament.

Les conditions spirituelles sont fondamentalement de deux ordres. La première est celle que le chercheur appelle le « chrétien fort » décrit dans un 1 Corinthiens 8 et qu'il résume dans le tableau ci-après. La deuxième condition, corollaire à la première, se trouve dans le texte biblique de 1 Corinthiens 9.19-23, qu'il nomme « la base biblique du dialogue » (cf. section 5.4.2.4.). (Voir le tableau n° 2.)

Le fort se manifeste par la profonde connaissance et foi en l'inexistence des idoles et des divinités et la certitude qu'il n'y a qu'un seul Dieu, qu'un seul Seigneur Jésus-Christ, de qui procède toute chose. Il en résulte une conscience pure libérée de toute crainte des êtres imaginaires créés par l'homme.

Tableau n° 2 : Éléments distinctifs des forts et des faibles selon 1 Corinthiens 8

Caractéristiques	Réf.	Catégorie du fort	Réf	Catégorie du faible
Connaissance	V. 3	Croit en l'existence de Dieu	V. 3	Croit en l'existence de Dieu
		Se mesure par l'unicité		Se mesure par la pluralité
L'idole	V. 4	Pour lui elles n'existent pas	V. 7	Croit en l'existence de plusieurs idoles
Divinités	V. 4 V. 6	Elles n'existent pas, ni sur la terre ni sous la terre	V. 5	Elles existent presque partout
Seigneurs	V. 6	Il n'y a qu'un seul Seigneur	V. 5	Il existe plusieurs seigneurs
Dieu	V. 6 V. 4	Il n'y a qu'un seul Dieu	V. 4 V. 5	Il croit au grand Dieu, mais il existe aussi d'autres dieux
Jésus-Christ	V. 6	C'est le seul Seigneur qui existe pour lui		Jésus-Christ existe comme Seigneur, mais il croit aussi à l'existence d'autres seigneurs
Conscience	V. 8	Conscience pure et forte	V. 7 V. 12	Conscience faible et souillée
Liberté	V. 9	Libre à l'égard des idoles et des divinités		Est lié par la croyance en l'existence des idoles et des divinités

Source : Les présents travaux, 2002.

La base biblique du dialogue. C'est le chrétien dont la maturité est décrite dans 1 Corinthiens 8 qui pourra vivre avec tout le monde, comme l'explique 1 Corinthiens 9.19 : « Bien que je sois libre à l'égard de tous, je me suis rendu le serviteur de tous. » Les versets suivants 20 à 23 montrent que, quelle que soit la catégorie de peuple : Juifs, ceux sous la loi, ceux qui sont sans lois ou les faibles, le chrétien fort peut vivre avec, car il « peut se faire tout à tous », principe qui fonde le dialogue. L'indicamétrie parlera de la capacité de vivre avec l'autre pour apprendre de l'autre et être en mesure d'échanger avec lui. C'est pourquoi le MADIR est le modèle pour entrer en dialogue et effectuer une recherche chez les peuples verbomoteurs.

Conclusion

Ce chapitre a mis en exergue l'efficacité de l'approche de résolution du conflit proposée. L'identité ethnique brisée par la rupture due à la conversion s'est rétablie par le moyen de la reconstitution de l'histoire des Maxi. Les facteurs favorisants de cette restauration furent portés par le chercheur et les hommes de paix de chaque communauté. Le chapitre a aussi montré que la véritable résolution favorise le partage des douleurs, indispensable pour le pardon et la guérison. Il s'agit surtout d'un recours aux principes bibliques de l'amour du prochain dont Jésus est le modèle.

CHAPITRE 7

Conclusion générale

Cette étude a fait sienne une préoccupation, une aspiration pour l'Église en Afrique, à laquelle très peu de réflexions ont été consacrées : concevoir une approche concrète de résolution de conflit qui aidera les Africains chrétiens évangéliques, dans leur contexte d'oralité, à initier une nouvelle stratégie d'évangélisation de paix. Quatre sections seront exposées dans cette conclusion. La première sera consacrée aux leçons apprises de cette étude, la seconde abordera les grands défis liés à l'étude, la troisième développera les éléments importants à approfondir. Dans la dernière section, l'approche sera résumée pour mettre en exergue son importance.

7.1. Les leçons apprises

De l'expérience des présents travaux, le chercheur a tiré plusieurs leçons, dont il présente les trois plus importantes, qui touchent respectivement aux experts du dialogue, au peuple Maxi et au leadership religieux.

7.1.1. Bâtir à partir de l'existant

À l'étape de la revue documentaire inhérente à tous travaux de recherche, dans le contexte de l'oralité caractérisé par l'absence de documents écrits, il convient de procéder par une recherche empirique primaire. Notre approche, le MADIR, surtout l'étape 2, peut servir d'orientation à cette recherche empirique primaire. Mais il s'avère indispensable de trouver ceux que le chercheur nomme les « existants humains ». En effet, pour qu'un dialogue à la base se réalise, il faut des ressources humaines appelées « intermédiaires ». Dans le cas d'un dialogue interculturel, ils sont appelés

« intermédiaires culturels », comme le confirme Levrat : « Le vrai travail de rencontre en profondeur se fait plutôt par ceux que l'on appelle les "intermédiaires culturels[1]". » Dans le cas de l'utilisation du MADIR, ces personnes, en plus de leur capacité à jouer le rôle d'« intermédiaire culturel », doivent appartenir aux communautés religieuses qui sont en conflit. Elles sont donc des « intermédiaires culturo-religieux ». Elles doivent avoir premièrement des aptitudes de négociateur, c'est-à-dire être des personnes qui « acceptent de se rencontrer pour procéder à des échanges de vues, à des entretiens, des pourparlers, qui sont entrepris dans le but de parvenir à une certaine entente. Elles renoncent à la violence physique, pour aborder objectivement et rationnellement les questions qui concernent leurs conflits ou leurs différences[2] ». Sans elles, la recherche empirique ne saurait aboutir à une conclusion de restauration. L'interaction entre ces personnes constitue, pour le chercheur, le premier niveau d'expérimentation du dialogue interreligieux. Les trouver et réussir ce premier dialogue est le véritable démarrage du dialogue interreligieux.

Cette première leçon sur l'importance des intermédiaires culturo-religieux est suivie d'une seconde, qui est liée plus spécifiquement à la personne du chercheur. Il l'a nommée « la théorie du miroir ».

7.1.2. La transformation du chercheur : théorie du miroir

L'identité ethnique comme le facteur intégrateur de la recherche se présente comme le miroir dans lequel le chercheur, par son rôle catalyseur, se trouve à son tour transformé à la même identité à la fin de la recherche. Le chercheur a emprunté le concept à Jacques Lacan. Selon ce dernier, « la construction de notre identité personnelle se produit à travers la captation de soi dans d'autres personnes. De cette façon, les relations que nous maintenons avec les autres sont des reflets ou des projections d'aspects de notre personnalité que nous aimons ou non[3] ».

Ainsi, avant la recherche, le chercheur prétendait avoir conservé son identité maxi, parce que son enfance et son adolescence ont été vécues dans deux villages maxi. Mais l'une des leçons tirées de la recherche fut la redécouverte de ladite identité en puzzle qu'il fallait reconstituer en recherchant

---

1. Levrat, *La force du dialogue*, p. 84.
2. *Ibid.*, p. 33.
3. https://nospensees.fr/theorie-miroir-blessures-forment-brisent-relations/, consulté le 6 décembre 2019.

les pièces manquantes. Et comme Lacan l'a défini, la reconstruction de son identité personnelle s'est produite au travers de la constitution de l'histoire culturelle avec les participants aux travaux de recherche. Au moment où l'identité du chercheur se reconstituait, celle des autres se réactivait, pour qu'ensemble l'unité ethnique soit rétablie. Le chercheur a aussi découvert, grâce à la théorie du miroir, la pérennisation du patrimoine traditionnel lorsque la socialisation a emprunté le chemin de l'éducation, et non celui de l'instruction.

Les deux grandes pièces manquantes au « puzzle de l'identité » du chercheur furent l'acculturation aux rythmes et l'ignorance du vodun interethnique. Le départ du village à la fin de l'adolescence explique ce vide dans l'identité du chercheur. En effet, il a quitté le village à l'âge des initiations et n'a pas eu l'occasion de parfaire son identité ethnique. Ce vide a été comblé pendant la recherche par ce que Hounsounon-Tolin a appelé « l'enculturation aux formes d'éducation et d'apprentissage qui lui permettent d'acquérir une certaine maîtrise de sa culture », car « tout homme doit subir le processus d'"enculturation" sans lequel il ne saurait exister en tant que membre d'une société[4] ». L'intégration au Vodun Xɛbyoso a achevé la reconstitution ethnique du chercheur, ce qui le rend capable et lui fournit les données pour formuler cette religion ou écrire la théologie de cette dernière.

7.1.3. Importance de la maturité pour ce type de recherche

Malgré le fait que l'Afrique soit à la croisée des chemins, le domaine religieux demeure fortement conservateur. Le chercheur a découvert que pour les religions de l'Afrique traditionnelle, en particulier le vodun béninois, le leadership est encore fortement hiérarchique et assumé exclusivement par des personnes âgées. Et contre toute attente, ce sont les femmes qui assurent les responsabilités de premier plan (cf. section 3.2.2.). Par exemple, le nom du premier responsable, représentant spirituel, le légataire qui est en communication avec le Vodun, est Vodunon (Vodun/Vodun-non/mère, ce qui donne « Vodoun mère » ou « la mère du Vodun », et qui signifie « propriétaire du Vodun »). Elle se présente comme une « émanation » du Vodun, et, au niveau de l'organisation topologique, il ne saurait exister deux « Vodunon » par village. Ce conservatisme religieux africain révèle deux réalités que le chercheur a expérimentées sur le terrain de la recherche :

---

4. Hounsounon-Tolin, *Éducation et décolonisation culturelle de l'Afrique*, p. 25.

la vie et le sens de la vie sont si importants qu'on ne saurait en confier la gestion à des personnes immatures. Le rapport humain au monde invisible comprenant les divinités et les ancêtres est si important, complexe et sensible que les expériences de la vie ne suffisent pas à elles seules pour le comprendre et le gérer. Il faut, en plus de ces prérequis sociétaux, une désignation, genre d'élection ou d'appel, au sens chrétien du terme, de la divinité ou des ancêtres, qui sera suivie de l'ascension de toutes les étapes d'initiations voduistes requises.

Le chercheur a découvert, dans le contexte de sa recherche, un contraste entre le leadership des RTA et celui du christianisme, qui constitue un handicap majeur pour la conversion des personnes adultes de ces religions du vodun. Pour eux, le christianisme manque de consistance, car il est géré par des personnes qui n'ont pas l'expérience de la vie. Quelques adultes rencontrés dans l'Église ont aussi exprimé leur inconfort face au fait que l'enseignement est assuré par la jeunesse lettrée qui dépend cependant, dans les rapports sociétaux de survie, de ces adultes qu'elle enseigne. C'est un paradoxe qui mérite réflexion. Le recours aux principes enseignés par Jésus lors de l'envoi de ses disciples, notamment la recherche de l'homme digne, se présente comme la solution biblique à ce paradoxe.

Les sept années de sa recherche ont appris plusieurs leçons au chercheur, dont il vient de rapporter les plus significatives pour cette étude. Mais la recherche lui a aussi lancé des défis, dont il mentionnera quelques-uns.

7.2. Les défis rencontrés

L'analyse des défis, de leur importance, de la manière dont ils se produisent et du domaine concerné peut varier selon les scénarios de la recherche. Mais la compréhension, la perception et l'interprétation de chacun de ces défis forment des enjeux qui ont aidé le chercheur à sélectionner les trois plus grands qui seront exposés dans la présente section. Ces défis concernent la linguistique, le temps (kairos) et les finances.

Le défi linguistique. Le défi linguistique est inhérent au contexte de peuples verbomoteurs en matière de recherche. Bien que la recherche ait été faite dans son ethnie, le chercheur a été obligé de faire des ajustements linguistiques. S'il s'agissait seulement de la recherche de données à analyser, peut-être que ces mises à jour n'auraient pas été nécessaires. Mais la nécessité de l'intégration dans la communauté, pour en être le porte-parole, a obligé le chercheur à la maîtrise du langage et de la langue pour véritablement jouer ce rôle. En effet, cette identification communautaire par le moyen de la maîtrise linguistique a non seulement construit une confiance entre le chercheur et les membres des deux communautés, mais elle a aussi été très utile pour le décryptage du langage vodun. Ce dernier langage relève d'une autre catégorie, qu'on pourrait qualifier de « langage codifié ». Un non-locuteur maxi et un non-initié vodun ne pourront, par exemple, décrypter les panégyriques. Sur le plan linguistique, le Vodun Xɛbyoso a développé un système qui forge une identité particulière à l'intérieur de l'identité maxi, et qui nécessite une investigation spéciale pour découvrir les principes qui le fondent. Car tout néophyte qui doit être « chevauché » par le Vodun passe par une initiation linguistique qui lui fait acquérir le langage vodun après un séjour de trois mois. Au non-initié, il est expliqué que c'est le chevauchement vodun qui confère au « vodunsi » la capacité de parler la langue du vodun. Mais les initiés savent qu'il y a eu un apprentissage linguistique. Le panégyrique, qui est une rhétorique épidictique[5] chez les peuples verbomoteurs, se présente comme une voie à explorer pour l'inculturation de l'Évangile dans le contexte de l'oralité. Car, comme l'exprime l'un des penseurs de l'oralité, Kakpo, « parce que la parole ne pourrit jamais [...] Elle est la lumière qui nous guide chaque jour dans la recherche de la Pierre Verte[6] [...] ». Et il faut du temps pour y parvenir.

Le défi du temps alloué à la recherche. Dans la résolution du conflit, le facteur « temps » est une variable sociologique fluctuante. Le chercheur l'a nommé défi du temps (kairos), parce que la recherche a duré et a constitué une période décisive dans la vie d'un groupe humain. Cela rappelle l'allusion au temps dans Marc 1.15 : « Il disait : Le temps [kairos] est accompli, et le royaume de Dieu est proche. Repentez-vous, et croyez à la bonne nouvelle. » Le défi du kairos de notre recherche concerne la durée et les imprévus.

Quand le chercheur a été interpellé par le roi Tossoh et Dah Kandénu en 2010 pour la résolution du conflit entre les EEAD et le Vodun Xɛbioso, il était loin de penser qu'il faudrait attendre sept années avant d'aboutir à la restauration des relations ethniques brisées. Les facteurs à l'origine d'une telle durée de kairos sont de l'ordre des prérequis et des imprévus.

Le premier prérequis dont il faut tenir grand compte concerne la recherche documentaire. Les recherches uniquement académiques sur le dialogue culturel et interreligieux ne suffisent pas. Il faut en plus étudier

---

5. ANANOU, *Vodun Xevioso*.
6. KAKPO, *Voix et voies nouvelles de la littérature béninoise*, p. 7.

les travaux des experts, c'est-à-dire des personnes qui ont fait l'expérience de terrain. Il s'agit de ceux qui ont créé des structures ou institutions expérimentales de dialogue. La visite ou le séjour dans quelques-unes de ces structures fait partie aussi des prérequis indiqués. Le deuxième prérequis incontournable est celui que le chercheur nomme « le séjour d'initiation ethnique ». Il s'agit du premier contact avec le champ de la recherche. Un séjour est nécessaire, il permettra au chercheur d'évaluer ses besoins de recherches, en termes d'outils (linguistique et ressources humaines surtout). C'est la période où il lui faut trouver ses intermédiaires pour l'intégration culturelle et communautaire. Ces deux prérequis, qui exigent déjà une période suffisamment longue, défient la disponibilité de tout chercheur.

Les autres éléments qui peuvent rallonger le temps sont les imprévus. Il est difficile de planifier des rencontres qui se tiennent effectivement aux dates et heures prévues avec le peuple verbomoteur, pour qui la gestion du temps chronos ne fait pas partie des réalités quotidiennes. Le chercheur l'a expérimenté tout au long de ses recherches. Découvrant ses frustrations, Dah Voji (IAPVIII) lui donna un proverbe maxi pour lui signifier la patience dont il faut s'armer : « Séparer deux buffles en lutte, c'est attendre que le fruit mûrisse sur l'arbre et tombe de lui-même. » Il est donc impossible de prévoir la fin d'un conflit. La patience du réconciliateur doit attendre le moment propice (le fruit qui tombe de lui-même), pour réussir sa mission. Ce proverbe résume tous les imprévus liés au facteur « temps » de la recherche. Le défi du temps fait inéluctablement appel à celui des finances.

Le défi financier. Les défis, ci-dessus exposés, laissent entrevoir quel peut être le coût de la recherche qualitative que le chercheur a réalisé. Au-delà des enjeux scientifiques, la recherche qualitative dans le domaine théologique évangélique en Afrique francophone souffre d'un déficit dont l'une des causes peut être le financement. Si le chercheur était un jeune étudiant qui, passionné par le sujet du dialogue, l'avait entrepris selon l'approche qualitative, il aurait abandonné depuis longtemps. À moins que cela ne soit « une recherche sur commande », l'approche qualitative a besoin d'une subvention pour se réaliser. Le chercheur a relevé le défi grâce au soutien de sa famille et de son organisation, qui a financé toute l'année sabbatique consacrée sur le champ de recherche.

Ces défis, et surtout ce dernier, qui semble constituer un frein majeur à la recherche, ne sont pas pour autant des obstacles insurmontables. La présente étude montre que tout défi peut être relevé. Le chercheur montrera dans les sections suivantes que le MADIR constitue une ouverture à l'étude qualitative dans le contexte de l'oralité. Mais examinons, préalablement à cette importance du MADIR, les éléments qui ont besoin d'être approfondis.

7.3. Les éléments à approfondir

Cette étude, comme toutes les autres faites auparavant sur la question du dialogue, comporte certaines insuffisances qui méritent d'être relevées. Elles concernent l'extension ethnique et communautaire, l'analyse des données, l'échantillonnage et l'intermédiation.

Au niveau linguistique, il aurait fallu faire l'étude dans une autre aire linguistique et la comparer à celle réalisée chez les Maxi pour découvrir les insuffisances du MADIR à combler. Mais considérant les défis de temps et des finances, il est presque impossible de faire un tel investissement avant de conclure sur la présente étude. Cela montre la nécessité de susciter les mêmes études dans une autre aire géographique, mais avec le même Vodun Xɛbyoso, puisque ce dernier est interethnique et inter-États. On rencontre ce Vodun chez les Fɔn d'Abomey, chez les Nago au Sud-Est du Bénin, ou dans les pays voisins comme le Nigéria, le Togo et le Ghana.

Au niveau de la communauté chrétienne, l'étude serait plus enrichie si d'autres communautés, comme les baptistes, avaient aussi fait l'objet d'analyse. Le chercheur a voulu les inclure au début, mais a dû renoncer pour les raisons suivantes : étant lui-même baptiste, la question de l'objectivité de la recherche se posait. En outre, l'Église incriminée étant spécifique, y ajouter celle que les Vodunon ne considéraient pas comme indélicate aurait complexifié les démarches. Faut-il souligner aussi que l'ajout d'une autre dénomination aurait exacerbé la question des défis du temps et des finances. En conséquence, des études ultérieures sont vivement souhaitées pour prendre en compte ces observations.

Au niveau des données, deux types de données ont été recensées : quantitatives, qui ne sont pas toujours disponibles, et qualitatives, ce qui suppose un gros effort d'interprétation. L'analyse quantitative a fait défaut à l'étude et le chercheur espère que des recherches ultérieures en tiendront compte. La polarisation sur l'analyse qualitative se justifie par le fait que l'objectif de la présente recherche (la réconciliation) et les données (l'histoire culturelle et l'identité ethnique), qui s'offrent comme celles favorisant l'atteinte de l'objectif, ont éclipsé toute analyse quantitative.

Au niveau de l'échantillon, le point de vue des jeunes n'a pas été pris en compte, parce que ce sont les autorités des deux communautés qui ont désigné les représentants. En effet, les pasteurs avaient pensé que certains jeunes ne pourraient pas affronter les prêtres vodun, il ne fallait donc pas les inclure dans l'échantillon. Compte tenu du pluralisme religieux qui gagne toutes les couches de nos sociétés, il aurait été bon d'explorer la pensée et l'attitude des jeunes par rapport au dialogue. Cela aurait permis d'entrevoir comment anticiper d'éventuels conflits. L'élargissement des participants aux jeunes devrait améliorer les résultats de l'analyse, car ils ont aussi besoin de cette histoire maxi que la recherche a reconstituée. Mais le temps de la recherche s'allongerait avec un tel élargissement. Cependant, une manière d'approndir le MADIR serait de publier cette partie historique et de la mettre à la disposition des jeunes qui pourront la parfaire par des recherches ultérieures.

Enfin, les autres éléments précurseurs tels la motivation, le choix de l'ethnie et surtout la recherche d'intermédiation auront besoin d'études approfondies pour ne pas retomber dans la solution traditionnelle de « station missionnaire ».

En dépit de ces insuffisances, ce travail de recherche a permis au chercheur d'établir un nouveau cadre de recherche basé sur le cas pratique de résolution de conflit au pays Maxi. Il constitue une véritable alternative aux modèles de dialogue interreligieux dont il convient d'exposer quelques avantages et perspectives, en commençant par l'originalité.

7.4. Avantages et perspectives du MADIR

Le MADIR n'est pas un modèle qui a résolu un problème pour ensuite se conjuguer au passé. Il offre certains avantages et certaines perspectives que le chercheur expose, en commençant par son originalité.

7.4.1. Originalité et spécificité

L'originalité du MADIR repose sur les deux principes qui en constituent le pilier. En effet, « l'identité ethnique comme base de dialogue » et « l'histoire culturelle pour le rétablissement de la confiance mutuelle » constituent les outils fondamentaux et transversaux pour tout dialogue, aussi bien culturel que religieux, chez un peuple verbomoteur où il n'existe ni textes écrits ni spécialistes de dialogue. Le chercheur a montré sa base biblique (cf. section 5.4.2.), ce qui lui confère un usage qui dépasse le cadre de son expérimentation au pays Maxi.

Un autre aspect de son originalité est que le MADIR s'est montré efficace dans le contexte où les autres approches de dialogue ne peuvent pas opérer. En effet, avant le MADIR, l'approche efficace de dialogue chez le peuple verbomoteur était constituée par l'ensemble de systèmes que Penoukou désigne par « les palabres africaines[7] ». Cette approche fonctionne quand le conflit n'a pas touché la base qu'est l'ethnie et lorsque la cause n'est pas religieuse. Or, dans notre cas d'étude, ce sont ces deux piliers qui étaient concernés. La communauté chrétienne s'était refusée à rencontrer l'autre communauté parce qu'elle la considérait comme idolâtre. Mais grâce aux principes du MADIR dont le chercheur s'est servi pour s'incarner dans la communauté chrétienne, cette dernière s'était comme « convertie », pour s'asseoir le 2 février 2017 avec la communauté vodun, et finalement se réconcilier au point de décider de penser ensemble le développement du peuple Maxi de Savalou.

Les autres approches de dialogue élaborées par les spécialistes sont essentiellement le dialogue œcuménique et le dialogue interreligieux. Le premier, le dialogue œcuménique, qui concerne des communautés de la même tradition religieuse, ne peut pas s'appliquer entre les communautés différentes que sont le vodun et le christianisme. Le second, le dialogue interreligieux, se fait par des spécialistes du dialogue qui conçoivent leurs argumentaires à partir des textes ou écrits sacrés. Ce dialogue intellectuel ne peut pas s'appliquer chez un peuple verbomoteur où il n'y a ni spécialiste ni texte sacré et où priment les dialogues de vie et d'engagement. C'est pourquoi le MADIR se présente comme une première solution pour entrer en dialogue dans le contexte de l'oralité. Les principes qui la fondent sont élaborés à partir du « vivre ensemble » et de « l'engagement de la vie ». Et lorsque des individus se reconnaissent dans une identité commune, comme un même peuple avec la même histoire et un même ancêtre, le vivre ensemble ne se décrète pas, mais il advient, devient comme naturel.

Un dernier élément qui fait la spécificité du MADIR, c'est qu'il est un long processus qui ne nécessite qu'un seul agent, le porteur du projet. En effet, la restauration des relations familiales brisées ne peut pas se réparer en une journée ou seulement en quelques jours de colloque. D'autant plus que la cause est religieuse, c'est un ensemble de systèmes et de convictions émotionnelles qui est concerné. Restaurer dans ces conditions, c'est comme éduquer un enfant. Et un proverbe africain exprime qu'« il faut tout un

---

7. PENOUKOU, « Entretien sur la palabre africaine ».

village pour éduquer un enfant » ; cela permet donc de comprendre pourquoi il faut « l'enfant de paix » pour réconcilier deux villages en guerre. Un seul agent de dialogue conduisant le processus fait éviter les conflits qui naîtraient s'il s'agissait de plusieurs agents. Mais l'originalité du MADIR ne concerne pas que son aspect formel, son utilité se montre aussi par les avantages et les perspectives qu'elle offre à la recherche et à l'approche de faire des disciples enracinés dans la Parole de Dieu et impactant leur contexte de vie.

7.4.2. Application

L'analyse a montré que l'utilité du MADIR va au-delà des résolutions de conflits pour toucher les champs de la mission et de la théologie.

7.4.2.1. Le MADIR ou une approche africaine d'exécution de la mission

Le MADIR, en tant que modèle d'intégration culturo-religieux, peut s'appliquer en missiologie et sera une approche africaine de réalisation de la mission. Ainsi, elle permettra d'apporter l'Évangile au cœur de la vision du monde du peuple africain. La mission se fera sans grande mobilisation de fonds. Il naîtra des Églises autochtones et de vrais disciples, agents de transformation et de la paix.

L'Évangile au cœur de la vision du monde. Le MADIR se présente comme la solution pour réaliser la « sensibilité culturelle dans la communication de l'Évangile ». En effet, « aucun témoin de l'Évangile, soucieux d'efficacité, ne se confronte à une culture étrangère avec un Évangile préemballé. S'il va de soi qu'il doit en avoir saisi l'essentiel, encore faut-il qu'il ait dûment pris conscience de son identité et de celle de ceux auxquels il s'adresse, faute de quoi il ne peut espérer établir une réelle communication avec ses interlocuteurs[8] ».

La communication de l'Évangile se présente ainsi comme un dialogue à mener entre deux cultures, sinon entre le missionnaire et le peuple à évangéliser. Le missionnaire étant ici l'agent du dialogue du MADIR, l'application des principes du MADIR conduira le missionnaire à une intégration culturelle, gage d'acquisition de la sensibilité indispensable pour communiquer l'Évangile. Ce qui confirme le MADIR comme une approche indispensable

---

8. *La culture au risque de l'Évangile : rapport de Willowbank*, p. 29.

en missiologie se trouve dans cette citation : « Ce n'est qu'en s'identifiant totalement avec la population locale, en adoptant leur forme de pensée, en s'initiant à leur vision du monde, en les écoutant et en partageant leurs difficultés qu'une communauté – dont le missionnaire est un membre parmi d'autres – pourra répondre à leurs besoins[9]. » Le MADIR se présente comme l'outil qui pourra rendre concret le contenu de cette suggestion. Car le contenu de cette citation n'indique pas comment le missionnaire peut devenir membre de la communauté comme les autres membres. Mais grâce au MADIR, un chemin lui est désormais balisé : préparatifs personnels, identification d'intermédiation, puis première étape : « intégration culturelle », puis les autres étapes. Ainsi, le MADIR se révèle comme la solution à la tension inérrante à toute vraie mission, tel que le souligne Bosch : « Or notre vocation nous pousse à prendre en compte simultanément le danger et la chance. Notre mission ne s'accomplit que dans cette tension[10]. »

Surmonter l'obstacle financier à la mission. Le MADIR priorisant une approche ethnique, l'appliquer dans l'évangélisation signifie faire la mission dans sa propre ethnie. Retourner chez soi demande moins de mobilisation financière qu'aller vivre à l'étranger. Chez le peuple verbomoteur, l'identité ethnique prime encore sur celle individuelle. Les partis politiques en Afrique sont presque tous constitués sur un fond ethnique, car l'enjeu ethnique est très mobilisateur. Ainsi mû par l'amour ethnique, le chrétien est motivé à évangéliser les siens ou donner de l'argent pour que quelqu'un d'autre le fasse pour lui. Dans l'Église béninoise, la dénomination Union Renaissance d'Hommes en Christ (URHC) a adopté la stratégie ethnique et elle s'est répandue plus rapidement que les Églises nées des missions. L'application du MADIR permettra de sauver du temps et de l'argent et évitera les conflits interreligieux à partir desquels elle a été construite.

Naissance d'Églises autochtones. Par le principe d'intermédiation, le missionnaire qui applique le MADIR commencera sa mission avec son hôte, homme digne et crédible (Mt 10.11). L'Église qui naît avec lui et chez lui ne dépendra pas du missionnaire, mais entièrement de l'hôte, donc autochtone à sa naissance. Une telle Église est dotée d'autonomie financière, psychologique et surtout culturelle. Et quand c'est le roi ou le chef du clan ou de la famille qui se convertit, c'est la royauté, le clan ou toute la famille qui est touché. C'est ce que le chercheur appelle engager l'Évangile sur le chemin

---

9. *La culture au risque de l'Évangile : rapport de Willowbank.*
10. Bosch, *Dynamique de la mission chrétienne*, p. 18.

de la vision du monde de ce peuple, car ce sont ces responsables qui sont les garants de la tradition. Cela évitera tout conflit et la transformation commencera au niveau de la racine de l'ethnie. Cependant, la transformation dépendra de la qualité du message qu'apporte le missionnaire par sa vie, qui est censée refléter réellement le message évangélique, tel un vrai disciple à l'image de Paul, dont la vie est une imitation de celle de Jésus-Christ.

Il s'ensuit que l'application du MADIR, de façon générale et dans la mesure où elle vise la mission sur tous les plans, doit comporter des volets précis de mise en expérimentation pour se convaincre de son efficacité. Car la mission, comprise ici comme une action formelle et ciblée visant un changement (de comportement, de situation, etc.), est relativement absente dans les stratégies d'évangélisation et la formation des disciples. Bien que le MADIR soit un modèle novateur et qu'il ait un appui biblique, la seule expérimentation au pays Maxi paraît nettement insuffisante pour une quelconque vulgarisation. Toutefois, il peut aussi servir d'outil dans les recherches théologiques en Afrique.

7.4.2.2 Le MADIR ou une approche pour la théologie africaine

Les résultats de cette thèse permettent de formuler une proposition, voulant qu'il puisse exister un modèle de réalisation du dialogue interreligieux propre aux peuples verbomoteurs, désigné « MADIR » dans la présente recherche. Le modèle, à cause de ses objectifs et sa démarche, peut aussi s'appliquer pour la contextualisation de l'Évangile et l'élaboration de la théologie africaine.

Souvent, le rejet de la culture locale et l'importation d'une culture étrangère sont liés. La solution pour éviter cette double erreur fut à l'origine de la contextualisation, dont il convient de toujours définir l'objet. Contextualiser l'Évangile doit être la tâche théologique incombant à tout peuple qui désire voir Jésus transcender sa culture. Mais l'histoire de l'Église africaine a montré que « nous avons eu le tort de présenter l'Évangile sous des formes culturelles qui n'étaient pas familières à ceux auxquels nous nous adressions. Dès lors, il n'est pas étonnant que les missionnaires et l'Évangile aient été rejetés en bloc par les auditeurs désormais davantage par la forme que par le fond[11] ». Les principes du MADIR, les différentes étapes qu'il recèle, prévalent contre les obstacles du « paternalisme, des préjugés raciaux ou ethniques et du matérialisme », affichés autrefois par certaines

---

11. *La culture au risque de l'Évangile : rapport de Willowbank*, p. 29.

Conclusion générale

missions, et qui aujourd'hui sont assumés par les chrétiens africains à l'égard de leurs propres parents qu'ils considèrent comme incarnant le diable à fuir. Le MADIR rétablit les valeurs bibliques qui aident à se débarrasser de la gloire que tirerait le missionnaire de ses privilèges culturels, comme Paul (cf. Ph 3.4-9) ou les disciples de Christ, pour apprendre à s'adapter aux autres et à leur culture, se faisant « tout à tous, afin d'en sauver de toute manière quelques-uns » (cf. 1 Co 9.1-23).

En effet, par la culture du dialogue, le MADIR rend compétent le missionnaire, d'abord en interculturalité, puis en intrareligions, deux éléments importants pour discerner l'intention du texte biblique et de son contexte, afin d'opérer, quand cela est nécessaire, la « transculturation », dont l'objectif est de rendre actuel et authentiquement praticable le message biblique. Nous reconnaissons le risque lié à cet exercice, c'est pourquoi il faut s'accrocher au cœur de l'Évangile et à ses traits fondamentaux, qui sont bien résumés par le rapport de Willowbank de la manière suivante : « Dieu Créateur, l'universalité du péché, Jésus-Christ Fils de Dieu, Seigneur et Sauveur par sa mort expiatoire et par sa résurrection, la nécessité de la conversion, la communion et la mission de l'Église, l'espérance du retour de Christ[12]. » C'est sur cette base que le MADIR peut aider dans la formulation de la théologie africaine.

Le débat sur l'aptitude à la formulation d'une théologie africaine, né avant les indépendances, semble encore d'actualité. Ce paragraphe, loin d'entrer dans le débat, veut simplement suggérer les résultats de cette recherche comme une piste pour accéder aux données à partir desquelles la formulation de la théologie africaine aura toute sa valeur africaine.

En effet, si le MADIR peut servir la contextualisation de l'Évangile en Afrique, il peut aussi servir la formulation de la théologie africaine. Car la contextualisation est un préalable à la formulation de la théologie. Il faut que l'Évangile aille premièrement au cœur de la vision du monde de l'Africain avant qu'il ne puisse répondre à cet amour de Dieu, à partir de ce que le Christ lui dit de son passé, de ses ancêtres, de son environnement et de ses religions. C'est pourquoi la contextualisation de la théologie est un piège qu'il faut éviter, parce qu'il prive de ce voyage au cœur de la vision du monde pour s'accommoder d'une réponse venue d'ailleurs qu'il faut insérer dans un contexte souvent non maîtrisé.

---

12. *La culture au risque de l'Évangile : rapport de Willowbank*, p. 27.

L'apport du MADIR à la théologie africaine n'est pas la formulation elle-même, mais elle va permettre aux théologiens de voyager au cœur de la culture, l'anthropologie et la religion pour faire un état des lieux et découvrir au niveau de la culture que « quel que soit l'apport extérieur et d'adhésion à une forme de psychologie importée, conquérante et assimilatrice, il est aisé de constater le choc que provoque la rencontre de deux systèmes de valeurs inconciliables[13] ». Il s'agit d'un conflit culturel que le MADIR aide à résoudre par les principes qui le fondent. Au niveau religieux, le MADIR résout également les multiples conflits nés des chocs des valeurs inconciliables entre les religions. Et puisqu'il a été construit prioritairement pour la résolution des conflits, il devient ainsi un outil pour la recherche théologique africaine.

Le MADIR apportera aussi à la formulation de la théologie africaine des outils scientifiques spécifiques au peuple verbomoteur, tels « l'indicamétrie » du professeur Moustapha Diabaté et « l'anthropologie du geste » de l'érudit Marcel Jousse. Le premier, l'indicamétrie ou la prise en compte de l'irrationnel dans la recherche scientifique en Afrique francophone, vise, selon Déazon, « la rationalisation et la modélisation de l'invisible au service du visible. Il n'y a plus deux mondes antinomiques, l'un scientifique et l'autre ascientifique. L'indicamétrie les fédère dans une globalité totalement intelligible où le visible et l'invisible ne sont que des manifestations différentes d'une même réalité[14] ». Cette science rend compréhensibles l'interprétation et la gestion du monde des esprits en Afrique. Le second, l'anthropologie du geste ou la science de la vie des signes au sein de la vie sociale, « nous apprend en quoi consistent les signes, quelles lois les régissent[15] ». Grâce à la découverte des trois grandes lois du rythmo-mimisme, du bilatéralisme et du formulisme, il sera possible d'analyser et de décrypter le sens de plusieurs des gestes et les chants de l'oralité, parce que la pensée est imageante.

7.4.3. Prolongements

Le Modèle Africain de Dialogue InterReligieux (MADIR), tel que le présente cette thèse, devrait s'appliquer partout où il y a besoin de rétablir la paix chez un peuple verbomoteur. Cependant, il faut des compléments pour

---

13. MISSAIN-ADE, *Vodun, œuvre des anges de Dieu*, p. 70.
14. DÉAZON, *Introduction à l'indicamétrie*, p. 30-31.
15. JOUSSE, *L'anthropologie du geste*, p. 11.

parfaire certains aspects et des prolongements pour approfondir sa finalité ainsi que des perspectives pour son expérimentation plus large.

Les compléments concernent principalement l'application du MADIR dans un champ étranger à l'agent du dialogue. Quels pourront être les éléments déclencheurs d'interpellation ou de sollicitation du chercheur ? Dans les autres modèles de dialogues, les spécialistes sont connus et des structures politiques ou étatiques peuvent les solliciter quand le besoin se présente. Mais pour que le MADIR soit appliqué par un chercheur étranger à son champ de recherche, cela demande des études supplémentaires, spécifiquement en cas de résolution de conflit. Cependant, un missionnaire peut appliquer le MADIR dans un ancien champ où la mission a causé des conflits, où la mission a échoué et l'œuvre est à reprendre. L'expérience mérite d'être faite pour une évaluation du modèle.

L'expérience qui a servi à la conceptualisation du MADIR s'est arrêtée à la résolution du conflit entre les deux communautés. Mais il y a besoin d'un prolongement pour deux raisons fondamentales. La première, toute résolution a besoin de se stabiliser, surtout quand il s'agit d'un conflit religieux. Il faut s'assurer qu'il n'y ait pas de retournement de situation. La dynamisation du comité paritaire est une nécessité, afin d'éviter la sclérose qui peut provoquer de nouvelles ruptures. L'affectation des pasteurs (dans le cas d'étude) qui ont participé à la résolution peut fragiliser la paix dont l'acquisition a nécessité des années d'intégration. Ce sont donc des éléments de réflexion qui montrent la nécessité de prolonger l'expérience. La deuxième raison se rapporte à la finalité du MADIR. La réconciliation qui s'est produite par l'application du MADIR ne signifie pas une cessation définitive du conflit. Car le chercheur a vu (cf. section 5.3.4.) que les facteurs sociaux de résistance sont une sorte de réarmement et que le conflit peut ressurgir et être fatal pour le christianisme. Bien que tous les autres modèles de dialogue fonctionnent comme « des sapeurs-pompiers » (tenir un colloque pour tenter de régler le conflit par exemple), le MADIR doit envisager une finalité qui dépasse un simple apaisement. Les objectifs atteints sont déjà meilleurs, comparés à ceux des autres modèles. Avec ces autres types de dialogues, tout s'arrête au colloque et dans le meilleur des cas, des visites de sites. Mais s'entendre jusqu'à constituer un comité paritaire fait du MADIR une méthode en avance. Cependant, il y a nécessité de prolonger les études sur le MADIR pour le parfaire. L'approfondissement va concerner la période de l'après-réconciliation pour aboutir à la « culturalisation » du Vodun Xɛbyoso au pays Maxi. Par « culturalisation », il faut comprendre, le passage de l'état « cultuel » à l'état « culturel ».

Les perspectives concernent le développement et l'usage des deux sciences nouvelles que sont l'indicamétrie et l'anthropologie du geste, ainsi que l'enseignement du MADIR dans un centre ou laboratoire des réalités africaines.

L'anthropologie du geste est une science confirmée, mais pas connue des théologiens africains francophones, bien que l'initiateur soit francophone. C'est la pédagogie linguistique rythmo-mimique où les trois grandes lois du rythmo-mimisme, du bilatéralisme et du formulisme se vérifient aisément. Elle est vaste et complexe, mais très utile pour l'analyse et le décryptage du langage du corps, des gestes et surtout du rythme. Par exemple, cette question scientifique : « Comment l'homme, placé au milieu des innombrables actions de l'univers, s'y prend-il pour conserver en lui le souvenir de ces actions et pour le transmettre fidèlement, de génération en génération, à ses descendants ? » met en exergue la trilogie cosmos-homme-passé dont le développement aide à comprendre la continuité ancestrale dans la culture africaine. Pour répondre à cette question scientifique, Jousse suggère « d'étudier, objectivement, l'élaboration des outils psychophysiologiques qui servent au grand fait humain de la Tradition vivante[16] ».

L'indicamétrie, plus récente, est une science initiée en Côte d'Ivoire, qui se répand en Afrique de l'Ouest francophone. Elle est enseignée déjà au Bénin, à l'Institut du Développement et d'Échanges Endogènes (IDEE). Elle ouvre des pistes de compréhension du monde des esprits. On peut noter, comme effet d'entraînement, la réflexion d'un groupe de philosophes et scientifiques béninois et nigériens sur certaines réalités africaines, jadis considérées comme purement mythiques. Leurs premières réflexions sont publiées dans *Les savoirs endogènes, pistes pour une recherche*[17]. Et l'article « Corps étrangers dans l'organisme humain : témoignage d'un chirurgien et essai d'interprétation » est une tentative d'explication scientifique du phénomène irrationnel appelé « sortilège ».

Enfin, la création d'un centre pour continuer d'étudier les sciences connexes au MADIR permettra de parfaire le modèle. Car l'effort de construction d'un modèle africain rencontre le principe de recherche énoncé par Jousse : « *On ne reçoit pas du dehors et toute faite une méthode scientifique.*

---

16. Jousse, *L'anthropologie du geste*, p. 35.
17. Hountondji, *Les savoirs endogènes*, p. 227.

On se la crée partiellement à soi-même en ajustant celle d'autrui. Il y a aussi, en méthodologie, une équation personnelle. Le maître ne saurait avoir que le rôle d'orientation[18]. » Et l'importance de continuer la réflexion pour parfaire le MADIR vient de l'approche scientifique appliquée dans la science des religions énoncée par Waardenburg, il s'agit de « l'approche herméneutique appliquée », qui s'attache à « *découvrir comment un groupe social ou un individu peut pratiquer, interpréter, faire signifier une religion ou des faits religieux isolés et même investir des phénomènes ordinaires d'une signification religieuse*[19] ». L'introduction du MADIR dans les facultés et laboratoires théologiques l'investira certainement d'un pouvoir de recherche pour en faire un outil scientifique d'examen des réalités africaines. Examen dont les résultats constituent la base pour toute formulation d'une théologie africaine. Et si amener l'Évangile au cœur de la vision du monde de l'Afrique se présente comme le préalable à toute formulation, le MADIR se présente comme un chemin nouveau à expérimenter.

---

18. M. Jousse, école d'anthropologie, cours du 2 mars 1938, dans *L'anthropologie du geste*, p. 35.
19. Waardenburg, *Des dieux qui se rapprochent*, p. 8.

Annexes

ANNEXE I.1

Codage des documents collectés

L'entretien collectif est la méthode choisie pour la collecte des données. Les documents qui ont servi aux différentes transcriptions sont des interviews filmées ou enregistrées, et la plupart simultanément enregistrées en audio et vidéo. Le chercheur a utilisé une chaîne de six caractères pour identifier chaque élément de la manière suivante :

1. Le premier caractère de chaque élément est la lettre « I », montrant qu'il s'agit d'une interview.
2. Le deuxième désigne la nature (dictée par le moyen de la collecte) de l'interview et regroupe deux catégories. La lettre « A » signifie qu'il s'agit d'une interview audio. La lettre « V » indique une interview vidéo. Une troisième catégorie s'est ajoutée, il s'agit des interviews téléphoniques qui sont représentées par la lettre « T ».
3. Le troisième caractère désigne la nature de la cible interviewée. Lorsque l'interview a été réalisée collectivement, c'est la lettre « C » qui l'indique. Quand c'est une interview individuelle, le chercheur a choisi d'utiliser la lettre « P » pour « personnel ».
4. Le quatrième caractère indique la catégorie de la cible : la lettre « V » est mise pour « vodun », la lettre « C » pour « chrétien » et enfin la lettre « D » pour le dialogue (V+C) qui s'est passé à Logozohɛ.
5. Le cinquième caractère de la chaîne, cette fois-ci un chiffre romain, indique le lieu et la date où l'interview a été réalisée. Le chercheur commence l'ordre par Savalou, qui est le chef-lieu.
    a. Savalou : deux interviews audio et vidéo réalisées en deux lieux différents (Wɛsɛ et Axɔsɛdo) se trouvent sur un même

support. Le premier chiffre romain « I » désigne ces deux groupes.

    b. Logozoxε : c'est Logozoxε qui a donné naissance à Wεdεmε, donc Logozoxε est identifié par le chiffre romain « II » et Wεdεmε obtient le chiffre « III ».

    c. Le chiffre « IV » est attribué à toute autre interview réalisée ailleurs que dans l'aire de l'étude et qui n'est qu'individuelle.

6. Le dernier caractère, un chiffre ou nombre arabe simple (1, 2, 3…, 18, 19…, 32) indique le numéro du document (support) concerné.

Voici quelques exemples :
- IAPVI2 = **I**nterview **A**udio **P**ersonnelle d'un **V**odunsi réalisée à **Wεsε** qui se trouve sur le support **2**.
- IVCVIII18 = **I**nterview **V**idéo **C**ollective du **V**odun réalisée à **Wεdεmε** qui se trouve sur le support **18**.
- IVCCII3 = **I**nterview **V**idéo **C**ollective de **C**hrétiens réalisée à **Logozoxε** qui se trouve sur le support **3**.

7. Les références dans le texte des interviews collectives et du dialogue n'auront pas de date, parce que ces interviews ont été réalisées à des dates précises liées au lieu où elles ont été réalisées. L'indication des lieux porte déjà les dates. Seules les autres interviews personnelles audio ou téléphoniques vont indiquer leur date de réalisation.

8. Les interviews collectives chrétiennes préparatives à la rencontre ont été réalisées le 6 novembre 2016 dans les deux églises de Savalou (Wεsε et Axɔsεdo) et le 7 novembre 2016 à Logozoxε.

Le tableau suivant permet de bien comprendre le codage en donnant le nombre de matériels audio et vidéo des différentes catégories et les lieux de leur réalisation.

Tableau n° 3 : Les interviews collectives

	Chrétiens			Vodun			Ailleurs	Dialogue	Total
Lieu	I	II	III	I	II	III	IV	D	
Vidéo	1	31	0	1	10	20	34	30	127
Audio	3	4	4	1	3	2	7	0	24
Total	4	35	4	2	13	22	41	30	151

Source : Les présents travaux, 2018.
Légende
(I) = Savalou ;
(II) = Logozoxε ;
(III) = Wεdεmε ;
(IV) = Ailleurs (Abomey-Calavi ; Soklogbo ; Panwyan) ;
(V) = Logozoxε, rencontre du dialogue des chrétiens et Vodunon dans un lieu neutre (ni temple chrétien ni temple vodun).

Tableau n° 4 : Visites préparatoires de la rencontre de dialogue

Xεbyoso			Assemblée d Dieu		
Lieu	Date	Numéro	Lieu	Date	Numéro
Logozoxε / Wεdεmε	01/11/16	- (négociations)	Axɔsεdo	02/11/16	- (négociations)
Wεdεmε	08/12/16	0060	Wεsε	06/11/16	DVD Long1
Savalou	08/12/16	0061	Axɔsεdo	06/11/16	DVD Long1- 0082
Soclogbo	25/11/16	0051	Logozoxε	07/11/16	HDV 1-33
Logozoxε	07/12/16	0058			
Logozoxε	07/12/16	0059			
Ouidah	16/08/16	0062			
Ouidah	03/01/17	0063			
GOUNONGBE Jean	25/01/17	0067			
Dialogue	07/02/17	0068			

Source : Les présents travaux, 2018.

ANNEXE II.1

Gbaguidi Christophe

Aperçu général sur l'histoire de Savalou

C'est le titre que porte le pamphlet dans lequel ont été commentés les seize tableaux couronnant les deux décennies de recherches du directeur d'école, administrateur civil, préfet honoraire sur l'histoire du peuple Maxi. Le chercheur ne donnera que le titre de chaque tableau et les pages de commentaire correspondantes.

L'auteur introduit son commentaire par : « L'histoire de Savalou et celle de ses Rois qui remonte au-delà du 13e siècle » (p. 1).

1er tableau : Aledjou – Un bébé retiré de l'eau, p. 1.

2e tableau : Atolou – Un homme tuant avec une flèche un autre perché sur un arbre, p. 1-2.

3e tableau : Ahossou-Soha – Un homme à cheval sur un buffle, p. 2-4.

4e tableau : Adigbli – Premier régent, p. 4.

5e tableau : Ava – Deuxième régent, p. 4.

6e tableau : Kpoki – Troisième régent, p. 4.

7e tableau : Tchahou – Petit-fils du roi Ahossou-Soha, 2e roi de Savalou, p. 4-5.

8e tableau : Baglo – C'est l'envoyé de Tchahou, p. 5.

9e tableau : Djeyizo – Fils de Baglo, p. 5.

10e tableau : Badebou – Fils de Djeyizo, p. 5.

11e tableau : Gougnisso – Né de Badebou, p. 5-6.

12e tableau : Lintonou – Frère de Gougnisso, p. 6.

13e tableau : Zoundégla – Frère de Lintonou, p. 6.

14ᵉ tableau : Goumonwan – Frère de Zoundegla, p. 6.
15ᵉ Tableau : Bahinnou – Frère de Goumonwan, p. 6-7.
16ᵉ Tableau : Gandigbe – Fils de Badebou, p. 7.
À la page 9, il mentionne que Ahossou-Soha régna de 1557 à 1618.

ANNEXE II.2

Questionnaire adressé aux cadres maxi

L'histoire d'un peuple sans écriture comme les Maxi demeure dans le « ventre » des personnes qui ont passé une partie de leur vie au village avant leur migration en ville pour diverses raisons, principalement les études. Parmi les cadres maxi, le chercheur en a retrouvé deux qui avaient fait des recherches sur l'histoire maxi et qui ont accepté de se soumettre au questionnaire qui a été préparé pour cette catégorie de personnes. Il s'agit de Jérôme Awalla, 74 ans, cadre de catégorie A10 à la retraite, et Jean Gounongbe, 64 ans, homme d'affaires, président de l'association Mahi-Houindo, qu'il dirige depuis 19 ans. Ils ont répondu au questionnaire par interview, car ils ont insisté sur le fait que l'histoire se raconte, et un questionnaire est trop restrictif pour motiver le récit. Voici le questionnaire auquel ils ont répondu, et, pendant l'interview, ils sont allés bien au-delà des questions.

Déterminants sociaux :
Nom et prénom(s) _____
Âge _____ _____
Sexe _____
Profession _____

A. Questions d'identité

1. Quel est le sens du nom « Maxi » ? a) Je ne sais pas ; b) J'en sais quelque chose ; c) mon explication est la suivante : _____
_____

2. Quelles sont les origines des Maxi ? a) Je ne sais pas ; b) J'en sais quelque chose ; c) les Maxi viennent de : _____

3. Pouvez-vous donner trois caractéristiques du peuple Maxi?: a) Je ne sais pas b) J'en sais quelque chose ; c) les voici (donnez celles que vous connaissez, même si cela n'atteint pas les trois, ou donnez-en plus que trois si vous le pouvez) : _____

4. Avez-vous entendu parler des trois royaumes qui ont résisté pendant près d'un siècle à l'invasion de Danxomè ? a) Jamais ; b) J'en connais quelques-uns ; c= cochez ceux dont vous avez entendu parler : Gbowélé Tchahounka Houndjroto Soclogbo Kpanouignan Agouagon ; autre : _____

B. Questions de croyance

1. Les Maxi croient aux catégories suivantes (cochez celles qui sont vraies) : a) Vodun ; b) Culte des ancêtres ; c) Divination (le Fa et autres) ; d) Sorcellerie ; e) Guérison par la plantes ; f) Pouvoirs de la parole (incantation ; bénédiction et malédiction) ; g) Autre ___

2. Quels sont les Vodun adorés au pays Maxi : a) Je ne sais pas ; b) J'en connais quelques-uns ; c= en voici une liste : _____

3. Quelle place occupe le Vodun Xɛbyoso dans le panthéon (ensemble des vodun) Maxi : a) Je ne sais pas ; b) J'en sais quelque chose ; c= en voici une description : _____

4. Que recouvre le Vodun Xɛbyoso : a) Je n'en sais rien ; b) J'en sais quelque chose ; c= veuillez indiquer les domaines : _____

5. C'est Xɛbyoso qui assure les saisons : a) Ce n'est pas vrai ; b) En partie c= comment le fait-il ? _____

6. Certains hommes peuvent provoquer la pluie : a) Ce n'est pas vrai ; b) C'est possible ; c= comment le font-ils ? (En invoquant Xɛbyoso ; Par des pratiques mystiques qui n'ont rien à voir avec Xɛbyoso) ; autre : _____

7. La mort par la foudre est : a) Naturelle ; b) N'est jamais naturelle ; c= Elle est provoquée par : Xɛbyoso ; Les Prêtres Xɛbyoso ; Des sorciers ; Des malfaiteurs ; Autre : _____

8. Le cadavre foudroyé est enterré : a) Normalement ; b) Par des spécialistes ; c= indiquez (N'importe quel fossoyeur ; Toujours par le clergé de Xɛbyoso) ; autre : _____

9. Quels sont les symboles de Xɛbyoso : a) Je n'en connais pas ; b) J'en connais quelques-uns ; c= décrivez les _____

ANNEXE II.3

Arbre généalogique royal de Savalou et Logozoxε

Logozoxε

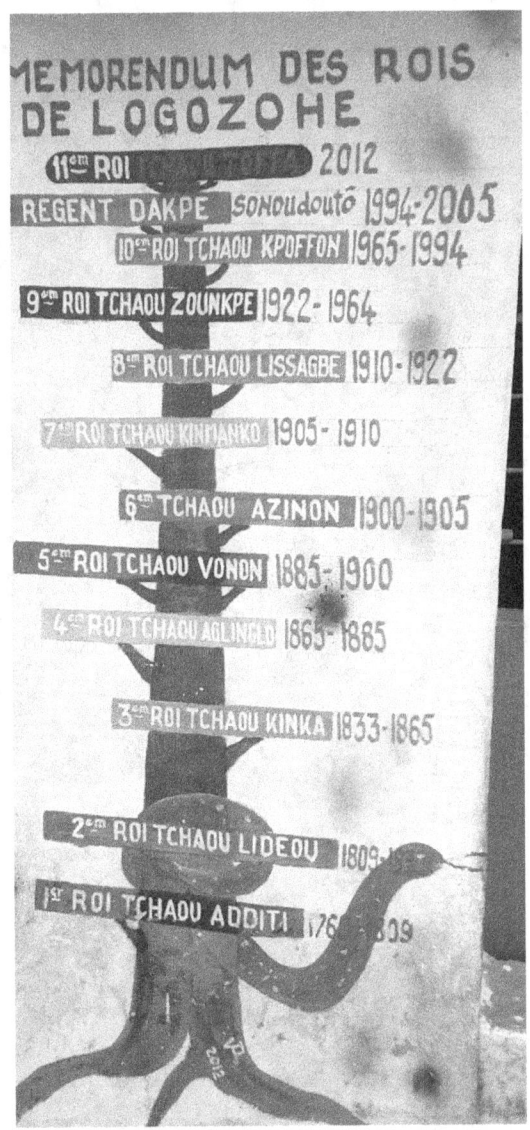

Palais de Savalou

Source : Les présents travaux, 2016.

ANNEXE II.4

Entretien collectif sur l'histoire Maxi avec les vodunnon : vues partielles

Source : Les présents travaux, 2016.

ANNEXE II.5

Entretien collectif sur l'histoire maxi avec les EEAD : vues partielles

Source :
Les présents
travaux, 2016.

ANNEXE II.6

Liste des chants informatifs sur la culture et l'histoire des Maxi

Il s'agit ici de textes de grands artistes maxi de Cingumɛ : Alokpon, Gbɛze et Gbecewu.

Alokpon

1. *Ana se ku* (*Ana*/tu, se/entendra, ku/mort, ce qui donne « tu entendras la mort »). Il s'agit de la notion universelle de la mort dans la pensée maxi et de la manière dont la mort révèle la nature des liens sociaux. L'approche maxi du deuil y est aussi bien dépeinte.
2. *Ya Baba* (Ya/nom générique de grand-mère, Baba/nom générique de grand-père ; les deux sont mis en apposé pour définir le patriarcat maxi). La socialisation se manifeste en termes masculins.
3. *Aza ḍo Savalou to ta* (Aza/chapeau, ḍo/demeure, Savalou/Savalou, to/ville, ta/tête de, ce qui donne « chapeau demeure Savalou, ville tête de lui », ce qui signifie « la ville de Savalou demeure toujours sous sa royauté »). Il s'agit d'un hommage au dernier roi décédé. Cela a donné l'occasion de rappeler la généalogie de tous les rois depuis Soxa jusqu'au dixième, roi Tossoh. Le chant rappelle le sens de chaque nom royal et l'esclavage qu'ont subi les Maxi.

Gbɛze

1. *Vi ḍole* (Vi/enfant, ḍo/procure-lé/avantage, au sens de « retour sur investissement », ce qui donne « enfant procure avantage », et qui signifie « l'enfant garant de la vieillesse parentale »). Tout en mettant l'accent sur la responsabilité de l'enfant à l'égard de ses parents, surtout pendant la vieillesse, le chant développe l'importance de la continuité ancestrale dont l'enfant est le centre.
2. *Mikpé minḍé numian* (Mikpé/Avez-vous croisé, -minḍé/une créature, numian/pour moi, ce qui donne « Avez-vous croisé ma belle

créature ? »). Il s'agit d'un chant romantique qui montre comment les Maxi « modernes » envisagent le mariage, le processus de demande de la main de la jeune fille. Ce chant met en exergue le contraste de la sociologie du mariage entre le passé et la modernité qui envahit la tradition.

3. *Agoo ɖo dada honmɛ* (Agoo/interjection de demande de permission d'entrer, ɖo/lieu de, dada/roi, honmɛ/palais, ce qui donne « Permets-moi entrer lieu roi son palais », ce qui signifie « Que les rois me permettent d'entrer dans leur généalogie »). Il s'agit du plus long chant informatif sur l'histoire des Maxi. L'origine, le panorama des différentes étapes de constitution du peuple Maxi, les trois branches, l'esclavage et les relations avec les autres peuples avoisinants sont passés en revue.

Gbecewu

1. Ku hu mɛɖagbe (Ku/la mort, hu/tue, mɛdagbe/une bonne personne, au sens de miséricorde, ce qui donne « La mort tue souvent les bonnes personnes », ce qui signifie « La victoire du mal sur le bien », pour signifier la fatalité en face de la mort). Le Maxi surmonte la fatalité de la mort par l'espérance en l'ancestralité.
2. Gbɛto efɛ bo kpon nonzoton sin xwegbe (Gbɛto/homme, efɛ/s'est baissé, bo/pour, kpon/regarder, nonzoton/son prochain, sin/lui, xwegbe/sa maison, ce qui donne « homme qui se baisse pour regarder chez son prochain » et qui signifie « Celui qui se préoccupe du bien-être de son prochain »). Il s'agit de la croyance en un Dieu qui rétribue chacun selon ce qu'il fait. Bienveillance et malveillance se paient ici-bas.

Source : Les présents travaux, 2019.

ANNEXE II.7

Vues partielles du site d'histoire de l'esclavage des Maxi

Source : Les présents travaux, 2016.

ANNEXE II.8

Panorama de l'histoire des Maxi

Il s'agit de tableaux peints sur le mur d'enceinte de l'hôtel *La référence* à Savalou.

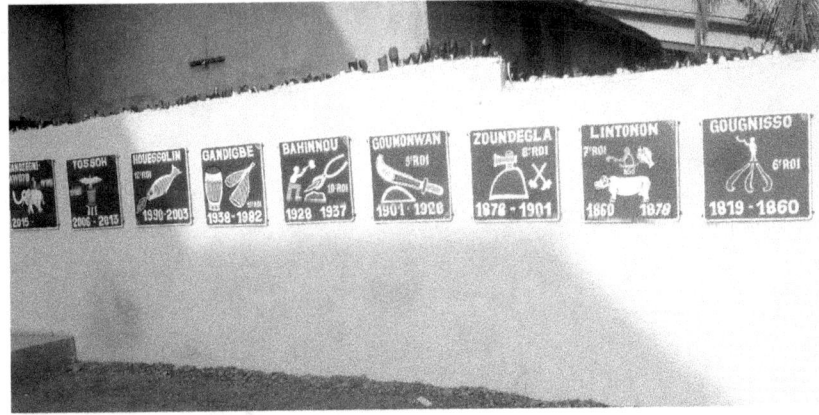

Source : Les présents travaux, 2016.

ANNEXE II.9

Visite du site d'apparition du Vodun Xɛbyoso à Yayɛji

Source : Les présents travaux, 2017.

ANNEXE III.1

Libation sur le site d'apparition du Vodun Xɛbyoso à Yayɛji

Source : Les présents travaux, 2017.

ANNEXE III.2

Invocation et libation

Source : Les présents travaux, 2016.

ANNEXE III.3

Yayɛji : Site historique de l'apparition du Vodun Xɛbyoso

Source : Les présents travaux, 2017.

ANNEXE III.4

Enceinte de temples Xɛbyoso

Source : Les présents travaux, 2016.

ANNEXE III.5

Statut de Sogbo

Représentation humaine du Vodun Xɛbyoso quartier Vɛjamɛ, Savalou

Source : Les présents travaux, 2016.

ANNEXE III.6

Tableau du panthéon du Vodun Xεbyoso

Tableau n° 5 : Panthéon du Vodun Xεbyoso au pays Maxi

N°	Divinité	Genre	Action	N°	Divinité	Genre	Action
1	Sogbo	M	Représentant humain du Vodun Xεbyoso	21	Ahonkε	F-M	Inflinge la brûlure aux victimes
2	Ayidɔ-Hwεdo	F	Intermédiation entre terre et ciel, Véhicule de Vodun Xεbyoso	22	Agbou	?	?
3	Agbakε	M	Éclaireur de l'action de Sogbo	23	Mikpon	?	?
4	Năn	?	?	24	Swo	?	?
5	Totin	?	?	25	Xudan	F-M	Contrrôle cyclones, vagues et vents
6	Kpadε	M	Punir les malfaiteurs	26	Daɖéso	M	Xion de la foudre, fureur
7	Xugbo	F-M	Protège conte les noyades	27	Misi	?	?
8	Aligbo	M	Rempart des carrefours pendant les tornades	28	Sowuvɔ	?	?
9	Zuti	M	Veilleur sur les forêts	29	Soguidi	F/M	Xion du song, la voix de Xεbyoso
10	Azansu	?	?	30	Jakata	M	Gardien
11	Honka	?	?	31	Gbεdru	?	?

12	Agbɛ	M	Déjoue les projets de nuisance	32	Aklé	M	Évaporation des eaux
13	Agbado	F	Assigné à la protection du plus grand fleuve de Savalou	33	Avleketé	M/F	Protection en mer
14	Séjɛ	?	?	34	Saxo	?	?
15	Aliji	F	Protège contre les accidents de route pendant la pluie	35	Kɛli	?	?
16	Sonyawan	F	Xion éclairs pour Sogbo et Adɛ	36	Adɛ	F	Xion de fine pluie/action justicière, que la nuit
17	Ɖéla	?	?	37	Tchi	?	?
18	Siji	?	?	38	Bloukou	?	?
19	Sokpélan	?	?	39	Zuji	M	Protège contre les crimes dans les forêts
20	Agbaka	M	Avertit la victime avant les actions des divinités du panthéon	40	Aklonbɛ	M	Xion des grêles + météo
				41	Zofi	F	Xion de la 1ère pluie de semence

Source : Les présents travaux, 2016.
Légende

M : Masculin
F : Féminin
F-M ou M-F : tantôt Féminin, tantôt Masculin
F/M : Féminin et Masculin, genre hermaphrodite

N : neutre
? : Inconnu. Le vodun existe, mais n'ayant chavauché aucun de ceux qui étaient interviewés, personne n'a pu donner ni son sexe, ni son action.
Xion : Production de

ANNEXE V.1

Temple vodun moderne à Savalou

Côté latéral nord du temple moderne du Vodun. La forme en croix de l'architecture est bien visible par ce côté. L'aile de la croix au fond montre une porte qui donne accès à une forme de sacristie où sont parqués les « ustensiles » du Vodun.

Source : Les présents travaux, 2016.

ANNEXE VI.1

Rencontre de la réconciliation

Source : Les présents travaux, février 2017.

Bibliographie

1. Les ouvrages

Il y a les ouvrages cités (1.1.) et ceux consultés (1.2.).

1.1. Les ouvrages cités

ADOUKONOU B., *Jalons pour une théologie africaine. Essai d'une herméneutique chrétienne du Vodun dahoméen (vol 1 & 2)*, Paris/Namur, France, Lethielleux-Culture et vérité, 1980.

AGUESSY H., *Cultures vodoun. Manifestations, migrations, métamorphoses (Afrique, Caraïbes, Amériques)*, Ouidah, Bénin, IDEE, 1970.

AHOGA C. A., « L'impact des traductions bibliques sur la vie chrétienne », dans *Théologie et vie chrétienne en Afrique*, sous dir. R. POHOR et M. KENMOGNE, Yaoundé/Cotonou, Cameroun/Bénin, ADG Éditions/PBA, 2012, p. 107-128.

AHOGA C. A., « Christianisme et contexte de vie », dans *Christianisme authentique en Afrique contemporaine*, sous dir. R. POHOR et I. COULIBALY Abidjan, Côte d'Ivoire, Les Presses de la FATEAC, 2014, p. 21-44.

AKIBO K. P., *Les fruits de la Pentecôte. Histoire de l'Évangélique des Assemblées de Dieu du Bénin : 1945-1998*, Cotonou, Bénin, EEDB, 1998.

AKOHA B., *Syntaxe et lexicologie du Fon-gbe Bénin*, Paris, France, L'Harmattan, 2010.

ALLADAYE J. C., *Le catholicisme au pays du Vodun*, Cotonou, Bénin, Éditions du Flamboyant, 2003.

ANANOU B., *Vodun Xevioso. Le culte du Principe cosmique transmetteur du Feu*, Suresnes, France, Éditions du Net, 2014.

ANANOU B., *Le panégyrique chez les Fon. Une rhétorique épidictique*, Abomey, Bénin, Éditions Naguézé, 2019.

AURENCHE C., *Tokombéré au pays des Grands Prêtres. Religions africaines et Évangile peuvent-ils inventer l'avenir ?*, Paris, France, Éditions Ouvrières, 1996.

BASSE E. C., « Les relations interpersonnelles au sein de l'expérience religieuse africaine face à l'impact cultivant de la foi chrétienne », dans *L'expérience religieuse africaine et les relations interpersonnelles*, Actes du Colloque International d'Abidjan, 16-20 septembre 1980, Abidjan, Côte d'Ivoire, Savanes- Forêts et ICAO, 1982, p. 37-46.

BASSET J. C., *Le dialogue interreligieux, histoire et avenir*, Genève, Suisse, Les Éditions du Cerf, 1994.

BASSIN F., *L'Évangile selon Luc*, Vaux-sur-Seine, France, Édifac, 2006.

BAUDELAIRE C., *Les fleurs du mal*, sous dir. A. POULET-MALASSIS et E. DE BROISE, Paris, France, 1861.

BEDIAKO K., « Les Écritures, interprètes de la culture et de la tradition », dans *Commentaire biblique contemporain. Un commentaire en un seul volume écrit par 70 théologiens africains*, sous dir. ADEYEMO, Marne-la-Vallée, France, Éditions Farel, 2008, p. 3-4.

BÉGUERIE P., DUCHESNEAU C., *Pour vivre les sacrements*, 6e éd., Montréal/Paris, Canada/France, Novalis/Cerf, 2010.

BIAO A. K., ATIDEGLA A., sous dir., *Proverbes du Bénin. Sagesse éthique appliquée de proverbes africains*, Genève, Suisse, Globethics.net, 2015.

BJORK D. E., *Nous sommes tous disciples ! Participer à la mission de Dieu*, Carlisle, Royaume-Uni, Langham Global Library, 2015.

BLANCHET A., GOTMAN A., *L'entretien*, 2e éd., Paris, France, Armand Colin, 2014.

BONTE P., IZARD M., sous dir., *Dictionnaire de l'ethnologie et de l'anthropologie*, 4e éd., Paris, Quadrige/PUF, 2016.

BOSCH D. J., *Dynamique de la mission chrétienne. Histoire et avenir des modèles missionnaires*, traduit de l'anglais par E BERNARD, I. H. PIERREHUMBERT et al., Lomé/Paris/Genève, Togo/France/Suisse, Haho/Karthala/Labor et Fides, 1995.

BOUQUEGNEAU C., *Doit-on craindre la foudre ?*, Les Ulis, France, EDP Sciences, 2009.

BOVON F., *L'Évangile selon Luc*, Vaux-sur-Seine, France Édifac, 2006.

BRAND R., *Dynamisme des symboles dans les cultes vodun*, Paris, France, École Pratique des Hautes Études, Sorbonne, 1973.

Browning D. S., *A Fundamental Pratical Theology. Descriptive and Strategic Proposals*, Minneapolis, États-Unis, Fortess Press Books, 1996.

Browning D. S., « Methodology », dans *Ress150ResearchMethodology_Reader*, sous dir. K. Smith, Johannesburg, Afrique du Sud, SATS-Cours, 2010.

Bujo B., *African Theology in Its Social Context*, traduit de l'allemand par Patmos Verlag GmbH, Düsseldorf, Allemagne, Wipf and Stock Publisher, 1992.

Buttrick G. A., « Matthew », dans *The Interpreter's Bible*, sous dir. G. A. Buttrick, W. R. Bowe et al., volume 7, Nashville, New York, Abingdon Press, 1951, p. 230-625.

Calvet J.-L., *Linguistique et colonialisme*, Paris, France, Payot, 1974.

Carrez M., *Nouveau Testament interlinéaire grec/français*, France, Société Biblique Française, 1993.

Carson D. M., « Matthew », dans *The Expositor's Bible Commentary*, sous dir. F. E. Gaebelein, volume 8, Grand Rapids, Michigan, The Zondervan Corporation, 1984, p. 3-599.

Cauvin J., *Comprendre la parole texte*, Issy-les-Moulineaux, France, Les classiques africains, 1980.

Centre National de Linguistique Appliquée (CE.NA.LA), *Alphabet des langues nationales*, s. d., CE.NA.LA, 2008.

Cole R. A., « The Gospel According to St Mark », dans *The Tyndale New Testament Commentary*, sous dir. R. V. G. Tasker, volume 2, Grand Rapids, Michigan, The Tyndale Press, 1982.

Coulibaly I., « Commentaire des Corinthiens », dans *Commentaire biblique contemporain. Un commentaire en un seul volume écrit par 70 théologiens africains*, sous dir. Adeyemo, Marne-la-Vallée, France, Éditions Farel, 2008, p. 1509-1524.

Creswell J. W., *Research Design. Qualitative, Quantitative, and Mixed Methods Approaches*, Los Angeles/London/New Deli/Singapour, États-Unis/Royaume-Uni/Inde/Singapour, SAGE Publications, Inc., 2009.

Déazon A., *Introduction à l'indicamétrie. Il ne suffit pas d'être compétent pour être efficace. Indicamétrie et éducation*, Abidjan, Côte d'Ivoire, EDUCI, 2011.

Decoudras P.-M., *À la recherche des logiques paysannes*, Paris, France, Karthala, 1997.

Djereke J. C., *Être chrétien en Afrique aujourd'hui. À quoi cela engage-t-il ?*, Bafoussam, Cameroun, CIPCRE-SEROS, 2002.

Drewermann E., *Fonctionnaires de Dieu*, traduit de l'allemand par P. E. Wéber, Paris, France, Albin Michel, 1993.

Duchesne S., Haegel F., *L'entretien collectif. L'enquête et ses méthodes*, coll. 128, Paris, France, Armand Colin, 2014.

Ela J. M., *La recherche africaine face au défi de l'excellence scientifique*, livre III, Paris, France, L'Harmattan, 2007.

Eliade M., *Traité d'histoire des religions*, Paris, France, Gallimard, 1949.

Eno Belinga, *Comprendre la littérature orale africaine*, Issy-les-Moulineaux, France, Les classiques africains, 1978.

Fee G. D., *The First Epistle to the Corinthians. The New International Commentary on the New Testament*, Grand Rapids, Michigan, Eerdmans, 1987.

Gandonou A., *Le Roman ouest-africain de langue française. Étude de langue et de style*, Paris, France, Karthala, 2002.

Glaser I., *Dieu et les religions. Pour des relations justes et respectueuses entre chrétiens et autres croyants*, traduit de l'anglais par S. Artiguebert, Marne-la-Vallée, Éditions Farel, 2008.

Gogan M., Adjaho R., *Bénin : comprendre la réforme de l'administration territoriale en 45 questions*, Cotonou, Bénin, Éditions CR, 1999.

Hazoumè P., *Le pacte de sang au Dahomey*, Paris, France, Institut d'Ethnologie, 1956.

Houédanou C., « Rationalité universelle et rationalité africaine », dans *La rationalité, une ou plurielle ?*, sous dir. P. Hountondji, Dakar, Sénégal, CODESRIA, 2007, p. 201-210.

Hounsounon-Tolin P., *Éducation et décolonisation culturelle de l'Afrique*, Yaoundé, Cameroun, CLÉ, 2014.

Hountondji P., sous dir., *Les savoirs endogènes. Pistes pour une recherche*, Paris, France, Karthala, 1994.

Hountondji P., sous dir., *La rationalité, une ou plurielle ?*, Dakar, Sénégal, CODESRIA, 2007.

Huannou A., *Le pays Wěmẹ̀ d'hier à demain. Histoire, culture et développement : actes du colloque de Dangbo (21-23 août 2018)*, Jéricho-Cotonou, Bénin, CIREF Éditions, 2019.

Idowu B., « Dieu », dans *Pour une théologie africaine*, sous dir. K. A. Dickson et P. Ellingworth, Yaoundé, Cameroun, Éditions CLÉ, 1969, p. 7-37.

Imasogie O., « La conception du monde et la religion africaine », dans *Les religions dans le monde aujourd'hui*, sous dir. C. Hogg, O. Imasogie et al., Abidjan, Côte d'Ivoire, CPE, 1997, p. 23-31.

IROKO F., ALLADAYE J. C., *L'aire culturelle Ajatado*, Cotonou, Bénin, UNESCO, 2009.
JONES P., *La deuxième épitre de Paul aux Corinthiens. Commentaire Évangélique de la Bible*, Vaux-sur-Seine, France, Édifac, 1992.
JOUSSE M., *L'anthropologie du geste. La Manducation de la Parole, Le Parlant, la Parole et le Souffle*, Paris, France, Gallimard, 1969.
JOUSSE M., *Du mimisme à la musique chez l'enfant*, Paris, France, Geuthner, 1935.
KÄSER L., *Voyage en culture étrangère. Guide d'ethnologie appliquée*, trad. de l'allemand par Jean-Jacques SRENG, Paris, France, Excelsis, 2008.
KAKPO M., sous dir., *Voix et voies nouvelles de la littérature béninoise. Les enseignants du Département des Lettres Modernes de la Faculté des Lettres, Arts et Sciences Humaines de l'Université d'Abomey-Calavi*, Cotonou, Bénin, Éditions des Diasporas, 2011.
KAPOLYO J., « Matthieu », dans *Commentaire biblique contemporain. Un commentaire en un seul volume écrit par 70 théologiens africains*, sous dir. ADEYEMO, Marne-la-Vallée, France, Éditions Farel, 2008.
KETELE J. M. (de), ROEGIERS X., *Méthodologie du recueil d'information. Fondements des méthodes d'observation, de questionnaire, d'interview et d'étude de documents*, 4ᵉ éd., Bruxelles, Belgique, De Boeck, 2013.
KOLOUCHÈ A. B., ATINDEGLA A., sous dir., *Proverbes du Bénin. Sagesse éthique appliquée de proverbes*, Genève, Suisse, Globethics.net, 2015.
KOSSOU B. T., *« Se » et « gbe ». Dynamique de l'existence chez les Fon*, Paris, France, La Pensée Universelle, 1983.
KOULAGNA J., *Le christianisme dans l'histoire de l'Afrique*, Yaoudé, Cameroun, Éditions CLÉ, 2007.
La culture au risque de l'Évangile : rapport de Willowbank, traduit par J.-C. LOSEY, J. BLANDENIER et M. GARDIO, Abidjan, Lausanne, Presses bibliques universitaires, 1979.
LECHEVALLIER G., *Dictionnaire des symboles, des arts divinatoires et des superstitions*, Paris, In Édit / DL, 2010.
LEVRAT J., *La force du dialogue*, Rabat, Maroc, Marsam, 2003.
LUNEAU R., THOMAS V., *Comprendre l'Afrique. Évangile, modernité, mangeur d'âmes*, 2ᵉ éd., Paris, France, Karthala, 2004.
MANA K., *Foi chrétienne, crise africaine et reconstruction de l'Afrique. Sens et enjeux des théologies africaines contemporaines*, Nairobi/Lomé/Yaoundé, Kenya/Togo/Cameroun, CETA/HAHO/CLÉ, 1992.

Mana K., *Christianisme africain. Construire l'espérance*, Cotonou, Bénin, Pentecôte d'Afrique Éditions, 2004.

Martin D.-C., Groupe de recherche sur Identités, pouvoirs et identifications, « Écarts d'identité, comment dire l'Autre en politique », dans *L'identité en jeux, Pouvoirs, identifications, mobilisations,* sous dir. D.-C. Martin, Paris, France, Karthala, p. 13-134.

Mary A., « Culture pentecôtiste et charisme visionnaire au sein d'une Église indépendante africaine », *Archives de Sciences Sociales des Religions*, n° 105, 1999, p. 29-49.

Massi Gams D., *La rencontre de l'Évangile avec la culture des peuples de l'Est Cameroun (1916 – 1961). Perspective d'une histographie de chrétienté africaine*, Yaoundé, Cameroun, CLÉ, 2017.

McTaggart L., *Le lien quantique, the Bond. La carte pour changer de vie et vivre en harmonie avec les autres et la nature,* traduit de l'anglais par Madeleine Le Jeune, collection Science et Connaissance, France, Macro Éditions, 2013.

Miles M. B., Huberman A. M., *Analyse des données qualitatives*, 2ᵉ éd., traduit de l'anglais par M. H. Rispal, Minimes, Bruxelles, De Boeck Supérieur, 2013.

Missain-Ade M. P., *Vodun, œuvre des anges de Dieu. Principe christique de base*, Cotonou, Bénin, L'imprimerie Rapidex, 2006.

Monsia M., *Religions indigènes et savoir endogène*, Cotonou, Bénin, Les Éditions du Flamboyant, 2003.

Morgan D. L., *The Focus Group Guidebook*, Focus Group Kit vol. 1, Thousand Oaks, Canada, Sage Publications, 1998.

Morlet R. M., *L'épître de Paul aux Philippiens*, Vaux-sur-Seine, France, Édifac, 1985.

Mulago gwa Cikala M., *La Religion traditionnelle des Bantu et leur vision du monde*, Kinshasa, Faculté de Théologie catholique de Kinshasa, coll. Bibliothèque du Centre d'Études des religions africaines, 1973.

Mveng E., *L'Afrique dans l'Église, paroles d'un croyant*, Paris, France, L'Harmattan, 1985.

Niebuhr H. R., *Christ and Culture*, New York, Harper & Row, 1956.

Osmer R. R., *Pratical Theology. An Introduction*, Grand Rapids, Michigan/Cambridge, Royaume-Uni, Eerdmans, 2008.

Osmer R. R., « Methodology », dans *Ress150ResearchMethodology_Reader*, sous dir. K. Smith, Johannesburg, Afrique du Sud, SATS-Cours, 2010, p. 174-181.

PANIKKAR R., *Pluralisme et interculturalité. Cultures et religions en dialogue I*, Paris, Les Éditions du Cerf, 2012.
PANIKKAR R., *Vision trinitaire et cosmothéandrique : Dieu-Homme-Cosmos*, Paris, Les Éditions du Cerf, 2013.
PENOUKOU E. J., « Religion africaine et foi chrétienne comme sources de relations interpersonnelles d'intégration et de transformation », dans *L'expérience religieuse africaine et les relations interpersonnelles*, Actes du Colloque International d'Abidjan 16-20 septembre 1980, Abidjan, Côte d'Ivoire, Savanes-Forêts et ICAO, 1982, p. 453-488.
PERROT C. H., FAUVELLE-AYMAR F.-X., sous dir., *Le retour des rois. Les autorités traditionnelles et l'État en Afrique contemporaine*, Paris, Karthala, 2003.
QUENUM M., *Au pays des Fons : us et coutumes du Dahomey*, Paris, Maisonneuve & Larose, 1999.
QUENUM A., « Une tradition d'humanité », dans *Christianisme et humanité en Afrique, mélanges en hommage au cardinal Bernandin Gantin*, Association des théologiens du Bénin, Paris, France, Karthala, 2003, p. 1-21.
SADAUNE S., *La peur au Moyen Âge. Craintes, effrois et tourments particuliers et collectifs*, Rennes, France, Ouest-France, 2013.
SAHA TCHINDA E., *Le dialogue interreligieux contemporain*. Paris, L'Harmattan, 2017.
SAULNIER P., *Noms de naissance. Conception du monde et système de valeurs chez les Gun au Sud-Bénin*, Madrid, SMA, 2002.
SAULNIER P., *Vodun et destinée humaine*, Madrid, SMA, 2009.
SICKING T., *Dialogue interreligieux et dialogue œcuménique, différences et similitudes*, Chrétiens et Sociétés, 11/2004, 2011.
SMITH K., *Rédaction d'un travail académique et recherche théologique : un guide pour étudiant*, Johannesburg, Afrique du Sud, SATS Press, 2008.
SMITH K., *RESS150ResearchMethodology_Reader*, Johannesburg, Afrique du Sud, SATS-Cours, 2010.
SOMADJEDANGBE B. T., *Le massif Mahi, le vaillant peuple*, Cotonou, Bénin, Éditions Gilous, 2016.
SOMERVILLE R., *La première épître de Paul aux Corinthiens*, Vaux-sur-Seine, France, Édifac, 2005.
SOUZA I. (de), « Religion africaine et structure socio-politiques », dans *L'expérience religieuse africaine et les relations interpersonnelles*, Actes du Colloque International d'Abidjan 16-20 septembre 1980, Abidjan, Côte d'Ivoire, Savanes-Forêts et ICAO, 1982, p. 47-74.

Souza S. (de), *Guide pratique de phytothérapie*, Cotonou, Bénin, Imprimerie Tunde, 2005.

Tempels P., *La philosophie bantoue*, Paris, Présence Africaine, 1949.

Waardenburg J., *Des dieux qui se rapprochent. Introduction systématique à la science des religions*, traduit de l'allemand par C Welscher et J Waardenburg, Genève, Suisse, Labor et Fides, 1993.

Walls A., « The Discovery of "African Traditional Religion" and its Impact on Religious Studies », dans *Seeing New Facets of The Diamond. Christianity as a Universal Faith. Essays in Honour of Kwame Bediako*, sous dir. G. Bediako, B. Quarshie et J. K. Asamoah-Gyadu, Akropong-Akuapen, Ghana, Regnum Africa, 2014, p. 1-17.

Walsh B. J., Middleton J. R., *Retransformation Vision Shaping A Christian World View*, Downers Grove, InterVarsity Press, 1984.

Wright N. T., *The New Testament and the People of God*, 4e éd., Londres, Angleterre, Society for Promoting Christian Knowledge, 1997.

Zerfass R., « Methodology », dans *Ress150ResearchMethodology_Reader*, sous dir. K. Smith, Johannesburg, Afrique du Sud, SATS-Cours, 2012, p. 149-157.

Zokoué I., « Christianisme en Afrique et perspectives », dans *Christianisme authentique en Afrique contemporaine*, sous dir. R. Pohor et I. Coulibaly, Abidjan, Côte d'Ivoire, Les Presses de la FATEAC, 2014, p. 59-72.

Zokoué I., *Revisiter la théologie en Afrique contemporaine*, Abidjan, Côte d'Ivoire, CITAF, 2016.

1.2. Les ouvrages consultés

Actes du Colloque International d'Abidjan (16-20 septembre 1980), *L'expérience religieuse africaine et les relations interpersonnelles*, Abidjan, Côte d'Ivoire, Savanes-Forêts et ICAO, 1982.

Actes du Colloque International de Cotonou (août 2007), *Le dialogue entre les religions endogènes, le christianisme et l'islam au service de la culture de la paix en Afrique*, Paris, France, Unesco, 2009.

Adjotin P., *L'univers sous les thérapies de Fâ*, Lyon, France, Baudelaire, 2011.

Agossou M.-J., *Christianisme africain. Une fraternité au-delà de l'ethnie*, Paris, Karthala, 1987.

Aguessy H., *La divinité Lègba et la dynamique du panthéon vodoun au Danhomê*, extrait des Cahiers des religions africaines, 4e année, vol. 4, 1970, p. 89-96.

AFOUDA A., *Tradition africaine et réalité scientifique*, Cotonou, Bénin, CBRST/ Les Éditions du Flamboyant, 2002.

ALIGBONON A. D., *Vodoun au service du développement de l'être humain*, Porto-Novo, Bénin, Institut de Développement des Échanges Endogènes, 2003.

AMADJI F., *Le Christ révélé au sein des cultures et traditions africaines. Osons engager le débat ! Témoignages et réponses scientifiques des traditions Fa – Dogon – Malinké – Kotoko*, collection Regard de l'Universel sur les Religions, Cotonou, Bénin, Éditions de l'École Spirituelle d'Afrique, 2007.

AMADJI F., *La connaissance de nos cultures*, série « En marche vers une pastorale culturelle active et vivante », livret 1, Bohicon, Bénin, Centre Pastoral Bernadin Card. Gantin, 2017.

AMADJI F., *Panégyriques et histoires sacrés des clans : Akɔ lɛɛ sin tan. Champ par excellence de l'application de la multiculturalité à l'interculturalité pour une évangélisation génétique*, série « En marche vers une pastorale culturelle active et vivante. Partie 1 : Les approches de discours », Bohicon, Bénin, Centre Pastoral Bernadin Card. Gandin, 2017.

ANANOU B., *Le Vodun : la religion traditionnelle du Danxomɛ. Lumière sur l'univers spirituel du Bénin*, Bohicon, Bénin, Les Éditions ACT2D, 2012.

ARGYRIS C., PUTNAM R., SMITH D. M., *Action science : Concepts, methods and skills for research and intervention*, San Francisco, États-Unis, Jossey-Bass, 1985.

ASSOHOTO B., *Réalités africaines et salut en Jésus-Christ*, volume 2 de *Le salut en Jésus-Christ dans la théologie africaine*, Bénin, Cotonou, Éditions du Cart, 2002.

BEDIAKO G. M., « Christian Universality, Christian Scholarship and Institution Building-Kwame Bediako on a Vision in Process », dans *Seeing New Facets of the Diamond, Christianity as a Universal Faith. Essays in Honour of Kwame Bediako*, sous dir. G. M. BEDIAKO, B. Y. QUARSHIE et J. K. ASAMOAH-GYADU, Accra, Ghana, Regnum Africa, 2014.

BEDIAKO K., *Theology and Identity. The Impact of Culture upon Christian Thought in the Second Centry and in Modern Africa*, Carlisle, Cumbria, Royaume-Uni, Regnum Books International/Paternoster Publishing, 1999.

BEDIAKO K., *Jésus en Afrique. L'Évangile chrétien dans l'histoire et l'expérience africaines*, traduit de l'anglais par D. SABZE, Yaoundé, Cameroun, Éditions CLÉ/Regnum Africa, 2000.

BELINGA S.-M. E., *Langage frappé ou rythmique*, Issy-les-Moulineaux, France, Les classiques africains, 1967.

Blaschke R. C., *Une question de pouvoir. Communiquer l'Évangile aux animistes*, traduit de l'anglais par A. Doriath, Braine-l'Alleud, Belgique, Éditions Littérature Biblique, 2002.

Bogniaho A., « Méthodologie de la recherche en littérature africaine orale », dans *Voix et voies nouvelles de la littérature béninoise*, sous dir. M. Kakpo, Cotonou, Bénin, Les Éditions des Diasporas, 2011, p. 201-231.

Bosch D. J., *Transforming Mission. Paradigm Shifts in Theology of Mission*, Manyknoll, New York, Orbis, 1991.

Diabate M., *Indicamétrie bancaire : mondialisation, intégration et développement*, Dakar, Sénégal, Éditions CIDI Production, 1994.

Diagne M., *Critique de la raison orale. Les pratiques discursives en Afrique noire. Avec la collaboration de Bonaventure Mve-Ondo*, Niamey/Paris/Dakar, CELHTO/Karthala/IFAN, 2005.

Dilthey W., *Descriptive psychology and historical understanding*, traduit de l'allemand par R. M. Zaner et K. L. Heiges, The Hague, Netherlands, Nijhoff, 1977.

Dumez H., *Méthodologie de la recherche qualitative. Les 10 questions clés de la démarche compréhensive*, France, Magnard-Vuibert, 2013.

Durand G., *Les structures anthropologiques de l'imaginaire*, 11ᵉ éd., Paris, France, Dunod, 1992.

Eliade M., *Dictionnaire des religions*. Paris, France, Plon, 1990.

Gbégnonvi R., « La lumière éternelle », dans *Zomaci*, sous dir. C. Comlan, Ouidah, Bénin, Comité d'organisation de la Journée du Repentir, 1998, p. 38-44.

Gilli B., *Heviosso et le bon ordre du monde. Approche d'une religion africaine*, Lomé, Togo, Éditions HAHO, 1987.

Gmünder R., Kenmogne J.-B., *Pour vaincre le tribalisme. Principes, réflexions et perspectives*, Bafoussam, Cameroun, CIPCRE-Édition, 2002.

Hazoumè P., *Doguicimi*, 2ᵉ éd., Paris, France, Maisonneuve et Larose, 1978.

Horvilleur D., Benzine R., *Des mille et une façons d'être juif ou musulman. Dialogue*, Paris, France, Éditions du Seuil, 2017.

Hountondji P., *L'ancien et le nouveau. La production du savoir dans l'Afrique d'aujourd'hui*, Porto-Novo, Bénin, Centre africain des hautes études, Paris, France, L'Harmattan, 2009.

Influence. *L'impact de l'IFES dans la vie de ses diplômés. Portes Ouvertes*. Avec la collaboration de Fred & Elizabeth Catherwood. s.l., IFES, s.d.

Iroko F., « Regard extérieur et saisie interne des ethnies et des ethnonymes. République populaire du Bénin », dans *Les ethnies ont une histoire*, sous dir. J.-P. Chrétien et G. Prunier, Paris, France, Karthala, 1989, p. 213-222.

Jousse M., *Études de psychologie linguistique. Le style oral rythmique et mnémotechnique chez les verbo-moteurs*, Paris, France, Gabriel Beauchenes Éditions, 1925.

Kam S. M., *Tradition de l'hospitalité et dialogue interreligieux*, Paris, France, Karthala, 2011.

Kapolyo J., *L'homme. Vision biblique et africaine*, traduit de l'anglais par S. Rat, Marne-la-Vallée, France, Éditions Farel, 2007.

Kasolwa I. K., *Pour un modèle inculturé de réconciliation en RD Congo. Une appropriation chrétienne des pratiques traditionnelles de réconciliation*, Paris, France, L'Harmattan, 2015.

Kato B., *Pièges théologiques en Afrique*, traduit de l'anglais par N. de Mestral-Demole, Abidjan, Côte d'Ivoire, CPE, 1981.

Kaufmann J.-C., *L'entretien compréhensif L'enquête et ses méthodes*, 3e éd., Paris, France, Armand Colin, 2014.

Keidel P., *Les défis de la mission interculturelle*, traduit de l'anglais par A. Doriath, Lyon, France, Éditions Clé, 2008.

Ketele J. M. (de), *Observer pour éduquer*, Berne, Suisse, Peter Lang, 1980.

Ki-Zerbo J., *Éduquer ou périr*, Abidjan/Dakar, Côte d'Ivoire/Sénégal, UNICEF/L'Harmattan, 1990.

Leedy D. P., *Practical Research. Planning and Design*, 5e éd., New York, États-Unis, MacMillan, 1993.

Lewandowski S., *Savoirs locaux, éducation et formation en Afrique*, Paris, France, Karthala, 2016.

Lidemann T., *Sauver la face, sauver la paix. Sociologie constructiviste des crises internationales*, Paris, France, L'Harmattan, 2010.

Mamoussé D., *Critique de la raison orale. Les pratiques discursives en Afrique noire. Avec la collaboration de Bonaventure Mve-Ondo*, Niamey, Paris, Dakar, CELHTO, Karthala, IFAN, 2005.

Mana K., *Chrétiens et églises d'Afrique. Penser l'avenir*, Yaoundé, Lomé, CLÉ & HAHO, 1999.

Maupoil B., *La géomancie à l'ancienne Côte des Esclaves*, Paris, France, CNRS-Institut d'Ethnologie, 1981.

Mircea E., *Dictionnaire des réligions*, Paris, France, Plon, 1990.

Moustapha D., *Indicamétrie bancaire : mondialisation, intégration et développement*, Dakar, Sénégal, Édition CIDI Production, 1994.

Mouton J., *How to succeed in your Master's & Doctoral Studies*, 3ᵉ éd., Pretoria, Afrique du Sud Van Schaik Publishers, 2009.

Mouttapa J., *Religions en dialogue*, collection Espace libre 120, Paris, France, Albin Michel, 2002.

Papus, *Traité méthodique de magie pratique*, Escalquens, France, Éditions Dangles, 1998.

Parrinder E. G., *La religion en Afrique occidentale*, Paris, France, Payot, 1950.

Père Jah, « Les Rastafari ne sont pas des délinquants », dans *Zomaci*, sous dir. C. Comlan, Ouidah, Bénin, Comité d'organisation de la Journée du Repentir, 1998, p. 33-37.

Présence Africaine, *Des prêtres noirs s'interrogent*, Paris, France, Les Éditions du Cerf, 1956.

Prudencio E. D., *Le rêve étranglé*, Cotonou, Bénin, Les Éditions du Flamboyant, 2015.

Richardson D., *L'éternité dans leur cœur. L'histoire ignorée du christianisme dans les religions des peuplades anciennes*, 4ᵉ éd., traduit de l'anglais par A. Dupon, Lausanne, Suisse, Jeunesse en Mission, 1992.

Romanidès J., *Théologie empirique*, sous dir. Philarète, Paris, Fance, L'Harmattan, 2015.

Singly F. (de), *Le questionnaire. L'enquête et ses méthodes*, 3ᵉ éd., Paris, France, Armand Colin, 2014.

Smith K., *Rédaction d'un travail académique et recherche théologique. Un guide pour étudiant*, Johannesburg, Afrique du Sud, SATS Press, 2008.

Soede N. Y., *Cri de l'homme africain et christianisme. Jean-Marc Ela, une passion pour l'opprimé*, Abidjan, Côte d'Ivoire, Imprimerie SEPRIM Ivoire, 2009.

Stott John, *Mission chrétienne dans le monde*, traduit de l'anglais par Silvain Dupertusis, Suisse, Groupes Missionnaires, 1997.

Thomas J., « Doing critical ethnography », dans *Qualitative Research Methods Series* 26, Newbury Park, Californie, Sage, 1993.

Thomas L.-V., Luneau R., sous dir. *La terre africaine et ses religions*, Paris, France, L'Harmattan, 2004.

Tienou T., *Tâches théologiques en Afrique*, Abidjan, Côte d'Ivoire, CPE, 1980.

Turaki Y., *Tribal Gods of Africa, Ethnicity, racism, tribalism and the Gospel of Christ*, Nairobi, Kenya, Éditions AEA, 1997.

Verger P., *Ewé. Le verbe et le pouvoir des plantes chez les Yoruba*, Paris, France, Maisonneuve et Larose, 1997.

Viola F., Barna G., *Le christianisme paganisé. Explorer les racines de nos pratiques chrétiennes*, traduit de l'anglais par Damien Baslé, Olanzac, France, Oasis, 2013.

Walsh B. J., Middleton J. R., *The Transforming Vision. Shaping a Christian World View*, Downers Grove, IVP, 1984.

Wiher H., *L'Évangile et la culture de honte en Afrique occidentale*, Hamburg, Allemagne, Lektorat & Satz, Hans-Christian Beese, 2003.

Zacka J. P., *Possessions démoniaques et exorcismes dans les églises pentecôtistes d'Afrique centrale. Une relecture du « Ministère de délivrance » à partir de l'Évangile de Marc*, Yaoundé, Cameroun, CLÉ, 2010.

2. Articles de revues et rapports de conférences

Ahoga C. A., « Le contexte des religions traditionnelles africaines », *Chantier*, n° 3, 2001.

Ahoga C. A., « Dialogue interreligieux au pays Maxi », *Revue de la Paix par un autre chemin*, n° 4 ; juin 2017.

Ayache et Dumez, « Le codage dans la recherche qualitative : une nouvelle perspective ? », *Le Libellio d'Aegis* vol. 7, n° 2, 2011.

Ayite C., « Occultisme, charlatanisme, intimidation, abus de confiance et escroquerie au Ministère International Jésus en Action (MIJA) : témoignage sidérant et accablant de Christ Ayité », *Maranatha* vol. xxi, n° 3, 2017, p. 22-25.

Bogniaho A., « La littérature orale au Bénin », *Ethiopiques* vol. 4, 3e et 4e trimestres 1987.

Chapman P. D., « Thomas King Leonard : A Truly Indispensable Man », *Heritage*, vol. 34, 2014, p. 17-23.

Condominas G., « Danses du Vodou de la foudre dans le Bas-Togo », *Science et nature*, Office de la Recherche scientifique Outre-Mer, mai-juin 1954, p. 3.

Déchalotte M., « L'âme existe-t-elle ? Ce qu'en disent les religions, la philosophie et la science. "Entretien Jean-Claude Carrière" », *Le Monde des Religions*, mai-juin 2013, p 59.

France R. T., « Old Testament Prophecy and the Future of Israel. A Study of the Teaching of Jesus », *TB* 26, 1975, p. 53-78.

Haes R. (de), « La théologie des religions après Vatican ii », dans *La pertinence du christianisme en Afrique. 6e semaine théologique de Kinshasa*,

19-23 juillet 1971, Kinshasa, Faculté de Théologie Catholique de Kinshasa, 1972, p. 465-502.

Hall S. M. G., « Multi-Faith Dialogue in Conversation with Raimon Panikkar », *Australian eJournal of Theology* 2, février 2004.

Hechegger H., « La mort et le culte des morts chez les populations d'expression teke », *Cahiers des Religions Africaines* vol. 4, n° 8, 1970, p. 75-87.

Lespinay C. (de), « Le Sud Bénin : Kétu et la question des origines », *Cahiers du CRA*, 8, 1994, p. 21-147.

Mbiti J., « Jointe venture », *Publication trimestrielle de Sedos*, mars 1971, p. 2.

Mouttapa J., « Interview sur le dialogue interreligieux », dans le dossier « Les veines ouvertes pour l'Afrique », *Revue Relation*, décembre 2006, p. 713.

Musharhamina M. G. C., « Symbolisme dans les religions traditionnelles africaines et sacramentalisme », dans *La pertinence du christianisme en Afrique. 6ᵉ semaine théologique de Kinshasa, 19-23 juillet 1971*, Kinshasa, Faculté de Théologie Catholique de Kinshasa, 1972, p. 465-502.

Sastre R., « "Les codu" dans la vie culturelle, sociale et politique du sud-Dahomey », *Cahiers des Religions Africaines* vol. 4, n° 7, 1970, p. 170-188.

Tévoédjrè A., « Éditorial », *Revue de la Paix par un autre chemin*, janvier 2017, p. 1.

Unesco, « Déclaration de Mexico sur les politiques culturelles », Conférence mondiale sur les politiques culturelles, Mexico City, 26 juillet au 6 août 1982.

Unesco, « Plaidoyer pour la création de Chaires Unesco chargées des études interreligieuses et reliées en réseaux de centres d'excellence », *Déclaration de Cotonou* ix, 2007.

White P., Niemandt C. J. P., sous dir., « Ghanaian Pentecostal Churches' Mission », *Journal of Pentecostal Theology* 24, 2015, p. 241-269.

3. Les ressources en ligne ou webographie

Adoukonou B., « Un modèle africain de dialogue interreligieux : christianisme-vodun. La RTA au 2ᵉ synode pour l'Afrique », 2010, http://www.cultura.va/content/dam/cultura/docs/pdf/Adoukonou/LA%20RTA%20AU%202°%20synode.pdf, consulté le 4 juillet 2023.

Anignikin S. C., « Histoire des populations mahi. À propos de la controverse sur l'ethnonyme et le toponyme "Mahi" », *Cahiers d'études africaines*

162, 2001, p. 243-265, https://journals.openedition.org/etudesafricaines/86, consulté le 5 juillet 2023.
- Biointeractive, « The Anthropocene : Human Impact on the Environment », février 2016, www.biointeractive.org, consulté le 09 avril 2016.
- Bitter J. N., « Conflits et religions : comment faire dialoguer deux visions du monde », 2018, https://www.cevaa.org/actualites/conflits-et-religions-comment-faire-dialoguer-deux-visions-du-monde, consulté le 12 décembre 2018.
- Gire P., « Qu'est-ce que le fait religieux ? », *Enseignement catholique actualités*, hors-série, mars 2005, p. 22-23, https://enseignement-catholique.fr/wp-content/uploads/2016/09/relier-enseignement-et-fait-religieux.pdf, consulté le 5 juillet 2023.
- Halbwachs M., « Mémoire collective », 2001, http://classiques.uqac.ca/classiques/Halbwachs_maurice/memoire_collective/memoire_collective.html, consulté le 18 décembre 2017.
- Interview accordée au pasteur Nduku-Fessau Badze par Religioscope, 29 août 2004, https://www.religion.info/2006/07/23/livre-kimbanguisme-et-identite-noire/, consulté le 11 septembre 2015.
- Lacan J., « La théorie du miroir », 12 janvier 2018, https://nospensees.fr/theorie-miroir-blessures-forment-brisent-relations/, consulté le 6 décembre 2019.
- Mayrargue C., « Cet évangélisme qui veut conquérir l'Afrique », 2016, https://www.liberation.fr/planete/2016/02/25/cet-evangelisme-qui-veut-conquerir-l-afrique_1435804, consulté le 3 février 2017.
- Mutombo B., « Proposition 11 : dialogue interreligieux », dans « Un modèle africain de dialogue interreligieux : christianisme-vodun. La RTA au 2ᵉ synode pour l'Afrique », sous dir. B. Adoukonou, 2010, http://www.cultura.va/content/dam/cultura/docs/pdf/Adoukonou/LA%20RTA%20AU%202°%20synode.pdf, consulté le 4 juillet 2023.
- Mzinzili M. L., « Dialogue dans une culture en transformation. La mission en Afrique aujourd'hui », 2010, www.sedos.org, consulté le 19 août 2010.
- Nduku-Fessau Badze, interview accordée au pasteur sur le dialogue par Religioscope, 29 août 2004, www.religioscope, consulté le 5 juin 2016.
- Nzeyitu M. J., « Jésus l'Africain », 2002, https://histoirenoire992.skyrock.com/3073088583-Jesus-l-africain-le-livre-par-Pasteur-Melo.html, consulté le 18 décembre 2016.

Penoukou E. B., « Entretien sur la palabre africaine », par Marguerite A. Peeters, 2014, http://dialoguedynamics.com/content/dialoguing/dialogue-on-consensus/, consulté le 12 décembre 2019.

Penoukou E. B., « L'arbre à palabres : la vision mobilitis de l'espace de convivialité », Paris, France, MOBILITIS, certifié ISO 9001 et 14001, 2014, http://www.mobilitis.com/larbre-a-palabres-une-vision-mobilitis-de-lespace-de-convivialite-2/, consulté le 29 mai 2019.

Penoukou E. B., « La tradition séculaire de la palabre », 2014, http://dialoguedynamics.com/content/dialoguing/dialogue-on-consensus/starting-point-of-the-dialogue/article/entretien-sur-la-palabre-africaine, consulté le 12 décembre 2018.

Reist Dan, Jenei Kristina, Dyck Tim, Asgari Mahboubeh, « Un guide pour faciliter le dialogue en communauté », trad. de l'anglais Gaëlle Nicolussi, un projet mené par l'Institut Canadien pour la Recherche sur les Substances, 2018, https://www.ccsa.ca/sites/default/files/2019-05/Cannabis-Talks-Series-Nurturing-Community-Dialogue-Guide-2018-fr.pdf, consulté le 20 décembre 2018.

Santier M., « Les fondements et les objectifs du dialogue interreligieux », *La Croix*, https://www.la-croix.com/Urbi-et-Orbi/Archives/Documentation-catholique-n-2414/Les-fondements-et-les-objectifs-du-dialogue-interreligieux-2013-04-16-948191, 2013, consulté le 10 juin 2016.

Tabar R., « Théologie des Religions Traditionnelles Africaines. Recherches de Science Religieuse », www.cairn.info/revue-recherches-de-science-religieuse-2008-3-page-327.htm., 2008, consulté le 30 mars 2016.

Temkeng A. E., « Dialogue interreligieux et éducation interculturelle : l'inutile guéguère des églises conventionnelles et les religions traditionnelles africaines », *Ethiopiques* 80, revue négro-africaine de littérature et de philosophie, 2008, http://ethiopiques.refer.sn/spip.php?auteur1033, consulté le 24 octobre 2016.

4. Autres ressources

4.1. Thèses

Do Kim Lien, « L'exploration du dialogue de Bohm comme approche d'apprentissage : Une recherche collaborative », thèse de doctorat présentée à la faculté des études supérieures de l'Université Laval, Québec, 2003.

Jesse F. K., « Studing Pentecostalism Missiologically : The Congo Evangelistic Mission in Katanga province, Democratic Republic of Congo », thèse de doctorat, UNISA, Pretoria, Afrique du Sud, 2014.

Koutinhouin M. S. E., « La vie rurale en pays mahi du Moyen-Bénin (structures sociales et structures agraires traditionnelles, changement et problèmes au sein d'un paysannat ouest-africain) », doctorat de 3e cycle, Université Paris vii, Paris, France, 1978.

Sene A., « Les structures anthropologiques de l'imaginaire en Afrique noire traditionnelle : ou vers une archétypologie des concepts de pratiques rituelles et de représentation sociales », thèse de doctorat de 3e cycle, Université Pierre Mendes UFR Sciences de l'Homme et de la Société, Département de sociologie, Grenoble, France, 2004.

4.2. Mémoires

Ahoga C. A., « The Practice of Hesed in the book of Ruth », Présenté comme faisant partie des exigences pour l'obtention du Master en Études bibliques, dans le cadre du programme modulaire de troisième cycle de l'Université de Gloucestershire, Cheltenham, Royaume-Uni, 2001.

Akoha B., « Problèmes des tons en fon-gbè : identification, combinaison », mémoire de DEA, Paris ii, Paris, France, 1977.

4.3. Monographies

Assohoto B., « L'engagement du cadre dans la haute sphère », imprimerie Ahouansou, Cotonou, Bénin, 1996.

Gbaguidi A., « Le Tchingumè de Savalou. Essai sur le tam-tam funéraire savalois », document PDF, s.d.

Gbaguidi C., « Aperçu général sur l'histoire de Savalou », tenture réalisée par E. Fiogbe, musée d'Abomey, Bénin, s. d.

Ngarial K., « Manuel de rédaction de cours. Élaboration d'outils de compétence situationnelle », Cours professé à CACC, Abidjan, Côte d'Ivoire, 2010.

Ramachandra V., « Qu'est-ce que la mission intégrale ? », traduit par Prisca Wiles, document PDF, 2006.

Tienou T., « Les Religions Traditionnelles Africaines et les autres religions », cours enseigné à l'Institut Biblique du Bénin, Cotonou, Bénin, 1999.

4.4. Ressources humaines

cf. Liste des interviews réalisées dans le tableau suivant.

Tableau n° 6 : Liste des interviews réalisées

N°	Auteurs de l'entrevue	Dates	Lieu de l'entrevue	Qualité / âge de l'interviewé
1	Adidénu	08/12/2016	Wɛɖɛmɛ	Honsɔ 25v
2	Ajoɖémɛ	08/12/2016	Wɛɖɛmɛ	Vodunsi 25v
3	AGBEÐE Carmelle	06/11/2016	Axɔsɛdo	Chrétienne 29
4	AGUESSY Honorat	06/12/2016	Ouidah	Professeur
5	«»»	12/12/2016	Ouidah	
6	AHOGA Benôit	03/11/2014	Abomey-Calavi	Chrétien 66
7	«»»	23-25/11/2014	Panwinyan	
8	«»»	02/03/2015	Logozoxɛ	
9	«»»	03/09/2015	Logozoxɛ	
10	«»»	19-21/2015	Soclogbo	
11	«»»	03/06/2016	Logozoxɛ	
12	«»»	05/11/2016	Axɔsɛdo	
13	«»»	05/11/2016	Wɛsɛ	
14	«»»	06/11/2016	Logozoxɛ	
15	«»»	06/12/2016	Axɔsɛdo	
16	«»»	06/12/2016	Wɛsɛ	
19	«»»	07/12/2016	Logozoxɛ	
20	«»»	07/02/2017	Logozoxɛ	
21	AKODOHOU Félicien	06/12/2016	Wɛsɛ	Chrétien 48
22	«»»	07/02/2017	Logozoxɛ	
23	AKODOHOU Isidore	06/12/2016	Wɛsɛ	Chrétien 78
24	AKODOHOU Pélagie	06/12/2016	Wɛsɛ	Chrétienne 44
25	AKƆMANWE	08/12/2016	Wɛɖɛmɛ	Hunsɔ 22v
26	AKOTY Florent	06/12/2016	Axɔsɛdo	Pasteur
27	«»»	07/02/2017	Logozoxɛ	
28	ANANOU Bertran	05/03/2015	Zokpa	Apologète Vodun 40
29	«»»	25/11/2016	Abomey	" " "

Bibliographie

30	ASSOGBA Cécile	06/11/2016	Axɔsɛdo	Chrétienne 39
31	ASSOGBA Tɛka	07/02/2017	Logozoxɛ	
32	ATAAKPO	08/12/2016	Wɛɖɛmɛ	Nangbɔ 40v
33	ATAÐE Aɖijɛji	07/02/2017	Logozoxɛ	
34	ATCHADA Eleine	07/02/2017	Logozoxɛ	
35	AYENA Afia	06/12/2016	Wɛsɛ	Chrétienne 55
36	AYENA Alexis	06/12/2016	Wɛsɛ	Chrétien 67
37	«»»	07/02/2017	Logozoxɛ	Dialogue
38	AYENA Hervé	06/12/2016	Wɛsɛ	Chrétien 39
39	Azonyihin	08/12/2016	Wɛɖɛmɛ	Vodunsi 65
40	Azonvɛwu	07/02/2017	Logozoxɛ	
41	DAÐAXO Fulgenci	25/11/2016	Soclogbo	Cadre 45
42	Dagbelou	07/02/2017	Logozoxɛ	
43	DAGBO Xunon	06/12/2016	Ouidah	PDG Vodun/ Bénin
44	DANMASƆ Dah	07/02/2017	Logozoxɛ	
45	DAZOGBO Colette	06/12/2016	Wɛsɛ	Chrétienne 63
46	DEFFON Ives	06/12/2016	Wɛsɛ	Chrétien 47
47	«»»	07/02/2017	Logozoxɛ	
48	DEFFON Marie	06/12/2016	Wɛsɛ	Chrétienne 54
49	DEFFON T. René	06/12/2016	Wɛsɛ	Chrétien 51
50	«»»	07/02/2017	Logozoxɛ	
51	DOSSA Bernard	26/01/2017	Porto-Novo	Ecrivain/ Panygéri
52	DOSSA Pauline	06/11/2016	Axɔsɛdo	Chrétienne 70
53	DOSSO Delphine	06/11/2016	Axɔsɛdo	Chrétienne 44
54	DOSSOU Saturnin	07/12/2016	Logozoxɛ	Chrétien 43
55	«»»	07/02/2017	Logozoxɛ	
56	DOWU Dah	07/02/2017	Logozoxɛ	
57	EGBEGNON Sévérin Degla	07/12/2016	Logozoxɛ	Chrétien 81
58	«»»	07/02/2017	Logozoxɛ	
59	FLINDJA Douti	13/12/2016	Lomé	DA FATAD
60	GANÐIGBE Edith	06/11/2016	Axɔsɛdo	Chrétienne 37
61	GANÐIGBE Odette	06/11/2016	Axɔsɛdo	Chrétienne 70
62	«»»	07/02/2017	Logozoxɛ	

63	Ganlɛnu	08/12/2016	Wɛdɛmɛ	Hunsɔ25v
64	GBAGUIDI Antoinette	06/11/2012	Axɔsɛdo	Chrétienne 57
65	«»»	07/02/2017	Logozoxɛ	
66	GBAGUIDI Clarisse	06/11/2016	Axɔsɛdo	Chrétienne 50
67	«»»	07/02/2017	Logozoxɛ	
68	GBAGUIDI Françoise	06/11/1026	Axɔsɛdo	Chrétienne 51
69	GBAJI Maaman	07/02/2017	Logozoxɛ	
70	GBEGNON Victoire	06/12/2016	Wɛsɛ	Chrétienne -
71	GBONYON Kinsivɔ	07/02/2017	Logozoxɛ	
72	Gbonatɛ	08/12/2016	Wɛdɛmɛ	PDG Sonon 90
73	GNIMANSOU Eugène	18/04/2015	Avakpa	Administrateur
74	GOUNONGBE Jean	25/01/2017	Abomey-Calavi	PDG Mahi Huindo
75	HODONOU C.D. Richard	06/12/2016	Wɛsɛ	Chrétien 63
76	«»»	07/02/2017	Logozoxɛ	
77	HOUENINVO Toussaint	09/09/2016	Dakar	Banquier 58
78	HOUNGBEDJI Maurice	06/12/2016	Wɛsɛ	Chrétien -
79	HOUNTINHIN Adisɔxɔ	07/02/2017	Logozoxɛ	
80	HOUEYƆKPO Zodamkpo	07/02/2017	Logozoxɛ	Vodunsi 60
81	KAKPOÐE Nonvifo	07/02/2017	Logozoxɛ	
82	KANDÉNU Dah	11/09/2011	Logozoxɛ	Hunnon/CA
83	«»»	02/04/2012	Logozoxɛ	
84	«»»	06/09/2012	Logozoxɛ	
85	«»»	03/04/2015	Logozoxɛ	
86	«»»	07/09/2015	Savalou	
87	«»»	03/05/2016	Logozoxɛ	
88	«»»	06/09/2016		
89	«»»	05/10/2016		
90	«»»	05/12/2016		
91	«»»	07/12/2016	Logozoxɛ	
92	«»»	08/12/2016	Wɛdɛmɛ	
93	«»»	06/02/2017	Logozoxɛ	
94	«»»	06/02/2017	Gomanɖa	
95	«»»	06/02/2017	Zinzonkanmɛ	
96	«»»	06/02/2017	Yayɛji	

Bibliographie 327

97	«»»	07/02/2017	Logozoxɛ	
98	KANDOTE Paul	06/12/2016	Wɛsɛ	Chrétien 72
99	Kassa Emmanuel	07/12/2016	Logozoxɛ	Pasteur -
100	«»»	07/02/2017	Logozoxɛ	
101	Kingnonkpo	07/12/2016	Logozoxɛ	Vodunsi 35v
102	«»»	07/02/2017	Logozoxɛ	
103	Kiningbe	08/12/2016	Wɛɖɛmɛ	Nangbɔ 80
104	Kinsiwe	07/12/2016	Logozoxɛ	Vodunsi
105	Kpɔɖékɔn	08/12/2016	Wɛɖɛmɛ	Honsɔ 25v
106	KOUTINHOUIN Edouard	15/11/2016	Porto-Novo	Professeur 74
107	«»»	28/04/2017	Porto-Novo	«»»
108	«»»	06/11/2017	Porto-Novo	«»»
109	«»»	10/03/2018	Porto-Novo	«»»
110	LATE Naomi AD Log	07/12/2016	Logozoxɛ	Chrétien 35
111	Lɛmajo	07/02/2017	Logozoxɛ	
112	LATE Roger	07/12/2016	Logozoxɛ	Chrétien 43
113	METO Elvis	06/12/2016	Wɛsɛ	Chrétien -
114	Mɛdomɛ	08/12/2016	Savalou	Sonon 45v
115	MITOKPE Rose	07/12/2016	Logozoxɛ	Chrétien 68
116	Mondowe	07/02/2017	Logozoxɛ	
117	Naamon	07/12/2016	Logozoxɛ	Vodunsi 45v
118	«»»	07/02/2017	Logozoxɛ	
119	Ndomijɛ	08/12/2016	Wɛɖɛmɛ	Honsɔ 25v
120	SAÏ Guillaume	06/12/2016	Wɛsɛ	Chrétien 66
121	SEMBIENI Elie	06/12/2016	Wɛsɛ	Pasteur 45
122	SEDOLO Élisabeth	06/12/2016	Wɛsɛ	Chrétienne 71
123	Sokponwe	08/12/2016	Wɛɖɛmɛ	Sonon 107
124	Sonyitin	08/12/2016	Wɛɖɛmɛ	Vondunsi 20v
125	Sosiɖé	08/12/2016	Wɛɖɛmɛ	Vodunsi 7v
126	Sosɔxwe	08/12/2016	Wɛɖɛmɛ	Honsɔ 7v
127	SOTIKO Félicien	07/12/2016	Logozoxɛ	Chrétien 86 déces
128	TAMEGNON Christophe	06/12/2016	Wɛsɛ	Chrétien 79
129	«»»	07/02/2017	Logozoxɛ	
130	TAMEGON Marguerite	06/12/2016	Wɛsɛ	Chrétienne -

131	TCHAOU Gawantou	07/02/2017	Logozoxε	
132	TCHAOU Solomε	07/02/2017	Logozoxε	Vodunsi 41v
133	«»»	07/0é/é07	Logozoxε	
134	TEVOEDJRE Albert	28/04/2017	Avakpa	Professeur 84
135	«»»	27/11/2017	Avakpa	«»»
136	TOSSA Alexandre	10/05/2017	Cotonou	Pasteur 51
137	VINASSE Marc	20/01/2017	Porto-Novo	Unesco 51
138	Voji Dah	08/12/2016	Wεɖεmε	Vodunsi 65
139	«»»	07/02/2017	Logozoxε	
140	Wεkεnu	08/12/2016	Wεɖεmε	Honsɔ25v
141	YAÐEDO Marc	06/11/2016	Axɔsεdo	Chrétien 39
142	«»»	07/02/2017	Logozoxε	
143	ZOMANGBOGUELOU Sèvi	06/12/2016	Wεsε	Chrétien 48
144	«»»	07/02/2017	Logozoxε	

Source : Les présents travaux, mai 2018. Les interviews ont été conduites par le chercheur en personne. Les références peuvent être obtenues sur demande à l'auteur du présent ouvrage en passant par l'éditeur Langham Publishing.

Légende
« Vodunsi 25v » signifie : l'interviewé est du vodun et « 25v » signifie 25 ans dans le vodun, et non l'âge de l'interviewé. Généralement les vodunsi ne connaissent plus leur âge de naissance biologique.

Participants au dialogue de la réconciliation

Table des matières

Remerciements vii
Liste des sigles et abréviations ix
Transcription xiii
    De la transcription des langues nationales xi
    Les voyelles orales xi
    Les voyelles nasales xii
    Les consonnes simples xii
    Les digraphes xii
    Deux cas isolés xii

Chapitre 1 1
Introduction : Présentation du MADIR
    1.1. Contexte et justification 1
        1.1.1. Le processus d'identification du sujet
                de la recherche 1
        1.1.2. Des expériences pratiques du dialogue 5
        1.1.3. Observations induites 6
    1.2. Le problème de recherche 10
        1.2.1. Questions spécifiques 11
        1.2.2. Justifications 12
        1.2.3. Les délimitations 13
        1.2.4. Les définitions 15
        1.2.5. Les présuppositions 18
        1.2.6 Valeur de l'étude 20
    1.3. Le plan de la recherche 21
        1.3.1. La structure de la recherche 22
        1.3.2. La méthodologie de la recherche 23

Chapitre 2 49
Analyse du contexte socioculturel et anthropologique du peuple Maxi
    2.1. La vision du monde selon N. T. Wright 49
        2.1.1. Présentation de la vision du monde 49
        2.1.2. Vision du monde, fil conducteur de la rédaction . 52
    2.2. Histoire du peuple Maxi de Savalou 54
        2.2.1. De Mitɔgboji à Savalou 54
        2.2.2. De la toponymie Maxi, l'histoire des Maxinou ... 61

2.3. La composition socioculturelle du peuple
Maxi de Savalou 70
    2.3.1. La communauté comme lieu d'identification 71
    2.3.2. Le patrimoine culturel traditionnel a force de loi .. 74
2.4. L'anthropologie du peuple Maxi de Savalou 77
    2.4.1. L'existant humain maxi 77
    2.4.2. L'ancestralité est ontologique au pays Maxi 79
2.5. La langue et le rythme du peuple Maxi de Savalou 82
    2.5.1. La langue maxi comme facteur d'identité 82
    2.5.2. Le geste comme parole d'éducation 86
Conclusion 91

Chapitre 3 93
Le peuple Maxi et ses religions : vers une description
    3.1. Histoire du Vodun Xɛbyoso au pays Maxi de Savalou 94
        3.1.1. Le Vodun Xɛbyoso, une religion, une religion
        africaine 94
        3.1.2. Histoire du Vodun Xɛbyoso au pays Maxi 97
    3.2. L'identité vodun et son organisation 108
        3.2.1. Les vodun de naissance et leur organisation 108
        3.2.2. Le vodun interethnique et son organisation 109
    3.3. Le processus d'intégration dans le Vodun Xɛbyoso 111
        3.3.1. L'initiation au couvent 111
        3.3.2. L'éducation par le rythmo-mimisme 116
    3.4. La fonction du Vodun Xɛbyoso au pays Maxi 122
        3.4.1. La fonction des vodun au pays Maxi 123
        3.4.2. La fonction du Vodun Xɛbyoso au pays Maxi 125
Conclusion 133

Chapitre 4 135
Stratégie d'implantation et de mission des Églises Évangéliques des Assemblées de Dieu au pays Maxi
    4.1. Bref historique de l'Église des Assemblées de Dieu 135
        4.1.1. La naissance américaine des EEAD 136
        4.1.2. La naissance africaine des EEAD 141
        4.1.3. La naissance béninoise des AD 141
        4.1.4. La naissance des EEAD au pays Maxi 144
    4.2. L'organisation des EEAD au pays Maxi 146
        4.2.1. La gouvernance ecclésiastique des EEAD 147
        4.2.2. Les instances de direction et de gestion 149

   4.2.3. La participation sociale des EEAD au pays Maxi   151
  4.3. Le processus d'intégration dans les EEAD au pays Maxi   152
   4.3.1. La mission comme discipulat   152
   4.3.2. La marche chrétienne selon les
    EEAD au pays Maxi   156
  4.4. La mission et l'influence des EEAD au pays Maxi   158
   4.4.1. Les stratégies d'évangélisation au pays Maxi   158
   4.4.2. L'impact de l'évangélisation et la naissance de
    la crise   162
   4.4.3. Les Maxi convertis aux EEAD   167
  Conclusion   170

Chapitre 5 .... **171**
Analyse des causes et de la portée du conflit interreligieux
au pays Maxi
  5.1. La « métanoïa » comme source principale du conflit   171
   5.1.1. La vocation missionnaire des EEAD   172
   5.1.2. Les modèles historiques négatifs   173
   5.1.3. Interprétation de certains versets   174
  5.2. Les stratégies d'évangélisation et d'implantation
   d'Églises comme sources secondaires de conflit   176
   5.2.1. Les stratégies d'évangélisation conflictuelles   176
   5.2.2. Les messages d'évangélisation conflictuels   179
  5.3. L'absence du dialogue et ses conséquences pratiques   182
   5.3.1. La théorie de la table rase   182
   5.3.2. La négation de l'humanité du
    peuple à évangéliser   188
   5.3.3. La socialisation du Vodun Xɛbyoso   190
   5.3.4. Les facteurs sociaux de résistance   193
  5.4. La réponse biblique au conflit entre les deux
   communautés   197
   5.4.1. Les facteurs bibliques et théologiques explicatifs
    d'une sotériologie exclusiviste   197
   5.4.2. Les facteurs bibliques de la « mission dialogale »   206
   5.4.3. L'approche « dialogale » est de Dieu   210
  Conclusion   218

Chapitre 6 .... **219**
Approche pratique du dialogue interreligieux au pays Maxi
  6.1. Les quatre étapes préparatoires à la réconciliation   219

  6.1.1. La recherche d'expériences pratiques de réconciliation 220
  6.1.2. Intégration ethnique 223
  6.1.3. Devenir membre des deux communautés en conflit 227
  6.1.4. Vivre avec les deux communautés en conflit 229
 6.2. L'identité ethnique, source de réconciliation et de guérison 230
  6.2.1. Le contenu intrinsèque de la rencontre 231
  6.2.2. La réconciliation et la guérison des blessures relationnelles 232
  6.2.3. Les œuvres sociales comme preuve de la réconciliation 234
 6.3. La recherche et les principes de l'identité ethnique et de l'histoire culturelle 235
  6.3.1. Le principe d'intermédiation 235
  6.3.2. Les conditions requises pour vivre les principes du MADIR 238
 Conclusion 245

Chapitre 7 247
Conclusion générale
 7.1. Les leçons apprises 247
  7.1.1. Bâtir à partir de l'existant 247
  7.1.2. La transformation du chercheur : théorie du miroir 248
  7.1.3. Importance de la maturité pour ce type de recherche 249
 7.2. Les défis rencontrés 250
 7.3. Les éléments à approfondir 253
 7.4. Avantages et perspectives du MADIR 254
  7.4.1. Originalité et spécificité 254
  7.4.2. Application 256
  7.4.3. Prolongements 260

Annexes 265

Annexe I.1. 267
 Codage des documents collectés

Annexe II.1. 271
 Gbaguidi Christophe : Aperçu général sur l'histoire de Savalou

Annexe II.2. 273
    Questionnaire adressé aux cadres maxi

Annexe II.3. 277
    Arbre généalogique royal de Savalou et Logozoxε

Annexe II.4. 279
    Entretien collectif sur l'histoire Maxi avec les vodunnon : vues partielles

Annexe II.5. 281
    Entretien collectif sur l'histoire maxi avec les EEAD : vues partielles

Annexe II.6. 283
    Liste des chants informatifs sur la culture et l'histoire des Maxi

Annexe II.7. 285
    Vues partielles du site d'histoire de l'esclavage des Maxi

Annexe II.8. 287
    Panorama de l'histoire des Maxi

Annexe II.9. 289
    Visite du site d'apparition du Vodun Xεbyoso à Yayεji

Annexe III.1. 291
    Libation sur le site d'apparition du Vodun Xεbyoso à Yayεji

Annexe III.2. 293
    Invocation et libation

Annexe III.3. 295
    Yayεji : Site historique de l'apparition du Vodun Xεbyoso

Annexe III.4. 297
    Enceinte de temples Xεbyoso

Annexe III.5. 299
    Statut de Sogbo

Annexe III.6. 301
    Tableau du panthéon du Vodun Xεbyoso

Annexe V.1. 303
    Temple vodun moderne à Savalou

Annexe VI.1. 305
    Rencontre de la réconciliation

Bibliographie 307

Liste des cartes, graphiques et tableaux

Carte n° 1 : Migration des Maxi 60

Graphique n° 1 : Méthodologie de formulation du MADIR 12
Graphique n° 2 : Dynamique de l'interaction des éléments
constituant la conception du monde 51

Tableau n° 1 : Structure de la recherche 23
Tableau n° 2 : Éléments distinctifs des forts et des faibles selon
1 Corinthiens 8 244
Tableau n° 3 : Les interviews collectives 269
Tableau n° 4 : Visites préparatoires de la rencontre de dialogue 269
Tableau n° 5 : Panthéon du Vodun Xɛbyoso au pays Maxi 301
Tableau n° 6 : Liste des interviews réalisées 324

Langham Literature, et sa branche éditoriale, est un ministère de Langham Partnership.

Langham Partnership est un organisme chrétien international et interdénominationnel qui poursuit la vision reçue de Dieu par son fondateur, John Stott :

promouvoir la croissance de l'Église vers la maturité en Christ en relevant la qualité de la prédication et de l'enseignement de la Parole de Dieu.

Notre vision est de voir des églises équipées pour la mission, croissant en maturité en Christ, par le ministère de pasteurs et de responsables qui croient, qui enseignent et qui vivent la Parole de Dieu.

Notre mission est de renforcer le ministère de la Parole de Dieu de trois manières :
- par la mise en place de mouvements nationaux de formation à la prédication biblique ;
- par la rédaction et la distribution de livres évangéliques ;
- par la formation d'enseignants théologiques évangéliques qualifiés qui formeront ensuite des pasteurs et responsables d'églises dans leurs pays respectifs.

Notre ministère

Langham Preaching collabore avec des responsables nationaux en vue de la création de mouvements de prédication biblique dirigés par les nationaux eux-mêmes. Ces mouvements, qui naissent progressivement un peu partout dans le monde, rassemblent non seulement des pasteurs, mais aussi des laïcs. Nos équipes de formateurs venus de beaucoup de pays différents proposent une formation pratique qui comporte plusieurs niveaux, suivie d'une formation de facilitateurs locaux. La continuité est assurée par des groupes de prédicateurs locaux et par des réseaux régionaux et nationaux. Ainsi nous espérons bâtir des mouvements solides et dynamiques, constitués de prédicateurs entièrement consacrés à la prédication biblique.

Langham Literature fournit des livres évangéliques et des ressources électroniques par la publication et la distribution, par des subventions et des réductions à des leaders et futurs leaders, à des étudiants et bibliothèques de séminaires dans le monde majoritaire. Nous encourageons aussi la rédaction de livres évangéliques originaux dans de nombreuses langues nationales par le biais de bourses pour des écrivains, en soutenant des maisons d'édition évangéliques locales, et en investissant dans quelques projets majeurs comme *le Commentaire Biblique Contemporain*, qui est un commentaire de la Bible en un seul volume rédigé par des auteurs africains pour l'Afrique.

Langham Scholars soutient financièrement des doctorants évangéliques du monde majoritaire dans le but de les voir retourner dans leurs pays d'origine pour former des pasteurs et d'autres chrétiens nationaux en leur proposant un enseignement biblique et théologique solide. Cette branche de Langham cherche donc à équiper ceux qui en équiperont d'autres. Langham Scholars travaille aussi en partenariat avec des séminaires dans le monde majoritaire, afin de renforcer l'éducation théologique évangélique sur place. De ce fait, un nombre croissant de « Langham Scholars » (le nom « Scholars » signifie « boursiers ») peut aujourd'hui suivre des programmes doctoraux de haut niveau au cœur même du monde majoritaire. Une fois leurs études terminées, ces « Langham Scholars » vont non seulement former à leur tour une nouvelle génération de pasteurs, mais exercer une grande influence par leurs écrits et par leur leadership.

Pour plus d'informations, consultez notre site : langham.org.